Direito do Trabalho: Perenidade e Atualidade

Direito do Trabalho: Perenidade e Atualidade

Coordenadores Acadêmicos:

Sayonara Grillo

Eduardo Adamovich

Roberto Fragale Filho

Bárbara Ferrito

AMATRA 1
Associação dos Magistrados da Justiça do Trabalho 1ª Região

LACIER

LACIER

Lacier Livraria e Editora
www.livrarialacier.com.br

Rua Doutor Quirino, 808 – Centro
CEP 13015-081 – Campinas, SP – Brasil

Janeiro, 2022

Diretor: *Lacier José de Rezende*
Diretor assistente: *Eduardo Soares Aureliano*
Projeto de capa: *Fabio Giglio*
Projeto gráfico e editoração eletrônica: *Peter Fritz Strotbek – The Best Page*

Ficha Catalográfica

Dados Internacionais de Catalogação na Publicação (CIP)
(Câmara Brasileira do Livro, SP, Brasil)

Direito do trabalho : perenidade e atualidade / coordenação Sayonara Grillo ... [et al.]. — Campinas, SP : Lacier Editora, 2022.

Outros coordenadores : Eduardo Adamovich, Roberto Fragale Filho, Bárbara Ferrito.
Vários autores.
Bibliografia.
ISBN 978-65-88805-22-0

1. Direito do trabalho 2. Direito processual do trabalho I. Grillo, Sayonara. II. Adamovich, Eduardo. III. Fragale Filho, Roberto. IV. Ferrito, Bárbara.

21-90679 CDU– 34:331(81)

Índices para catálogo sistemático:

1. Brasil : Direito do trabalho 34:331(81)

Aline Graziele Benitez – Bibliotecária – CRB-1/3129

Sumário

Apresentação

A Amatra1, por sua Diretoria de Direitos Humanos e Cidadania, tem como norte atuar na formação e sensibilização dos magistrados associados para os temas dos direitos humanos e da cidadania. Faz parte do compromisso com a defesa intransigente do Estado Democrático de Direito e da Justiça do Trabalho. Neste último ano, procuramos atuar de forma transversal e interseccional, pensando nas diversas vulnerabilidades existentes em uma sociedade desigual e injusta como a brasileira.

Torna-se impossível não perceber, a quem assume tal missão com seriedade, o desmantelamento que o Direito do Trabalho, há muito, vem sofrendo. Damos novos nomes à precarização, como se a cada novo patamar a raiz do desmonte não estivesse no costume de mercantilizar o trabalho, teoricamente afastada em 1919.

Essa desconstrução tem um discurso potente. O discurso da crise. O discurso do medo. Fala-se em atualização, modernização, mas ignora-se o custo social desses novos/mesmos caminhos para os quais nos dirigimos. E o que mais chamou nossa atenção: essa ação de enfraquecer o Direito do Trabalho, relativizar garantias, precarizar vidas foi também encampada pelo próprio Judiciário, quer nas opiniões de juízes, quer em suas decisões.

E isso também não é novo. Talvez a constatação que nos fez sair da passividade foi perceber o silêncio de tantos que, como nós da Diretoria, entende não haver paz duradoura sem justiça social. Uberização, terceirização, trabalho em plataformas digitais são nomes bonitos para velhas práticas de precarização que precisam ser banidas por quem pretende construir uma sociedade de fato justa e igualitária. O silêncio. O nosso silêncio nos chocou.

Foi pretendendo superar esse estado quase catatônico que nós reunimos essa Comissão Organizadora para elaborar a presente obra. A proposta era inaugurar o debate sobre os rumos do direito do trabalho.

Chamamos para a Comissão três associados professores dos Programas de Pós-Graduação das principais faculdades públicas de Direito da nossa região. A escolha dos nomes não foi por acaso: queríamos lançar um debate profundo e acessível sobre tudo o que estamos presenciando e vivenciando. Estimular a reflexão desse cenário pareceu para nós o primeiro passo para elaborar estratégias de contenção dessa onda de desconstrução e de atuação que fortaleça o Direito do Trabalho, basilar para uma sociedade justa.

Reunidos, Sayonara Grillo (UFRJ), Eduardo Adamovich (UERJ) e Roberto Fragale (UFF) elaboraram a presente obra a partir do convite aos principais pesquisadores e pesquisadoras da área de Direito do Trabalho para que colaborassem com o livro em construção. Esse processo coletivo teve como norte as seguintes indagações:

- Em que medida o novo quadro social, econômico e tecnológico e as novas figuras de contratos de trabalho afetariam o núcleo da fundamentação teórica que justificaria a especialização do Direito do Trabalho e da própria Justiça do Trabalho?
- Qual a importância da Justiça do Trabalho diante dos desafios que se apresentam no atual contexto socioeconômico e tecnológico?

Tivemos a honra de ter nosso convite aceito por diversos professores. Das diversas regiões e faculdades do país, com pluralidade de raça, gênero e origem, formamos uma obra que traz as principais questões enfrentadas hoje pelo Direito do Trabalho, a partir de perspectivas múltiplas.

A riqueza da obra não está apenas no currículo de sua Comissão Organizadora e de seus autores. Os olhares lançados sobre as questões propostas mostram a sua força pela diversidade de aspectos analisados. Falamos, então, da fundamentalidade do Direito do Trabalho, como capaz de proporcionar a possibilidade de efetivação dos demais direitos (Almeida). A relação trabalho e democracia foram abordadas em diversos textos (Freitas), bem como o aproveitamento desta pela racionalidade neoliberal (Baía), que se apresenta não como modelo econômico apenas, mas como marco civilizatório (Pereira). Nesse mundo do trabalho desencantado pela hegemonia predatória do neoliberalismo (Estrela), falamos também do "estado do mal-estar social" (Alvim). Tudo isso para notar que, no final das contas, ainda não concretizamos todas as promessas do Direito do Trabalho no Brasil (Dutra).

Nessa análise, o retorno ao passado se mostrou estratégico, para recuperar conceitos perdidos (Maior) e fortificar os alicerces, porque as crises são, muitas vezes, meras suposições ou discursivas (Coutinho). Conhecer esses cenários é reconhecer que o Direito do Trabalho, ele próprio, não escapa de seu contexto social e político (Oliveira) e que, muitas vezes, os "erros"/desconstruções não são descuidos, mas estratégias (Feliciano). Admitir que é no domínio da política que esses novos/velhos problemas se resolvem (Siqueiro).

E assim, a partir desse compromisso com a importância do Direito do Trabalho (Mello) e da sua Justiça (Pessanha, Viana e Casagrande), reafirmar competências (Pessoa), atualizar o direito probatório (Eça) e garantir amplo acesso (Carelli e Varella), inclusive para novas formas de trabalho, para além dos regulamentados pela formalidade celetista (Adamovich e Gomes).

Agradecemos a todos que aceitaram o convite para a produção dessa obra.

Prefácio

A regulação das relações de poder presentes na sociedade civil e, inclusive, na economia capitalista, desde o advento desse sistema no século XVIII, ficavam a cargo essencial (ou exclusivo) dos detentores de poder privados, sem espaço para a atuação, pressão e reconhecimento da ampla maioria da população componente dos países ocidentais. Esta era a marca do liberalismo primitivo, característico da primeira época do constitucionalismo ocidental.

Nesse contexto histórico profundamente desigual e excludente, a regulação jurídica intervencionista sobre as relações de poder inerentes à sociedade civil, inclusive e especialmente as próprias à economia, somente passou a integrar o constitucionalismo há pouco mais de 100 anos, com as pioneiras Constituições do México e da Alemanha que foram aprovadas no final da segunda década do século XX. Com isso, superou-se a primitiva matriz liberalista originária constitucional instituída ainda no século XVIII no ocidente.

Nessa nova fase histórica, criou-se, ademais, a Organização Internacional do Trabalho (1919), que teve o condão de solidificar e generalizar a concepção jurídica de que também os despossuídos de poder e de riqueza, ao invés de apenas os setores dominantes, deveriam merecer campos jurídicos regentes de seus interesses, garantias e direitos.

O Direito do Trabalho e o Direito da Seguridade Social, provindos de alguns países europeus ocidentais na segunda metade do século XIX, ganharam, assim, *status* constitucional, abrindo um caminho de avanços civilizatórios que iriam marcar os 100 anos seguintes. No Direito Constitucional brasileiro, essa fase começou com a Constituição de 1934.

Depois de Segunda Grande Guerra, o constitucionalismo ocidental inaugura sua terceira e mais sofisticada fase, com o Estado Democrático de Direito elevando a pessoa humana ao ápice da ordem jurídica e da vida socioeconômica, determinando ainda que não apenas a sociedade política seja democrática e inclusiva, mas também a própria sociedade civil e, até mesmo, o seu sistema econômico.

Respaldado por novos documentos constitucionais na Europa Ocidental (por exemplo, da França, Itália e Alemanha, na segunda metade da década de 1940), o novo constitucionalismo de caráter humanista e social concretizou-se, com profundidade, complexidade e firmeza, em diversos países europeus, mediante o modelo democrático e inclusivo do Estado de Bem-Estar Social.

Na História brasileira, esse novo paradigma constitucional somente seria incorporado por intermédio da Constituição da República de 1988. No campo trabalhista, a propósito, a Constituição Federal iria acentuar a importância do Direito do Trabalho e de seus princípios e normas, a par de suas instituições públicas (como a Justiça do Trabalho) e também sociais (como o sindicalismo).

Poucas constituições ocidentais foram tão enfáticas na valorização da pessoa humana trabalhadora, do trabalho, do Direito do Trabalho e da Justiça do Trabalho, destacando a sua perenidade e atualidade, embora forças do antigo e do novo pensamento conservador e excludente perseverem na busca de seu enfraquecimento e descaracterização.

A atual fase de avanço do pensamento, perspectivas e ações conservadoras vivenciada na realidade brasileira, com ênfase nas relações de trabalho e no Direito do Trabalho e seus princípios, normas e instituições, necessita de estudos científicos diversos e aprofundados, para melhor revelar as suas mais severas dimensões. É o que realiza, com muito sucesso, essa densa obra jurídica e científica, intitulada **DIREITO DO TRABALHO: PERENIDADE E ATUALIDADE**, que ora se divulga no País.

O presente livro coletivo foi planejado pela Associação dos Magistrados do Trabalho da 1ª Região — AMATRA 1 —, entidade liderada pelo Juiz Flávio Alves Pereira, Presidente, e seu eficiente corpo de diretores, em iniciativa organizada, operacionalmente, pela Diretoria de Direitos Humanos e Cidadania, integrada pela Juíza Bárbara Ferrito.

Com sabedoria e tirocínio, a estruturação científica da obra foi destinada a três notáveis Professores Doutores vinculados a importantes programas de pós-graduação em Direito em sentido estrito (PPGDs) de três consagradas universidades do Rio de Janeiro, de maneira a garantir elevado nível científico ao livro construído. Trata-se da Desembargadora, Professora e Doutora Sayonara Grillo, da UFRJ, do Desembargador, Professor e Doutor Eduardo Adamovich, da UERJ, e do Juiz do Trabalho, Professor e Doutor Roberto Fragale, da UFF.

Integrado por mais de duas dezenas de estudos científicos sobre os campos do Direito do Trabalho e do Direito Processual do Trabalho, com rigorosa perspectiva e técnica jurídicas, somadas ao concurso, em distintos temas, da Ciência Política, da Sociologia do Trabalho e da Hermenêutica Jurídica, o livro constitui sólida contribuição à compreensão dos desafios antepostos ao Estado Democrático de Direito e ao campo jurídico trabalhista na realidade brasileira contemporânea.

Analisando a essencialidade da regulação das relações assimétricas de poder que tanto permeiam o mundo do trabalho no sistema capitalista, a partir de direitos e garantias que afastam — ou, pelo menos, atenuam — a mercantilização do trabalho e do ser humano trabalhador na vida socioeconômica, os artigos componentes da obra enfrentam cuidadosamente os desafios oriundos das transformações ocorridas nas últimas décadas no capitalismo, como também a estratégia política e ideológica perversa de derruir princípios, garantias e direitos a partir de supostos determinismos advindos dessas transformações.

Perpassando temas do Direito Individual do Trabalho e do Direito Coletivo do Trabalho, bem como do Direito Processual do Trabalho, com o zelo de reiteradamente apontar o foco também para a estrutura, dinâmica e desafios da Justiça do Trabalho, o presente livro cumpre papel fundamental no regressivo momento histórico hoje vivenciado pela matriz humanista e social da Constituição de 1988 e suas projeções na seara justrabalhista.

Trata-se de obra fundamental a todos os profissionais da área jurídica, bem como àqueles que desejam compreender, com profundidade e solidez, os desafios do Constitucionalismo Humanista e Social no Brasil e do Direito do Trabalho e seu sistema de justiça social em nossa terra.

Brasília, novembro de 2021.

Mauricio Godinho Delgado

Professor Universitário desde 1978, atualmente no PPGD do UDF.
Doutor em Filosofia do Direito e Mestre em Ciência Política.
Magistrado do Trabalho desde 1989 e Ministro do TST desde 2007.
Autor de livros e artigos em sua área de trabalho e pesquisa.

O Direito e a Justiça do Trabalho frente aos Desafios Impostos pelo Atual Contexto Socioeconômico e Tecnológico Brasileiro

Victor Hugo de Almeida[1]

João Raul Penariol Fernandes Gomes[2]

Introdução

A Justiça do Trabalho tem como função primordial tutelar os conflitos relativos às relações de trabalho, zelando pelos direitos trabalhistas que são, em essência, direitos fundamentais previstos na Constituição Federal de 1988 (CASSAR, 2017).

A Organização Internacional do Trabalho (OIT), fundada em 1919, nasceu com o propósito de estabelecer diretrizes e acordos internacionais sobre direitos trabalhistas, integrando-se ao ordenamento jurídico nacional e orientando a atuação da Justiça do Trabalho dos países signatários (OIT, [*s.d.*]. Assim, diz-se que a formação histórica da Justiça do Trabalho está intrinsecamente atrelada aos movimentos sociais que buscavam a consolidação dos direitos trabalhistas (TRIBUNAL SUPERIOR DO TRABALHO, 2019).

Após a Segunda Guerra Mundial (1939-1945) e com a queda do muro de Berlim (1989), o sistema capitalista assumiu a supremacia mundial e a humanidade vivenciou um período de rápido desenvolvimento tecnológico, financeiro, informacional e científico, bem como de intensa integração econômica global. A esse fenômeno atrela-se o nome de globalização, definida como o processo contínuo, interrupto e irreversível de interferência dos organismos internacionais na política e soberania dos Estados nacionais, nos meios de comunicação e na vida cotidiana dos indivíduos (BECK, 1999).

---

(1) Doutor em Direito do Trabalho pela Faculdade de Direito da Universidade de São Paulo – Largo São Francisco (FDUSP). Mestre pela Faculdade de Filosofia, Ciências e Letras de Ribeirão Preto da Universidade de São Paulo (FFCLRP/UESP). Docente e pesquisador junto ao Curso de Graduação em Direito e ao Programa de Pós-Graduação em Direito (Mestrado e Doutorado) da Universidade Estadual Paulista "Júlio de Mesquita Filho" — Faculdade de Ciências Humanas e Sociais, Campus Franca (Unesp/FCHS). Coordenador do Programa de Pós-Graduação em Direito (Mestrado e Doutorado) da Unesp/FCHS.

(2) Mestrando e graduado em Direito pela Universidade Estadual Paulista "Júlio de Mesquita Filho" — Faculdade de Ciências Humanas e Sociais, Campus Franca (Unesp/FCHS). Advogado e consultor trabalhista.

A energia motriz que movimenta a sociedade capitalista é, sem dúvida, as relações de trabalho, as quais são relações jurídicas essencialmente sociais, porque ostentam, como propósito, simplesmente prover o sustento e a satisfação das necessidades mais primárias do trabalhador, o que também (e não apenas) se dá por meio do consumo. Todavia, conforme Santos *et. al.* (2013), a modernidade intensificou a globalização, o que favoreceu a flexibilização dos vínculos e enfraqueceu os movimentos trabalhistas, promovendo, assim, incertezas econômicas e sociais.

Isso porque a sofisticação tecnológica conferida nos últimos tempos incumbiu-se de ressignificar algumas formas de trabalho e manifestações labor-ambientais, conduzindo, em muitos casos, o trabalhador a condições precárias de trabalho e, portanto, de vida. É o caso, por exemplo, do trabalho por meio de aplicativos, atualmente à margem do manto protetivo do Direito do Trabalho brasileiro, posto ser ainda vacilante o entendimento acerca da caracterização ou não de vínculo de emprego nessa modalidade laboral. Essa realidade descortina um futuro próximo de relações de trabalho marcadas por condições labor-ambientais precárias, pela alta rotatividade e pela descartabilidade do trabalhador, que não apenas constrói o produto, mas é também produto.

Assim, neste contexto dinâmico e veloz, as relações não são sólidas, duradouras ou garantidoras de uma vida estável. Ao contrário, observa-se alta rotatividade dos vínculos trabalhistas e constante substituição da mão de obra pela tecnologia, além da busca implacável da classe patronal em flexibilizar, reduzir e enfraquecer os direitos trabalhistas, sob o argumento de viabilizar, destravar e fomentar a atividade econômica, acarretando o desenvolvimento não sustentável da economia global (ANTUNES, 2019).

Justamente diante dessa modernidade líquida,[3] responsável por construir frágeis vínculos, inclusive trabalhistas, é que se defende o fortalecimento da Justiça do Trabalho, a fim de salvaguardar os direitos mínimos que garantem a subsistência e a dignidade dos trabalhadores. A elevada rotatividade aumentou demasiadamente os dissídios individuais e coletivos, levando trabalhadores a recorrerem ao Poder Judiciário, na esperança de amparo nessa realidade de incertezas (SILVA; VIEIRA; GUIMARÃES; MELO JÚNIOR, 2017).

Na contramão, observa-se, no Brasil, um movimento de intimidação e até mesmo de desmonte da Justiça do Trabalho, tese reforçada pelas diretrizes políticas atuais. Há uma concepção enraizada na sociedade brasileira, principalmente nas classes socioeconômicas mais abastadas, de que a Justiça do Trabalho prejudica o desenvolvimento econômico, justamente por proteger demasiadamente o trabalhador. Na verdade, o que a Justiça do Trabalho promove é o equilíbrio entre os dois protagonistas da relação jurídica mais social — e também assimétrica — que se conhece, tornando a discussão dos direitos trabalhistas mais equitativa.

(3) A modernidade é entendida como líquida em razão da dissolução das forças e padrões sociais (Estado, cidadania, religião etc.). A sociedade entrou em estágio de individualização e privatização, acarretando a desregulamentação política, econômica e social, o desinteresse pelas lutas coletivas e o esvaziamento dos espaços públicos de debate e discussão. Assim, o indivíduo deve conquistar seu espaço num ambiente cada vez mais seletivo econômico e socialmente, desamparado das forças estatais (BAUMAN, 2001.

Ademais, o cenário brasileiro encontra-se marcado por uma crise, tanto política como socioeconômica, acarretando vários prejuízos aos cidadãos. Nesse contexto, os Poderes Legislativo e Executivo, ao invés de promoverem reformas substanciais, visando à melhoria da qualidade de vida, o aquecimento da economia e a promoção de políticas de transparência orçamentária, articulam ações prejudiciais, atendendo a exigências de grupos empresariais e financeiros e comprometendo direitos fundamentais previstos na Constituição Federal de 1988 (ANTUNES, 2019).

Dentre os vários setores afetados por essas ações arbitrárias, encontra-se a Justiça do Trabalho. Não bastasse a aprovação da Reforma Trabalhista, com a Lei n. 13.467, de 13 de julho de 2017, a implicar o retrocesso de garantias constitucionais consolidadas aos trabalhadores, essa Justiça Especializada sofreu, à época, corte orçamentário de 29,4% das dotações para custeio das despesas ordinárias, e 90% dos recursos destinados a investimento no setor, decorrente da aprovação da Lei Orçamentária Anual de 2016 (CAMPANTE, 2016); em contrapartida, nos demais ramos do Poder Judiciário, as reduções em custeio foram na ordem de 15% e de investimento correspondente a 40% (PLN n. 7, de 2015-CN). É evidente, comparando-se os dados, o propósito político de "estrangulamento" da Justiça do Trabalho, visando beneficiar, de certo modo, o setor patronal.

Essa situação fere, contundentemente, o direito fundamental de acesso à Justiça positivado na Constituição da República Federativa do Brasil de 1988, em seu art. 5º, inciso XXXV, cujo dispositivo não deve ser interpretado como mero direito de postular em juízo e receber a tutela jurisdicional, mas como uma forma concreta de receber uma prestação jurisdicional justa, célere e efetiva.

Nesse diapasão, o presente estudo visa analisar os impactos do atual contexto socioeconômico e tecnológico brasileiro no Direito e na Justiça do Trabalho, norteando-se pelas seguintes indagações: (i) Em que medida o novo quadro social, econômico e tecnológico e as novas figuras de contratos de trabalho afetariam o núcleo da fundamentação teórica do Direito do Trabalho?; e (ii) Qual a importância da Justiça do Trabalho diante dos desafios que se apresentam no atual contexto?

Para tal desiderato, visando conferir caráter científico ao presente estudo, adota-se, como método de procedimento, o levantamento por meio da técnica de pesquisa bibliográfica em materiais publicados (doutrinas, legislação, artigos científicos, conteúdos disponibilizados em sítios eletrônicos etc.); bem como por meio da técnica de pesquisa documental, utilizando-se de documentos disponibilizados por órgãos públicos, como, por exemplo, o Tribunal Superior do Trabalho (TST), o Conselho Nacional de Justiça (CNJ) e o Conselho Superior da Justiça do Trabalho (CSJT). E, quanto ao método de abordagem, adota-se, para a pesquisa bibliográfica, o dedutivo, visando, por meio da análise do conteúdo geral acerca do fenômeno em questão, extrair respostas para as indagações norteadoras deste estudo; e, para a pesquisa documental, adota-se o método indutivo, buscando-se, a partir dos dados específicos coletados e compilados, extrair conclusões gerais acerca do problema levantado por esta investigação.

1. Novo quadro socioeconômico e tecnológico, novas figuras de contratos de trabalho e afetação do Direito do Trabalho

A aparente desigualdade formal promovida pela legislação trabalhista, taxada de protetiva, visa justamente diminuir a desigualdade material existente entre os dois protagonistas da relação jurídica de emprego, isto é, o empregado e o empregador, protegendo os direitos tão duramente conquistados pelos trabalhadores ao longo da história, motivo pelo qual o reconhecimento desses direitos como fundamentais é importante para se evitar sua supressão (CASSAR, 2017).

Considera-se o valor do trabalho na sociedade capitalista um direito fundamental do cidadão, tanto do ponto de vista formal, por estar previsto na Constituição Federal de 1988 (Título I – Dos Princípios Fundamentais; Título II – Dos Direitos e Garantias Fundamentais; Título VII – Da Ordem Econômica e Financeira; e Título VIII – Da Ordem Social), como do ponto de vista material, por se tratar de elemento indispensável para a efetivação da dignidade humana.

Assim, o direito ao trabalho se destaca por proporcionar ao ser humano a possibilidade de efetivação dos demais direitos, haja vista possibilitar condições materiais para a obtenção de alimentação, saúde, educação, habitação, lazer, dentre outros direitos sociais e individuais, resultando em importante instrumento de concretização da dignidade da pessoa humana; essa característica substancial evidencia sua fundamentalidade material no ordenamento jurídico. Na perspectiva calvinista — ideologia responsável por embasar as linhas do sistema capitalista —, o trabalho é entendido como dom divino, responsável por transformar o mundo dos fenômenos, ou seja, o "trabalho dignifica o homem" (WEBER, 2006).

Ainda, em que pese a fundamentalidade do Direito ao Trabalho no cenário hodierno, maculado por elevada taxa de desemprego e de crise econômica, o País vivencia desrespeitos e retrocessos no tocante aos direitos sociais, principalmente em relação aos trabalhistas. Observa-se clara tentativa de relativizar seu caráter fundamental a fim de modificá-lo. Justamente no sentido de buscar proteção contra as violações ou para assegurar a efetividade das garantias trabalhistas é que os trabalhadores se socorrem da Justiça do Trabalho, cabendo a ela a garantia da tutela, a exigibilidade e a aplicabilidade dos direitos trabalhistas, via prestação jurisdicional célere e efetiva (ANTUNES, 2019).

As sucessivas crises econômicas globais e a sofisticação tecnológica impulsionada pela globalização impactaram sobremaneira no contexto do trabalho; na perspectiva negativa, não apenas no tocante ao aumento desenfreado do desemprego nos países menos desenvolvidos, mas também na instituição de condições precárias e não sustentáveis de trabalho. Diz-se isto, pois, por exemplo, no Brasil, se as crises econômicas — incluindo a deflagrada pela pandemia da Covid-19 a partir de 2020 — conduziram ao encerramento de estabelecimentos, com consequente aumento do desemprego, a sofisticação tecnológica cuidou, por seu turno, de criar novas formas de trabalho, ressalte-se, algumas precárias e à margem da legislação protetiva juslaboral.

É o caso dos entregadores por aplicativos, os quais alçaram relevo no contexto da pandemia da Covid-19, quando todos foram obrigados ao isolamento. Cita-se esse exemplo, por que inexiste consenso sobre a natureza jurídica dessa relação havida entre os entregadores e as plataformas digitais de entrega por aplicativo. Surge, então, o seguinte debate: tal vínculo é uma relação civil (parceria) ou trabalhista? E, se trabalhista, essa relação estaria agasalhada pelo manto protetivo celetista ou seria uma nova figura contratual? Em que pese tal questionamento, é certo que, com o advento da atual pandemia, os entregadores se viram com mais trabalho, menor renda e maior risco à saúde.

Em levantamento e análises realizados pela *BBC News Brasi*l (2020), baseados em números divulgados pelo Instituto Brasileiro de Geografia e Estatística (IBGE) e nos microdados da Pnad-Covid, "Os dados indicam remuneração menor, jornadas longas e a migração de profissionais qualificados de outras áreas durante a pandemia, em meio ao alto risco de contágio pela Covid-19 que os trabalhadores enfrentam durante as entregas".

Isso porque 42 mil brasileiros com ensino superior (graduação e pós-graduação) se autodeclararam como entregadores; 3,7 mil (8,8% do total com ensino superior) foram afastados do trabalho em decorrência do isolamento ou férias coletivas (*BBC NEWS BRASIL*, 2020). E, em pesquisa realizada por Abílio, Almeida, Amorim, Cardoso, Fonseca, Kalil e Machado (2020), por meio do Centro de Estudos Sindicais e de Economia do Trabalho da Unicamp, com 298 trabalhadores em grandes cidades (incluindo São Paulo, Belo Horizonte, Recife e Curitiba), no período de 13 a 27 de abril de 2020, 70,5% responderam que trabalhavam para duas ou mais plataformas; 58,9% respondentes relataram queda na remuneração durante a pandemia em relação a período anterior; e 57,7% respondentes afirmaram não terem recebido nenhum apoio das empresas para reduzir os riscos de contaminação durante o trabalho.

São sujeitos que, por ora, estão à margem da proteção juslaboral, por ainda inexistir entendimento pacificado sobre a caracterização ou não de vínculo de emprego e por não haver, ao menos, legislação específica que lhes garanta direitos mínimos. Esses trabalhadores encontram-se em um limbo entre o universo civil e o laboral; o liame jurídico ao qual estão submetidos não configura nem mesmo nova modalidade de contrato de trabalho. No entanto, nota-se que esses obreiros já buscam na Justiça do Trabalho, que é sucessivamente golpeada, conforme se analisará adiante, a solução para o desamparo legal.

Tanto é verdade que, em junho de 2021, a 11ª Turma do Tribunal Regional do Trabalho (TRT) da 3ª Região (Minas Gerais), no julgamento recursal do processo n. 0010258-59.2020.5.03.0002, entendeu pela caracterização de vínculo de emprego entre um motorista de aplicativo e a plataforma Uber do Brasil. Na decisão, o desembargador relator, Antônio Gomes de Vasconcelos, determinou o retorno dos autos à Vara do Trabalho para que fosse proferido novo julgamento dos pedidos decorrentes da relação de emprego, reconhecida pelo Tribunal. De igual modo, em julho de 2020, a 1ª Turma do TRT da 3ª Região entendeu pela caracterização de vínculo de emprego entre um *motoboy* entregador e plataforma digital *iFood*, no julgamento do Recurso Ordinário do Processo n. 0010761-96.2019.5.03.0008.

Porém, os entendimentos acima contrariam, de certa forma, a posição adotada pelo Tribunal Superior do Trabalho, que, por quatro vezes, já se manifestou pela inexistência de vínculo empregatício entre os motoristas de aplicativos e as plataformas digitais, como é possível se verificar no julgamento do Recurso de Revista 10555-54.2019.5.03.0179.

Diante desse contexto, pode-se afirmar que essa indecisão acerca da natureza jurídica dessa relação, que se promove pelo desenvolvimento da tecnologia e pelas medidas de isolamento social, gera incertezas e desgastes sociais. A ausência da essência empregatícia acarreta inúmeros prejuízos trabalhistas e previdenciários aos motoristas, com o não recebimento do adicional de periculosidade (para os motoboys), a inexistência de férias, licenças (maternidade, paternidade, médica etc.), Fundo de Garantia do Tempo de Serviço (FGTS), seguro-desemprego e demais direitos trabalhistas, além de não contarem com a cobertura obrigatória da Previdência Social, cassando-lhes o direito à aposentadoria e aos benefícios previdenciários (incluindo auxílio-acidente, auxílio-doença, auxílio-maternidade, auxílio-paternidade, entre outros).

2. A Justiça do Trabalho no atual contexto político e socioeconômico brasileiro

O acesso à justiça também possui caráter de direito fundamental na órbita da Constituição Federal de 1988. Tal direito fundamental não deve ser entendido como mero direito de pleitear em juízo e receber resposta jurisdicional do Estado, mas como uma forma concreta de obtenção de uma prestação jurisdicional justa, célere e efetiva. Ou seja, de acordo com Cassar (2017), não basta o conhecimento do direito e a possibilidade de pleiteá-lo e obtê-lo, mas é imprescindível que o Estado, na figura de seus três poderes, empenhe-se em garantir meios e recursos para a efetivação concreta dos direitos.

À vista disso, tão importante quanto verificar a fundamentalidade do direito ao trabalho é examinar a forma pela qual a Justiça se faz presente na vida dos trabalhadores, garantindo-lhes amplo acesso tempestivo, efetivo e justo à prestação jurisdicional, bem como examinar como o contexto político e socioeconômico brasileiros dos últimos anos impactou na Justiça do Trabalho.

2.1. Crise política e socioeconômica brasileira: reflexos na Justiça do Trabalho

De acordo com os dados do Instituto Brasileiro de Geografia e Estatística (IBGE), por meio da Pesquisa Nacional por Amostra de Domicílios Contínua (PNAD Contínua), no primeiro semestre de 2019 a taxa de desocupados subiu 0,3 pontos percentuais em relação ao trimestre de agosto a outubro de 2018, escalando de 11,7% para 12,4%. O número de trabalhadores por conta própria (23,9 milhões) cresceu 1,2% quando comparado com o trimestre anterior, e 3,1% em relação ao mesmo trimestre do ano anterior. (IBGE, 2019)

O Projeto de Lei n. 6.787/2016, conhecido como Reforma Trabalhista, operada expressivamente por meio da Lei n. 13.467/2017, apresentou as seguintes justificativas para sua aprovação e promulgação: aprimorar as relações de trabalho; valorizar a negociação entre trabalhadores e empregados; combater a informalidade; amenizar os conflitos trabalhistas, incentivando os acordos; e contribuir para o amadurecimento das relações entre capital e trabalho.

Os pontos apresentados propunham alavancar a economia brasileira, tornando-a vantajosa para as atividades empresariais, de modo que restabelecesse o crescimento econômico.

Buscou-se, também, por meio da reforma, flexibilizar os contratos de trabalho, favorecendo, então, as negociações entre empregadores e operários, e reduzir o número de reclamações trabalhista e, consequentemente, a atuação da Justiça do Trabalho:

> A experiência europeia demonstra a importância da representação laboral na empresa. Países como Alemanha, Espanha, Suécia, França, Portugal e Reino Unido possuem há vários anos as chamadas comissões de empresa ou de fábrica. A maturidade das relações de trabalho em alguns países europeus propicia um ambiente colaborativo entre trabalhador e empresa, resultando na melhoria do nível de produtividade da empresa.
>
> No Brasil temos um nível elevado de judicialização das relações do trabalho, o que é retratado pela quantidade de ações trabalhistas que anualmente dão entrada na Justiça do Trabalho. Na grande maioria das ações trabalhistas a demanda reside no pagamento de verbas rescisórias. A falta de canais institucionais de diálogo nas empresas que promovam o entendimento faz com que o trabalhador só venha a reivindicar os seus direitos após o término do contrato de trabalho. Com isso, problemas que poderiam ser facilmente resolvidos no curso do contrato de trabalho vão se acumulando, para serem discutidos apenas ao término do vínculo empregatício, na Justiça do Trabalho (CÂMARA DOS DEPUTADOS, 2016, p. 8).

Todavia, observa-se, na prática, que a Reforma Trabalhista suprimiu direitos importantes (horas *in itinere*, contribuição sindical obrigatória, indenização da integralidade do intervalo para refeição e descanso em caso de supressão parcial etc.). Somando a essas consequências negativas, os dados apresentados pelo Ministério da Economia apontam que a Reforma Trabalhista não gerou os efeitos econômicos esperados, isto é, a geração de emprego e o crescimento econômico. Em março de 2019, o Cadastro Geral de Empregados e Desempregados (CAGED) registrou o fechamento líquido de 43.196 vagas formais de emprego. Ademais, os setores com maior índice de fechamento foram o comércio, com 28.803 postos; seguido pela agropecuária, com 9.545 postos; e construção civil, com 7.781 postos (PATI, 2018).

O reflexo das demissões e informalidade é sentido pela Justiça do Trabalho por ser o organismo especializado em resolver os dissídios trabalhistas. Se por um lado há uma massa de trabalhadores que se socorrem dessa Justiça Especializada para terem seus direitos trabalhistas negligenciados reconhecidos, por outro, observam-se manobras políticas para obstar essa atuação jurisdicional. As medidas mais contundentes são a redução orçamentária da Justiça do Trabalho e a extinção do Ministério do Trabalho.

O orçamento de 2019 para a Justiça do Trabalho, que engloba o TST, os 24 Tribunais Regionais do Trabalho e as 1.572 Varas do Trabalho, foi de R$ 21,5 bilhões. Segundo Brito Pereira, presidente do TST e do CSJT, "[...] em face do cenário restrito, foram alocados recursos apenas para os 21 projetos em andamento na Justiça do Trabalho, priorizando-se aqueles de maior percentual de execução física" (CONSELHO SUPERIOR DA JUSTIÇA DO TRABALHO, 2018).

O movimento de extirpação da Justiça do Trabalho não é recente. Em 1999, o movimento se fortaleceu com o escândalo de corrupção envolvendo a construção da nova sede do Tribunal Regional do Trabalho da 2ª Região, com o desvio de orçamento de R$ 169,5 milhões destinados ao Tribunal para realização da obra; a cifra atualizada chega à casa de R$ 1 bilhão de reais. Aproveitando o escândalo, o presidente do Senado, Antônio Carlos Magalhães, defendeu o fim da Justiça do Trabalho, argumentando representar essa Justiça Especializada atraso e obstáculo para o desenvolvimento nacional, aduzindo, ainda, equivocadamente[4], nenhum outro país, a não ser o Brasil, possui no sistema judiciário a Justiça Laboral (SENADO, 1999). Como forma de amenizar as críticas, pactuou-se a extinção dos juízes classistas, visando à redução de despesas.

Atualmente, nota-se a manutenção da articulação contrária à atuação da Justiça do Trabalho. Os cortes orçamentários, a Reforma Trabalhista brasileira, a extinção do Ministério do Trabalho em janeiro de 2019 (embora se noticie a recriação da pasta em 2021) ilustram a força e a influência da corrente. De acordo com Antunes (2019), o enfraquecimento da Justiça Especializada incontestavelmente acarreta prejuízos sociais, visto que o volume de ações ajuizadas por ano referente à matéria trabalhista é elevado, o que torna impensável a extinção desse órgão jurisdicional. A atribuição da competência trabalhista para a Justiça Estadual ou Federal apenas agravaria o congestionamento processual. Assim sendo, conforme Pimenta (2018), ao contrário, deveria o governo incentivar e fortalecer a atuação da Justiça Especializada, cuja função exordial é tutelar os direitos fundamentais trabalhistas, de expressiva importância socioeconômica.

2.2. Cortes orçamentários na Justiça do Trabalho

A Emenda Constitucional 95, de 2016, responsável por instituir novo regime fiscal no âmbito dos Orçamentos Fiscais e da Seguridade Social, desencadeou a redução orçamentária da Justiça do Trabalho, com corte de recursos de custeio em 24,9% e de investimentos em 90%, totalizando a importância de R$ 746.535.671,00. Baseada nessa medida, a projeção orçamentária desde então até 2022 pode ser conferida na Tabela 1, a seguir:

Tabela 1 — Projeção Orçamentária, de 2017 a 2022.

	2017	2018	2019	2020	2021	2022
Limite EC n. 95/2016	16.985.398.153	17.494.960.098	18.194.758.501	18.922.548.842	19.679.450.795	20.466.628.827
Orçamento JT	18.170.451.612	18.715.565.160	19.464.187.767	18.922.548.842	19.679.450.795	20.466.628.827
Gasto pessoal	14.670.479.850	15.062.856.141	16.254.747.463	16.254.747.463	16.417.294.938	16.581.467.887
Benefícios	960.058.344	989.063.460	989.063.460	989.063.460	989.063.460	989.063.460
ODCC[5]	2.539.913.418	2.663.645.559	2.220.376.844	1.678.737.919	2.273.092.398	2.896.097.480
Variação ODCC		123.732.141	-443.268.715	-984.907.640	-390.553.161	232.451.921
Redução ODCC		5%	-17%	-37%	-15%	9%

Fonte: (SOTT, 2019, p. 24).

(4) Diz-se equivocadamente, pois, de acordo com o Tribunal Regional do Trabalho da 23a Região (2018), há Justiça do Trabalho em, ao menos, 30 países (França, Espanha, África do Sul, Alemanha, Argentina, Brasil, Reino Unido, Áustria, Suécia, Chile, Finlândia, Costa Rica, Suíça, República Dominicana, Peru, Panamá, Noruega, Nicarágua, México, Irlanda, Guatemala, Islândia, Venezuela, Hong Kong, Itália, Singapura, Nova Zelândia, Bélgica, Nigéria e Israel); em alguns, desde o século XIX, a Alemanha (1890), a Nova Zelândia (1894) e a França (1806).

(5) ODCC: representa o gasto com atividades e projetos.

Para adequar os gastos com o orçamento disponível, as principais medidas protetivas tomadas, que inquestionavelmente afetam o exercício da Justiça, são: (1) redução de postos de trabalho nos contratos de conservação, limpeza e demais colaboradores; (2) redução de contratos de tecnologia; (3) redução de estagiários; (4) contingenciamento de verbas para capacitação de juízes e servidores; (5) redução do horário de funcionamento do Tribunal, visando diminuir consumo de água e energia; (6) suspensão de reformas e adaptações de imóveis; (7) redução de gastos com serviços postais, materiais e consumo de energia; (8) redução de publicidade e propaganda voltada ao público; (9) redução das horas extras no contrato de locação de mão de obra (SOTT, 2019).

Atualmente, de acordo com o Conselho Nacional de Justiça (2020), a Justiça do Trabalho desempenha suas atividades com corpo operacional deficitário, contando com 292 cargos de magistrado e 3.747 cargos de servidor vagos, cuja situação pode culminar em aumento considerável de ações por magistrado e servidores, provocando sobrecarga de trabalho a comprometer o bem-estar desses trabalhadores, diminuir a celeridade processual e a qualidade da prestação jurisdicional. O registro de reclamações trabalhistas ajuizadas nas Varas do Trabalho pode ser observado na Tabela 2, a seguir, desenvolvida com base nas informações do Tribunal Superior do Trabalho (2021):

Tabela 2 — Entrada de Processo nas Varas do Trabalho, de 2012 a 2020.

Indicadores	2012	2013	2014	2015	2016	2017	2018	2019	2020
Casos novos por 100 mil/hab.	1.594	1.641	1.656	1.754	1.773	1.770	1.391	1.454	1.214
Casos novos por juiz	804	833	859	883	936	929	733	773	350
Casos novos por servidor	75	78	80	79	84	86	67	71	60
Total a julgar por juiz	1.526	1.576	1.611	1.710	1.802	1.884	1.724	1.594	1.391
Total a julgar por servidor	153	166	174	182	196	208	189	184	161

Fonte: elaborada pelos autores.

Observa-se o crescimento de casos novos até 2017, com redução a partir de 2018, provavelmente em razão da Reforma Trabalhista brasileira; o retorno do aumento em 2019, supondo-se em decorrência da maior familiaridade com as alterações reformistas impingidas a partir de novamente de 2017; com nova queda em 2020, provavelmente em razão da pandemia da Covid-19.

O cenário é preocupante. O déficit orçamentário acarreta cortes de benefícios indiretos, precarização das condições de serviço e impossibilidade de reposição nos quadros funcionais; "[...] caso não exista uma revisão desse regime fiscal, não irá ocorrer somente uma falência da Justiça do Trabalho, mas também uma falência de Estado" (PIMENTA, 2018).

Não bastassem todos esses desafios enfrentados pela Justiça do Trabalho, em 2020 instalou-se a pandemia da Covid-19, desencadeando uma crise sanitária global e conduzindo o Brasil à decretação de estado de calamidade pública. Por óbvio, o contexto pandêmico não impactou apenas nas relações de trabalho, em decorrência da necessidade de distanciamento social, para conter a disseminação do coronavírus SARS-CoV-2, e da paralisação das atividades não essenciais, mas, também, na atuação da Justiça do Trabalho, que suspendeu suas atividades presenciais em 19 de março de 2020, com exceção dos serviços essenciais, passando a funcionar de forma predominantemente remota.

De acordo com o Conselho Nacional de Justiça, em 2020, foram 4,1 milhões de sentenças, 4,1 milhões de decisões proferidas e mais de 15,8 milhões de despachos, cuja produtividade apenas foi possível em razão do investimento em tecnologias a possibilitarem a continuidade dos serviços no contexto pandêmico, por meio da digitalização dos processos físicos e da instituição de sistema oficial para videoconferências, audiências e sessões telepresenciais de julgamento, além de transmissões ao vivo sobre a relação da pandemia com o meio ambiente do trabalho e sobre atos processuais e audiências por meio remoto (TRIBUNAL SUPERIOR DO TRABALHO, 2021).

Todavia, não são apenas estes os impactos da pandemia na atuação jurisdicional da Justiça do Trabalho. Conflitos trabalhistas sobre situações deflagradas pela pandemia, se não já se apresentaram, hão de arrebatar a Justiça Especializada, antes mesmo do encerramento do estado de calamidade pública; à guisa de exemplo: dispensas (inclusive motivadas) relacionadas ao contexto pandêmico (por exemplo, decorrentes de encerramento de empresas em razão da paralisação de atividades não essenciais decretada pelo Poder Público; por recusa injustificada do trabalhador à vacina; por viajar o trabalhador a lazer durante o período de isolamento, desrespeitando as medidas sanitárias; entre outras); abuso de direito praticado por empregadores na constância do regime de trabalho remoto; contaminação de empregados no contexto laboral decorrente da inobservância pelo empregador dos protocolos indicados pelas autoridades sanitárias, a caracterizar doença ocupacional; entre outras.

Assim, estima-se que, não bastassem os cortes orçamentários e o corpo operacional deficitário da Justiça do Trabalho conferidos nos últimos anos, somar-se-ão a essas variáveis políticas e econômicas o aumento de novos casos judicializados, oriundos do contexto pandêmico. Diante desses dados, pode-se concluir que o direito dos trabalhadores ao acesso à justiça, previsto no art. 5º, inciso XXXV, da Constituição Federal de 1988, ainda encontrará desafios nos anos futuros, caso a situação política e econômica assim se mantenha.

Conclusão

Com base em levantamento bibliográfico e documental, observou-se que as sucessivas crises econômicas globais e a sofisticação tecnológica impulsionada pela globalização impactaram sobremaneira no contexto do trabalho. Se as crises econômicas — incluindo a deflagrada pela pandemia da Covid-19 a partir de 2020 — conduziram ao encerramento de estabelecimentos, aumentando o desemprego, a sofisticação tecnológica cuidou, por seu turno, de criar novas formas de trabalho, algumas precárias e à margem da legislação protetiva juslaboral.

Trata-se de uma realidade a desafiar o Direito do Trabalho, por meio da criação de novas figuras de contratos de trabalho, ou nem isso, de relações jurídicas tampouco reconhecidas como trabalhistas, situadas em um limbo jurídico. Assim, ao desafiá-lo, incita, por corolário, a Justiça do Trabalho, compromissada com a efetivação de suas garantias, cujo órgão jurisdicional tem sofrido sucessivas investidas nos últimos tempos, como, por exemplo, decorrentes da Reforma Trabalhista brasileira e dos cortes orçamentários impingidos; eventos que podem culminar em graves violações aos direitos fundamentais dos trabalhadores, previstos na Constituição Federal de 1988, incluindo o direito ao acesso à justiça.

Apesar de o corte orçamentário ter ocorrido em 2016, estima-se que os reflexos no orçamento da Justiça do Trabalho serão sentidos nos próximos anos, somando-se a esse panorama os impactos no contexto do trabalho da recente Reforma Trabalhista, em 2017, e da pandemia da Covid-19, nos anos de 2020 e 2021, cujos eventos poderão culminar na precarização das condições de trabalho, no aumento do desemprego e de novos casos judicializados.

Para a efetivação do acesso à justiça, é necessário garantir aos jurisdicionados, além de uma prestação justa, célere e eficaz no plano concreto, também um Direito do Trabalho que atenda às complexas e dinâmicas transformações do universo laboral, sem descurar da necessária proteção dos trabalhadores em seus diversos contextos. Os direitos sociais reclamam essa celeridade e ação, pois é por meio das condições materiais e imateriais proporcionadas pelo trabalho que são efetivados outros direitos fundamentais, incluindo moradia, saúde, educação, lazer e todos os demais previstos na Constituição Federal de 1988, sendo o Direito ao Trabalho um importante instrumento de concretização da dignidade da pessoa humana, valor supremo da Norma Maior brasileira.

Referências

ABÍLIO, Ludmila Costhek; ALMEIDA, Paula Freitas; AMORIM, Henrique; CARDOSO, Ana Claudia Moreira; FONSECA, Vanessa Patriota da; KALIL; Renan Bernardi; MACHADO, Sidnei. Condições de trabalho de entregadores via plataforma digital durante a Covid-19. *Revista Jurídica Trabalho e Desenvolvimento Humano — Procuradoria Regional do Trabalho da 15ª Região*, Campinas, Edição Especial — Dossiê Covid-19, p. 1-21, 2020. Disponível em: <https://www.cesit.net.br/wp-content/uploads/2020/06/74-Texto-do-artigo-568-2-10-20200608.pdf>. Acesso em: 20 jul. 2021.

ANTUNES, Ricardo. Sindicatos: haverá amanhã? *Congresso Nacional do Direito do Trabalho e Processual do Trabalho do Tribunal Regional do Trabalho da 15ª Região*, Paulínia, 2019.

BAUMAN, Zygmunt. *Modernidade líquida*. Rio de Janeiro: Jorge Zahar, 2001.

BBC NEWS BRASIL. Com pandemia, entregadores de app têm mais trabalho, menos renda e maior risco à saúde. [*s.l.*], 1º jul. 2020. Disponível em: <https://www.bbc.com/portuguese/brasil-53258465>. Acesso em: 20 jul. 2021.

BECK, Ulrich. *O que é Globalização?* Equívocos do globalismo/Respostas à globalização. São Paulo: Paz e Terra, 1999. Tradução de André Carone.

CÂMARA DOS DEPUTADOS. *Projeto de Lei n. 6.787 que altera do Decreto-lei n. 5.452, de 1º de maio de 1943*. Brasília, 23 dez. 2016. Disponível em: <https://www.camara.leg.br/proposicoesWeb/prop_mostrarintegra?codteor=1520055&filename=PL+6787/2016>. Acesso em: 27 jul. 2021.

CAMPANTE, Rubens Goyatá. A democracia e os cortes 'pedagógicos' no orçamento da Justiça do Trabalho". *SINTRAEMG*. Belo Horizonte, 26 fev. 2016. Disponível em: <http://www.sitraemg.org.br/artigo-a-democracia-e-os-cortes-pedagogicos-no-orcamento-da-justica-do-trabalho/>. Acesso: em: 27 jul. 2021.

CONSELHO NACIONAL DE JUSTIÇA. *Justiça em números 2020*. Brasília, 2020. Disponível em: <https://www.cnj.jus.br/wp-content/uploads/2020/08/WEB-V3-Justi%C3%A7a-em-N%C3%BAmeros-2020-atualizado-em-25-08-2020.pdf>. Acesso em: 30 jul. 2021.

CONSELHO SUPERIOR DA JUSTIÇA DO TRABALHO. *Tribunal Superior do Trabalho aprova proposta orçamentária da Justiça do Trabalho para 2019*. Brasília, 2018. Disponível em: <http://www.csjt.jus.br/web/csjt/noticias-lancamento1/-/asset_publisher/ECs3/content/tst-aprova-proposta-orcamentaria-da-justica-do-trabalho-para-2019?inheritRedirect=false>. Acesso em: 27 jul. 2021.

IBGE. *PNAD Contínua: taxa de desocupação é de 12,0% e taxa de subutilização é de 24,3% no trimestre encerrado em janeiro de 2019*. Brasília, 27 fev. 2019. Disponível em: <https://agenciadenoticias.ibge.gov.br/agencia-sala-de-imprensa/2013-agencia-de-noticias/releases/23865-pnad-continua-taxa-de-desocupacao-e-de-12-0-e-taxa-de-subutilizacao-e-de-24-3-no-trimestre-encerrado-em-janeiro-de-2019>. Acesso em: 27 jul. 2021.

MINISTÉRIO DO TRABALHO. *CAGED — Dez. 2019*. Brasília, 2020. Disponível em: <http://pdet.mte.gov.br/caged?view=default>. Acesso em: 27 jul. 2021.

OIT. *Conheça a OIT*. Brasília, [*s.d.*]. Disponível em: <https://www.ilo.org/brasilia/conheca-a-oit/lang--pt/index.htm>. Acesso em: 27 jul. 2021.

PATI, Camila. Como o fim do Ministério do Trabalho vai afetar a sua vida profissional. *Revista Exame*. São Paulo, 13 nov. 2018. Disponível em: <https://exame.abril.com.br/carreira/como-o-fim-do-ministerio-do-trabalho-afeta-a-sua-vida-profissional/>. Acesso em: 27 jul. 2021.

PIMENTA, Paulo Sérgio. Perspectivas para a Justiça do Trabalho: autonomia, efetividade e justiça social. *Congresso Nacional dos Magistrados da Justiça do Trabalho*, Belo Horizonte, 2018. Disponível em: <https://www.anamatra.org.br/imprensa/noticias/26428-ducao-do-orcamento-dos-tribunais-pode-gerar-falencia-do-estado>. Acesso em: 27 jul. 2021.

SANTOS, Ana Cristina Batista *et al*. "Novos" discursos sobre o trabalho? Reflexões sobre as concepções de graduandos em administração. *Gestão e Sociedade*, v. 7, n. 17, p. 138-166, 2013. Disponível em: <https://www.gestaoesociedade.org/gestaoesociedade/article/view/1625>. Acesso em: 27 jul. 2021.

SENADO FEDERAL. ACM defende o fim da Justiça do Trabalho. *Senado Notícias*, 03 mar. 1999. Disponível em: <https://www12.senado.leg.br/noticias/materias/1999/03/03/acm-defende-fim-da-justica-do-trabalho>. Acesso em: 27 jul. 2021.

SOTT, Marcia Lovane. Emenda Constitucional n. 45/2016 e seus reflexos na gestão da Justiça do Trabalho. *Portal do Tribunal de Contas da União*, Brasília, 2019. Disponível em: <https://portal.tcu.gov.br/data/files/A1/90/30/F6/ACEDF510F0C95CE52A2818A8/EC%2095%20%20e%20seus%20reflexos%20na%20gest%C3%A3o%20da%20Justi%C3%A7a%20do%20Trabalho.pdf>. Acesso em: 27 jul. 2021.

TRIBUNAL REGIONAL DO TRABALHO DA 23ª REGIÃO. *A Justiça do Trabalho no mundo*. Cuiabá, 2018. Disponível em: <https://portal.trt23.jus.br/comunicacao/janelatrt/justica-do-trabalho-no-mundo/>. Acesso em: 27 jul. 2021.

TRIBUNAL SUPERIOR DO TRABALHO. Em um ano de pandemia, Justiça do Trabalho destinou mais de R$ 225 milhões ao combate da Covid-19. Brasília, 19 mar. 2021. Disponível em: <https://www.tst.jus.br/noticias/-/asset_publisher/89Dk/content/id/27107083>. Acesso em: 30 jul. 2021.

______. *História da Justiça do Trabalho*. Brasília, 2019. Disponível em: <http://www.tst.jus.br/historia-da-justica-do-trabalho>. Acesso em: 27 jul. 2021.

______. *Relatório Geral da Justiça do Trabalho 2020*. Brasília, 2021. Disponível em: <http://www.tst.jus.br/documents/18640430/27418815/RGJT+2020.pdf/a2c27563-1357-a3e7-6bce-e5d8b949aa5f?t=1624912269807>. Acesso em: 27 jul. 2021.

WEBER, Max. *A ética protestante e o "espírito" capitalista*. São Paulo: Cia. das Letras, 2006.

O Futuro da Justiça do Trabalho e as Rupturas Democráticas: Os Golpes Contra o Direito do Trabalho

Carlos Eduardo Soares de Freitas[1]

1. Introdução

A discussão sobre o papel da Justiça do Trabalho e seu futuro requer ao menos duas análises: o balanço histórico sobre como a sociedade brasileira tem conduzido o Direito do Trabalho, e a política adotada pelo Estado quanto à regulamentação dos direitos trabalhistas. Este ensaio busca fazer essa articulação para, em seguida, tentar respostas sobre o que encontraremos no porvir.

Partirei, então, dos anos 1960 para um necessário balanço histórico. Referência para o exame da Justiça do Trabalho no período, o livro do Fernando Teixeira da Silva, *Trabalhadores no Tribunal* (2019), demonstra que a luta por direitos trabalhistas passou a se valer cada vez mais do Judiciário especializado. O historiador, que se debruçou sobre a realidade do estado de São Paulo, chama especial atenção sobre os trabalhadores rurais, que superaram imensas dificuldades, inclusive em meio à cultura jurídica urbana, para também buscar direitos pela via do Judiciário. Em belo prefácio da obra, o antropologo José Sergio Leite Lopes deita o olhar sobre o ano 1963, que nos fornece elementos para a análise proposta neste ensaio. Diz ele que: "No ano de auge do crescimento da mobilização das classes trabalhadoras na cidade e no campo, o recurso à Justiça do Trabalho pelos sindicatos continuou com a mesma intensidade" (2019, p. 24). Silva conclui que a mobilização social por direitos não foi reduzida com o uso do Judiciário. Ao contrário: essa mobilização sugere o incremento desse serviço público que tem por objeto receber, apreciar e dirimir conflitos individuais e coletivos nas relações entre empregados e empregadores. Essa percepção está presente também na luta travada por petroleiros baianos. Incomodados pela discriminação de tratamento dispensada pela Petrobrás, que remunerava melhor os trabalhadores da refinaria de Cubatão, os petroleiros da refinaria Landulfo Alves, em Mataripe, cruzaram os braços sob a palavra de ordem *"Ou equipara ou aqui para!"*. O resultado da mobilização, acompanhada pela Justiça do

(1) Advogado. Doutor em Sociologia (UnB) e Pós-Doutor em Direito (UFRJ). Professor titular da Universidade do Estado da Bahia (UNEB). Professor associado da Universidade Federal da Bahia (UFBA).

Trabalho, foi a paulatina equiparação salarial. A potência do movimento dos trabalhadores era tal que as amarras da legislação sindical não eram suficientes para paralisá-los.

2. Discussão e hipóteses

Os quadros mencionados das realidades paulista e baiana referem-se a tempos anteriores ao golpe militar de 31 de março de 1964. É bom lembrar que era comum os defensores da ruptura democrática descreverem o governo de João Goulart como uma espécie de república sindical, em evidente interesse de depreciar, nas discussões limitadas entre conservadores e reacionários, o governo e o movimento sindical, de modo a animar um ambiente favorável à intervenção militar (CORRÊA, 2017).

Seguiu-se ao golpe o que já é de conhecimento geral e que o Relatório Final da Comissão Nacional da Verdade detalhou ainda mais: entidades sindicais sofreram intervenções, dirigentes e ativistas sindicais foram presos, processados, torturados, desaparecidos e mortos.[(2)] Muitos deles foram despedidos por justa causa e, desempregados, sofreram os efeitos de políticas econômicas marcadas por recessão e arrocho salarial. A ditadura civil-militar introduziu na legislação trabalhista normas que não se caracterizavam apenas pela preocupação de regular as relações do trabalho, mas que buscavam satisfazer outros interesses, como foi o caso do FGTS, que desmontou a garantia à estabilidade decenal e criou financiamento público para habitação e saneamento. Tal como o FGTS, o cálculo do reajuste salarial nessa ocasião seguiu critérios econômicos de difícil compreensão da sociedade. Era nítido que a política do Estado ditatorial era estabelecer regras orientadas pela tecnocracia da economia política, fugindo do domínio do Direito do Trabalho. Curioso, nesse sentido, que o FGTS foi lançado após a edição do Plano de Ação Econômica do Governo (PAEG)[(3)] e aparentemente não houve orientação do ministro do trabalho, Arnaldo Lopes Sussekind, cuja produção intelectual publicada na edição de 1966 da obra *Instituições do Direito do Trabalho* defendia a permanência do direito à estabilidade previsto no art. 492 da CLT. Outro dado que nos leva a crer que a influência da linha econômica adotada na ditadura ditou as mudanças nas leis trabalhistas é que o ministro Roberto Campos não foi apenas o protagonista na proposta do FGTS, mas também da lei de 1974, que permitiu a contratação terceirizada.

Assim, é possível sugerir que o fortalecimento sindical, eventualmente acudindo-se à Justiça do Trabalho, foi sucedido por ruptura democrática que apagou o cenário anterior. Para confirmar essa hipótese, dois fatos são importantes para marcar a influência da ditadura sobre o Judiciário e a radicalização do golpe de Estado por meio do Ato Institucional n. 5,

---

(2) Sobre os primeiros passos da repressão da ditadura no meio sindical, o Relatório da Comissão Nacional da Verdade registra o seguinte trecho: "Intervenções em direções sindicais, depredação de sedes de entidades, prisões, torturas, execuções foram acontecimentos reiterados e sistemáticos. A ditadura começou efetivamente no dia 1º de abril, no meio sindical. Suas ações visavam a um só tempo quebrar a espinha dorsal do pujante movimento organizacional dos trabalhadores, em ascensão desde os anos 1950, e impedir que nas organizações sindicais se estruturasse qualquer possibilidade de resistência contra o golpe. A intervenção da ditadura nos sindicatos, entre março e abril de 1964, contou com a nomeação de 235 interventores" (BRASIL, 2014, p. 60).

(3) Sobre o PAEG, conferir o verbete correspondente em: <http://www.fgv.br/cpdoc/acerv/o/dicionarios/verbete-tematico/programa-de-acao-economica-do-governo-paeg>. Acesso em: 14 ago. 2021.

de 13 de dezembro de 1968: um deles foi fato nacional e de maior repercussão: o afastamento compulsório dos ministros Vítor Nunes Leal, Evandro Lins e Silva e Hermes Lima, do Supremo Tribunal Federal (RECONDO, 2018); outro fato, local, se deu no Tribunal do Trabalho, que abrangia os estados da Bahia e de Sergipe, e se refere a seminário ocorrido em Salvador e organizado pelos juízes, marcado pela absoluta ausência de discussão sobre a repressão que se abatia sobre sindicato profissional e sindicalistas, e a limitação dos debates jurídicos acerca de dúvidas elementares sobre o FGTS, sem nenhum questionamento ou crítica ao risco de extinção do direito à estabilidade no emprego (FREITAS, 2020).

Diante desse processo histórico, propõe-se uma *primeira hipótese*, de que o Estado funcionaria como limitador, uma força reativa ao movimento sindical e à potencialidade do que poderia oferecer a Justiça do Trabalho como prestação jurisdicional, em momentos em que a elite econômica se vê sob pressão. Vejamos, nessa mesma linha, outros momentos da história política recente do País.

A Constituição de 1988 estabeleceu direitos e garantias consideradas avançadas em relação ao que havia de regulação normativa. No entanto, parte significativa dessas novidades careciam de regulamentação. A mais expressiva talvez seja a vedação à dispensa arbitrária prevista no art. 7º, inciso I, vítima de mora parlamentar, que poderia ter sido resolvida com a aplicação da Convenção n. 158 da OIT, opção rejeitada pelo governo federal e pelo Judiciário, ou, depois, por meio da jurisprudência da Corte Interamericana de Direitos Humanos (MEIRELES, 2020), objeto de indiferença pelas instituições judiciárias. Essa falta de disposição do parlamento em dar concretude à norma constitucional foi seguida pelo desinteresse da maioria do Judiciário Trabalhista, que não cobrava nem fazia gestões para a necessidade de que o modelo democrático estabelecido pela Constituição tomasse corpo no Direito do Trabalho e na Justiça do Trabalho.

No entanto, mesmo com esse ambiente contrário à concretude de avanços constitucionais, a sociedade brasileira movimentou-se, ora por estabelecimento de garantias trabalhistas, ora por maiores espaços aos interesses patronais, a depender das conjunturas e dos ventos da luta de classes.

Na segunda década do século XXI, a participação cada vez mais presente de representações sociais em decisões de Estado e a adoção de políticas públicas que ameaçaram o acúmulo excessivo de riquezas pela burguesia, provocaram um novo momento de ruptura democrática no País. Desta vez sem contar com a imagem de militares e seus veículos nas ruas, mas por meio de ardilosa trama parlamentar em articulação com a elite econômica, a presidente Dilma Rousseff foi deposta, tomando o seu posto o vice, Michel Temer, que em pouco tempo promoveu profunda reforma nas leis trabalhistas (Lei n. 13.467/2017), estrangulando financeiramente os sindicatos, limitando o acesso de trabalhadores à Justiça do Trabalho por meio de novas regras acerca da gratuidade e de condenações em honorários advocatícios, e oferecendo ao patronato modalidades contratuais tipicamente precárias quanto às garantias para o empregado. Temer foi sucedido por Jair Bolsonaro, vencedor em pleito eleitoral eivado de dúvidas até hoje sob apreciação da Justiça Eleitoral. Bolsonaro aprofundou ainda mais os dispositivos de rebaixamento dos direitos trabalhistas, seja pelo conjunto de normas propostas durante a pandemia do novo coronavírus (nos anos 2020 e 2021), seja pela Medida Provisória n. 1.045/2021. Mecanismos que desregulamentam direitos em vínculos de emprego(4) e que promovem grave retrocesso social, se confrontando objetivamente a dispositivos e princípios da Constitucional Federal.

Nos dois momentos históricos há semelhanças políticas nos precedentes dos golpes de 1964 e de 2016 quanto ao acúmulo do movimento sindical no tocante à luta por direitos e garantias individuais e coletivos no âmbito trabalhista. A similaridade verifica-se também nos pós-golpes quanto à repressão e à criatividade do Estado, que buscou precarizar esses direitos.

Em ambos os períodos houve pressão para que o Judiciário acompanhasse o discurso orientado pela economia política defendida pela chefia do Poder Executivo. Nos idos da ditadura, por exemplo, os tribunais decidiam que o direito à estabilidade deveria ser convertido em indenização ao invés de reintegração ao emprego, mesmo sendo este o pedido do trabalhador. Assim como atualmente há juízes que defendem as novas reformas como meio de evitar um suposto abuso dos trabalhadores em recorrer à Justiça do Trabalho, em plena concordância com o discurso ultraliberal(5) que defende a sua extinção.(6)

Nesse passo, sugere-se uma *segunda hipótese*: a valorização do Direito do Trabalho como sistema que estrutura direitos garantidores de dignidade ao trabalhador, investe valor equivalente à Justiça do Trabalho, sendo o oposto, isto é, a precarização de direitos, representaria ameaça ao Judiciário. Trocando em miúdos, quanto mais fortalecido o Direito do Trabalho, mais firme a Justiça do Trabalho.

A promessa da Constituição, como sabemos, é de um Estado Democrático de Direito. Na estrutura estabelecida a partir de outubro de 1988, o Judiciário deve garantir a Constituição e é necessariamente dependente da democracia. Se considerarmos que o trabalho digno (a dignidade da pessoa humana é fundamento da República, segundo o art. 1º) milita contra a desigualdade social (construir uma sociedade livre, justa e solidária é objetivo fundamental da República, segundo o art. 3º), é preciso manter o alerta acerca da concretude da vedação constitucional ao retrocesso social. Ora, o Direito do Trabalho é em essência contraditório

---

(4) Lembremos que essa conduta tem certa tradição, como a série de proposições encaminhadas pelo Poder Executivo ao Parlamento durante os dois mandatos do presidente Fernando Henrique Cardoso, entre 1996 a 2002, com aprovação da maioria delas e que significou importante reforma no Direito do Trabalho. Sobre a crítica à reforma dos governos FHC, conferir análises em Freitas (1999).

(5) Para o estudo sobre o discurso e a prática ultraliberal, pode-se partir da análise de Pierre Dardot e Christian Laval (2016) e examinar o papel do Ministério da Economia no governo de Jair Bolsonaro.

(6) A esse respeito, em breve busca pela *internet* podem ser encontradas informações a esse respeito, como a posição favorável à extinção no *link*: <https://diariodopoder.com.br/coluna-claudio-humberto/maia-sempre-apoiou-o-fim-da-justica-do-trabalho>, e a carta da ANAMATRA contrária à proposta de emenda à Constituição que propõe o fim da Justiça do Trabalho, em: <https://www.anamatra.org.br/imprensa/noticias/28865-proposta-de-extincao-da-justica-do-trabalho-e-inconstitucional-afronta-a-cidadania-e-os-direitos-sociais-denuncia-anamatra>. Ambos acessados em: 16 ago. 2021.

e vive em cambaleante equilíbrio entre capital e trabalho, repercutindo as movimentações sociais e as lutas de classes. Esse equilíbrio conta com um patamar mínimo a fim de garantir a base do Direito do Trabalho como direitos humanos pautados na dignidade (FLORES, 2009). Nesse sentido, como importante apoio à Carta de 1988, é fundamental situar a relevância do Pacto Internacional dos Direitos Econômicos, Sociais e Culturais, de dezembro de 1966 e ratificada pelo Brasil em 24 de janeiro de 1992, em nosso país equiparado a lei complementar. O que há de desestabilizador nesse sistema e que tende a esvaziar a base em direitos humanos contrapõe-se, portanto, à Constituição. Nesse sentido, é razoável concluir que a reforma de 2017, ao descontruir a proposta constitucional, ofende diretamente a democracia (CARVALHO e FREITAS, 2020).

3. Conclusões

Em síntese, é possível identificar, a partir do estudo de contextos históricos críticos, como os golpes de 1964 e de 2016, a caracterização do Estado como figura política complexa que esvazia de poderes a sociedade, especificamente, como aqui visto, o movimento sindical. Essa atuação do Estado revela uma contradição, pois ao reprimir direitos individuais e coletivos da classe trabalhadora, põe em xeque a continuidade e o funcionamento de órgão que o constitui: a Justiça do Trabalho. Assim o fazendo, o Estado contraria a própria Constituição. Como responder a essas contradições?

A Justiça do Trabalho deve manter-se em ponto de equilíbrio de modo que não dê as costas ao conflito entre trabalho e capital, que a fundou e a justifica, e nem a entregar-se aos desejos infinitos de acúmulo de riquezas da burguesia, pois aí a exploração total da força do trabalho e dos recursos ambientais implicaria um mundo sem futuro.(7) A dialética em que se equilibra a Justiça do Trabalho deve cuidar para que a instituição não caia na tentação de seguir discursos sedutores da economia política, que opõem o Direito do Trabalho a um certo tipo de progresso que a ideologia trata de camuflar e vender como saída para o desemprego. Por outro lado, a defesa da dignidade como valor estruturador do Direito do Trabalho deve se conduzir como resistência e contraposição ao desejo ultraliberal de retorno histórico a tempos em que a representação sindical era tratada como caso de polícia.

Afinal, o passado nos ensina a compreender o futuro. A compreensão da situação atual das relações do trabalho, caracterizada pela precarização das condições de trabalho, informalidade e desemprego, exige o estudo da realidade histórica que tem marcado os conflitos entre trabalho e capital no País. Dois projetos se digladiam há tempos: de um lado, uma incansável posição anticivilizatória de radicalização da exploração da força de trabalho que se mantém ao longo de séculos, denunciada desde Rui Barbosa em 1919 em seu confronto com políticos declaradamente escravocratas e corporificados mais recentemente em nossa história por executores de rupturas democráticas e golpes; de outro lado, a defesa da democracia e

(7) Sobre reflexões em torno de um Direito Ecológico do Trabalho, sugiro o excelente diálogo entre os professores Rodrigo Carelli e Gustavo Seferian, em vídeo da Escola Judicial do Tribunal Regional do Trabalho da 5ª Região. Disponível em: <https://escolajudicial.trt5.jus.br/node/53760>. Acesso em: 16 ago. 2021.

do Direito do Trabalho apoiado na dignidade e na superação de desigualdades sociais, com raízes na história das lutas e conquistas sociais e da atual Constituição.

Qual projeto seguir? Essa, talvez, seja a reflexão mais fundamental a ser feita pela sociedade para responder as contradições apresentadas neste ensaio e acerca do futuro da Justiça do Trabalho.

Referências

BRASIL. *Relatório Final da Comissão Nacional da Verdade.* Brasília: CNV, 2014.

CARVALHO, Cínzia Barreto; FREITAS, Carlos Eduardo Soares de. A Reforma trabalhista como ofensa à democracia. In: FREITAS, OLIVEIRA e DUTRA (Orgs.). *Reforma trabalhista e crise do direito do trabalho no Brasil:* apontamentos críticos. Curitiba: Appris, 2020.

CORRÊA, Larissa Rosa. *Disseram que voltei americanizado* — Relações sindicais Brasil-Estados Unidos na ditadura militar. Campinas: Editora UNICAMP, 2017.

DARDOT, Pierre; LAVAL, Christian. *A nova razão do mundo: ensaio sobre a sociedade neoliberal.* São Paulo: Boitempo, 2016.

FLORES, Joaquín Herrera. *A reinvenção dos direitos humanos.* Florianópolis: Fundação Boiteux, 2009.

FREITAS, Carlos Eduardo Soares de. Desregulamentação e precarização nas relações formais do trabalho no Brasil dos anos 90. *Revista SER SOCIAL (UNB)*, Brasília, v. 5, p. 65-86, 1999.

______. Notas metodológicas para a análise de debates jurídicos durante a ditadura. *Revista Estudos Institucionais*, volume 6, n. 3, p. 1.135-1.156, set./dez. 2020.

MEIRELES, Edilton. Corte Interamericana de Direitos Humanos e a garantia de emprego no Brasil. In: FREITAS; OLIVEIRA; DUTRA (Orgs.). *Reforma trabalhista e crise do direito do trabalho no Brasil:* apontamentos críticos. Curitiba: Appris, 2020.

RECONDO, Felipe. *Tanques e togas:* o STF e a ditadura militar. São Paulo: Cia. das Letras, 2018.

SILVA, Fernando Teixeira. *Trabalhadores no tribunal:* conflitos e Justiça do Trabalho em São Paulo no contexto do Golpe de 1964. São Paulo: Editora Alameda, 2019.

A Ascensão da Racionalidade Neoliberal e o Desmonte de Direitos Trabalhistas Pelo STF: A Pandemia como Efeito Catalisador

Breno Baía Magalhães[1]
Paulo Henrique Araújo da Silva[2]

A construção da governamentalidade neoliberal, o ideal de desenvolvimento capitalista e seus reflexos na desestruturação do Direito do Trabalho

O liberalismo surge no final do século XVIII como forma de estabelecer limites às ações governamentais. Trata-se de uma teoria inicialmente pautada na racionalidade do direito natural, na liberdade do comércio, na propriedade privada e nas virtudes do equilíbrio do mercado. Nessa estrutura político-filosófica, os indivíduos eram vistos como agentes econômicos independentes, isolados e guiados pelos seus próprios interesses (DARDOT; LAVAL, 2016, p. 33-37).

O Estado e suas instituições possuem uma função essencialmente negativa: a de não interferir nos pontos estruturantes supramencionados do liberalismo, agindo positivamente apenas quando indivíduos ou corporações ameaçam violar a ordem liberal e os inatos direitos de propriedade. A superação da desigualdade social entre os homens, assim como a sua possibilidade de ascensão social, ambos compromissos do liberalismo, seriam efetivadas por um mediador imparcial desse conjunto de vontades: a harmonia do mercado, vista como um mecanismo natural, eficiente e neutro de regulação automática da economia, mesmo em momentos de recursos escassos (DARDOT; LAVAL, 2016, p. 66).

Já no início do século XX, o liberalismo aliou-se ao modo de produção fordista, responsável por estruturar a chamada sociedade salarial, de modo que o trabalho e a renda dele

---

(1) Possui graduação (2008), Mestrado (2011) e Doutorado (2015) em Direito pela Universidade Federal do Pará (UFPA). Foi *visiting scholar* na *Washington College of Law, American University* (2015). Pesquisador visitante na Universidade Nacional de Lanús (2018). Professor da Universidade Federal do Pará (UFPA). Menção Honrosa no Prêmio CAPES de Tese 2016. Coordena o Grupo de Pesquisa Estudos Constitucionais Compartilhados (CNPq).

(2) Graduando em Direito pela Universidade Federal do Pará (UFPA), com período de intercâmbio acadêmico no Supremo Tribunal Federal (STF). Bolsista de Iniciação Científica na área de Direito Constitucional (PIBIC/CNPq). Integrante do Grupo de Pesquisa Estudos Constitucionais Compartilhados (CNPq).

proveniente eram a principal forma de inserção social: o vínculo empregatício, além da subsistência, fornecia também o reconhecimento e a proteção social nessa dinâmica tipicamente capitalista (HARVEY, 1992, p. 105).

Ainda assim, a harmonia natural do mercado parecia não se sustentar à medida que o capitalismo passava a ser um sistema cada vez mais complexo e de grande escala.(3) Dentre outros fatores, um dos pontos cruciais que culminou na revisão em âmbito teórico do liberalismo foi a exposição, ainda no fim do século XIX, da relação conflituosa entre trabalhador e empregado desvendada pela ascensão do movimento sindical em toda a Europa. Esse fenômeno quebrou com a concepção liberal de que as relações trabalhistas consistem em uma troca de mão de obra e salários entre dois indivíduos de vontades iguais e independentes. Em suma, as reivindicações sindicais(4) levaram os Estados nacionais a ter que se adaptar às discussões de cunho social para as quais o liberalismo, que os orientava, não estava preparado, uma vez que visualizava as relações trabalhistas em termos essencialmente monetários, demonstrando a total incapacidade do projeto liberal de lidar com as tentativas de reformas sociais (NUNES, 2003, p. 453).

Atacando principalmente as proteções estatais destinadas à classe trabalhadora, a proposta de reformulação do liberalismo tem em Herbert Spencer a sua primeira grande figura. Com escritos que se tornaram bastante populares no fim do século XIX, o filósofo e antropologo inglês elevou o individualismo liberal ao ponto de considerar as intervenções estatais de proteção às classes mais baixas como, essencialmente, socialistas e como intervenções que limitavam a vida dos cidadãos em geral em nome da pobreza e do desemprego, entendidas por ele não como um problema social, mas como um demérito individual (SPENCER, 2020, p. 17-24).

Ademais, a originalidade do spencerismo está no concorrencialismo social, concepção que, dada a insuficiência do modelo da troca liberal para a compreensão das dinâmicas sociais, concebe que, na verdade, a competição deve ser a norma geral a pautar a relação dos indivíduos, das empresas e dos Estados. Essa situação de concorrência é vista, por sua vez,

(3) Para Antônio José Avelãs Nunes (2003, p. 432-433), essa harmonia nunca existiu. O que ocorria, na realidade, era que em meio à tecnologia industrial rudimentar que marca os séculos XVIII e XIX, os trabalhadores, desorganizados ou em organizações de estrutura precária, não desfrutavam da totalidade de seus direitos civis e políticos, comprometendo o seu acesso ao aparato estatal. Nesse contexto, o próprio Estado era imune às demandas populares, o que permitia que a classe operária sofresse o ônus de todas as crises econômicas na forma da redução salarial abrupta, reflexo de um sistema capitalista em que "os que não trabalhavam estavam escolhendo não comer". Para o autor, a maior comprovação desse diagnóstico reside no fato de que a conquista pela classe trabalhadora do sufrágio universal e um maior acesso à generalidade dos direitos civis e políticos coincide exatamente com as dificuldades crescentes do liberalismo *laissez-faire*, que culminaram na Grande Depressão (1929-1933), um dos maiores colapsos do sistema capitalista ao longo de sua história.

(4) Essa instabilidade nas relações sociais causada pelas pautas sindicais levou, nos anos 1870-1880 e como tentativa de intervenção estatal para amenizar a questão, a Alemanha de Otto von Bismarck e posteriormente toda a Europa nos séculos XIX e XX a um "movimento ascendente de dispositivos, regulamentações e leis" com o objetivo de fornecer algumas garantias à classe trabalhadora, tais como limitação da jornada de trabalho, vedação do trabalho infantil e os direitos de greve, livre associação, aposentaria e indenização. Nesse ponto, destaca-se a essencial contribuição da causa operária para dar à relação trabalhista o seu caráter coletivo, conflituoso e, acima de tudo, desigual e essencialmente classista (DARDOT; LAVAL, 2016, p. 43-44).

como natural, uma vez que, em uma sociedade de recursos limitados, os homens devem disciplinar-se, trabalhar e construir um capital (SPENCER, 2020, p. 154-158). O contrato social serve apenas para garantir o respeito à propriedade privada e às liberdades civis nessa disputa, que necessariamente resulta em desigualdades entre os que vencem e os que perdem.

Essas ideias continuaram a ser discutidas em Spencer e em outros autores, mas ainda em uma amplitude relativamente pequena. Foi só então que, décadas depois, sob a premissa de restaurar o capitalismo e refundar o liberalismo como forma de combater a ascensão do totalitarismo em suas formas comunista e nazista, ocorre o Colóquio Walter Lippmann,(5) o momento fundador do neoliberalismo, entre os dias 26 e 30 de agosto de 1938, evento que contou com participantes que marcaram a história da política capitalista dos países ocidentais no século XX, tais como Friedrich Hayek e Wilhelm Röpke e Ludwig von Mises (DARDOT; LAVAL, 2016, p. 71).

O Colóquio, ressalvadas algumas divergências teóricas entre os presentes, chega a um consenso acerca das questões que a reformulação do liberalismo deve considerar. O diagnóstico realizado foca em três pontos: 1) o capitalismo deve agora lidar com conflitos sociais e interestatais; 2) o *laissez-faire* e as leis naturais do mercado são insuficientes para promover a prosperidade e a ordem social; 3) considerando o avanço das regulamentações trabalhistas na Europa do século XIX, uma nova proposta de liberalismo deve ser uma alternativa às propostas de intervenção econômica pautadas no reformismo social (DARDOT; LAVAL, 2016, p. 68-69).

Considerados tais fatores, a primeira proposta levantada pelo Colóquio é a de que o que seria chamado posteriormente de "neoliberalismo" deve ser essencialmente cosmopolita, como forma de difundir o neoliberalismo a todos os pontos do planeta e construir assim uma frente unida para resistir à escalada do que foi chamado, na reunião, de "coletivismo", expressão utilizada para designar, ao mesmo tempo, o comunismo, o nazifascismo e as propostas de intervencionismo estatal reformista, consideradas pelos neoliberais como a principal causa do fenômeno totalitário (DARDOT; LAVAL, 2016, p. 72-73).

Outro ponto importante determinado no Colóquio foi a proposição teórica de um intervencionismo essencialmente neoliberal, proposta que será mais bem aprofundada no tópico seguinte. Em síntese, a intervenção do Estado tem como função principal desenvolver o mercado concorrencial, ajustando as medidas estatais para potencializar esse desenvolvimento. Nesse sentido, o neoliberalismo abraça a concorrência como concepção de mercado e entende que o mercado não é um dado natural, mas sim uma construção social e política

---

(5) O Colóquio foi organizado pelo filósofo Louis Rougier, um membro do Círculo de Viena que pregava um retorno do liberalismo em novos alicerces. O evento leva o nome de Walter Lippmann uma vez que a reunião foi organizada para o lançamento da tradução francesa do seu livro intitulado *An Inquiry into the Principles of the Good Society*, obra que, para Rougier, significava um manifesto pela reconstrução do liberalismo. Ao todo, o Colóquio Walter Lippmann reuniu 26 notáveis no tema das propostas de reformulação da doutrina liberal, entre economistas, filósofos e membros do alto escalão dos governos mundiais (DARDOT; LAVAL, 2016, p. 73-74).

na qual a iniciativa privada, submetida à concorrência, possa ocorrer pautada na liberdade[(6)] (DARDOT; LAVAL, 2016, p. 80).

Sendo o mercado algo construído, cabe ao neoliberalismo promover uma virada no liberalismo de modo a ver o Estado não mais como um agente de funções negativas para com o mercado, mas como um ente que atua ativamente para manter viva a estrutura mercadológica (FOUCAULT, 2010, p. 121-123). O objetivo aqui, portanto, é fazer do neoliberalismo um regime que reformula o Estado de Direito para legitimar a doutrina neoliberal e as intervenções jurídico-estatais pró-mercado dela decorrentes.

Baseando-se nos escritos de Friedrich Hayek e Ludwig von Mises, ambos presentes no Colóquio Walter Lippmann e membros da Escola Austríaca, assim como nas obras de Milton Friedman, defensor do monetarismo e principal expoente da Escola de Chicago, o neoliberalismo passa a ser aplicado pelos Estados nacionais na forma da financeirização do Estado de Direito e de políticas que incentivam a redução do Estado Social por meio da privatização e da financeirização das políticas públicas. Partindo da compreensão de que o caráter distributivo da política pública é um atentado à liberdade individual prevista nas Constituições, o Estado não é responsável por questões de justiça social, mas sim por garantir que o Direito seja cumprido, aqui já em uma perspectiva de que a lei possui a função de garantir a existência e funcionamento do mercado (FRIEDMAN, 2014, p. 199-204).

Norteador das políticas nacionais na década de 1970 em diante, o neoliberalismo, como modelo econômico e social, foi visto primeiramente no governo ditatorial chileno de Augusto Pinochet (1974-1990). Em seguida, foi aplicado no Reino Unido na gestão de Margaret Thatcher (1979-1990) e nos Estados Unidos no governo Ronald Reagan (1981-1989), todos esses governos pautados em um quadro institucional de forte direito de propriedade e expansão do comércio e do livre mercado (VERBICARO, 2020, p. 113).

O aspecto cosmopolita do neoliberalismo pode ser visto na prática do Fundo Monetário Internacional (FMI), com propostas feitas aos países em desenvolvimento pautadas na austeridade fiscal, na abertura das economias internas desses países para as multinacionais e uma reforma pautada na retração das políticas sociais sob uma retórica de desenvolvimento econômico como garantidor da prosperidade e da democratização das sociedades, além da proteção integral e efetiva dos direitos humanos (OLIVEIRA, 2010, p. 175-176).

Abandonando a economia do *laissez-faire* e a atuação estatal no modelo do "vigia noturno" típicos do liberalismo, o neoliberalismo tem um projeto de Estado com um escopo de atuação menor, mas de forte atuação nas funções que de fato lhe competem. Isso significava um Estado desobrigado de quaisquer propostas sociais e responsável apenas pela ordem e estabilidade econômicas, setores nos quais deveria atuar intensamente para manter o mercado devidamente regulado (BROWN, 2019, p. 75-77).

---

(6) Michel Foucault (2010, p. 164) considera que a concorrência "como lógica econômica essencial só aparecerá e só produzirá seus efeitos sob certo número de condições cuidadosamente e artificialmente preparadas". Desse modo, caberia ao Estado atuar como o ente que organiza e preserva as condições do mercado e da concorrência.

No âmbito da relação entre Estado forte e efetivação das políticas neoliberais, é imprescindível destacar as contribuições da forma alemã do neoliberalismo, chamada de ordoliberalismo, termo que designa a ênfase dos neoliberais alemães em vislumbrar a ordem constitucional em sua forma procedimental como basilar à construção de uma sociedade e de uma economia pautadas na lógica do mercado e altamente resistentes ao reformismo social.

Tendo Wilhelm Röpke como um de seus principais nomes, o ordoliberalismo, partindo do pressuposto da artificialidade do mercado, busca estabelecer um quadro institucional especificamente adaptado a uma economia de concorrência. Esse quadro só pode ser estabelecido por meio de um Estado forte e tecnocrático, dirigido por autoridades comprometidas não com a democracia e as demandas oriundas das massas, mas sim com a expertise técnica e com os princípios de uma economia competitiva e liberalizada (BROWN, 2019, p. 93).

A Constituição, as leis dela decorrentes e os direitos por ela garantidos, na perspectiva do neoliberalismo alemão, não possuem a função de materializar princípios democráticos, mas sim de determinar com força de lei uma relação harmônica entre Estado e economia, legislando e promovendo elementos essenciais à dinâmica dos mercados. Dessa maneira, um Direito ordoliberal possui apenas a função de construir um quadro de ordem e de liberdade no qual os indivíduos podem buscar os seus interesses particulares. O Estado, além de devotar-se por completo ao neoliberalismo, passa a ter não mais na democracia e nem na garantia de direitos, mas na economia de livre mercado a justificativa para a sua própria existência (DARDOT; LAVAL, 2016, p. 106-108).

Além da construção de um Estado de Direito e de leis com vertentes puramente econômicas, o ordoliberalismo reforça o repúdio à democracia do neoliberalismo, uma vez que os neoliberais alemães visualizam os Estados e os direitos sociais como fracos por permitirem que a demanda das massas leve a um intervencionismo que sobrepõe a própria realidade dos fatores econômicos do mercado, resultando em nações que recaem ou em ruína ou em uma ditadura das massas. Desse modo, para a construção de um Estado forte, livre e duradouro, a democracia e as garantias de cunho social, tidas como o vício das massas, devem ser isoladas do Estado de Direito como um todo (BROWN, 2019, p. 95-98).

Desse modo, o neoliberalismo alcança a normatividade que norteia a atividade estatal, remodelando-o de modo que o Estado neoliberal assegura por meio do Direito a forma de uma empresa, com a única função de criar as condições para que o mercado possa prosperar (BROWN, 2005, p. 40-43). Esse tipo de Estado e a sua consequente normatividade econômica não possui mais obrigações com os indivíduos, uma vez que, conforme a racionalidade neoliberal, cada pessoa é responsável por seu sucesso e soberana de sua própria vida (BROWN, 2015, p. 20-23).

Por outro lado, para que o projeto neoliberal seja efetivado, é necessário dominar o Estado e também eliminar possíveis revoltas: para isso, o neoliberalismo não se constitui apenas como uma forma de governo, mas sim como um plano de governamentalidade: para além de reformular e ressignificar os valores democráticos das instituições e compromissos políticos já estabelecidos, trata-se também de conduzir os indivíduos para um modo de vida compatível com o plano neoliberal (FOUCAULT, 2010, p. 305-308).

Desse modo, a governamentalidade neoliberal possibilita ao Estado usar de um aparato epistemológico para naturalizar e construir o neoliberalismo como a única realidade possível, de modo que os indivíduos devem enxergar-se a si mesmos como extensões do capital, como "empresários de si mesmos", como seres que devem pautar as relações interpessoais com base na competitividade (FOUCAULT, 2010, p. 311-313). Desse modo, o Estado neoliberal produz indivíduos "economizados", que planejam a sua vida a partir de uma perspectiva mercadológica e com base em projetos que otimizem os recursos disponíveis.

A barreira para o estabelecimento dessa ordem neoliberal, em primeira análise, reside no fato de que é a democracia o regime que pauta a maioria dos Estados no globo. Entretanto, como a busca pela ordem é necessária aos objetivos econômicos, a democracia não precisa ser totalmente destruída, de modo que a sua estrutura garantidora da ordem pode ser aproveitada pelos interesses neoliberais.

A intervenção neoliberal na democracia consiste no que Wendy Brown (2015, p. 35-41) chama de "economização"(7), processo que consiste na fragmentação do sistema democrático em seu aspecto formal, na forma do procedimento democrático, e, no seu aspecto material, representado pelos valores de igualdade, liberdade e pelos compromissos com os Direitos Humanos inerentes ao regime democrático. Desse modo, o neoliberalismo desmonta a democracia, mas ao mesmo tempo usa a estrutura do regime para efetivar o seu projeto de poder.

Partindo do pressuposto de que os Estados plenamente democráticos ameaçam a liberdade, o desenvolvimento e a ordem espontânea, o neoliberalismo tem como ponto essencial "sufocar" a democracia de seu aspecto material de um Estado redistributivo e igualitário, mantendo uma democracia estritamente formal, ou seja, permanecem os procedimentos democráticos que demandam a existência de um Estado forte e atuante,(8) mas se afastam de "qualquer noção de interesse público que vá além da proteção às liberdades e à segurança individuais" (BROWN, 2019, p. 76-77).

Nessa perspectiva, estabelece-se um Estado forte que garante, ao mesmo tempo, o processo de desregulamentação dos direitos sociais e a proteção do direito privado. Reformas de cunho previdenciário e flexibilizações das leis trabalhistas, que ocorrem em vários países

(7) Essa ressignificação de Direitos Humanos pelo neoliberalismo é estudada por Wendy Brown por meio da análise de casos levados à Suprema Corte dos Estados Unidos, estudo esse que pode ser observado no capítulo 5 de *Undoing the Demos: Neoliberalism's Stealth Revolution* (2015) e no capítulo 4 de *Nas Ruínas do Neoliberalismo: A Ascensão da Política Antidemocrática no Ocidente* (2019). Uma das principais constatações feitas pela autora em ambas as obras é a ressignificação da liberdade de expressão, que deixou de significar a vedação de quaisquer sanções àqueles que expressam seu posicionamento para passar a constituir meramente uma prerrogativa da participação de ideias, sejam de pessoas ou de empresas, no âmbito do mercado, para melhorar o prestígio social e econômico desses entes (BROWN, 2015, p. 158-160; BROWN, 2019, p. 185-188). Nessa perspectiva, o Estado, em vez de garantir os Direitos Humanos, torna-se um agente ativo na supressão e reformulação dessas que são garantias fundamentais previstas constitucionalmente.

(8) Os neoliberais consideraram que as democracias fortes consistiam em uma ditadura das demandas das massas, fator que as faria resultar, inevitavelmente, no totalitarismo ou no fascismo. Caberia ao neoliberalismo, portanto, formular uma proposta de "democracia liberal", capaz de limitar o que a doutrina neoliberal via como "excessos da democracia", materializados principalmente na forma do assistencialismo social (NUNES, 2003, p. 434).

do globo, são expressões da política neoliberal, que destrói as garantias de cunho social, promovendo a liberdade concorrencial como forma de transferir para os indivíduos a responsabilidade quanto aos efeitos da desigualdade gerada pelo sistema capitalista (DARDOT, LAVAL, 2016, p. 329).

Sob novas bases objetivas e subjetivas de manutenção do capitalismo fornecidas pelo neoliberalismo, as reformas de cunho trabalhista pautam-se na necessidade absoluta da supremacia do mercado, o que justificaria o sacrifício de direitos fundamentais assegurados no âmbito das relações trabalhistas. Essa lógica é fundamentada na falsa premissa, já amplamente refutada, de que o barateamento dos custos trabalhistas por meio de reformas e a precarização do trabalho dela decorrente gerariam mais empregos (INTERNATIONAL LABOR ORGANIZATION, 2021, p. 20-29).

Nessas reformas, que tendem a exaltar uma autonomia individual do trabalhador para negociar com o seu empregador as condições do seu contrato de trabalho, o que ocorreu no contexto da Reforma Trabalhista brasileira, premissas básicas que fundam a proteção do Direito do Trabalho como a assimetria das relações de trabalho e da hipossuficiência do trabalhador face ao empregador são sacrificadas (DARDOT; LAVAL, 2016, p. 326).

Com isso, efetiva-se nos países o que David Harvey (1992, p. 26-28) denomina de neoliberalismo de acumulação flexível, que constitui um novo modo de trabalho e de vida pautado, simultaneamente, na flexibilização das estruturas salariais, produtivas e de garantias e no desmantelamento da proteção social, o que resulta em um processo econômico, social e político, típico da atual dinâmica do capitalismo, que resulta na precarização das relações trabalhistas.

Ademais, cabe destacar que, por mais que existam inúmeras diferenças entre as formas de desenvolvimento dos capitalismos central e periférico,[9] os distintos patamares de cidadania e de direitos sociais, que marcam as distinções entre os países desenvolvidos e subdesenvolvidos, não impedem que a precarização do trabalho ocorra com base em uma dupla reforma institucional: primeiro, a iminência de uma crise econômica justifica as reformas de cunho trabalhista e, em seguida, a necessidade de tornar a máquina estatal menos burocrática e onerosa fundamenta as reformas que precarizam os sistemas de proteção, materializados na forma da Previdência Social (GALVÃO, 2003, p. 89-95).

Além disso, momentos de crise econômica, tal qual a situação atual do Brasil, tendem a desigualar e fragilizar ainda mais uma garantia mínima de direitos aos trabalhadores,

(9) O capitalismo não possui um padrão universal e invariável de instauração e de desenvolvimento. Há distinções basilares entre o sistema capitalista das nações centrais e hegemônicas e como esse mesmo sistema se apresenta nas nações periféricas. No caso específico do Brasil, o país foi historicamente visto pelo cenário internacional como um reserva de recursos e de potencialidades, de modo que as nações hegemônicas dispuseram-se a intervir na economia interna brasileira para torná-la dependente, ou seja, com controles econômicos que permitem o fluxo do capital financeiro sem grandes limitações, assim como com um desenvolvimento nacional induzido pelo exterior e de modo que suprisse as demandas das nações hegemônicas, por novos recursos e empreendimentos, seja essa hegemonia de cunho econômico ou político (FERNANDES, 2006, p. 269-274).

aliando inclusive a fatores[10] históricos, sociais, raciais, de gênero, regionais e econômicos de concentração de renda, de modo a evidenciar que a racionalidade neoliberal vislumbra na desestruturação do Direito do Trabalho um meio para sedimentar um sistema da relação entre capital e trabalho pautado estritamente em termos mercadológicos e por uma lógica negocial individualizante.

As políticas neoliberais do Executivo Federal sobre Direitos Trabalhistas na pandemia e chancela suprema

As medidas de distanciamento social determinadas por prefeitos e governadores, muitas das quais previam o encerramento temporário de serviços e estabelecimentos empresariais, surtiram severos efeitos econômicos nas relações trabalhistas. Não somente por conta da redução do consumo de bens e serviços, mas, especialmente, pelo fechamento de empreendimentos comerciais elencados em listas oficiais como não essenciais.

O aumento nas taxas de desemprego e a demora do Governo Federal em criar medidas distributivas de auxílio financeiro geraram desconfortos políticos e ânsia social solucionados, inicialmente, por meio de políticas legislativa de flexibilização de direitos trabalhistas durante o período de duração da pandemia. O Governo de turno, portanto, fez inicialmente, uma escolha que bem representa sua ideologia neoliberal de pouco apreço aos trabalhadores: em vez de, prontamente, prestar socorro aos desamparados, optou por criar mecanismos de flexibilização de seus contratos de trabalho.

A injustificada demora na criação de medidas de auxílio financeiro estatal, na contramão da experiência comparada, serviu de incentivo para que o partido Rede Sustentabilidade propusesse a Ação Direta de Inconstitucionalidade por Omissão n. 56,[11] sustentando a injustificada omissão legislativa do Governo Federal na criação de políticas públicas que servissem de amparo econômico a pessoas afetadas pela pandemia. Juridicamente, o partido alegava que a falta de legislação nesse campo vulneraria direitos sociais relativos ao mínimo existencial, principalmente, o da alimentação. A inicial requeria a determinação de uma renda mínima temporária de:

> mínimo R$ 300,00 *per capita* durante seis meses, para todos os trabalhadores listados no Cadastro Único e todos os seus dependentes também cadastrados bem como os desempregados que tenham número de identificação social, limitando o valor máximo de R$ 1.500,00 por família de 2 trabalhadores e três dependentes independente da família ser beneficiária ou não do programa

(10) É notória a capacidade do neoliberalismo de potencializar a lógica mercadológica apropriando-se de fenômenos geradores de desigualdade em cada um dos países. Isso ocorre porque a ausência dos compromissos com a dignidade humana, a igualdade material e os Direitos Humanos fazem com que esse modelo neoliberal de Estado possua instituições completamente fragilizadas e esvaziadas de valores moralizantes, "vácuo" esse que é preenchido pelos grupos sociais e econômicos que se encontram em posições hegemônicas. As instituições, antes de valores democráticos, são agora instrumentos de realização dos interesses desses seletos grupos, interesses esses que vão para além do mercado, alcançando também estigmas sociais e históricos que permitiram a manutenção de certo grupo social como dominante. (BROWN, 2006, p. 699-702).

(11) Ação proposta no dia 26.03.2020.

Bolsa Família, ou, de maneira subsidiária, de acordo com os parâmetros que esta Suprema Corte entender razoável.(12)

Poucos dias após a propositura da ação, o ministro Marco Aurélio indeferiu a inicial com base na impropriedade do pedido formulado, uma vez que, na leitura do ministro, a ADO não poderia ser usada para determinar a fixação de renda básica emergencial temporária. O ministro relembrou que a decisão nessa ação serviria, tão somente, para dar ciência aos poderes de sua eventual omissão e, igualmente, que os Poderes já estariam articulando o tema no Senado.(13) O plenário do STF, por maioria e capitaneado pelo ministro Roberto Barroso, entendeu ser possível discutir o tema no bojo de ADO, portanto cognoscível a ação, mas a julgou prejudicada especialmente em razão da entrada em vigor da Lei n. 13.982/2020 (02.04.2020), que instituiu o auxílio emergencial.(14)

No entanto, antes da edição dessa lei, o Governo editara Medidas Provisórias que foram imediatamente contestadas perante o STF: as Medidas Provisórias ns. 927(15) e 936/2020.(16) A pletora de ações que questionavam os dispositivos da MP 927 direcionava sua atenção às medidas oferecidas aos empregadores para o enfrentamento dos efeitos econômicos decorrentes da pandemia e suas eventuais consequências.(17) Em síntese, essas ações questionavam a suspensão do contrato de trabalho por até quatro meses sem contrapartida financeira, a possibilidade de alteração salarial nos contratos individuais sem a intervenção sindical, a suspensão de obrigações administrativas sobre segurança do trabalho, regras sobre ampliação e compensação da jornada de trabalho.

O ministro Marco Aurélio indeferiu liminar para suspender os dispositivos questionados(18) da MP n. 927 em 26.03.2020(19) alegando a competência do presidente para atuar em situação emergencial, principalmente na hipótese em que esteja pendente referendo congressual. Em avaliação superficial das alegações feitas naquelas ADIs, o ministro sustentou o caráter excepcional da situação pandêmica e a razoabilidade aparente das medidas eleitas, as quais deverão aguardar manifestação do colegiado.(20) O plenário, por maioria, não

---

(12) Item c.1 dos pedidos da Petição Inicial.

(13) Decisão monocrática, rel. Min. Marco Aurélio, DJE 31.03.2020.

(14) Julgamento plenário, por maioria, realizado no dia 30.04.2020.

(15) Ações propostas em face da MP n. 927/20: ADI ns. 6.242, 6.344, 6.346, 6.348, 6.349, 6.352, 6.354, 6.375, 6.377 e 6.380.

(16) Ações propostas em face da MP n. 936/20: ADI n. 6.363 (02.04.2020).

(17) I – o teletrabalho; II – a antecipação de férias individuais; III – a concessão de férias coletivas; IV – o aproveitamento e a antecipação de feriados; V – o banco de horas; VI – a suspensão de exigências administrativas em segurança e saúde no trabalho; VII – o direcionamento do trabalhador para qualificação; e VIII – o diferimento do recolhimento do Fundo de Garantia do Tempo de Serviço (FGTS).

(18) Os arts. 2º; 3º, inciso VI; 8º, cabeça e parágrafo único; 14, cabeça e §§ 1º e 2º; 15, cabeça e §§ 1º, 2º e 3º; 16, cabeça e §§1º e 2º; e 36.

(19) ADI n. 6.342, Decisão monocrática, Min. Marco Aurélio, DJE 30/3/2020.

(20) *O Brasil vivencia quadra inesperada, quadra de pandemia. Daí o Decreto Legislativo n. 6/2020 haver implicado a declaração de estado de calamidade pública. O momento é de temperança, de compreensão maior, de observância do arcabouço normativo constitucional. Com a referida Medida Provisória, buscou-se, acima de tudo, preservar bem maior*

referendou a liminar de Marco Aurélio, tão somente, em relação aos arts. 29 e 31, mantendo inalterado os demais. Capitaneada pelo voto do ministro Alexandre de Moraes, a corte considerou que as medidas eram necessárias em tempos de pandemia e razoáveis, uma vez que intencionavam a manutenção de vínculos empregatícios e os meios de subsistência familiar. No entanto, os ministros declararam a inconstitucionalidade das regras que estabeleciam que casos de contaminação pela Covid-19 não seriam considerados ocupacionais, exceto mediante comprovação de nexo causal, e as que restringiam a atuação dos auditores fiscais do trabalho.

A ADI n. 6.363 questionava dispositivos da MP n. 936/2020, que permitiam, em síntese, que acordos individuais pudessem dispor sobre redução salarial e suspensão do contrato de trabalho sem a participação dos respetivos sindicatos, em possível confronto ao disposto nos arts. 7º, VI, XIII e XXVI, e 8º, III e VI, da Constituição.

Em decisão monocrática, o ministro Lewandowski(21) afirmou que as medidas bem-intencionadas criadas para mitigar os efeitos deletérios da pandemia não poderiam vulnerar o ordenamento constitucional, tal como o afastamento dos sindicatos nas negociações que importassem a redução salarial e suspensão do contrato individual.(22) Dessa forma, sugeriu que fosse dada interpretação conforme à regra provisória, fazendo com que a inércia do sindicato fosse considerada como, no mínimo, uma anuência tácita.(23)

O plenário, entretanto, não referendou a medida cautelar proposta pelo relator.(24) O voto prevalecente, do ministro Alexandre de Moraes, considerou necessário olhar para outros valores constitucionais, tais como o da dignidade da pessoa humana, livre-iniciativa e erradicação da pobreza para justificar o regramento legal provisório. As regras constitucionais expressas sobre a participação do sindicato incidiriam em situações normais e em casos de conflitos. As medidas estariam justificadas pelos efeitos econômicos e sociais da pandemia. Para evitar demissões em massa e desemprego, um pacto entre empregados e empregadores deveria ser firmado para a manutenção de empregos e evitar conflitos e clivagens sociais profundas.

No campo dos direitos trabalhistas, a maioria dos ministros da corte parecem demonstrar uma tendência de não criar vetos e entraves substantivos às escolhas políticas governamentais, seguindo a trilha recente da corte de considerar constitucional a flexibilização da legislação e de direitos trabalhistas,(25) agravadas após a edição da PEC de gastos públicos

---

do trabalhador, ou seja, a fonte do próprio sustento. Essa deve ser a óptica primeira, quer dos partidos políticos, quer das entidades de classe (Decisão monocrática, Min. Marco Aurélio, ADI n. 6.346).

(21) Decisão de 06.04.2020, publicada no DJE 13.04.2020.

(22) Art. 11, § 4º, da MP n. 936.

(23) A decisão do ministro retirou inspiração de nota pública da Associação Nacional dos Magistrados da Justiça do Trabalho (Anamatra), bem como em manifestação da Associação Nacional dos Procuradores do Trabalho — ANPT (VIEIRA; VAILON, 2020, p.102).

(24) ADI n. 6.363 MC-Ref/DF, rel. orig. Min. Ricardo Lewandowski, red. p/ o ac. Min. Alexandre de Moraes, julgamento em 16 e 17.04.2020 (ADI n. 6.363).

(25) Alguns exemplos são a constitucionalidade da terceirização da atividade-fim (ADPF n. 324 e RE n. 958.252-MG) e a constitucionalidade do fim da contribuição sindical obrigatória (ADI n. 5.794). Vale (2020) argumenta que a mudança

e das alterações propostas pelo Governo Temer. O desmonte dos direitos trabalhistas já estava anunciado no documento "uma ponte para o futuro" do PMDB[26] e foi posto em prática após o *impeachment* de Dilma.

As reformas trabalhistas formais em vigor desde 2017 (Leis ns. 13.467/17 e 13.429/17) reforçam o paradigma do capitalismo contemporâneo de posicionar o controle das regras sobre contratação nas mãos do empregador, de acordo com a autorregulação do mercado. Mas essa é uma mudança que não se restringe apenas ao aspecto legislativo do contrato, mas afeta, igualmente, as instituições públicas que atuam na aplicação dessa legislação (KREIN, 2018, p. 78). Nos anos seguintes, foi possível testemunhar a diminuição da participação de sindicatos, a extinção do Ministério do Trabalho[27] e a postura hermenêutica menos favorável aos trabalhadores por parte do STF.

A pandemia aprofundou o discurso da corte suprema sobre a influência das mudanças econômicas no panorama das relações entre empregados e empregadores e seus inevitáveis efeitos na interpretação do Direito do Trabalho. Em 2018, essa postura ficou evidente no julgamento da ADPF n. 324 sobre terceirização, quando a corte derrubou a distinção proposta pelo TST entre atividade meio e fim. As decisões de 2020 enfraqueceram o campo da negociação coletiva, instância necessária para contrabalancear as forças do capital com a laboral, principalmente em sua vertente individual. Tanto a reforma legislativa, como o discurso judicial de que alterações melhorariam a vida do trabalhador, por outro lado, têm encontrado um forte obstáculo nas pesquisas que apontam a falácia discursiva do impulso reformista (KREIN, 2019, p. 13; PEREIRA, 2020).

Sem que tenha havido alterações constitucionais formais, a leitura neoliberal da corte sobre as relações de emprego favorece reformas interpretativas informais no texto constitucional, que, não obstante prever a participação de sindicatos nas avenças que importem a redução salarial, por exemplo, pode ser mitigada em face de situações "excepcionais" não previstas na Constituição. Ou seja, essa seria uma garantia constitucional do empregado em seu contrato individual apenas em situações de 'normalidade' econômica e social. Ou seja, estaríamos, supostamente, diante de um "direito do trabalho de exceção", no qual não há aplicação ou incidência das normas constitucionais (PAIXÃO; LOURENÇO FILHO, 2020).

Não nos parece que as decisões do STF sobre direitos trabalhistas durante o período pandêmico representam hipóteses de uma hermenêutica excepcional ou de crise, mas uma oportunidade de enfraquecer direitos fundamentais dos trabalhadores, em favor da econômica neoliberal que precariza os vínculos públicos em detrimento de uma ideologização

---

de postura do STF talvez tenha se iniciado em 2015, quando a corte mudou sua interpretação sobre a Repercussão Geral de temas que envolviam negociações coletivas, por entender que tais demandas diziam respeito a contratos privados. A partir do julgamento da demanda sobre adesão à planos de demissão voluntária, a corte teria passado a adotar uma postura de aproximação entre a legislação trabalhista e a civilista.

(26) "na área trabalhista, permitir que as convenções coletivas prevaleçam sobre as normas legais, salvo quanto aos direitos básicos"

(27) Lei n. 13.844/19, de 18 de junho de 2019.

privatista da relação de trabalho. As medidas propostas durante a pandemia do Covid-19 serviram como catalizadora de reformas trabalhistas que se anunciavam no horizonte, e que agora estão chanceladas por um STF que tem atuado para frear as investidas fascistas e negacionistas do presidente Bolsonaro, mas que não atuará como veto às suas políticas de enfraquecimento dos direitos fundamentais dos trabalhadores.

Referências

BROWN, Wendy. *Edgework: Critical Essays on Knowledge and Politics*. Princeton: Princeton University Press, 2005.

______. American Nightmare: Neoliberalism, Neoconservatism e De-democratization. *Political Theory,* Berkeley, v. 34, n. 6, p. 690-714, nov./dez. 2006.

______. *Undoing the Demos:* Neoliberalism's Stealth Revolution. Cambridge: Zone Books, 2015.

DARDOT, Pierre; LAVAL, Christian. *A Nova Razão de Mundo:* ensaio sobre a sociedade neoliberal. São Paulo: Boitempo, 2016.

FERNANDES, Florestan. *A Revolução Burguesa no Brasil:* ensaio de interpretação sociológica, 5. ed. São Paulo: Globo, 2006.

FOUCAULT, Michel. *O nascimento da biopolítica.* Lisboa: Edições 70, 2010.

GALVÃO, Andreia. *Neoliberalismo e Reforma Trabalhista no Brasil.* 2003. 238 f. Tese (Doutorado em Ciências Sociais) – Departamento de Ciência Política do Instituto de Filosofia e Ciências Humanas, Universidade Estadual de Campinas, Campinas, 2003.

HARVEY, David. *A condição pós-moderna.* São Paulo: Loyola, 1992.

INTERNATIONAL LABOR ORGANIZATION. *World employment and social outlook 2021:* The role of digital labour platforms in transforming the world of work. Genebra: ILO, 2021.

KREIN, José Dari; COLOMBI, Ana Paula Fregnani. A Reforma Trabalhista em foco: Desconstrução da proteção social em tempos de neoliberalismo autoritário. *Educ. Soc.*, Campinas , v. 0, 2019, p. 13.

______. O desmonte dos direitos, as novas configurações do trabalho e o esvaziamento da ação coletiva: consequências da reforma trabalhista. *Tempo soc.*, São Paulo, v. 30, n. 1, p. 77-104, abr. 2018.

NUNES, Antônio José Avelãs. Neoliberalismo e direitos humanos. *Revista da Faculdade de Direito da Universidade de São Paulo,* São Paulo, v. 98, p. 423-462, 2003.

OLIVEIRA, Bruno José Oliveira. Políticas Sociais, Neoliberalismo e Direitos Humanos no Brasil. *Educere et Educare,* Cascavel, v. 5, n. 9, p. 175-183, jan./jun. 2010.

PAIXÃO, C.; LOURENÇO FILHO, R. O STF e o Direito do Trabalho: as três fases da destruição. *Jota,* [Brasília], 29 jun. 2020.

PEREIRA; CABRAL. Informalidade e crise do emprego no Brasil. *Rev. Human Inov.* [*Internet*]. 2019 [Acesso em: 22 mar. 2020]; 6(18): p. 92-102.

SPENCER, Herbert. *O indivíduo contra o Estado.* Joinville: Clube de Autores, 2020.

VALE, Silvia Isabelle Ribeiro Teixeira do. As decisões trabalhistas no STF: a nossa 'Era Lochner'" (Labor decisions at the Supreme Court: our "Lochner Era"). *Revista do Tribunal Superior do Trabalho,* São Paulo, v. 86, n. 2, p. 262-279, abr./jun. 2020.

VERBICARO, Loiane Prado. Pandemia e o colapso do Neoliberalismo. In: VERBICARO, Dennis; VERBICARO, Loiane Prado (Orgs.). *Tensões de uma sociedade em crise*. Rio de Janeiro: Lumen Juris, 2020, p. 113-123.

VIEIRA, Regina Stela Correa; VAILON, Kauana. Negociação coletiva de trabalho nos momentos de crise: análise das Medidas Provisórias 927 e 936/2020, decisões do Supremo Tribunal Federal e recomendações do Ministério Público do Trabalho. *Revista do Direito do Trabalho e Meio Ambiente do Trabalho*, v. 6, n. 1, p. 96-110, 2020.

Pela Contrapolítica de Afetos da Justiça do Trabalho

Flávia Souza Máximo Pereira[1]

Como se fosse privilégio
assumir o leme
e empunhar palavra
e se é a minha contra a sua
não tem problema
carrego a língua calejada
de enfrentar marés
e na pele todas as marcas
da luta estampada
enquanto sua opressão
continua velada

Luiza Romão, 2017

Não existe teoria jurídica nua[2]. Nenhuma teoria do direito pode ser etérea, pois não é possível uma teorização jurídica justa feita *a priori*. Partimos então do pressuposto epistemológico da produção de um direito "sem vestes, exposto às intempéries, na perspectiva daquilo que o produz, o afeta e o mantém"[3]+

Na produção de um conhecimento jurídico situado, o direito é localizado em relações de poder em termos de geopolítica, que consiste no reconhecimento de uma posição econômica,

---

(1) Professora adjunta de Direito Processual do Trabalho e Direito Previdenciário da Universidade Federal de Ouro Preto. Doutora em Direito pela Universidade Federal de Minas Gerais em cotutela com a *Università degli Studi di Roma* — Tor Vergata. Membro do corpo docente permanente do Programa de Pós-Graduação da UFOP. Coordenadora do Grupo Ressaber — Estudos em Saberes Decoloniais na UFOP. Pesquisadora do Grupo Trabalho e Resistências na UFMG e da rede democratizingwork.org.

(2) FRANZONI, Júlia Ávila. Geografia jurídica tropicalista: a crítica do materialismo jurídico-espacial. *Rev. Direito Práx*, Rio de Janeiro, v. 10, n. 4, 2019, p. 2.923-2.967.

(3) *Ibidem*, p. 2.926.

social, epistêmica e ontológica. Nas espacialidades da geopolítica de conhecimento, fronteiras de poder são formadas, negociadas e transgredidas(4). Como nos explica Sumi Madhok, uma produção de conhecimento jurídico situado deve considerar "de onde você está olhando e quem você está vendo"(5).

Além daquilo que estamos vendo, existe um fator intangível na nossa produção de conhecimento jurídico: os nossos afetos(6). O projeto moderno/colonial(7) não trata apenas do controle da política, do gênero, da raça, da sexualidade e do trabalho, mas também do controle sobre a nossa percepção(8). Corpos e subjetividades estão engajados em certas formas padronizadas de sentir.

Nossos afetos por um sujeito ou por um coletivo são determinados por relações hegemônicas, que atribuem hierarquias de valor e de significado(9). Afeto não é necessariamente algo positivo ou negativo: é o que nos faz sentir sentimentos "Afeto é a maneira como o corpo se prepara para a ação, inserindo uma dimensão quantitativa de intensidade à qualidade de uma experiência"(10).

O afeto é "uma expressão de intensidade, que não é mediada pela linguagem"(11). Ocupa o lugar do que não é dito, mas é sentido(12) e gera efeitos em nossos comportamentos. O poder do afeto reside no fato de ser abstrato, assimétrico e transmissível(13). Trata-se de um fazer sentir coletivo, situacional, não verbalizado e não consciente(14).

Percepções afetivas não devem ser concebidas como resultado de estados mentais individuais, mas como consequência de uma dinâmica relacional entre vários atores que

---

(4) WALSH, Catherine. Interculturalidade e decolonialidade do poder: um pensamento e posicionamento 'outro' a partir da diferença colonial. *Revista Eletrônica da Faculdade de Direito de Pelotas (RFDP)*, v. 5, n. 1, 2019.

(5) MADHOK, Sumi. A critical reflexive politics of location, 'feminist debt' and thinking from the Global South. *European Journal of Women's Studies*, vol. 27(4) 394-412, 2020, p. 396, tradução nossa.

(6) Afeto, sentimento e emoção são utilizados neste ensaio de forma intercambiável, mas possuem características diferentes. Os sentimentos são pessoais e biográficos; as emoções são sociais e os afetos são pré-pessoais. SHOUSE, Eric. Feeling, Emotion, Affect. *M/C Journal*, 2005, s/p, tradução nossa.

(7) O projeto moderno/colonial refere-se à colonialidade do poder, que consiste em um padrão histórico que caracteriza a modernidade. Esse padrão de poder impôs, como modo de controle da autoridade coletiva, o Estado-nação; a instituição da família burguesa predominou no controle do gênero; o paradigma eurocêntrico foi a forma hegemônica de produção de conhecimento e, por fim, como modo de controle do trabalho, o capitalismo, subsidiado pela divisão racial laboral. QUIJANO, Aníbal. Colonialidad do poder, eurocentrismo e América Latina. In: LANDER, Edgardo (org.). *A colonialidade do saber:* eurocentrismo e ciências sociais. Perspectivas latino-americanas. Buenos Aires: CLACSO, 2005.

(8) VAZQUEZ, Rolando; MIGNOLO, Walter. Decolonial AestheSis: Colonial Wounds/Decolonial Healings. *Social Text-Periscope*, 2013.

(9) AHMED, Sara. *The cultural political of emotions.* Edimburgo: Edinburgh University Press, 2014.

(10) SHOUSE, Eric. Feeling, Emotion, Affect. *M/C Journal*, 2005, s/p, tradução nossa.

(11) GUTIÉRREZ RODRÍGUEZ, Encarnación. Reading Affect — On the Heterotopian Spaces of Care and Domestic Work in Private Households. *Forum: Qualitative Social Research*, volume 8, n. 2, Art. 11, Mai 2007, p. 3, tradução nossa.

(12) *Idem.*

(13) SHOUSE, Eric. Feeling, Emotion, Affect. *M/C Journal*, 2005.

(14) *Idem.*

determinam configurações sociomateriais[(15)]. O sentir coletivo é canalizado de maneira orquestrada e imperceptível, o que pode manter ou subverter relações de poder[(16)]. Tais recursos afetivos também controlam as desigualdades entre sujeitos, nos envolvendo de maneira naturalizada e contínua[(17)].

"Afetos se acumulam ao longo do tempo, como uma forma de valor"[(18)]. Para Marx, a mercadoria assume a forma fantasmagórica de uma relação entre coisas[(19)], "na qual os produtos do trabalho se tornam coisas sensíveis-suprassensíveis".[(20)] Sentimentos também se tornam fetiches, qualidades que parecem residir em objetos, em razão de um apagamento da história de sua produção e circulação[(21)]. Afetos são uma forma de capital: não residem objetivamente na mercadoria, mas são efeitos de sua circulação social, econômica e emocional. A ordinariedade das coisas, dos corpos, dos espaços é também efeito da reificação capitalista afetiva[(22)].

Apesar de crucial para a expansão do projeto moderno/colonial, a atmosfera afetiva neoliberal vem sendo submestimada pelo direito, incluindo o direito do trabalho[(23)]. Como nos relata Lander,[(24)] a dificuldade em imaginar e efetivar sistemas de sociabilidade mais justos deve-se, em grande parte, ao fato de que o neoliberalismo é concebido somente como uma teoria econômica, ignorando sua atuação como modelo civilizatório. O neoliberalismo, conforme o autor, é uma "extraordinária síntese dos pressupostos e dos valores básicos da sociedade liberal moderna no que diz respeito ao ser humano, à riqueza, à natureza, à história, ao

---

(15) MACON, Cecilia. Saber o mentir: la conformación afectiva del poder según Las facultades. *Cuadernos del CILHA*, n. 33–2020.

(16) SHOUSE, Eric. Feeling, Emotion, Affect. *M/C Journal*, 2005.

(17) *Idem*.

(18) AHMED, Sara. *The cultural political of emotions*. Edimburgo: Edinburgh University Press, 2014. p. 46, tradução nossa.

(19) MARX, Karl. *O capital*. [Livro I]. Crítica da economia política. O processo de produção do capital. São Paulo. Boitempo, 2013.

(20) *Ibidem*, p. 122.

(21) AHMED, Sara. *The cultural political of emotions*. Edimburgo: Edinburgh University Press, 2014.

(22) *Idem*.

(23) A filosofia e da sociologia do trabalho possuem pesquisas robustas sobre a manipulação da subjetividade da classe trabalhadora no contexto neoliberal, sob diversos marcos teóricos, a exemplo dos sociólogos brasileiros Ricardo Antunes e Giovanni Alves, com o pioneiro conceito de captura da subjetividade, que vem sendo pulverizado no contexto da plataformização da relações de trabalhos, sob a ideia de "empreendedor de si mesmo"; da pesquisa de Dardot e Laval, que concebe o neoliberalismo como uma nova racionalidade que mercatiliza todas as esferas da vida; e o sofrimento no trabalho, desenvolvido na psicanálise de Christophe Dejours. Contudo, mesmo na filosofia e na sociologia do trabalho, a política de afetos assume uma posição secundária. Ver ALVES, Giovanni; ANTUNES, Ricardo. As mutações no mundo do trabalho na era da mundialização do capital. *Educ. Soc.*, Campinas, v. 25, n. 87, p. 335-351, maio/ago. 2004; DARDOT, Pierre.; LAVAL, Christian. *A nova razão do mundo*: ensaio sobre a sociedade neoliberal. São Paulo: Boitempo, 2016; DEJOURS, Christophe. Subjetividade, trabalho e ação. *Revista Produção*, v. 14, n. 3, p. 27-34, set./dez. 2004.

(24) LANDER, Edgardo. Ciências sociais: saberes coloniais e eurocêntricos. In: LANDER, Edgardo (Org.). *A colonialidade do saber:* eurocentrismo e ciências sociais. Perspectivas latino-americanas. Buenos Aires: CLACSO, 2005.

progresso, ao conhecimento e à boa vida"[25]. O sistema neoliberal é baseado "em complexas interações entre o racional e o emocional, tornando o afeto e sua ecologia um poder em si mesmo"[26].

As relações entre nossos corpos e afetos podem ser apreendidas conjuntamente no trânsito das transformações neoliberais mediante um regime de produção do medo e da distribuição desigual da insegurança[27]. Uma atmosfera afetiva pelo medo se exprime em gentrificação e em condomínios fechados, mas também em culturas de repulsão, aporofobia, racismo, sexismo[28]. A primeira reação da dimensão afetiva neoliberal, quando está em crise diante de insurgências potentes, é produzir mais ansiedade e incerteza. Instaura-se uma atmosfera raivosa e irracional de perturbação sobre a insegurança de privilégios derivados da colonialidade do poder[29].

Revolve-se o repositório afetivo de angústias coloniais, com a promessa urgente de reformas neoliberais — a exemplo da Reforma Trabalhista (Lei n. 13.467/17) e Previdenciária (Emenda Constitucional n. 103/19) — imbricadas em uma política de comoção quase tão universalista quanto àquela da colonização, a exemplo do sentimento messiânico, que se apresenta em prol do progresso, da segurança e da democracia. A flexibilização de direitos sociais torna-se condição intransponível para o avanço do empreendedorismo, do crescimento econômico e da geração de empregos[30].

Para Macon[31] e Stoler[32], há uma relação entre a ativação da atmosfera afetiva de ansiedade neoliberal e a insurgência coletiva capaz de gerar um dano na ordem estabelecida, em uma contrapolítica de afetos. "O medo busca a 'preservação de um nós' em antecipação ao dano".[33] "A instalação da incerteza busca, mais do que um objetivo específico de curto prazo, a manutenção de um um outro subordinado"[34].

---

(25) *Ibidem*, p. 8.

(26) MACON, Cecilia. Saber o mentir: la conformación afectiva del poder según las facultades. *Cuadernos del CILHA*, n. 33, 2020, p. 105, tradução nossa.

(27) CORRÊA, Murilo Duarte Costa; SOUZA, Karoline Coelho de Andrade. Afetar o por vir dos corpos: micropolíticas da insegurança neoliberal. *Polis* [*Online*], 55, 2020.

(28) *Idem*.

(29) QUIJANO, Aníbal. Colonialidade do poder, eurocentrismo e América Latina. In: LANDER, Edgardo (Org.). *A colonialidade do saber:* eurocentrismo e ciências sociais. Perspectivas latino-americanas. Buenos Aires: CLACSO, 2005.

(30) Pesquisas que comprovam que não há relação entre a flexibilização de direitos sociais e geração de empregos: BLS. Bureau of Labor Statistics. USA. *International Comparisons of Hourly Compensation Costs in Manufacturing*. 2012. Disponível em: <https://www.bls.gov/fls/ichcc.pdf>. Acesso em: 16 jun. 2021; CESIT, Centro de Estudos Sindicais e de Economia do Trabalho. *Contribuição crítica à reforma trabalhista*. Campinas: Unicamp, 2017; DEAKIN, Simon. *The contribution of labour law to economic development & growth*. Cambridge: University of Cambridge, 2016.

(31) MACON, Cecilia. Saber o mentir: la conformación afectiva del poder según las facultades. *Cuadernos del CILHA*, n. 33, 2020.

(32) STOLER, Ann Laura. *Along the archival grain*. Epistemic anxieties and colonial common sense: Princeton: Princeton University Press, 2008.

(33) AHMED, Sara. *The cultural political of emotions*. Edimburgo: Edinburgh University Press, 2014. p. 46, tradução nossa.

(34) MACON, Cecilia. Saber o mentir: la conformación afectiva del poder según las facultades. *Cuadernos del CILHA*, n. 33, 2020, p. 99.

Exemplo disso é o fortalecimento dos feminismos, que culminou com a assunção da primeira mulher à presidência e o seu respectivo golpe[35] no Brasil; ou das lutas decoloniais, com a derrubada de estátuas de brutais colonizadores, como a do escravocrata Borba Gato, que geram prisões abusivas[36]. A dimensão afetiva neoliberal trata de impor ansiedade principalmente a quem *pensa*[37] que exerce o poder, mas que, na verdade, constitui a imensa e heterogênea classe-que-vive-do-trabalho[38].

A Justiça do Trabalho não escapa dessa dimensão capitalista do sentir. O regime afetivo neoliberal faz com que esse ramo especializado seja estruturalmente marginalizado. Apesar de existirem instituições judiciárias nos mesmos moldes em outros países[39], a atmosfera de abjeção à Justiça do Trabalho no Brasil é sentida com violência. A repulsa tem um papel fundamental para a garantia de preservação de formas de dominação colonial, pois gera o impulso de rebaixar e destruir quem ameaça o *establishment*.

A Justiça do Trabalho gera esse sentimento coletivo de repúdio, porque ela incomoda: ela faz parte de uma cartografia afetiva contra-hegemônica, que causa infiltrações em um cenário marcado pela miséria, reabrindo feridas coloniais que não foram cicatrizadas. A Justiça do Trabalho, ao contrário da Justiça Comum, não quer manter a ordem das coisas. Ela percebe a desigualdade da relação na qual um dos sujeitos detém o poder diretivo; e, o outro — *na melhor das hipóteses*[40] — permanece jurídica, econômica e psicologicamente àquele sujeitado, em um contrato de adesão, traduzido no paradoxo do trabalho "livre" e subordinado.[41]

Da Justiça do Trabalho emanam qualidades afetivas singulares e insurgentes que "excedem o corpo de um indivíduo para associar uma multiplicidade de corpos"[42]. Afinal,

---

(35) O processo de *impeachment* instaurado no Brasil em face da presidenta Dilma Rousseff é juridicamente infundado, tratando-se de um golpe de Estado orquestrado por parlamentares envolvidos em casos de corrupção, entre eles, o ex-presidente da Câmara dos Deputados, Eduardo Cunha, que, para obstruir investigações contra ele em curso no Supremo Tribunal Federal e no Conselho de Ética da Câmara dos Deputados, aceitou o pedido de *impeachment* na Câmara, o que, por si só, já tornaria o processo nulo por vício de iniciativa. Além disso, não restou configurado o crime de responsabilidade em face da lei orçamentária ou conduta eivada de improbidade administrativa para a retirada da presidenta do cargo.

(36) Refere-se aqui à prisão temporária do líder dos entregadores antifascistas, Paulo Roberto da Silva Lima e de sua esposa, Géssica Silva Barbosa, que não possui os requisitos exigidos pela Lei n. 7.960/89.

(37) Ver SOUZA, Jessé. *A tolice da inteligência brasileira ou como o país se deixa manipular pela elite*. São Paulo: Leya, 2015.

(38) Afinal, a figura do empregador e do capitalista não se confundem na realidade precária brasileira. Pequenos empresários, que atuam com a sua própria força laboral, possuem uma vulnerabilidade social, econômica e técnica que os aproximam mais da hipossuficiência da classe trabalhadora que da realidade do capitalista, a exemplo do microempreendedor individual e do empresário individual de responsabilidade limitada.

(39) Exemplos de países que possuem uma justiça trabalhista especializada: Alemanha, Finlândia e França.

(40) O Relatório da Organização Internacional do Trabalho (OIT) de 2020, elaborado antes da pandemia, nos informa que 61% dos trabalhadores) do mundo são informais. ILO. *World Employment and Social Outlook*: Trends 2020. International Labour Office. Genebra: 2020.

(41) ANDRADE, Everaldo Gaspar Lopes. *O direito do trabalho na filosofia e na teoria social crítica*. São Paulo: LTr, 2014.

(42) MACON, Cecilia. Saber o mentir: la conformación afectiva del poder según las facultades. *Cuadernos del CILHA*, n. 33, 020. p. 97, tradução nossa.

"afetos têm um papel na formação do poder, mas também no modo de desafiá-los"(43). Assim, a jurisdição trabalhista não é apenas definida por uma teoria de justiça redistributiva, de reconhecimento e de representação(44), mas por uma política afetiva de luta. Ela não foi construída pelo mero exercício de ética aplicada(45), pois foi erguida por resistências coletivas históricas. No entanto, a Justiça do Trabalho ainda enfrenta o arranjo emotivo neoliberal que lhe conecta, paradoxalmente, à passividade ou ao oportunismo da classe trabalhadora, ecoando o mito da outorga de Getúlio Vargas(46).

A dimensão afetiva da Justiça do Trabalho, portanto, é fruto de um conhecimento adquirido para se opor à opressão vivenciada historicamente pela classe trabalhadora(47). Nada disso se passa em um espaço etéreo, de pura imaginação, mas sim de violências experimentadas como coletividade(48).Trata-se de um conhecimento situado, "sem vestes"(49). A sua política afetiva de luta mantém seu pensamento social crítico, que diverge das teorias, comportamentos e afetos que mantêm o padrão histórico de poder.

Por isso, a Justiça do Trabalho suscita reações de aversão imediatas daqueles que não querem uma mudança na política hegemônica de afetos. Que não querem compartilhar o espaço do aeroporto com o seu porteiro. Ou não querem que sua empregada doméstica transite no mesmo shopping ou no mesmo restaurante. A dimensão neoliberal do sentir tem uma gramática própria que não pode ser capturada pela linguagem, mas absorve estímulos não verbalizados, que envolvem contextos históricos cruéis(50).

No âmbito dessa política afetiva capitalista, é possível verificar integrantes do próprio Judiciário que afirmam, sem nenhuma responsabilidade epistêmica, que "existe um mercado bilionário fomentado pelas condenações na Justiça do Trabalho"(51) ou que o "Brasil, sozinho,

---

(43) *Idem.*

(44) FRASER, N. Mapeando a imaginação feminista: da redistribuição ao reconhecimento e à representação. *Estudos Feministas*. Florianópolis, v. 15, n. 2, maio/ago. 2007, p. 291-308.

(45) HEPPLE, Bob. Factors Influencing the Making and Transformation of Labour Law in Europe In: LANGILLE, Brian; DAVIDOV, Guy. *The Idea of Labour Law*. Oxford: Oxford Scholarship Online: set. 2011.

(46) "O mito da doação se propagou com a maior intensidade, principalmente a partir do 'Estado Novo', e pela sua difusão se tentou fazer crer que a legislação social não passaria de uma dádiva caída dos céus getulistas sobre a cabeça dos trabalhadores brasileiros". PARANHOS, Adalberto. *O roubo da fala:* origens da ideologia do trabalhismo no Brasil. São Paulo: Boitempo, 1999. p. 23.

(47) COLLINS, Patricia Hill. *Pensamento Feminista Negro:* conhecimento, consciência e a política do empoderamento. São Paulo: Boitempo, 2019.

(48) *Idem.*

(49) *Ibidem*, p. 2.926.

(50) MASSUMI, Brian. Parables for the virtual. *Movement, affect, sensation*. Durham: Duke University Press, 2002.

(51) Frase do artigo repudiado pela Ordem de Advogados do Brasil do Rio de Janeiro, baseado em dados sem cientificidade retirados do *site* "O Antagonista". CALVET, Otavio. Venda de créditos trabalhistas: o bilionário mercado da Justiça do Trabalho. *Conjur*, 2021.

é responsável por 98% dos processos trabalhistas de todo o planeta"(52). Sem pesquisa(53), sem sistematização de dados científicos, sem fontes confiáveis, baseadas somente no seu egocentrismo ou em notícias isoladas em *sites* de internet: apenas movidos pela repugnância afetiva em relação à Justiça do Trabalho. Abjeção irracional que acusa a Justiça do Trabalho de ter uma cultura — obviamente, marxista — de "super-hipossuficiência, forjada pela advocacia e inflamada pelos juízes, grande responsável pela aversão lhe aflige"(54).

"De onde você está olhando e quem você está vendo?"(55). Interessante como a política de afetos neoliberal atua: sob o verniz da neutralidade pretensamente científica, quem fala não possui localização epistêmica, econômica, cor ou gênero. Quem fala — e é ouvido como discurso — não reconhece seus privilégios e culpabiliza a legislação protetiva e a própria classe trabalhadora pela sua pobreza. É ilógico, mas faz parte da construção neoliberal-emotiva da "racionalidade" e do "equilíbrio" para a manutenção da ordem das coisas.

Ordem das coisas? Em 2019, antes da pandemia, conforme relatório da Organização Internacional do Trabalho(56), mais de 630 milhões de trabalhadores em todo o mundo, ou seja, cerca de um em cada cinco, viviam em condição de pobreza extrema ou moderada, que é definido como renda diária abaixo US$ 3,20, cerca de 450 reais mensais.

Ordem das coisas? De acordo com a Fundação Getúlio Vargas(57), em 2018 — após a Reforma Trabalhista e antes da pandemia — o rendimento médio mensal do brasileiro que se encontrava entre o 1% dos mais ricos foi 33,8 vezes maior que o rendimento dos 50% mais pobres. Baseando-se em dados da Pesquisa Nacional por Amostra a Domicílios Contínua, o relatório da FGV mostrou que os mais ricos têm rendimento médio mensal de R$ 27.744, enquanto a renda dos mais pobres é cerca de R$ 820. Entre 2017 e 2018, período de implantação da Reforma Trabalhista, o rendimento daqueles que estão entre os 10% mais pobres caiu 3,2%, enquanto a renda do 1% mais rico aumentou em 8,4%. Conforme a FGV(58), com

(52) Fala falaciosa do ministro do Supremo Tribunal Federal, Luís Roberto Barroso, em apoio à Reforma Trabalhista, que foi desmarcarada por CARELLI, Rodrigo. Barroso, negros de primeira linha e a reforma trabalhista: os experimentos de Milgram explicam. *Jota*, 2017. Disponível em: <https://www.jota.info/opiniao-e-analise/artigos/barroso-negros-de-primeira-linha-e-a-reforma-trabalhista-21062017>. Acesso em: 30 jul. 2021.

(53) E há orgulho declarado em não realizar pesquisas, gerando conclusões sem dados de que a situação de miserabilidade do trabalhador é resultante da própria legislação protetiva laboral. "*Não é preciso fazer pesquisa científica* para se observar que a cada ano a inadequação da atual legislação trabalhista produz um ambiente totalmente desfavorável ao ser humano trabalhador. Em quase 24 anos de magistratura trabalhista vejo o número de trabalhadores formais reduzir paulatinamente, sendo já considerado por muitos ser um privilégio estar com 'carteira assinada'. Só 30% da população ativa se enquadra atualmente como empregado celetista". CALVET, Otavio. O triste fim da Justiça do Trabalho: a super-hipossuficiência e a lei do retorno. *Conjur*, 2021, s/p, grifo nosso.

(54) *Idem*.

(55) MADHOK, Sumi. A critical reflexive politics of location, 'feminist debt' and thinking from the Global South. *European Journal of Women's Studies*, vol. 27(4) 394–412, 2020, p. 396, tradução nossa.

(56) ILO. *World Employment and Social Outlook*: Trends 2020. International Labour Office. Genebra: 2020.

(57) NERI, Marcelo. *A escalada da desigualdade:* qual foi o impacto da crise na distribuição da renda e da pobreza? 2019. Disponível em: <https://www.cps.fgv.br/cps/bd/docs/A-Escalada-da-Desigualdade-Marcelo-Neri-FGV-Social.pdf>. Acesso em: 31 jul. 2021.

(58) *Idem*.

o fim do auxílio emergencial em dezembro de 2020, o ano de 2021 começou com um salto na taxa de pobreza extrema no Brasil. O país tem hoje mais pessoas na miséria do que no começo da década passada, em 2011. Em janeiro de 2021, 12,8% dos brasileiros passaram a viver com menos de R$ 246 ao mês (R$ 8,20 ao dia).

Ordem das coisas. No Brasil, os jovens, os sem escolaridade, os nordestinos e os negros foram os que mais perderam renda do trabalho na pandemia(59). Antes da pandemia, 33% das mulheres negras estavam abaixo da linha da pobreza. Em 2021, mesmo com o auxílio emergencial, essa taxa está mais alta, em 38%(60). Em junho de 2020, a OXFAM(61) mostrou que 57% das mortes por Covid-19 no Brasil eram de pessoas negras, enquanto as de pessoas brancas correspondiam a 41%. Se a taxa de mortalidade da Covid-19 fosse a mesma para pessoas negras e de cor branca, 9.220 pessoas negras ainda estariam vivas, no total, em junho de 2020.

A Justiça do Trabalho não quer manter a ordem das coisas. A ordinariedade das coisas, que fechitiza corpos, espaços e vidas é reflexo da reificação capitalista afetiva(62). A Justiça do Trabalho quer uma ordem afetiva alternativa. Em outras palavras, a arena afetiva não é apenas uma estrutura para manutenção de desigualdades, mas um recurso para a agência(63). Para desafiar os modos de constituição de subordinação(64). Afinal, o poder do afeto reside no fato de ser abstrato, assimétrico e *transmissível*(65). Que a contrapolítica de afetos da Justiça do Trabalho se trasmita, contagie e se torne pandêmica.

Referências

AHMED, Sara. *The cultural political of emotions*. Edimburgo: Edinburgh University Press, 2014.

ALVES, Giovanni; ANTUNES, Ricardo. As mutações no mundo do trabalho na era da mundialização do capital. *Educ. Soc.*, Campinas, v. 25, n. 87, p. 335-351, maio/ago. 2004.

ANDRADE, Everaldo Gaspar Lopes. *O direito do trabalho na filosofia e na teoria social crítica.* São Paulo: LTr, 2014.

BLS. Bureau of Labor Statistics. USA. *International Comparisons of Hourly Compensation Costs in Manufacturing.* 2012. Disponível em: <https://www.bls.gov/fls/ichcc.pdf>. Acesso em: 16 jul. 2021.

(59) *Idem.*

(60) NASSIF-PIRES, Luísa; CARDOSO; OLIVEIRA; Ana Luíza Matos de. MADE. Centro de Pesquisa em Macroeconomia das desigualdades. *Gênero e raça em evidência durante a pandemia no Brasil:* o impacto do Auxílio Emergencial na pobreza e extrema pobreza, 2021. Disponível em: <https://madeusp.com.br/wp-content/uploads/2021/04/NPE-010-VF.pdf>. Acesso em: 30 jul. 2021.

(61) OXFAM. *O vírus da desigualdade:* unindo um mundo dilacerado pelo coronavírus por meio de uma economia justa, igualitária e sustentável – Nota metodológica, jan. 2021. Disponível em: <https://d2v21prk53tg5m.cloudfront.net/wp-content/uploads/2021/01/Nota-Metodologica-O-virus-da-Desigualdade.pdf>. Acesso em: 31 jul. 2021.

(62) *Idem.*

(63) MACON, Cecilia. Saber o mentir: la conformación afectiva del poder según las facultades. *Cuadernos del CILHA*, n. 33, 2020, p. 109.

(64) *Idem.*

(65) SHOUSE, Eric. Feeling, Emotion, Affect. *M/C Journal*, 2005.

CARELLI, Rodrigo. Barroso, negros de primeira linha e a reforma trabalhista: os experimentos de Milgram explicam. *Jota*, 2017. Disponível em: <https://www.jota.info/opiniao-e-analise/artigos/barroso-negros-de-primeira-linha-e-a-reforma-trabalhista-21062017>. Acesso em: 30 jul. 2021.

CESIT, Centro de Estudos Sindicais e de Economia do Trabalho. *Contribuição crítica à reforma trabalhista*. Campinas: Unicamp, 2017.

COLLINS, Patricia Hill. *Pensamento Feminista Negro:* conhecimento, consciência e a política do empoderamento. São Paulo: Boitempo, 2019.

MASSUMI, Brian. Parables for the virtual. *Movement, affect, sensation*. Durham: Duke University Press, 2002.

CORRÊA, Murilo Duarte Costa; SOUZA, Karoline Coelho de Andrade. Afetar o por vir dos corpos: micropolíticas da insegurança neoliberal. *Polis* [*Online*], 55, 2020.

DARDOT, Pierre.; LAVAL, Christian. *A nova razão do mundo:* ensaio sobre a sociedade neoliberal. São Paulo: Boitempo, 2016.

DEAKIN, Simon. *The contribution of labour law to economic development & growth*. Cambridge: University of Cambridge, 2016.

DEJOURS, Christophe. Subjetividade, trabalho e ação. *Revista Produção*, v. 14, n. 3, p. 27-34, set./dez. 2004.

FRANZONI, Júlia Ávila. Geografia jurídica tropicalista: a crítica do materialismo jurídico-espacial. *Rev. Direito Práx.* Rio de Janeiro, v.10, n. 4, 2019, p. 2.923-2.967.

FRASER, N. Mapeando a imaginação feminista: da redistribuição ao reconhecimento e à representação. *Estudos Feministas*. Florianópolis, v. 15, n. 2, maio/ago. 2007, p. 291-308.

GUTIÉRREZ RODRÍGUEZ, Encarnación. Reading Affect — On the Heterotopian Spaces of Care and Domestic Work in Private Households. *Forum: Qualitative Social Research*, vol. 8, n. 2, art. 11, maio 2007.

HEPPLE, Bob. Factors Influencing the Making and Transformation of Labour Law in Europe. In: LANGILLE, Brian; DAVIDOV, Guy. *The Idea of Labour Law*. Oxford: Oxford Scholarship Online: set. 2011.

ILO. *World Employment and Social Outlook:* Trends 2020. International Labour Office. Genebra: 2020.

LANDER, Edgardo. Ciências sociais: saberes coloniais e eurocêntricos. In: LANDER, Edgardo (Org.). *A colonialidade do saber:* eurocentrismo e ciências sociais. Perspectivas latino-americanas. Buenos Aires: CLACSO, 2005.

MACON, Cecilia. Saber o mentir: la conformación afectiva del poder según las facultades. *Cuadernos del CILHA*, n. 33, 2020.

MADHOK, Sumi. A critical reflexive politics of location, 'feminist debt' and thinking from the Global South. *European Journal of Women's Studies*, vol. 27(4) 394–412, 2020.

MARX, Karl. *O capital.* [Livro I]. Crítica da economia política. O processo de produção do capital. São Paulo: Boitempo, 2013.

NASSIF-PIRES, Luiza; CARDOSO, Luísa; OLIVEIRA; Ana Luíza Matos de. MADE. Centro de Pesquisa em Macroeconomia das desigualdades. *Gênero e raça em evidência durante a pandemia no Brasil:* o impacto do Auxílio Emergencial na pobreza e extrema pobreza, 2021. Disponível em: <https://madeusp.com.br/wp-content/uploads/2021/04/NPE-010-VF.pdf>. Acesso em: 30 jul. 2021.

NERI, Marcelo. *A escalada da desigualdade:* qual foi o impacto da crise na distribuição da renda e da pobreza? 2019. Disponível em: <https://www.cps.fgv.br/cps/bd/docs/A-Escalada-da-Desigualdade--Marcelo-Neri-FGV-Social.pdf>. Acesso em: 31 jul. 2021.

OXFAM. *O vírus da desigualdade:* unindo um mundo dilacerado pelo coronavírus por meio de uma economia justa, igualitária e sustentável — Nota metodológica, jan/2021. Disponível em: <https://d2v21prk53tg5m.cloudfront.net/wp-content/uploads/2021/01/Nota-Metodologica-O-virus-da--Desigualdade.pdf>. Acesso em: 31 jul. 2021.

PARANHOS, Adalberto. *O roubo da fala:* origens da ideologia do trabalhismo no Brasil. São Paulo: Boitempo, 1999.

QUIJANO, Aníbal. Colonialidade do poder, eurocentrismo e América Latina. In: LANDER, Edgardo (Org.). *A colonialidade do saber:* eurocentrismo e ciências sociais. Perspectivas latino-americanas. Buenos Aires: CLACSO, 2005.

SHOUSE, Eric. Feeling, Emotion, Affect. *M/C Journal*, 2005.

SOUZA, Jessé. *A tolice da inteligência brasileira ou como o país se deixa manipular pela elite*. São Paulo: Leya, 2015.

STOLER, Ann Laura. *Along the archival grain*. Epistemic anxieties and colonial common sense. Princeton: Princeton University Press, 2008.

VAZQUEZ, Rolando; MIGNOLO, Walter. Decolonial AestheSis: Colonial Wounds/Decolonial Healings. *Social Text-Periscope*, 2013.

WALSH, Catherine. Interculturalidade e decolonialidade do poder: um pensamento e posicionamento 'outro' a partir da diferença colonial. *Revista Eletrônica da Faculdade de Direito de Pelotas (RFDP)*, v. 5, n. 1, 2019.

Constitucionalismo Distópico para um Direito do Trabalho de Exceção

Felipe Santos Estrela de Carvalho[1]

Resumo: Partindo dos conceitos de distopia e Direito do Trabalho de exceção, o presente ensaio propõe breves reflexões sobre como as ruturas no padrão de regulação social trabalhista têm provocado o fenecimento das utopias do "Espírito de Filadélfia", em um mundo do trabalho cada vez mais desencantado ante a hegemonia predatória do neoliberalismo. O rebaixamento do horizonte de expectativas protetivas do Direito do Trabalho no Brasil será analisado ilustrativamente a partir da crítica ao consequencialismo jurídico que tem fundamentado as posições do Supremo Tribunal Federal (STF) na apreciação da (in)constitucionalidade de pontos controversos da Reforma Trabalhista, implementada com a aprovação da Lei n. 13.467/2017, ao fomentar um constitucionalismo distópico como estratégia de restrição e adequação dos direitos fundamentais trabalhistas à nova ordem do Estado austero de direito.

Palavras-chave: Direito do Trabalho; Constitucionalismo; Consequencialismo; Estado de exceção; Distopias.

Introdução

As ficções distópicas nos livros, no cinema e mais recentemente, nas séries de *streaming*, compondo versões imaginadas sobre o "fim do mundo", são uma maneira hiperbólica de expressar a percepção sobre o estágio contemporâneo do colapso global que enfrentamos, embora a humanidade esteja longe de encarar com a devida urgência e implicação, a extensão desta catástrofe. Os produtos culturais e as análises cientificas sobre as possíveis causas (antrópicas) e consequências (catastróficas) da crise planetária multidimensional em curso (de ordem social, econômica, política, militar e ambiental) têm se avolumado nos últimos anos, mobilizando o interesse, seja como entretenimento seja como campo de investigação e pesquisa acadêmica (Abramovay, 2021; Trindade, 2021; Pinheiro, 2020; Murta, 2020; Canettieri, 2020).

São as distopias, o avesso das utopias – a projeção de uma realidade futura comparativamente pior do que a concretamente experenciada –, um mundo pautado pela falência do

(1) Professor de Direito do Trabalho da Universidade do Estado da Bahia (DEDC – XV/UNEB) e da Universidade Federal da Bahia (UFBA). Doutorando em Direito, Estado e Constituição pela Universidade de Brasília (PPGD- UnB). Membro da Associação de Advogados de Trabalhadores Rurais no Estado da Bahia (AATR). Membro do Grupo Transformações do Trabalho, Democracia e Proteção Social (TTDPS/UFBA).

humanismo e de suas promessas civilizatórias. Como bem exemplificam a sociedade alienada e estratificada de *Admirável Mundo Novo* (1931), de Aldous Huxley; a disseminação do totalitarismo como sistema global em *1984* (1949), de George Orwell; a intolerância persecutória e censora de *Fahrenheit 451* (1953), de Ray Bradbury; a ultraviolência e a aniquilação do livre-arbítrio em *Laranja Mecânica* (1962), de Anthony Burgess (Freitas, 2016); ou a corrosão do trabalho em *O caçador de androides* (1968), de Phillipe K. Dick. As representações de um futuro caótico vêm se popularizando nos *blockbusters* atuais, vide a reedição de filmes clássicos dos anos 1980, como *Mad Max — Estrada da fúria* (2015) e *Blade Runner 2049* (2017), com destaque para as séries de maior sucesso no gênero como *Black Mirror* (2011) e sua distopia tecnológica, e *The Handmaid's Tale* (2016), baseada no romance homônimo de 1985, da escritora canadense Margaret Atwood, ilustrando a misoginia distópica em Gileade.

Deborah Danowski e Eduardo Viveiros de Castro (2014) sinalizam que na medida em que os contornos da crise civilizacional vão se tornando mais evidentes, proliferam-se novos e atualizam-se velhos enredos sobre o fim da civilização. Toda essa floração distópica vai de encontro ao otimismo humanista, pregado pelo menos desde quando Thomas More cunhou o termo Utopia,[(2)] há mais de quinhentos anos. Contrariamente aos desejos de progresso e perpetuação da humanidade, marca fundamental da tradição filosófica e historiográfica moderna, de Hegel a Fukuyama,[(3)] um horizonte geralmente excluído passa a integrar, assim, a epopeia do Espírito, qual seja: a extinção civilizacional como resultado dos imperativos predatórios dos seus modos de produção e organização social.

A imanência distópica decorre, assim, da ruína das utopias que sustentaram os projetos de sociedade, tanto à esquerda quanto à direita do espectro ideológico. As contradições do socialismo real, a queda do muro de Berlim e a posterior derrocada da URSS no final do século XX, obstaram a imaginação utópica revolucionária de superação do capitalismo, ao mesmo tempo em que a espiral descendente de crises cíclicas, a monopolização da riqueza e o acirramento das formas de extração do mais valor, inerentes ao sociometabolismo do capital, têm erodido qualquer possibilidade de realização dos desejos liberais de autossuficiência e livre-determinação do indivíduo.

---

(2) Segundo Lyman Sargent (1994), utopia é uma palavra polissêmica, remetendo a três sentidos básicos: o primeiro seria aquele utilizado por Thomas More em sua obra homônima, associando-a à noção de eutopia, significando "terra feliz", ou um tipo de sociedade sem referência determinada no espaço-tempo, imaginada consideravelmente melhor do que aquela vivida por quem a imagina; o segundo seria o rótulo de um gênero literário criado em meados do século XIX; por fim, utopia estaria também relacionada a uma determinada maneira de pensar o mundo e incidir no presente.

(3) Guercio (2020) apresenta como a filosofia da história de Hegel, especialmente as teses sobre reconhecimento e dignidade humana desenvolvidas no século XIX, foi mobilizada pelo filósofo Francis Fukuyama para tecer suas considerações a respeito do fim da História, na passagem dos séculos XX para o XXI. Importante destacar que a noção de "fim de História" nos autores não comporta um cunho catastrófico ou apocalíptico, ao contrário, afirma-se como expressão do reconhecimento liberal e realização máxima da dignidade humana, tendentes a se perpetuarem no espaço-tempo.

Ante a catástrofe iminente que define os limites da humanidade no Antropoceno/ Capitaloceno[4] (Barrios; Martínez, 2020), as discriminações sistêmicas e interseccionais de origem, etnia, raça, gênero, sexualidade, geração, classe e condição, importam numa distribuição desigual dos graves danos experimentados nesse processo de predação característico da civilização colonial-capitalista que dominou o ocidente ao longo da modernidade. No entanto, como alerta Jason Moore (2016; 2020), não é a crise de uma espécie, no caso a humana, que estamos presenciando, mas sim, a de um sistema, historicamente determinado, particularmente o capitalismo, em sua expressão contemporânea neoliberal e financeira.

"Como então poderíamos imaginar futuros positivos e renovados, quando o presente cheira a retrocesso" (Murta, 2020, p. 128) ou quando nossa experiência temporal passa a ser comprimida por um presentismo asfixiante? (Canettieri, 2020). Não se trata de um júbilo ao catastrofismo, muito menos um exercício de mera retórica, mas sim no compromisso político e acadêmico de situar as profundas transformações nos regimes de expectativa social e jurídica como expressão das contradições vividas no presente e que aparecem como alertas de incêndio. Apesar de mirarem o futuro, as imaginações distópicas acertam mesmo a realidade do agora, quando permitem avaliar o conjunto de relações, práticas individuais, coletivas e institucionais que contribuem para antecipar ou postergar o horizonte catastrófico que nos ronda como espectro. Douglas Pinheiro (2020, p. 102) é preciso ao afirmar que diante de um futuro cada vez mais turvo, a esperança de construir uma sociedade melhor tem cedido espaço à responsabilidade de se manter o que já se conquistou, substituindo a utopia daquilo a ser buscado pela distopia a ser evitada.

O surgimento tardio do termo distopia,[5] quase duzentos anos depois do seu radical variante, relaciona-se com a consolidação do medo como afeto político primordial (Safatle, 2015) e "dentre os institutos responsáveis pela gestão do medo, o direito tem papel de destaque" (Pinheiro, 2020, p. 103). O presente distópico torna-se possível quando tensionadas as próprias bases constitucionais e democráticas do estado de direito como as conhecemos. Nada mais condizente com um modelo de sociedade que se alimenta do medo e da insegurança do que normatizar aquilo que é central à vida das pessoas, o trabalho. As repercussões sociais e econômicas das crises neoliberais associadas à implementação de políticas de austeridade têm pressionado a quebra dos padrões mínimos de proteção social em todo o mundo, expondo os limites da regulação jurídico-trabalhista em face da dinâmica atual do capitalismo financeiro.

---

(4) Criado pelo biólogo norte-americano Eugene F. Stoermer, em 1980, e popularizado pelo cientista atmosférico holandês, Nobel de Química, Paul Crutzen, no início dos anos 2000, o conceito *Antropoceno* refere-se às mudanças ambientais, morfológicas e climáticas decorrentes do domínio da humanidade sobre os principais processos naturais do planeta, sendo esse domínio de tal magnitude que levou à formação de uma nova era geológica. Tornou-se relevante, formando um campo de debate transdisciplinar, no qual se discute quando e como esse poder destrutivo surgiu. Como resultado dessas formulações, outro conceito foi elaborado, o *Capitaloceno,* para qualificar o primeiro. Nesse caso, o poder destrutivo é considerado não advindo da atividade humana em abstrato, mas de sua organização eminentemente capitalista (Barrios; Martínez, 2020).

(5) "Embora haja uma compreensão disseminada de que o termo distopia tenha sido cunhado por Stuart Mill em 1868, há indícios confiáveis de seu uso em Dublin em 1747 e em Londres em 1748 com o mesmo significado adotado atualmente (Budakov, 2010). Antes disso, porém, em 1714, a ideia já fora ventilada — o que se comprova pelo uso, em uma publicação inglesa, do termo cacotopia como antítese de eutopia" (Pinheiro, 2020).

As relações laborais têm experimentado processos transformadores neste início de século XXI, impulsionados por inovações tecnológicas, mudanças demográficas e crises ambientais, cujas contradições têm sido agravadas numa conjuntura de acirramento da concorrência de capitais, de volatilidade dos mercados financeiros, de queda das taxas de lucratividade, de enfraquecimento da representação sindical e de extinção massiva de postos de emprego. Grupos empresariais e governos têm defendido que as legislações trabalhistas seriam culpadas pela criação/manutenção de um mercado de trabalho inflexível, inibidor da criação de empregos e do aumento da produtividade econômica.

As sucessivas reformas nos sistemas trabalhistas, especialmente nos países de capitalismo dependente, têm agravado os contextos de precariedade, indignidade e injustiça social, comprometendo os meios de subsistência a longo prazo e o bem-estar de milhões de trabalhadores, indo de encontro à ontologia protetiva do Direito do Trabalho e dos valores constitutivos da sua governança global, estabelecidos com a criação da Organização Internacional do Trabalho (OIT) em 1919. Ao contrário do preconizado por seus defensores, são amplas as evidências de que as reformas trabalhistas contribuíram para a deterioração das condições de trabalho, reduzindo as oportunidades de se encontrar um emprego seguro, duradouro, decente e bem remunerado.

Tanto do ponto de vista da dinâmica econômica e do mercado de trabalho, seja do ponto de vista político, produziu-se um cenário desfavorável à regulação pública do trabalho no Brasil. Passados quase cinco anos desde a instituição da Lei de Reforma Trabalhista (13.467/2017), são tectônicos os impactos sobre a dinâmica das relações individuais e coletivas de trabalho, pelo avanço de formas flexíveis de contratação, remuneração e controle de jornada, além dos abalos sísmicos provocados na estrutura do movimento sindical, das negociações coletivas e das instituições públicas reguladoras, especialmente a Justiça do Trabalho (Krein *et al*, 2021; Krein *et al*, 2018).

No Brasil, a reforma "é, ao mesmo tempo, consequência e expressão de um conjunto de outras mudanças em curso, que redesenham a estrutura e o tecido social brasileiro" (Krein, 2018a), articulando-se a outras políticas de austeridade, como: a Emenda Constitucional 95, de 2016, que instituiu o teto de gastos públicos da União pelos próximos vinte anos, afetando fundamentalmente os direitos sociais e a prestação dos serviços públicos no País; a edição da Lei de Responsabilização das Estatais (Lei n. 13.303/2016), aprofundando a subordinação do interesse público à lógica privatista do mercado global; além da Emenda Constitucional 106, de 2019, que instituiu a Reforma da Previdência, reduzindo os valores e dificultando os critérios de acesso aos benefícios e serviços previdenciários.

O contexto prolongado da pandemia da Covid-19 parece agravar ainda mais esse cenário global de distopia generalizada. Além da trágica perda de vidas, dos danos à saúde humana e às relações comunitárias, a pandemia repercutiu de forma devastadora no aumento do desemprego, subemprego e da inatividade; na redução significativa das rendas do trabalho e da iniciativa privada; no fechamento e falência de micro, pequenas e médias empresas, principalmente no setor de serviços; em interrupções na cadeia de suprimentos, gerando intermitências na prestação laboral; no crescimento da informalidade e insegurança de/no trabalho; novos desafios para a garantia da saúde, segurança e direitos dos(as) trabalhadores(as); além do incremento da pobreza extrema e das desigualdade entre os estratos sociais (OIT, 2021).

A crise pandêmica afetou desproporcionalmente os mais desfavorecidos e as populações vulnerabilizadas, particularmente indivíduos na economia informal e em formas inseguras de trabalho; trabalhadores em empregos de baixa qualificação; mulheres; migrantes e pertencentes a minorias étnicas e raciais; pessoas idosas; pessoas com deficiência ou vivendo com HIV/AIDS. O impacto da crise exacerbou os déficits de trabalho decente pré-existentes nas economias nacionais, ampliando as lacunas digitais expostas dentro e entre os países, escancarando os limites do capitalismo informacional (OIT, 2021).

Dentro dessa perspectiva, partindo dos conceitos de distopia (Pinheiro, 2020) e direito do trabalho de exceção (Ferreira, 2011), o presente ensaio propõe algumas reflexões sobre como as ruturas no padrão de regulação social trabalhista (Krein *et al*, 2021; Sayonara, 2020; Freitas *et al*, 2020; Bridi, 2020) têm provocado o fenecimento das utopias do "Espírito de Filadélfia" (Supiot, 2014), em um mundo do trabalho cada vez mais desencantado ante a hegemonia predatória do neoliberalismo. O rebaixamento do horizonte de expectativas protetivas do Direito do Trabalho no Brasil será analisado a partir da crítica ao consequencialismo jurídico que tem fundamentado as posições do Supremo Tribunal Federal (STF) na apreciação da (in)constitucionalidade de pontos controversos da Reforma Trabalhista, implementada com aprovação da Lei n. 13.467/2017 (Dutra; Machado, 2021), fomentando um constitucionalismo distópico (Pinheiro, 2020) como estratégia de restrição dos direitos fundamentais trabalhistas.

Direito do Trabalho de exceção e as inversões do "Espírito de Filadélfia"

Conforme pontua Alain Supiot (2014; 2015), a noção de justiça social surgiu há um século no direito internacional, no período após os massacres da Primeira Guerra Mundial, na forma de declaração solene inscrita no Tratado de Versalhes em 1919 e que ainda ocupa um lugar de destaque no Preâmbulo da Constituição da Organização Internacional do Trabalho,[6] ao vaticinar que: a paz universal e permanente só pode ser baseada na justiça social. A crise de 1929 e a ascensão de regimes totalitaristas, cujas tensões imperiais desembocaram na deflagração da II Guerra Mundial em 1939, revelaram tragicamente que o rogo à paz e a própria criação da OIT não foram capazes de conter os desastres econômicos, políticos e sociais decorrentes do capitalismo em sua dinâmica enredada de crise e expansão.

Como resultado dos esforços para a reconstrução dos países ocidentais e recomposição da economia mundial no pós-guerra, em 10 de maio de 1944, a Organização Internacional

(6) O texto em vigor da Constituição da Organização Internacional do Trabalho foi aprovado na 29ª reunião da Conferência Internacional do Trabalho (Montreal — 1946) e tem, como anexo, a Declaração referente aos fins e objetivos da Organização, que fora aprovada na 26ª reunião da Conferência (Filadélfia — 1944). A Constituição, assim revista, substituiu a adotada em 1919 e que fora emendada em 1922, 1934 e 1945. Sua vigência teve início em 20 de abril de 1948. O Brasil ratificou o instrumento de emenda da Constituição da OIT em 13 de abril de 1948, conforme Decreto de Promulgação n. 25.696, de 20 de outubro de 1948.

do Trabalho (OIT) proclama a Declaração de Filadélfia, algumas semanas depois da assinatura dos acordos de Bretton Woods e oito meses antes da Conferência de Ialta, realizada em janeiro de 1945, ano que marca também a criação das Nações Unidas. A declaração consolida um entendimento amplo acerca da importância da dimensão social e, muito particularmente, do valor do trabalho e dos direitos trabalhistas, ancorados no princípio de que o trabalho não é uma mercadoria e na valorização destes como mecanismo de redistribuição e promoção da dignidade.(7)

"A experiência mostrou plenamente quão verdadeira é a afirmação contida na Constituição da Organização Internacional do Trabalho [1919], de que a paz permanente só pode ser baseada na justiça social" (OIT, 1944). A partir desse reconhecimento, a Declaração da Filadélfia eleva a justiça social como categoria jurídica de direito internacional, não apenas como um dever moral consensuado entre as nações, mas, fundamentalmente, como expressão do realismo político e da experiência histórica,(8) que têm reafirmado como as humilhações sociais e a miséria generalizada são produtoras de ódio e violências que repetidas vezes ao longo do século XX superaram os limites do imaginável.

O "Espírito de Filadélfia" (Supiot, 2014) traduziu, portanto, o otimismo utópico quanto ao "horizonte dos possíveis, às sempre limitadas oportunidades de afirmação de uma sociedade mais justa e digna onde o trabalho é indissociável dos princípios de liberdade real, de igualdade material e de produção do bem-estar" (Ferreira, 2011, p. 121). "A Conferência afirma que os princípios contidos na presente Declaração convêm integralmente a todos os povos e que sua aplicação progressiva, tanto àqueles que são ainda dependentes, como aos que já se podem governar a si próprios, interessa o conjunto do mundo civilizado, embora deva-se levar em conta, nas variedades dessa aplicação, o grau de desenvolvimento econômico e social atingido por cada um" (OIT, 1944).

---

(7) "A Conferência [Geral da Organização Internacional do Trabalho] reafirma os princípios fundamentais sobre os quais repousa a Organização, principalmente os seguintes: a) o trabalho não é uma mercadoria; b) a liberdade de expressão e de associação é uma condição indispensável a um progresso ininterrupto; c) a penúria, seja onde for, constitui um perigo para a prosperidade geral; d) a luta contra a carência, em qualquer nação, deve ser conduzida com infatigável energia, e por um esforço internacional contínuo e conjugado, no qual os representantes dos empregadores e dos empregados discutam, em igualdade, com os dos Governos, e tomem com eles decisões de caráter democrático, visando o bem comum" (OIT, 1944).

(8) "A Conferência, convencida de ter a experiência plenamente demonstrado a verdade da declaração contida na Constituição da Organização Internacional do Trabalho, que a paz, para ser duradoura, deve assentar sobre a justiça social, afirma que: a) todos os seres humanos de qualquer raça, crença ou sexo, têm o direito de assegurar o bem-estar material e o desenvolvimento espiritual dentro da liberdade e da dignidade, da tranquilidade econômica e com as mesmas possibilidades; b) a realização de condições que permitam o exercício de tal direito deve constituir o principal objetivo de qualquer política nacional ou internacional; c) quaisquer planos ou medidas, no terreno nacional ou internacional, máxime os de caráter econômico e financeiro, devem ser considerados sob esse ponto de vista e somente aceitos, quando favorecerem, e não entravarem, a realização desse objetivo principal; d) compete à Organização Internacional do Trabalho apreciar, no domínio internacional, tendo em vista tal objetivo, todos os programas de ação e medidas de caráter econômico e financeiro; e) no desempenho das funções que lhe são confiadas, a Organização Internacional do Trabalho tem capacidade para incluir em suas decisões e recomendações quaisquer disposições que julgar convenientes, após levar em conta todos os fatores econômicos e financeiros de interesse (OIT, 1944).

Muito embora esse projeto tenha sucumbido ante a "dogmática ultraliberal que domina as políticas nacionais e internacionais há trinta anos" (Supiot, 2014, p. 9), convertendo o direito "em vetor da transformação de valores — como a natureza e o trabalho — em mercadorias" (Ventura, 2015, p. 690), os preceitos da justiça social não foram condenados à esterilidade jurídica. Fundamento de numerosas constituições, a categoria orientou a transformação de estados na maioria dos países industriais, convertendo-os em social, cada qual à sua forma e como resultado da correlação de forças das classes em processos permanentes de negociação e conflito. Aliada a um direito do trabalho e da seguridade social, moldando políticas redistributivas nas sociedades salariais, a justiça social fez assim a sua história e tradição jurídica[(9)] (Supiot, 2015).

Por outro lado, aponta Bernard Edelman (2016) que o consenso dos movimentos operários com a social-democracia que resultou no processo gradual de legalização da classe trabalhadora, por meio da adesão e atrelamento das reivindicações classistas ao sistema jurídico-democrático burguês, representou por si o abandono da utopia revolucionária. Ao ser legalizada, a classe operária deixava-se capturar, neutralizar e amordaçar, uma vez que é sob a forma de sujeitos de direitos que os indivíduos são ideologicamente assediados no capitalismo, consolidando-se como mecanismo essencial para (re)produção das relações de dominação e exploração. Mesmo fruto de violentas e longas lutas sociais, o Direito do Trabalho representaria, paradoxalmente, a derrota do movimento operário, uma vez que "no jogo do direito, a burguesia sempre será vitoriosa (Edelman, 2016, p. 48). Para o jurista e filósofo francês, abandonar o terreno do jogo constitui a utopia a ser resgatada.

Entre o otimismo da vontade e o pessimismo da razão, parece que o desafio de conceber formas de emancipação a partir das ambiguidades e contradições que constituem o Direito do Trabalho permanece candente, ainda mais no momento em que a sociedade da austeridade[(10)] (Ferreira, 2011; 2012) fricciona as bases protetivas do Estado social de direitos, infringindo derrotas sucessivas às classes trabalhadoras em todo o mundo. A lógica sacrificial coletiva e o distanciamento em relação ao valor da justiça social impõem-se como fatores essenciais que assentam os processos de austerização da sociedade e do Estado, como um passo adiante à racionalidade neoliberal (Ferreira, 2011). Assim, o direito do trabalho de

(9) É importante destacar que no Brasil não se desenvolveu uma experiência de Estado de bem-estar social, a exemplo dos EUA e países da Europa ocidental, mas sim um sistema de proteção social do trabalho condicionado ao controle estatal a partir da estrutura sindical, estabelecendo um rol de direitos trabalhistas vinculados ao contrato de trabalho por prazo indeterminado, restrito a setores especializados do mercado de trabalho, marcado por profundas desigualdades estruturais de classe, raça e gênero. Apesar da extensa legislação social, da formatação de instituições públicas, do reconhecimento formal dos sindicatos e do seu poder de negociação, os empregadores sempre tiveram ampla liberdade para promover unilateralmente ajustes nos elementos centrais da relação de emprego (formas de contratação, remuneração e controle de jornada).

(10) "O conceito de sociedade da austeridade orientada pela hipótese de que à fórmula conhecida de contenção das despesas do Estado, privatização do setor público, aumento dos impostos, diminuição dos salários e liberalização do direito do trabalho corresponde uma lógica sociológica de naturalização das desigualdades. Esta lógica caracteriza-se pela cristalização das instituições e das práticas sociais em torno de uma configuração de poder resultante da combinação entre atores sociais não eleitos como a Troika e eleitos como o Governo, de uma desestabilização da estrutura normativa com recurso a um direito de exceção e de uma transformação na forma de governação orientada por um processo de legitimação tendo por base o medo" (Ferreira, 2011, p. 120).

exceção desenvolve-se nesse fluxo do neoliberalismo rumo à austeridade. Para o jurista português, as políticas de austeridade são políticas de direito, sobretudo, pelo fato de o próprio afastamento da regulação estatal nos mercados decorrer de medidas legislativas, sejam elas nacionais ou supranacionais (Ferreira, 2012).

Como pudemos apontar em outra oportunidade (Freitas *et al*, 2020), a noção de direito do trabalho de exceção, desenvolvida por Casimiro Ferreira (2011; 2012), pode ser caracterizada resumidamente pela articulação de três fatores fundamentais que marcam o fenecimento das utopias de paz e justiça social emanadas do "Espírito de Filadélfia": o primeiro é a compreensão do direito do trabalho (e não apenas do trabalho) como mercadoria que assume a condição de aspecto competitivo diferencial no mercado, sujeitando o direito à concorrência das leis da oferta e da procura); o segundo diz respeito à escalada de um neocontratualismo trabalhista, tornando cada vez mais opacas as fronteiras entre o trabalho subordinado e o trabalho autônomo, catalisando hibridizações contratuais que acabam por rifar o contrato de emprego em detrimento de uma série de contratos atípicos; e, por fim, o movimento de legalização e institucionalização de práticas ilícitas amplamente disseminadas no cotidiano de exploração das forças do trabalho, que por meio de reformas legislativas e consolidações jurisprudenciais, em franco compromisso patronal, tornam-se lícitas. A negação e a inefetividade do Direito do Trabalho ensejam o novo padrão generalizado de dominação.

A legalização dos mecanismos de exteriorização e externalização dos riscos, custos e obrigações trabalhistas por meio da incorporação de formas atípicas de contratação tem desafiado a capacidade regulatória do Direito do Trabalho, diminuindo sua cobertura social, a partir do aviltamento do contrato padrão de emprego. O contrato clássico por tempo indeterminado, socialmente protegido, acumulador de vantagens ao longo da sua execução, vem perdendo cada vez mais espaço para outras formas de terceirização e suas redes de subcontratação, trabalho parcial, temporário, autônomo, em domicílio, teletrabalho ou escravo contemporâneo.

Além desses elementos, o açodamento revisionista decorrente da pressão para promover alterações significativas nos textos constitucionais e legislativos conformadores do sistema de regulação social do trabalho tem encontrado no Poder Judiciário, do centro à periferia, um aliado significativo, "encampando aquilo que Ferreira denomina de jurisprudência de austeridade, resultado aturdido pela tensão entre decisões rápidas e decisões ponderadas" (Freitas *et al*, 2020, p. 222). A jurisdição constitucional é provocada a se manifestar sobre as medidas de austeridade econômica, tendo em vista, de um lado, os seus efeitos vinculantes, e, de outro, aquelas que incidirem, geralmente, sobre direitos sociais, níveis de proteção social e padrões civilizatórios.

As tendências sistematizadas por Casimiro Ferreira, desde a experiência europeia, consideradas as particularidades conjunturais que as circunscrevem, são reproduzidas em grande medida no contexto atual das relações laborais no Brasil e podem ser visualizadas no processo ainda em curso de implementação da reforma trabalhista no País. As posições do Supremo

Tribunal Federal (STF) no tratamento de aspectos controversas da Lei n. 13.467/2017 são expressivas desse movimento liberalizante, recorrendo ao consequencialismo jurídico para compor uma narrativa constitucional distópica cujo objetivo tem sido suprimir e ajustar os direitos fundamentais trabalhistas à nova ordem do Estado austero de direito.

O STF e a reforma trabalhista: constitucionalismo distópico para um Direito do Trabalho de exceção

No caso brasileiro, a atuação do Supremo Tribunal Federal (STF), no controle de constitucionalidade de pontos controversos da Lei n. 13.467/2017 que instituiu a Reforma Trabalhista, é um laboratório revelador dessa inflexão para um Direito do Trabalho de exceção, como preconizou Casimiro Ferreira (2011). Renata Dutra e Sidnei Machado (2021, p. 23), apontam que "o papel de tessitura desse panorama da Reforma de 2017 no Brasil contou com uma ativa atuação da jurisprudência regressiva do STF, fruto de longa maturação, que fomentou e instrumentalizou a reforma legislativa, conferindo-lhe legitimidade". A longa lista de apreciação de atos normativos e julgamentos em sede de repercussão geral trabalhista (Estrela, 2020) revela que a relativização dos preceitos protetivos do Direito do Trabalho, por meio da formalização de práticas extracontratuais ilegais e socialmente ilegítimas, principalmente em contextos de crise econômica, não é um intento novo da Egrégia Corte. cujas posições, muitas vezes, anteciparam à própria reforma.

Em pesquisas realizadas em contextos diferentes, Silva (2011; 2014; 2018) concluiu como a Suprema Corte, diferentemente do Tribunal Superior do Trabalho (TST), mais aberto às interpretações garantistas, já aparentava uma tendência à recepção da ideologia neoliberal, principalmente em temas relacionados aos direitos sociais fundamentais, a exemplo dos debates acerca da prescrição trintenária do FGTS, externalizando um processo gradual de erosão da constituição do trabalho e do direito laboral. Dutra e Machado (2021) são precisos quando afirmam que embora coerentes com uma determinada concepção sobre trabalho, justiça e o papel do Estado na regulação dos conflitos trabalhistas, a jurisprudência de austeridade (Ferreira, 2012) construída pelo STF ao longo dos anos representa um movimento de tensão e ruptura com o projeto da Constituição de 1988.

A jurisprudência de austeridade, conformadora de um Direito do Trabalho de exceção, "expressa em certa medida não apenas a questão da judicialização da política, mas uma nova dinâmica na relação entre os poderes" (Lima *et al*, 2018, p. 208), dado que o Judiciário passa a ser constantemente instado a se manifestar sobre a legalidade da implementação da agenda político-econômica encampada pelo Executivo e Legislativo. Essa reconfiguração da separação dos Poderes, segundo Ferreira (2012), acirra a crise da própria democracia, à medida que os cidadãos também acabam transferindo suas expectativas para o campo jurisdicional, mediante as disputas de constitucionalidade dos programas de austeridade. "Ao deslocar para o Judiciário a garantia (ou não) dos programas de austeridade, bem como da gradação de sua intensidade, uma maior ou menor apropriação dos discursos que normalizam a exceção, acaba por gerar uma disputa entre o que o autor em comento denomina entre o "direito de exceção" e um "direito normal" (Lima *et al*, 2018, p. 209).

Seja como estratégia do Poder Executivo de deslocar para a arena judicial a implementação de medidas austeras e a desconstrução dos sistemas de proteção social, seja como tática defensiva das oposições trabalhistas na tentativa de declarar a inconstitucionalidade desses projetos, constatamos como a judicialização das políticas do trabalho têm se acirrado como via de disputa no Brasil, especialmente após a recomposição do bloco no poder, que resultou no processo de impeachment da presidenta Dilma Rousseff (PT), ampliando o horizonte de inseguranças para o conjunto dos trabalhadores.

As inversões no "Espírito de Filadélfia" tensionam espaços de exceção na ordem constitucional do trabalho, calcificando uma hermenêutica restritiva, destituidora de garantias mínimas relacionadas ao sujeito de direito (individual e coletivo) e ao contrato de emprego. O Direito do Trabalho de exceção (Ferreira, 2011), além de uma jurisprudência de austeridade, enreda-se à noção de constitucionalismo distópico desenvolvida por Douglas Pinheiro (2020), não como uma prospecção, mas como uma prática jurisdicional contemporânea. O autor desenvolve a categoria jurídica a partir de alegorias extraídas do conto *Minority report* de Phillip K. Dick (1968), fundamentando-se nos estudos sobre Direito e Literatura.[11] Em uma New York futurista, hipertecnificada, a preocupação com a violência ocupa lugar central na vida cotidiana, o aparato estatal controla um sistema complexo de verificação de condutas criminosas por meio da combinação de dons premonitórios mutantes, análise tecnológica de dados e triagem burocrática. Numa sociedade marcada pelo medo, o vigilantismo tecnocrático é mobilizado como política de segurança pública, atuando profilaticamente para evitar que crimes de maior potencial ofensivo, como os homicídios, por exemplo, aconteçam. As instituições passam então a estimular um agir paranoico, no sentido freudiano típico, aficionadas por sistemas especulativos, normativos e persecutórios que afetam o rumo das personagens ao longo da trama.

A paranoia sistêmica transcende a literatura distópica para se espelhar na realidade cotidiana do sujeito contemporâneo, instado a adequar-se "aos processos baseados no risco econômico, na conformidade social ou nas regras de biossegurança" (Pinheiro, 2020, p. 107), cada vez mais comuns na sociedade da austeridade. "A narrativa totalizante conspiratória, por sua vez, especialmente evidente em *Minority report*, indica uma postura cada vez mais recorrente nas esferas pública e estatal" (*idem*), particularmente naquelas vinculadas ao sistema de justiça. Idealização tecnológica, narrativa conspiracionista, explicação total reducionista,

---

(11) Em termos metodológicos, com base nos estudos de Gonzalez (2015) e Karam (2017), Pinheiro (2020) reforça que o Direito e a Literatura têm ampliado seu escopo investigativo, abarcando de forma esquemática, quatro grandes frentes: a primeira diz respeito ao direito *da* literatura, relacionando-se às questões de liberdade artística, direitos do autor, propriedade intelectual, ou seja, como o direito disciplina as relações jurídicas derivadas no meio literário; a segunda frente considera o direito *como* literatura, ao focar na narratividade própria dos fatos regulados ou discutidos em juízo, considerado textos legais e peças literárias de maneira análoga sobre seus aspectos fundantes; o terceiro refere-se ao direito *com* literatura, na medida em que destaca como a literatura se apropria do direito, compreendendo tanto a escrita jurídica como a hermenêutica jurídica como um tipo de tradução feita pelo aplicador do direito, ao ler a normatividade grafada para assim reescrevê-la; por fim, a quarta e última frente prioriza o direito *na* literatura, priorizando as "representações literárias do direito e da justiça, cuja importância decorre não só de seus usos didáticos, enquanto recurso lúdico do processo de ensino-aprendizagem jurídicos, mas também sociais, pela capacidade de fomento da abertura imaginativa e empática" (Pinheiro, 2020, p. 104).

crescente criminalização judicial, delimitação rígida entre passado, presente e futuro, fundamentação decisória insubsistente dão os contornos dessa distopia que se presentifica na jurisprudência de austeridade, fomentadora de um "constitucionalismo paranoico, crononormativo e consequencialista" (Pinheiro, 2020, p. 108).

Na prática processual jurídica ensejada pelo constitucionalismo distópico, a paranoia conspiratória se manifesta de diversas maneiras. A desconfiança persistente que recai sobre a figura do reclamante, principalmente quanto à legitimidade do seu interesse de agir ou da sua boa-fé processual. Trabalhadores e sindicatos, não raro, são acusados de serem litigantes usurários, dissimuladores, mobilizados sempre pelo enriquecimento ilícito sem causa. Esse tipo de argumento foi aventado pelo ministro Luís Roberto Barroso do Supremo Tribunal Federal (STF), relator da ADI 5.766,(12) ao defender que impor "algum tipo de ônus, modesto como seja" ao demandante beneficiário da justiça gratuita seria o caminho justo "para desincentivar a litigiosidade fútil" na Justiça do Trabalho. Para o ministro Barroso, o sistema de litígios trabalhistas oferecia toda sorte de incentivos para demandar, mas nenhum ônus para conter o demandismo.(13)

O excesso de litigiosidade na Justiça Laboral não é atribuído ao contexto estrutural de descumprimento das normas trabalhistas pelos empregadores, nem à informalidade sistêmica do mercado de trabalho nacional, muito menos à fiscalizaçao estatal insuficiente, mas ao trabalhador e sua representação judicial. "Boa parte das regras aqui introduzidas se volta mesmo é contra o comportamento de maus advogados, e contra um estilo de litigância de má-fé que infelizmente não é incomum", faz questão de destacar o relator. Opera-se um deslocamento de sentido no sistema de proteção, ao mesmo tempo em que diz não o fazer. "Ninguém aqui está do lado dos mais ricos ou do lado da injustiça. Todo mundo aqui está querendo produzir a solução que seja capaz de melhor distribuir a Justiça e de trazer melhores resultados para a sociedade e para o país", encerra Luís Roberto Barroso em seu voto.

O constitucionalismo distópico também se manifesta na prevalência do "primado da hipótese sobre os fatos" (Pinheiro, 2020, p. 109), verificada quando "o julgador tendo em mente o resultado a se produzir, maneja apenas os elementos confirmadores da sua decisão previamente formulada, recusando-se a ser influenciado pelo contraditório e produzindo um

(12) Entre os dispositivos questionados pela Procuradoria-Geral da República (PGR) na Lei n. 13.467/2017 está o que autoriza o uso de créditos trabalhistas obtidos pelo demandante beneficiário de Justiça gratuita, ainda que em outro processo, para pagar honorários periciais e de sucumbência, sendo questionada também a constitucionalidade do pagamento de custas processuais pelo reclamante beneficiário da gratuidade em caso de ausência injustificada à audiência.

(13) O ministro julgou procedente em parte a ADIn n. 5.766 para fazer interpretação conforme a CF dos dispositivos impugnados, assentando como teses de julgamento: 1) O direito à gratuidade de Justiça pode ser regulado de forma a desincentivar a litigância abusiva, inclusive por meio da cobrança de custas e honorários a seus beneficiários; 2) A cobrança de honorários sucumbenciais poderá incidir i) sobre verbas não alimentares, a exemplos de indenizações por danos morais, em sua integralidade; ii) sobre o percentual de até 30% do valor que exceder ao teto do regime geral de previdência social quando pertinentes a verbas remuneratórias; 3) É legítima a cobrança de custas judiciais em razão da ausência do reclamante à audiência mediante sua prévia intimação pessoal para que tenha a oportunidade de justificar o não comparecimento.

quadro mental paranoico" (*idem*). O julgamento da constitucionalidade da Lei da Terceirização[14] (Lei n. 13.429/2017) pelo Plenário do Supremo, no dia 17 de junho de 2020, que permitiu a terceirização ampla e irrestrita das atividades-fim das empresas, expressa bem o uso desse recurso para aprofundar a lógica liberalizante no Direito do Trabalho.[15]

Na oportunidade, o ministro relator Gilmar Mendes defendeu que a modernização das relações trabalhistas é necessária para aumentar a oferta de emprego e assegurar os direitos constitucionais, como a garantia contra despedida arbitrária, o seguro-desemprego, o fundo de garantia do tempo de serviço e o salário mínimo, entre outros. "A rigor, o art. 7º da Constituição não tem vida própria, depende do seu suporte fático: o trabalho. Sem trabalho, não há que falar-se em direito ou garantia trabalhista. Sem trabalho, a Constituição Social não passará de uma carta de intenções", asserta o ministro. Num tipo de autofagia tautológica, o Direito do Trabalho é usado como fonte para sua própria negação.

Os apelos modernizantes, ancorados na ideia de que as leis trabalhistas são inadequadas para atender as exigências de um mundo do trabalho cada vez mais dinâmico e tecnificado, bem como a projeção de um futuro nebuloso em que o emprego será cada vez mais escasso ao ponto de tornar-se sem sentido os mandamentos constitucionais, demonstram como a subversão do tempo é mobilizada como recurso hermenêutico para imprimir um novo *design* institucional ao sistema de regulação trabalhista, ajustando-o às razões austeras neoliberais. Contrariando não só a jurisprudência maturada pela justiça especializada ao longo de anos de litígios trabalhistas, mas, fundamentalmente, as evidências científicas produzidas por pesquisadoras e pesquisadores de inúmeras áreas do conhecimento, vinculados aos mais diversos centros de pesquisa e universidades do País, sobre as repercussões da terceirização na erosão das condições de trabalho e no padrão de proteção social,[16] a Suprema Corte, ainda assim, decide por maioria dos votos, pela legalização da prática irrestrita da terceirização.

---

(14) A chamada Lei de Terceirização (Lei n. 13.429/2017), sancionada pelo então presidente Michel Temer, no dia 31 de março de 2017, alterou a Lei do Trabalho Temporário (Lei n. 6.019/1974), regulamentando as relações de trabalho na empresa de prestação de serviços a terceiros.

(15) Por maioria de votos, foram julgadas improcedentes as cinco Ações Diretas de Inconstitucionalidade (ADIs ns. 5.685, 5.686, 5.687, 5.695 e 5.735) que questionavam as mudanças nas regras de terceirização de trabalho temporário introduzidas pela Lei n. 13.426/2017. O julgamento foi realizado em sessão virtual encerrada no dia 15 de junho de 2021. As ações foram ajuizadas pela Rede Sustentabilidade (ADI 5685), pela Confederação Nacional das Profissões Liberais (ADI n. 5.686), pelo Partido dos Trabalhadores e pelo Partido Comunista do Brasil (ADI n. 5.687), pelas Confederações Nacionais dos Trabalhadores na Indústria Química e dos Trabalhadores nas Indústrias Têxtil, Vestuário, Couro e Calçados (ADI n. 5.695) e pela Procuradoria-Geral da República (ADI n. 5.735). Segundo os argumentos apresentados, a prática irrestrita de terceirização e trabalho temporário em atividades ordinárias das empresas viola direitos sociais fundamentais dos trabalhadores, ao propiciar tratamento diferenciado entre empregados diretos e terceirizados na mesma empresa (STF, 2020).

(16) No livro "A perda da razão social do trabalho: terceirização e precarização", as pesquisadoras Graça Druck e Tânia Franco (2007) reúnem ensaios de doze autores que analisam a terceirização em empresas de ponta com riscos industriais relevantes para a saúde e o meio ambiente e indicam as principais mudanças e permanências desde a década de 1990 até os dias atuais. No campo do Direito do Trabalho, destacam-se os estudos pioneiros de Almeida (1993), Barros (1993), Cardone (1993), Nascimento (1993) e Magano (1995) sobre as tensões entre o fenômeno da terceirização e o sistema jurídico protetivo trabalhista nacional e internacional.

As razões estigmatizantes quanto à legitimidade e à capacidade dos sujeitos coletivos trabalhistas também povoam os discursos e práticas do constitucionalismo distópico modelando um direito do trabalho de exceção. O julgamento da ADI n. 5.794,(17) em 29 de junho de 2018, que declarou a constitucionalidade do ponto da Reforma Trabalhista que extinguiu a contribuição sindical compulsória, expressa bem essa investida contra as entidades representativas dos trabalhadores. Na oportunidade, prevaleceu o entendimento divergente apontado pelo ministro Luiz Fux, estabelecendo que não se pode admitir que a contribuição sindical seja imposta a trabalhadores e empregadores quando a Constituição determina que ninguém é obrigado a se filiar ou a se manter filiado a uma entidade sindical. Fazendo coro à divergência, o ministro Barroso arguiu que o fim da obrigatoriedade da contribuição sindical não é incompatível com a Constituição, não havendo que se falar em inconstitucionalidade formal e material, uma vez que "O Congresso Nacional é o cenário para que essas decisões sejam tomadas. O STF deve ser autocontido, de forma a respeitar as escolhas políticas do Legislativo". Ao explicitar os entendimentos de que o modelo de contribuição compulsória é bom para os sindicalistas, mas não para os trabalhadores, justamente porque não estimula a competitividade e a representatividade, levando um verdadeiro "*business*" privado, o ministro reforça a corrosão das funções constitucionais dos sindicatos.

Radicalizando as tendências disruptivas da reforma, o mesmo argumento foi utilizado pelo ministro Alexandre de Moraes, no julgamento da ADI n. 6.363 que manteve a eficácia da regra da Medida Provisória (MP) n. 936/2020(18) que autorizou a redução da jornada de trabalho e do salário ou a suspensão temporária do contrato de trabalho por meio de acordos individuais em razão da pandemia do novo Coronavírus, independentemente da anuência dos sindicatos da categoria. Prevaleceu a posição contrária aberta pelo ministro Alexandre de Moraes, ao indicar que em razão do momento excepcional induzido pela pandemia, a previsão de acordo individual para restrição de direitos irrenunciáveis é razoável, pois garante uma renda mínima ao trabalhador e preserva o vínculo de emprego ao fim da crise. Segundo Moraes, a exigência de atuação do sindicato, abrindo negociação coletiva ou não se manifestando no prazo legal, geraria insegurança jurídica e aumentaria o risco de desemprego.

Em seu voto, o ministro Barroso pavimentou a divergência apresentada e foi categórico ao afirmar que não há uma estrutura sindical no Brasil capaz de atender as demandas de urgência de suspensão de contrato e redução de jornada: "A grande heterogeneidade dos sindicatos exibe uma incapacidade para realizar a tempo e a hora, no volume que se exigirá, com proficiência e probidade a chancela de milhões de acordos de suspensão ou de redução

---

(17) Por 6 votos a 3, o Supremo Tribunal Federal (STF) declarou a constitucionalidade do ponto da Reforma Trabalhista que extinguiu a obrigatoriedade da contribuição sindical. O dispositivo foi questionado na Ação Direta de Inconstitucionalidade (ADI) 5794, em outras 18 ADIs ajuizadas contra a nova regra e na Ação Declaratória de constitucionalidade (ADC) n. 55, que buscava o reconhecimento da validade da mudança na legislação. Como as ações tramitaram de forma conjunta, a decisão proferida na ADI n. 5.794 aplica-se a todos os processos.

(18) A Medida Provisória n. 936 foi convertida na Lei n. 14.020/2020, publicada em 7 de julho de 2020 e institui o Programa Emergencial de Manutenção do Emprego e da Renda, bem como traz medidas complementares para o enfrentamento do estado de calamidade pública.

de jornada". A despeito da incapacidade regulatória imputada aos sindicatos, o boletim *De olho nas negociações*, publicado pelo Departamento Intersindical de Estatísticas e Estudos Socioeconômicos (DIESSE) (2020), revelou que o contexto da pandemia ampliou a atuação sindical no Brasil, tanto em número (8.827 acordos negociados nos seis primeiros meses de 2020 contra 8.574 no mesmo período de 2019, um acréscimo de 3%), quanto em cobertura, notando-se que em todas as cidades do País, sem exceção, houve algum tipo de negociação relacionada à Covid-19.(19)

Além do "primado da hipótese sobre os fatos", Douglas Pinheiro (2020, p. 115) nos lembra que "a tomada de uma decisão no presente, justificada, de modo exclusivo, pelo temor de uma consequência negativamente projetada, também caracteriza o constitucionalismo distópico". O consequencialismo jurídico conforma um tipo particular de constitucionalismo aspiracional, orientado para o futuro cujas decisões se fundamentam num Estado idealizado que se pretende alcançar. "No constitucionalismo propriamente distópico, porém, o modelo reprovável, que não precisa corresponder a um dado real, é projetado no futuro como consequência de uma suposta decisão do presente, o que acaba justificando as demais opções decisórias a ela opostas" (*idem*).

Diante da reconfiguração dos poderes e do rebaixamento do horizonte de expectativas protetivas impostos pelo avanço das medidas de austeridade neoliberal, segue-se uma lógica típica da excepcionalidade, na qual o direito se desloca cada vez mais dos preceitos democráticos em detrimento de discursos e práticas desregulatórias, por meio da naturalização das técnicas de exceção. Quando busca reestruturar os fundamentos do Direito do Trabalho, com bases alienígenas à sua história, valores, princípios e funções, o STF tem se convertido numa mera instância recursal da Justiça do Trabalho, reduzindo direitos fundamentais e garantias civilizatórias à condição de meros fatores objetivos de produção que podem ser manejados livremente ante os imperativos de acumulação dos agentes econômicos.

Para continuar debatendo

Conforme expusemos brevemente, uma análise da distopia que tem caracterizado a atuação no STF no controle de constitucionalidade de aspectos relevantes do sistema de proteção social do trabalho, especialmente após da Reforma Trabalhista, pode ser feita a partir da combinação de três elementos fundamentais: o primeiro diz respeito à imaginação ou descrição ficcional de um futuro caótico marcado pela depressão econômica generalizada e onde o trabalho digno será privilégio de poucos; o segundo relaciona esse cenário catastrófico ao apelo sacrificial direcionado especialmente ao trabalhador, conclamado a arcar de forma desproporcional com as consequências de crises a que não deram causa; e o terceiro, por fim, diz respeito à consolidação de uma hermenêutica restritiva consensuada em torno do projeto

(19) A proporção de instrumentos coletivos com cláusulas relacionadas à pandemia varia entre 27% e 87%, a depender da cidade, com média de 53%. A pesquisa aponta que a maior parte dos instrumentos com cláusulas sobre a Covid-19 foi negociada pelos setores dos serviços (43%) e da indústria (41%). As atividades com maior número de instrumentos coletivos relacionados à pandemia são a metalúrgica (17%), turismo e hospitalidade e comércio atacadista e varejista (ambos com 13%), transportes (12%) e química e farmacêutica (7%) (DIESSE, 2020).

de que a (des)regulamentação dos direitos fundamentais trabalhistas é a medida profilática viável para evitar que esse horizonte negativo se presentifique. Dinâmica própria do constitucionalismo distópico, verifica-se o uso estratégico e conservador da ameaça de retrocesso social como forma de manutenção das estruturas precarizantes vigentes, dando forma a um Direito do Trabalho de exceção como regra.

As repercussões sociais e econômicas das crises sistêmicas, associadas à implementação de políticas de austeridade, têm pressionado a quebra dos padrões mínimos de proteção social em todo o mundo, expondo os limites da regulação trabalhista em face da dinâmica atual do capitalismo financeiro-neoliberal. Na esteira desse processo, o Direito do Trabalho de exceção tem se estruturado a partir de uma rutura paradigmática com os pressupostos ontológicos que deram sentido ao "Espírito de Filadélfia", como projeto jurídico-político da governança global do trabalho, pactuado entre as nações ocidentais no pós-guerra. Reformas trabalhistas e dos sistemas de seguridade social tem sido amplamente receitadas e implementadas em escala global, assumido feição mais degradante no contexto dos países de capitalismo dependente e periférico. A demanda patronal por reformas se articula num contexto mais amplo e global de hegemonia do neoliberalismo, assentado no tripé formado pela privatização das atividades estatais, pela desregulamentação econômica, ambiental e trabalhista e pela abertura de capitais.

Em 2019, a Conferência Internacional do Trabalho adotou em sua 108ª sessão, a Declaração do Centenário da OIT, que examina os principais desafios e oportunidades para o futuro do trabalho. O documento fornece orientação para lidar com as questões urgentes impostas pelo avanço das tecnologias, mudanças climáticas, intensificação das migrações globais, além de fomentar uma plataforma para cooperação com outras organizações no sistema internacional.[20] Reafirma o mandato de justiça social que pauta a OIT desde a sua fundação e o papel central do diálogo social e das normas internacionais para uma governança equitativa das relações laborais. A Declaração olha para o futuro do trabalho com uma lente centrada no ser humano, conclamando esforços que as pessoas se beneficiem das mudanças vividas no mundo do trabalho, fortalecendo as instituições de representação coletiva e de regulação social para garantir a proteção adequada a todo(as) o(a)s trabalhadore(as), promovendo o crescimento sustentável e inclusivo, almejando o emprego pleno e produtivo. Dois anos depois, no dia 17 de junho de 2021, em um mundo do trabalho profundamente afetado pelo contexto prolongado da pandemia global da Covid-19, os constituintes da OIT – governos, trabalhadores e empregadores — reunidos para a 109ª Conferência Internacional do Trabalho, adotaram um apelo global à ação, reafirmando a Declaração do Centenário da

(20) As áreas específicas de ação identificadas na referida Declaração incluem: a) a realização efetiva da igualdade de gênero em oportunidades e tratamento; b) aprendizagem eficaz ao longo da vida e educação de qualidade para todos; c) acesso universal à proteção social abrangente e sustentável; d) respeito pelos direitos fundamentais dos trabalhadores; e) um salário mínimo adequado; Limites máximos de tempo de trabalho; f) segurança e saúde no trabalho; g) políticas que promovam o trabalho decente e aumentem a produtividade; h) políticas e medidas que garantam privacidade adequada e proteção de dados pessoais e respondam aos desafios e oportunidades no mundo do trabalho relacionados à transformação digital do trabalho, incluindo o trabalho em plataforma (OIT, 2019).

Organização, para que a recuperação dos efeitos da crise pandêmica seja inclusiva, sustentável e resiliente.(21)

Diante da distopia real que marca as relações de trabalho nas primeiras décadas do século XXI, ainda é possível reanimar o "Espírito de Filadélfia" ou a sua passagem para o plano da austeridade será decretada de vez? Os pactos recentes firmados no âmbito da OIT comportam uma utopia capaz de incidir no presente para que o futuro do trabalho não seja a radicalização dessa catástrofe que já experenciamos em demasia? Parafraseando o monólogo icônico do replicante Roy Batty (Rutger Hauer), em *Blade Runner* (1982), essas são perguntas que exigem respostas urgentes para que o Direito do Trabalho e suas garantias civilizatórias, assim como as memórias do androide, em seu desiderato final, não se percam no tempo, como lágrimas na chuva.

Referências

ABRAMOVAY, Ricardo. O fim do trabalho. Entre a distopia e a emancipação. *Estudos Avançados* [*online*]. 2021, v. 35, n. 101, p. 139-150. Disponível em: <https://doi.org/10.1590/s0103-4014.2021.35101.010>. Acesso em: 21 jul. 2021.

ALMEIDA, Amador Paes de. A terceirização no Direito do Trabalho: limites legais e fraude à lei. In: *Terceirização no direito do trabalho e na economia*. São Paulo: LTr, 1993.

BARRIOS, Raúl Garcia; MARTÍNEZ, Nancy Merary Jiménez. ¿Antropoceno o Capitaloceno?. Nexos, Crisis Ambiental, Blog de Medio Ambiente, 13 jul. 2020. Disponível em: <https://medioambiente.nexos.com.mx/antropoceno-o-capitaloceno/>. Acesso em: 21 jul. 2021.

BARROS, Alice Monteiro de. A terceirização e a jurisprudência. In: *Terceirização no direito do trabalho e na economia*. São Paulo: LTr, 1993.

BRASIL. *Constituição da República Federativa do Brasil*. Brasília, DF: Senado Federal, 1988.

______. Supremo Tribunal Federal. *ADI n. 5.794 DF – Distrito Federal*. Plenário. Relator Ministro Luiz Roberto Barroso. Julgamento: 19.03.2018. Publicação: 22.03.2018. Acórdão.

______. Supremo Tribunal Federal. *ADI n. 5.766 - DF – Distrito Federal*. Plenário. Relator Ministro Luiz Roberto Barroso. Julgamento: 10.05.2018. Decisão.

______. Supremo Tribunal Federal. *ADPF n. 324 - DF – Distrito Federal*. Plenário. Relator Ministro Luiz Roberto Barroso. Julgamento: 30.08.2018. Publicação: 06.09.2018. Acórdão.

______. Supremo Tribunal Federal. *ADI n. 6.363 DF – Distrito Federal*. Plenário. Relator: Ministro Ricardo Lewandowski. Julgamento: 13.04.2020. Publicação: 15.04.2020. Acórdão.

BUDAKOV, Vesselin M. Dystopia: an earlier eighteenth-century use. *Notes and Queries*, Oxford, v. 57, n. 1, p. 86-88, mar. 2010.

CANETTIERI. T. Utopias e distopias no colapso da modernização, ou: como a crise altera os nossos regimes de expectativa. *Indisciplinar* [*online*], 6(2), p. 70–101, 2020.

(21) O acordo inclui basicamente dois conjuntos de ações. O primeiro abrange medidas a serem tomadas pelos governos nacionais, empregadores e sindicatos de trabalhadores, para alcançar uma recuperação que amplie a oferta de empregos, fortaleça substancialmente a proteção social e do trabalhador e apoie o desenvolvimento de empresas sustentáveis. Um segundo conjunto de ações cobre as iniciativas de cooperação internacional e o papel das instituições multilaterais, incluindo a OIT, com o objetivo de aumentar o nível e a coerência de seu apoio às estratégias nacionais de recuperação de pandemia, mais uma vez centradas no ser humano (OIT, 2021).

CARDONE, Marly. A terceirização e seus reflexos no direito do trabalho. *Revista de Direito do Trabalho*, n. 80. São Paulo, Revista dos Tribunais, 1992.

DANOWSKI, Deborah; VIVEIROS DE CASTRO, Eduardo. *Há mundo por vir? Ensaio sobre os medos e os fins*. Florianópolis: Desterro, Cultura e Barbárie e Instituto Socioambiental, 2014.

DIEESE. *De olho nas negociações*. Departamento Intersindical de Estatísticas e Estudos Socioeconômicos, n. 1, ago. 2020.

DRUCK, Graça; FRANCO, Tânia (Orgs.). *A perda da razão social do trabalho: terceirização e precarização*. São Paulo: Boitempo, 2007.

DUTRA, Renata; MACHADO, Sidnei (Orgs.). *O Supremo e a Reforma Trabalhista: a construção jurisprudencial da Reforma Trabalhista de 2017 pelo Supremo Tribunal Federal* [recurso eletrônico] / Renata Dutra; Sidnei Machado (Orgs.), Porto Alegre: Editora Fi, 2021.

EDELMAN, Bernard. *A legalização da classe operária*. São Paulo: Boitempo, 2016. Tradução Marcus Orione.

ESTRELA, Felipe. O STF e a relativização dos direitos dos trabalhadores: o caso da MP 927. *Revista Consultor Jurídico*, 11 abr. 2020. Disponível em: <https://www.conjur.com.br/2020-abr-11/estrela-stf-relativizacao-direitos-trabalhadores>. Acesso em: 21 jul. 2021.

FERREIRA, António Casimiro. A sociedade da austeridade: poder, medo e direito do trabalho de exceção. *Revista Crítica de Ciências Sociais* [*Online*], 95, 2011.

______. *Sociedade da Austeridade e direito do trabalho de exceçao*. Porto: Vida Económica, 2012.

FREITAS, C. E. S.; CARVALHO, F. S. E.; DUTRA, R. Q. Os sentidos do tempo em um direito do trabalho de exceção. *Revista Direito das Relações Sociais e Trabalhistas*, Centro Universitário do Distrito Federal [*on-line*]. vol. 6, n. 2 maio/ago. 2020. Brasília-DF, 2020.

GONZÁLEZ, José Calvo. Teoría literaria del derecho. Derecho y literatura: intersecciones instrumental, estructural e institucional. In: ZAMORA, Jorge Luis Fabra; VAQUERO, Álvaro Núñez (Orgs.). *Enciclopedia de Filosofía y Teoría del Derecho*: volumen uno. Cidade do México: UNAM, 2015, p. 695-736.

GUERCIO, M. R. Hegel e Fukuyama. *Em Perspectiva*, 6(2), p. 227-236, 2020. Disponível em: <http://periodicos.ufc.br/emperspectiva/article/view/60424>. Acesso em: 13 jul. 2021.

KARAM, Henriete. Questões teóricas e metodológicas do direito na literatura: um percurso analítico-interpretativo a partir do conto Suje-se gordo!, de Machado de Assis. *Direito GV*, São Paulo, v. 13, n. 3, p. 827-865, set./dez. 2017.

KREIN, José Dari; GIMENEZ, Dennis Maracci; DOS SANTOS, Anselmo Luis (Orgs.). *Dimensões críticas da reforma trabalhista no Brasil.* Campinas, SP: Curt Nimuendajú, 2018a.

______. O desmonte dos direitos, as novas configurações do trabalho e o esvaziamento da ação coletiva: consequências da reforma trabalhista. *Tempo Social* [*online*]. 2018, v. 30, n. 1, p. 77-104. Disponível em: <https://doi.org/10.11606/0103-2070.ts.2018.138082>. Acesso em: 16 jul. 2021.

______; MANZANO, M.; TEIXEIRA, M. O.; LEMOS, P. R. *O Trabalho pós-reforma trabalhista (2017)* [livroeletrônico]: vol. 1, São Paulo: Cesit — Centro de Estudos Sindicais e de Economia do Trabalho, 2021.

LIMA, H. F.; SILVA, S. G. C. L.; CARNEIRO, A. L. S.; LEAL, L. A. Judicialização das reformas institucionais de austeridade: estudo do cenário brasileiro à luz do marco conceitual de jurisprudência da austeridade. *RDRST*, Brasília, vol. IV, n. 2, p. 203-221, maio/ago. 2018.

LOPES, João Gabriel. A reconstrução da sociedade do trabalho no enfrentamento do coronavírus. Disponível em: <https://www.justificando.com/2020/04/14/a-reconstrucao-da-sociedade-do-trabalho-no-enfrentamento-do-coronavirus/>. Acesso em: 15 abr. 2020.

MAGANO, Octávio Bueno. A terceirização e a lei. In: *Política do trabalho* (vol. 2). São Paulo: LTr, 1995.

MOORE, Jason W. *Anthropocene or Capitalocene?* Nature, History, and the Crisis of Capitalism. Oakland: PM Press, 2016.

MOORE, Jason W. Le Capitalocène et la justice planétaire. *Radio Univers*, n. 944. Écrit par admin sur 10 juin 2020. Disponível em: <https://www.radio-univers.com/jason-w-moore-le-capitalocene-et-la-justice-planetaire-n944/>. Acesso em: 21 jul. 2021.

MURTA, A. L. E. Tensões entre Utopia e distopia: reflexões sobre ordem e controle social no optimoreipublicae de Thomas More. *Indisciplinar [online]*, 6(2), p. 126-149, 2020.

NASCIMENTO, Amauri Mascaro. Subcontratação ou terceirização. *Repertório IOB de Jurisprudência*, São Paulo, n. 23, texto 2/8.263, 1993.

OIT. *Constituição OIT e Declaração de Filadélfia (1944)*. Disponível em: <encurtador.com.br/dBGV9>. Acesso em: 21 jul. 2021.

______. *Declaração do Centenário da OIT para o Futuro do Trabalho, 2019*. Disponível em: <encurtador.com.br/mpH58>. Acesso em: 21 jul. 2021.

______. *Apelo à ação global para uma recuperação centrada nas pessoas, 2021*. Disponível em: encurtador.com.br/krHKZ>. Acesso em: 21 jul. 2021.

PINHEIRO, Douglas Antônio Rocha. "remissas e perigos de um constitucionalismo distópico: reflexões à luz de Philip K. Dick. *Anamorphosis: Revista Internacional de Direito e Literatura*, v. 6, n. 1, p. 101-124, jun. 2020.

SAFATLE, Vladimir. *O circuito dos afetos:* corpos políticos, desamparo e o fim do indivíduo. São Paulo: Cosac Naify, 2015.

SARGENT, Lyman Tower. The three faces of utopianism revisited. *Utopian Studies*, University Park, v. 5, n. 1, p. 1-37, 1994.

SILVA, S. G. C. L. Direitos Fundamentais, Garantismo e Direito do Trabalho. *Revista do Tribunal Superior do Trabalho*, v. 77, Brasília, 2011, p. 287-288, 2011.

______; MOURA, E. K. V. O que os atores demandam perante o Supremo Tribunal Federal em matéria trabalhista? *Revista do Direito Público*, v. 9, Londrina, p. 121, 2014.

SUPIOT, Alain. *O Espírito de Filadélfia* — A Justiça Social Diante do Mercado Total. Porto Alegre: Sulina, 2014. Tradução de Tânia do Valle Tschiedel.

______. ¿Qué justicia social internacional en el siglo XXI?. *Conferencia de apertura del XXI Congreso de la Sociedad Internacional de Derecho del Trabajo y la Seguridad Social*. Ciudad del Cabo, 15-18 de septiembre, 2015. Disponível em: <encurtador.com.br/qsKM4>. Acesso em: 21 jul. 2021.

TRINDADE, Rodrigo. O conto da Aia: a distopia de um mundo do trabalho sem democracia. *Revisão Trabalhista*, 07 jun. 2021. Disponível em: <encurtador.com.br/uHQY7>. Acesso em: 21 jul. 2021.

VENTURA, Deisy. O Espírito de Filadélfia – A Justiça Social Diante do Mercado Total. *Revista Direito e Práxis*, vol. 6, n. 12, 2015, p. 688-694.

Novas Tendências do Direito do Trabalho: Dominação, Precarização e Exploração do Trabalho no Brasil Contemporâneo

Joaquim Leonel de Rezende Alvim(1)

Carla Appollinario de Castro(2)

Introdução

Nosso trabalho transita em elementos que dialogam com uma das questões provocativas sinalizada pelos organizadores da presente obra coletiva, indagando em que medida o novo quadro social, econômico e tecnológico e as novas figuras de contratos de trabalho afetariam o núcleo da fundamentação teórica que justificaria a especialização do Direito do Trabalho e da própria Justiça do Trabalho.

Os elementos que serão mobilizados para dialogar com a questão proposta se organizam em duas partes. Num primeiro momento situamos o (1) quadro social, econômico e tecnológico, bem como as novas figuras do contrato de trabalho em curso nos últimos anos no Brasil para, num segundo momento, desenvolvermos um (2) quadro teórico que procura dar uma inteligibilidade para as mudanças em curso que afetam o Direito do Trabalho e a Justiça do Trabalho.

I – Quadro social, econômico e tecnológico e as novas figuras do contrato de trabalho: a precarização violenta do trabalho no Brasil contemporâneo

O título sugestivo do nosso artigo remete a um antigo debate sobre a questão social, em que Robert Castel — ao analisar o surgimento do que ele considerava como uma nova questão social — percebeu que não se tratava de outra problematização acerca das contradições decorrentes do processo de acumulação, mas da necessária reflexão imposta por aquele contexto, experimentado no cenário europeu no final dos anos 1990, quando emergiu uma nova problemática, a partir da "desestabilização dos estáveis", que representou a ofensiva

(1) Professor titular de Teoria do Direito do Departamento de Direito Público (SDB) da Faculdade de Direito e coordenador do Programa de Pós-graduação em Sociologia e Direito (PPGSD) da Universidade Federal Fluminense (UFF).

(2) Professora adjunta e chefe do Departamento de Direito Privado (SDV) da Faculdade de Direito e vice-coordenadora do Programa de Pós-graduação em Sociologia e Direito (PPGSD) da Universidade Federal Fluminense (UFF).

decorrente da globalização neoliberal contra a sociedade salarial e seus principais símbolos, quais sejam: o emprego formal, as relações duradouras entre capital e trabalho e o direito protetivo do trabalho (ainda que este seja dotado de elevado potencial pacificador dos conflitos inerentes às relações trabalhistas, o que garantiu a reprodução do padrão de acumulação pautado pela exploração do e pelo trabalho).[3]

No Brasil, além dos elementos mencionados clássicos da sociedade salarial, acreditamos ser imprescindível acrescentarmos, ainda, como outro importante símbolo desse ciclo, a Justiça do Trabalho, que — como mostram Regina Lucia M. Morel e Elina G. da Fonte Pessanha — se constituiu como importante "campo de lutas, [e, por isso, foi] alvo de disputa em torno de modelos diferenciados de sociedade e de institucionalização das relações capital/trabalho no Brasil",[4] tendo em vista o seu papel de última instância garantidora da efetividade dos direitos sociais (principalmente os trabalhistas e sindicais).

Qualquer esforço de compreensão das recentes transformações no mundo do trabalho, especialmente, quando realizado sob a perspectiva brasileira, se depara com a permanência histórica e funcional à reprodução econômica de um quadro de profunda exclusão social. Desse modo, a antiga aporia da modernidade, isto é, a promessa de inclusão social a partir da consolidação da sociedade salarial, entre nós, não chegou a ser concretizada. E, assim, antes que os trabalhadores pudessem ter acesso aos benefícios da cidadania salarial, sob a forma do pleno emprego, passaram a experimentar os desafios do novo cenário, caracterizado pelo desemprego estrutural (não mais cíclico como nos períodos de expansão do capital), os subempregos, as ocupações atípicas, a pauperização de parcelas cada vez maiores dos trabalhadores e os contratos e relações de trabalho mais flexíveis, uma vez que as diversas formas[5] de flexibilização passaram a estar previstas na própria legislação trabalhista.

Por qualquer variável econômica ou social em que se analise a situação da classe trabalhadora no Brasil, na contemporaneidade, constata-se um perfeito estado de mal-estar social, como bem percebeu Francisco de Oliveira.[6] Os principais vetores da exclusão social, considerados em nossa análise, são: o desemprego (taxa de ocupação e taxa de desocupação), a média salarial, o nível de desigualdade (perdas salariais, concentração de renda e má distribuição dos salários), a precarização das condições e relações de trabalho, o encarceramento, a violência e o acesso à educação, à saúde e aos benefícios da previdência social.

---

(3) CASTEL, Robert. *As metamorfoses da questão social:* uma crônica do salário. Petrópolis: Vozes, 1998. p. 33; 526-527.

(4) MOREL, Regina Lucia M.; PESSANHA Elina G. da Fonte. Justiça do Trabalho. In: *Tempo Social*, Revista de Sociologia da USP, v. 19, n. 2, p. 87. Disponível em: <https://www.revistas.usp.br/ts/article/view/12548/14325>. Acesso em: 20 jul. 2021.

(5) As sucessivas reformas na CLT tiveram como resultado prático a adoção, em nosso contexto, de diversas formas de flexibilização, de acordo com a tipologia proposta por José Dari Krein, a saber: *i)* flexibilização da *jornada de trabalho*; *ii)* flexibilização da *remuneração*; *iii)* flexibilização das *formas de contratação* (tempo parcial e intermitente); *iv)* flexibilização da *alocação do trabalho* (terceirização e teletrabalho); e *v)* flexibilização das *formas de resolução dos conflitos*. Para um aprofundamento, remetemos para: KREIN, José Dari (2003). "Balanço da reforma trabalhista do governo FHC". In: PRONI, Marcelo; HENRIQUES, Wilnês (Orgs.). *Trabalho, mercado e sociedade: o Brasil nos anos 90*. São Paulo: Editora UNESP; Campinas, SP: Instituto de Economia da UNICAMP, p. 279-322.

(6) OLIVEIRA, Francisco de. O surgimento do antivalor. In: *Novos Estudos* – CEBRAP, n. 22, out. 1988, p. 8-28. Disponível em: <https://elahp.com.br/download/o-surgimento-do-antivalor-francisco-de-oliveira/>. Acesso em: 20 jul. 2021.

Esse cenário se agrava quando consideramos a realidade do mercado de trabalho, após a Reforma Trabalhista de 2017, mas, sobretudo, com a instalação, entre nós, da pandemia decorrente da Covid-19, a partir de março de 2020, quando um contingente não negligenciável de trabalhadores, completamente desprotegido sob o ponto de vista social (de emprego e de benefícios previdenciários), passou a experimentar os efeitos da crise sanitária caracterizados pela completa ausência de renda e de qualquer outro meio de subsistência, pois a principal recomendação de prevenção à contaminação pelo vírus determinava o isolamento social, o que impossibilitou o exercício das formas mais comuns de geração de renda na atualidade: a viração, o bico, o comércio de rua e o empreendedorismo individual.

Mesmo o trabalho plataformizado, resultante das transformações tecnológicas atualmente em curso, prestado sob a égide do capitalismo digital ou capitalismo bicicleteiro, sentiu e sente os impactos da pandemia. Nesse sentido, observamos que, antes que a classe trabalhadora pudesse se organizar contra a exploração imposta pelos novos contornos legais das relações formais de emprego após a Reforma Trabalhista de 2017 (que já contemplavam as formas mais precárias e flexíveis de relações e condições de trabalho em vigência por aqui), ela passou a experimentar os desafios consequentes dessa nova forma de organização do trabalho contemporâneo, que vem sendo ampliada em escala global, em que as plataformas digitais de trabalho têm imposto um ritmo inaudito de intensificação da expropriação do e pelo trabalho, cujo precedente talvez só possa ser localizado no momento anterior ao do delineamento do arcabouço jurídico-legal de proteção ao trabalho e ao trabalhador, no início dos anos 1940, quando foi implantada a Consolidação das Leis do Trabalho.

Além da piora nos indicadores econômicos e sociais, igualmente contribui para a confirmação da acentuação da expropriação, um outro elemento que é central para problematizarmos os impactos de todos esses processos sobre a classe trabalhadora e o direito correlato de proteção, consistente na precarização violenta do trabalho no Brasil contemporâneo.

Para refletirmos sobre o atual processo de precarização das relações e condições de trabalho atuais, amparamo-nos na tipologia elaborada por Tânia Franco e Graça Druck, por meio da qual é possível ter ideia do tamanho da problemática, colocada no centro do debate político e social brasileiro contemporâneo, tendo em vista a piora em todos os seguintes indicadores da precarização propostos pelas autoras: i) vulnerabilidade das formas de inserção e desigualdades sociais; ii) intensificação do trabalho e terceirização; iii) insegurança e saúde no trabalho; iv) perda das identidades individual e coletiva; v) fragilização da organização sindical e das formas de luta dos trabalhadores; vi) a condenação e o descarte do direito do trabalho.(7)

Tais indicadores nos permitem localizar, na atualidade, um processo de profundo acirramento da precarização social do trabalho, com repercussões diretas para as trabalhadoras e os trabalhadores já pauperizados pelos processos anteriores de sucessivas reorganizações do trabalho e suas correlatas formas jurídicas que lhes conferiam amparo legal. Tal processo

(7) DRUCK, Graça; FRANCO, Tânia (2009). *O trabalho contemporâneo no Brasil:* terceirização e precarização. SEMINÁRIO FUNDACENTRO. Salvador (mimeo).

impõe, igualmente, um esforço de compreensão aos mecanismos de organização e mobilização coletiva (sindicatos e associações), ao Ministério Público do Trabalho, aos órgãos de fiscalização do trabalho e à Justiça de Trabalho, em termos de um quadro inaudito de retrocesso social e econômico que remonta aos primórdios da proteção social do trabalho no Brasil, como já tivemos a oportunidade de sinalizar, razão pela qual, agora, é preciso apontar para novas possibilidades de inteligibilidade, que, em nosso entendimento, podem fornecer importantes aportes para o enfrentamento das profundas mudanças em curso, caracterizadas anteriormente e, ao mesmo tempo, fornecer subsídios para a reorganização das lutas de quem mais tem motivo para questionar tudo isso.

II – Novas perspectivas de inteligibilidade para as mudanças em curso: a reorganização das formas de dominação do trabalho pelo capital

Entendemos que as últimas transformações pelas quais o direito do trabalho no Brasil passou e vem passando[(8)] implica uma flexibilização do direito do trabalho protetivo que, causando uma violenta precarização das relações de trabalho,[(9)] sinaliza para um processo de emergência de um novo tipo de regulação das relações de trabalho e não uma mera e simples desregulamentação dessas últimas.[(10)] Por exemplo, nas últimas reformas, presenciamos a defesa do mote da extensão do campo da negociação coletiva ilustrando uma forma de descentralização do processo de produção e/ou definição das normas trabalhistas para os próprios atores sociais, com amplo incentivo à negociação individual. Esse processo, mesmo sendo ilustrativo de uma desregulação material do direito do trabalho, não se confunde com uma produção de regras independente de qualquer tipo de enquadramento normativo estatal. Presenciamos uma proliferação de normas reguladoras do próprio processo de produção de regras pelos atores sociais. Nesse sentido, no contexto das mudanças operadas nas regulamentações das relações de trabalho na França, Christian Maroy já sinalizava que "não é certo que a codificação do trabalho esteja em regressão, mesmo se essa codificação poderia mudar progressivamente de estatuto: norma indicativa muito mais do que imperativa, regra operatória muito mais do que obrigação chamando o respeito... as normas substanciais não seriam portanto mais colocadas de maneira formal (nas diversas codificações de normas substanciais) mas seriam objeto de processos permanentes de redefinição no curso de práticas sociais, do mesmo modo que os próprios processos seriam cada vez mais regrados. Esse processo

---

(8) Para maiores detalhes dessas transformações nos remetemos, dentre outros, aos trabalhos de (a) KREIN, José Dari *et al.* (organizadores). *Dimensões críticas da reforma trabalhista no Brasil*. Campinas: Curt Nimuendajú, 2018 e (b) RAMOS, Gustavo Teixeira Ramos *et al.* (coords.). *O golpe de 2016 e a reforma trabalhista:* narrativas de resistência. Bauru: Canal 6 (Projeto Editorial Praxis), 2017.

(9) Para mais detalhes dessa precarização, destacamos, dentre outros, os trabalhos de (a) ALVES, Giovanni. *O duplo negativo do capital*. Bauru: Canal 6 (Projeto Editorial Praxis), 2018 e (b) ANTUNES, Ricardo. *O privilégio da servidão*. São Paulo: Boitempo, 2018.

(10) Em trabalho publicado em 2006, chamamos esse processo de proceduralização do direito do trabalho. Para mais detalhes, destacamos a nossa obra: ALVIM, Joaquim Leonel de Rezende. *O paradigma procedural do direito:* traduções da teoria para o direito do trabalho e jurisprudência trabalhista. São Paulo: LTr, 2006.

pode ser qualificado de desformalização: passamos de uma formatação substancial de normas para uma formalização de procedimentos de definição dessas normas".[11]

Esse processo ilustra a emergência de novas formas e tipo de controle e dominação do trabalho pelo capital. O modelo formal protetivo de subordinação e enquadramento das relações de trabalho ao conteúdo da norma trabalhista vem sendo reconfigurado em proveito da produção de regras de um outro tipo: regras procedurais de enquadramento da negociação produzida pelos atores sociais. A reconfiguração, bem como o uso social das normas trabalhistas, ilustra, ao mesmo tempo, uma (a) faceta pela qual se expressa a luta de classes nas relações de trabalho e a (b) transformação do modelo do direito do trabalho indicador de novos regimes de acumulação dentro da organização social capitalista.[12] Nesse sentido, estaríamos presenciando a mudança de um tipo de direito do trabalho protetivo para um tipo de direito do trabalho procedural. Porém, isso não significa que estaríamos diante do desaparecimento da "codificação" do direito do trabalho em proveito de uma recontratualização civil desse ramo do direito no Brasil, como se voltássemos ao direito do trabalho expresso no livre acordo das partes por meio do contrato. Essa codificação se transforma no sentido de uma proceduralização que ilustra o direito do trabalho no âmbito das mudanças da reorganização social capitalista contemporânea.

Com efeito, essa proliferação de regras procedurais no âmbito do direito do trabalho é ilustrativa do fenômeno da jurisdicização do poder em múltiplos níveis,[13] aí incluído, no âmbito do direito do trabalho o (sobretudo) poder patronal. Não obstante o fato de a jurisdicização do poder atingir as diferentes partes que exercem (de forma assimétrica) poderes no âmbito de uma relação de trabalho (simplificando o raciocínio: empregador/empregado), fica evidente que essa jurisdicização pode parecer mais "estranha" ao poder patronal pelo fato de esse poder ser concebido, no âmbito do direito do trabalho, como (quase) "soberano" dentro do espaço da empresa/fábrica. Como afirma Françoise Favennec-Héry "não estaria em pauta

---

(11) No original: "il n'est pas sûr que la codification du travail soit en régression, même si cette codification pourrait changer progressivement de statut: norme indicative plutôt qu'imperative, règle opératoire plutôt qu'obligation appelant le respect... des normes substantielles ne seraient donc plus posées de façon formelle (dans diverses codifications de normes substantielles) mais seraient l'objet de processus permanents de redéfinition au cours des pratiques sociales, alors même que les processus eux seraient de plus en plus réglés. Ce processus peut être qualifié de déformalisation: on passe d'une formatisation substantielle des normes à une formalisation des procédures de définition de ces normes". MAROY, Christian. Rapport à la norme et transformations des modes d'organisation de la production et du travail dans l'entreprise. In: DE MUNK, Jean; VERHOEVEN, Marie (Orgs.). *Les mutations du rapport à la norme:* un changement dans la modernité? Paris/Bruxelas: De Boeck & Lacier, 1997. p. 120 e 108.

(12) A partir desse conceito de regime de acumulação David Harvey desenvolve as transformações do direito do trabalho: HARVEY, David. *Condição pós-moderna*. São Paulo: Edições Loyola, 1992.

(13) Segundo Antoine Jeammaud, um dos possíveis sentidos do fenômeno da jurisdicização do poder pode ser o da apreensão da realidade pelo direito, afirmando que "juridicização pode ser sinônimo de 'apreensão da realidade pelo direito'. Trata-se de uma evolução da relação entre o direito e as relações sociais, seja pela extensão do império do primeiro, seja pela densificação da cobertura que ele impõe às segundas". No original "juridicisation peut être synonyme 'd'appréhension de la realité par le droit'. Il s'agirait d'une évolution du rapport entre le droit et les relations sociales, soit par l'extension de l'empire du premier, soit par la densification de la couverture qu'il impose aux secondes". JEAMMAUD, Antoine. Introduction à la sémantique de la régulation juridique: des concepts en jeu. In: CLAM, Jean; MARTIN, Gilles (Orgs.). *Les transformations de la régulation juridique*. Paris: LGDJ, 1998. p. 64.

questionar diretamente a decisão do chefe da empresa, mas, contrariamente, é admitido enquadrar o exercício deste poder pela via de um procedimento assentado, no pior, sobre um arranjo e, no melhor, sobre um diálogo".[(14)]

Essa tendência aponta para outros desdobramentos importantes do ponto de vista da organização da luta de classes. Podemos constatar um questionamento cada vez mais significativo da legitimidade do Estado em estabelecer, a partir das suas especializações funcionais estruturais,[(15)] aquilo que seria um interesse geral ou coletivo. Em contrapartida, fica deslocada para a relação entre atores sociais a melhor garantia dos seus próprios interesses a partir de uma composição negociada de soluções e não impositiva do ponto de vista externo: leia-se Estado. Constatamos uma tendência de reorganização do Poder Legislativo (edição da norma trabalhista) e do Judiciário (poder normativo da Justiça do Trabalho) de forma a incorporar cada vez mais os interlocutores sociais na criação e implementação da norma anteriormente limitada à esfera de produção do Estado. Esse novo desenho institucional, certamente perverso numa correlação de forças desfavorável ao trabalho em proveito do capital, implica uma precarização violenta das relações de trabalho, pois, não obstante a possibilidade do enquadramento procedural do poder patronal pelo magistrado do trabalho, os conteúdos das negociações são cada vez mais atrelados às justificativas de austeridade.[(16)] Esse processo, em diferentes áreas sociais dos Estados nacionais, vem sendo implementado já faz um bom tempo e, por meio dele, a precarização do direito do trabalho vem sendo justificada.

Conclusão

Essas mudanças tornam atual a questão lançada faz tempo pelo movimento crítico do direito:[(17)] o direito do trabalho pode ser uma outra coisa do que um direito capitalista do trabalho? De um lado, tem-se que todos os benefícios de outrora, que tornavam a sociedade salarial menos árida e desigual e que, de certa forma, garantiam a permanência do sistema pautado pela acumulação do capital, foram alcançados pelas lutas históricas e conquistas da classe trabalhadora e tornados efetivos por meio do delineamento de legislações trabalhistas de proteção. Por outro lado, sabemos dos limites do próprio direito do trabalho e sua permeabilidade a contextos de hegemonia do capital sobre o trabalho, tal como a ofensiva que presenciamos na contemporaneidade, sobretudo, quanto à sua incapacidade de superar as

(14) No original: "il ne saurait être question de remettre en cause directement la décision du chef d'entreprise, mais en revanche, il est admis d'encadrer l'exercice de ce pouvoir par le biais d'une procedure assise, au pire, sur la concertation, aux mieux, sur le dialogue". FAVENNEC-HÉRY, Françoise. "Restructurations: le rôle de la négociation collective". *Revue Droit Social*, n. 3. Paris: Éditions Techniques et Économiques, mars 2004, p. 281.

(15) A especialização funcional da estrutura estatal moderna encontra um dos seus pontos iniciais na clássica divisão de Poderes (Executivo, Legislativo e Judiciário) do Estado.

(16) Para uma leitura desse processo como parte de um novo tipo de organização social nas formações capitalistas contemporâneas, destacamos o trabalho de FERREIRA, António Casimiro. *Sociedade da austeridade*. Porto: Vida Económica, 2012.

(17) JEAMMAUD, Antoine *et alii*. *Le droit capitaliste du travail*. Grenoble: PUG, 1980.

contradições decorrentes do próprio processo de acumulação.[18] Paralelamente, outras duas grandes dificuldades se apresentam no bojo do atual processo de dominação/exploração sem precedentes e consistem: i) no caráter aparente de inevitabilidade da reorganização das formas de trabalho e ii) na ausência completa de projeto que represente alternativa ao processo reprodução do valor pautado pela acumulação do capital.

Tudo isso parece reforçar o necessário debate acerca das novas possibilidades de inteligibilidade para as mudanças em curso diante da reorganização das formas de dominação do trabalho pelo capital, que sustentamos na segunda parte do trabalho. Se o cenário parece desfavorável à reação dos trabalhadores, pelo menos, por meio de suas mobilizações clássicas (marcadas pelas lutas coletivas, mas cujas conquistas estavam mais restritas ao emprego formal), ao mesmo tempo, essa é uma excelente oportunidade para que se amplie o horizonte do paradigma da proteção do trabalhador, que deve assegurar condições de trabalho e de vida dignas, não apenas ao empregado clássico (submetido à subordinação tradicional), mas também aos demais trabalhadores que produzem o seu sustento e o de suas famílias a partir das formas mais precárias de realização do trabalho contemporâneo (que, não por acaso, hoje, são representativas do trabalho da maior parcela da classe trabalhadora brasileira). Somente por meio de um novo pacto de proteção substantiva, que inclua também o trabalho realizado sob as formas contemporâneas de subordinação (subordinação tecnológica e subordinação algorítmica) será possível ressignificar o papel do próprio direito do trabalho, de suas instituições e de seus atores sociais.

Bibliografia

ALVES, Giovanni. *O duplo negativo do capital*. Bauru: Canal 6 (Projeto Editorial Praxis), 2018.

ALVIM, Joaquim Leonel de Rezende. *O paradigma procedural do direito:* traduções da teoria para o direito do trabalho e jurisprudência trabalhista. São Paulo: LTr, 2006.

ANTUNES, Ricardo. *O privilégio da servidão.* São Paulo: Boitempo, 2018.

CASTEL, Robert. *As metamorfoses da questão social:* uma crônica do salário. Petrópolis: Vozes, 1998.

DRUCK, Graça; FRANCO, Tânia. *O trabalho contemporâneo no Brasil:* terceirização e precarização. SEMINÁRIO FUNDACENTRO. Salvador, 2009.

EDELMAN, Bernard. *A legalização da classe operária.* São Paulo: Boitempo, 2018.

FAVENNEC-HÉRY, Françoise. Restructurations: le rôle de la négociation collective. *Revue Droit Social*, n. 3, Paris, Éditions Techniques et Économiques, mar. 2004.

FERREIRA, António Casimiro. *Sociedade da Austeridade*. Porto: Vida Económica, 2012.

HARVEY, David. *Condição pós-moderna*. São Paulo: Edições Loyola, 1992.

---

(18) Destacamos interessante debate possível a partir das formulações elaboradas por: LYON-CAEN, Gerard. Les fondements historiques et rationnels du droit du travail. In: *Le Droit Ouvrier*, França, 1951, p. 55. Disponível em: <http://cgt-tefp.fr/wp-content/uploads/2016/12/fondements-historiques-rationnels-droit-travail-g%C3%A9rard-lyon-caen.pdf>. Acesso em: 20 jul. 2021; JEAMMAUD, Antoine. Propositions pour une compréhension matérialiste du droit du travail. In: *Droit Social*, n. 11, França, 1978; EDELMAN, Bernard. *A legalização da classe operária.* São Paulo: Boitempo, 2018; NETTO, José Paulo. Cinco notas a propósito da 'questão social'. *Temporalis — Revista da Associação Brasileira de Ensino e Pesquisa em Serviço Social* – ABEPSS, ano II, n. 3, jun. 2001, p. 41-49.

JEAMMAUD, Antoine. Introduction à la sémantique de la régulation juridique: des concepts en jeu. In: CLAM, Jean; MARTIN, Gilles (Orgs.). *Les transformations de la régulation juridique*. Paris: LGDJ, 1998.

______ *et alii*. *Le droit capitaliste du travail*. Grenoble: PUG, 1980.

______. Propositions pour une compréhension matérialiste du droit du travail. *Droit Social*, n. 11, França, 1978.

KREIN, José Dari *et al.* (Orgs.). *Dimensões críticas da reforma trabalhista no Brasil*. Campinas: Curt Nimuendajú, 2018.

______ (2003). Balanço da reforma trabalhista do governo FHC. In: PRONI, Marcelo; HENRIQUES, Wilnês (Orgs.). *Trabalho, mercado e sociedade:* o Brasil nos anos 90. São Paulo: Editora UNESP; Campinas, SP: Instituto de Economia da UNICAMP, p. 279-322.

LYON-CAEN, Gerard. Les fondements historiques et rationnels du droit du travail. *Le Droit Ouvrier*, França, 1951. Disponível em: <http://cgt-tefp.fr/wp-content/uploads/2016/12/fondements-historiques-rationnels-droit-travail-g%C3%A9rard-lyon-caen.pdf>. Acesso em: 20 jul. 2021.

MAROY, Christian. Rapport à la norme et transformations des modes d'organisation de la production et du travail dans l'entreprise. In: DE MUNK, Jean; VERHOEVEN, Marie (Orgs.). *Les mutations du rapport à la norme:* un changement dans la modernité? Paris/Bruxelas: De Boeck & Lacier, 1997.

MOREL, Regina Lucia M.; PESSANHA Elina G. da Fonte. Justiça do Trabalho. *Tempo Social*, Revista de Sociologia da USP, v. 19, n. 2, p. 87-109. Disponível em: <https://www.revistas.usp.br/ts/article/view/12548/14325>. Acesso em: 20 jul. 2021.

NETTO, José Paulo. Cinco notas a propósito da 'questão social'. *Temporalis — Revista da Associação Brasileira de Ensino e Pesquisa em Serviço Social* — ABEPSS. Ano II, n. 3, jun. 2001, p. 41-49.

OLIVEIRA, Francisco de. O surgimento do antivalor. *Novos Estudos — CEBRAP*, n. 22, out. 1988, p. 8-28. Disponível em: <https://elahp.com.br/download/o-surgimento-do-antivalor-francisco-de-oliveira/>. Acesso em: 20 jul. 2021.

RAMOS, Gustavo Teixeira Ramos *et al.* (Coords.). *O golpe de 2016 e a reforma trabalhista:* narrativas de resistência. Bauru: Canal 6 (Projeto Editorial Praxis), 2017.

As Tarefas Inconclusas do Direito do Trabalho e da Justiça do Trabalho: Para que Lado Vai o Leme?

Renata Queiroz Dutra[1]

Introdução

Premido por transformações econômicas, sociais e tecnológicas cada vez mais velozes, potencializadas no cenário pandêmico, o Direito do Trabalho tem sido frequentemente alvo de questionamentos que, a par de tais transformações, colocam em xeque as suas razões de ser e aquilo que o caracteriza como Direito do Trabalho: a perspectiva de proteção e o objetivo de consecução da justiça social por meio dos seus mecanismos regulatórios.

Na esteira desse questionamento, e de modo indissociável, está o questionamento da razão de ser de um ramo especializado do Poder Judiciário, afeto ao julgamento consistente do particularismo do Direito do Trabalho e das relações que são objeto de sua regulação. As críticas públicas mordazes, as restriçoes jurisprudenciais à competência material que havia sido há pouco ampliada (por meio da EC n. 45/2004), as restrições e desincentivos ao acesso à justiça promovidos pela Reforma Trabalhista (Lei n. 13.467/2017) e as ameaças cada vez menos discretas de extinção da octogenária Justiça do Trabalho brasileira tornam-se, ao lado das reformas de austeridade, uma realidade persistente.

Essa interpelação insistente, por vezes colocada como argumento diversionista em discussões públicas como forma de tirar o foco do real tema do debate, é feita nos canais midiáticos, compartilhada por um certo pensamento dominante que guia o ambiente econômico nacional, povoa o discurso do Poder Executivo e da maioria dos parlamentares no Congresso Nacional e ganha fôlego até mesmo em alguns espaços acadêmicos.

A despeito da ampla e acelerada difusão dos incômodos que embasam tais questionamentos, "não há nada de novo no *front*": antes que transformações concretas nas relações materiais de produção, que sejam capazes de deslocar a dinâmica assimétrica de poder que

(1) Professora adjunta de Direito do Trabalho da Universidade de Brasília (Graduação e Pós-Graduação). Doutora e mestra em Direito pela UnB. Integra a REMIR — Rede de Estudos e Monitoramento da Reforma Trabalhista e a RENAPEDTS — Rede Nacional de Grupos de Pesquisa em Direito do Trabalho e Seguridade Social.

atrai o sentido de um Direito do Trabalho, as diretrizes implícitas nos questionamentos postos são "mais do mesmo" da racionalidade neoliberal (DARDOT & LAVAL, 2016), com a exaltação vazia da liberdade de indivíduos-empresas, desconectados de suas condições de classe e das relações sociais que os atravessam e condicionam, e a crença abstrata no êxito do mercado autorregulado.

O que sobressai, enquanto algo disruptivo, é que uma sociedade como a brasileira, atravessada por contextos de desigualdade, violência e exclusão profundas, seja capaz de se engajar em um debate sobre a desnecessidade ou obsolescência de um Direito do Trabalho e do sistema de justiça que deveria assegurá-lo, em sua peculiaridade, quando sequer tivemos a oportunidade de implementá-los de forma substantiva e ampliada no contexto nacional.

Isso porque se está a falar, à luz das abstrações de um porvir tecnológico e econômico, a respeito de um direito do trabalho que nunca se generalizou (41% da força de trabalho na informalidade nos diz muito a esse respeito), que tem baixa efetividade, como demonstram as pesquisas produzidas sobre o assunto (CARDOSO; LAGE, 2006; FILGUEIRAS, 2012; KREIN, 2013) e cuja incidência é segmentada por clivagens regionais, raciais e de gênero profundas, que evidenciam a instrumentalização histórica das conquistas que esse campo do direito sempre esteve por concretizar pela empresa colonial e seus tentáculos, os quais foram aptos a modular a ideia e a promessa de um Direito do Trabalho de forma seletiva em favor de determinados grupos sociais, com a perpetuação de lugares que não transcendem o estigma da escravidão para outros grupos, sobretudo a população negra (ALVES, 2017; THEODORO, 2005; GONZALEZ, 1979).

Pode-se observar, sem dificuldade, que o mais próximo que chegamos desse compartilhamento de um novo paradigma global foi justamente o de acomodar-se a ele na condição de periferia precária, que se vale da experiência histórica de superexploração do trabalho para assimilar de forma facilitada as engenhosidades expoliatórias produzidas pela racionalidade neoliberal em favor da garantia e ampliação das margens de lucro.

A ameaça do fim do trabalho por uma economia ainda profundamente mobilizada por pequenos serviços pessoais, afetos à economia de sobrevivência de uma grande parte da população excluída econômica e socialmente, e por estruturas produtivas arcaicas, parece uma perversa ilusão. Como se, no afã de ignorar os reais problemas do Brasil, antecipássemos problemas que ainda estão por chegar e cuja suposta solução não é, senão, agravar os concretos e imediatos problemas do presente.

Nesse breve ensaio me proponho, ao lado de todas as potentes contribuições presentes nessa obra, a retomar o núcleo de justificação do direito do trabalho e, assim, a pensá-lo a partir das suas vicissitudes no Brasil, como uma promessa por cumprir, de modo a tentar assinalar, didaticamente, que enquanto não se translada um modo de acumulação pautado na exploração e, sobretudo, enquanto, mesmo dentro dele, não se alcança um cumprimento mínimo desse projeto social atenuador, é carente de sentido falar de sua superação.

1. A assimetria de poder no trabalho: a questão social como tema permanente do capitalismo

Para justificar o particularismo do Direito do Trabalho, na feliz expressão de Hector-Hugo Barbagelata, não há que se buscar caminho outro que não o imperativo da proteção, em sua vocação afeta à questão social. Trata-se, de forma radical, de compreender que esse imperativo não decorre de circunstâncias subjetivas mobilizáveis pelo aparato ideológico neoliberal, mas, sob a égide de um modelo de produção capitalista, torna-se pleno de sentido a partir da assimetria de poder na experiência do trabalho explorado.

Quando se refere ao fenômeno do poder materializado de forma assimétrica na experiência do trabalho explorado, não se cuida necessariamente de reportar ao fenômeno da subordinação e seu persistente e cíclico processo de 1) reinvenção-reformulação com objetivo de fuga da regulação, 2) rejuridificação, 3) reinvenção-reformulação com objetivo de fuga da regulação, que se repete exaustivamente e ao longo do qual se acumularam as formas subordinação clássica, objetiva, estrutural, algorítmica e outras que estão por vir.

Essa categoria relevante e atualmente essencial para a definição das relações empregatícias não pode ser tida como cerne da fundação do Direito do Trabalho, mesmo porque seus significados jurídicos são restritos a determinadas formas de trabalho que, nem de longe, contemplam suficientemente a experiência da classe trabalhadora, como não nos deixam esquecer Pedro Nicoli e Flávia Máximo (2020), quando enunciam os segredos epistêmicos do Direito do Trabalho. Portanto, a subordinação não esgota a fundação de um direito que possa se denominar Direito do Trabalho.

É a questão social, em suas formas reinventadas historicamente, que mobiliza a existência, inclusive em nível coletivo, de um direito que possa se denominar Direito do Trabalho. A questão social que, segundo Josiane Santos (2012), não se resume a um contexto de miséria e desigualdade social em si, mas que decorre da compreensão desses marcadores como produto permanente da exploração do trabalho no modelo de acumulação capitalista.

Ou seja, a questão social existe porque existem grupos sociais distintos que ocupam as posições de proprietários e de explorados em torno de um sistema de produção. Sistematicamente, o funcionamento das economias capitalistas, ao mesmo tempo que produz riquezas, produz miséria, e o grupo afetado por essa dinâmica intestina, ao reconhecer e reivindicar o trato da questão social, para além de medidas paliativas e assistenciais, se coloca como sujeito coletivo que interfere no processo de regulação, lido como a imposição de limites e contramovimentos às estruturas de exploração do trabalho.

Ainda segundo Santos (2012), o reconhecimento da questão social e suas múltiplas expressões toca a classe trabalhadora no sentido da compreensão de uma necessidade de superação das heterogeneidades em prol da construção de estratégias que configurem uma forma de reação por aqueles e aquelas que são afetados pelas mesmas condições de vida e de trabalho. Trata-se de uma formação de consciência decorrente de tentativas de "aprender a conviver, individual e subjetivamente, com esse extremo nível de barbarização da vida social" (SANTOS, 2012, p. 38).

O Direito do Trabalho, inclusive em suas pretensões universalizantes, é essa batalhada resposta à questão social sob o capitalismo, sempre desafiado a se recolocar diante das novas faces por meio das quais a questão social, que não é idêntica no tempo e no espaço, se expressa, e nem sempre vitorioso em sua tarefa, mas incessantemente mobilizado por essa razão de existir, uma vez que a superação da exploração do trabalho sob o capitalismo equivaleria à superação do próprio sistema capitalista. O engajamento do Estado nesse diálogo com a questão social dirá do maior ou menor conteúdo democrático dessa experiência e é certo que, sem ela, a já frágil noção de Estado de Direito se coloca em risco.

Nessa chave, é possível discutir as duas ideias a que me propus.

Primeiro, a de que as transformações tecnológicas que tanto se invocam como evidências disruptivas em relação ao Direito do Trabalho, na medida em que não tem por escopo eliminar o fenômeno da exploração do trabalho, mas atribuir a ele novas formas — diga-se de passagem cada vez mais eficientes do ponto de vista da acumulação capitalista e, portanto, desastrosas do ponto de vista da vida humana — não se colocam no sentido de tornar inócuo o direito do trabalho, mas o desafiam a transformações que preservem seu sentido.

Seja porque os adventos tecnológicos não traduzem perspectivas sociais e políticas em si, mas são apropriados pela lógica que preside seu uso, seja porque não ostentam as tecnologias a determinante, em si mesmas, de eliminar o trabalho, mas talvez de mudá-lo de lugar, reduzir demanda em alguns polos e criar novos postos alhures, como explica Antunes (2018), as transformações por que passa o capitalismo dizem muito mais sobre o tensionamento dos pactos político-jurídicos que foram possíveis em outros contextos históricos, do que sobre uma efetiva modificação do núcleo econômico do capitalismo naquilo que concerne à razão de existir do direito do trabalho: a sistemática produção e reprodução da questão social.

Entretanto, essa disposição para a ruptura de tais pactos, inclusive com regresso às condições político-jurídicas que precederam cenários de acentuada conflitividade social, sequer se deitam sobre elementos novos em termos do núcleo da relação de trabalho, mas traduzem-se em ameaças que mobilizam a sociedade em relação aos medos alocados no presente — sobretudo o do desemprego — e que se valem com desfaçatez do esquecimento do passado (FERREIRA, 2012), quando essas mesmas condições ora reivindicadas levaram a cenários de degradação social, conflitividade e irrupções. Trata-se da aposta requentada do neoliberalismo, que a sociedade capitalista já conheceu, experimentou e precisou contrapor, no século passado, para sobreviver, como observou Polanyi (2011).

Em segundo lugar, trata-se de situar o debate, não em um plano abstrato que reporte um contexto econômico globalizado que ignora particularidades locais e que pretende desafiar, na periferia, o direito do trabalho por meio das questões que talvez o tensionem nos países centrais, embora não com o direcionamento político emprestado à questão.

Se a questão social é o guia para a compreensão das formulações do Direito do Trabalho, são as peculiaridades da questão social no Brasil que podem engendrar a discussão sobre atualizações do Direito do Trabalho brasileiro. Assim, enfrentar os seus segredos, tais como fazem Nicoli e Pereira (2020), consiste em passo anterior a projetar uma superação do direito trabalhista na experiência eurocentrada.

Se ainda não cumprimos a promessa basilar do Direito do Trabalho com relação ao chamado "patamar civilizatório mínimo" — com toda a problemática imbuída na formulação também colonial da expressão (PEREIRA; MURADAS, 2018) — em relação ao contexto brasileiro, que pudessem porventura equiparar-se às condições sociais alçadas no centro global, como projetar superações pautadas no desgaste de um modelo que não vivemos?

As demandas por inclusão, sobretudo desde perspectivas de gênero, de raça, decoloniais e ambientalmente sustentáveis (SEFERIAN, 2020) estão por fazer: é preciso proteger mais e melhor, é preciso proteger em relação a contextos nos quais sequer logramos superar estruturas sociais tipicamente escravocratas, como é o caso do trabalho doméstico e seus desdobramentos na esfera pública, sobretudo por meio do trabalho feminino terceirizado (DUTRA, FLEURY, 2021), da informalidade pautada na economia de sobrevivência e completamente alijada do acesso a qualquer sistema de proteção social consistente — que não a parca e seletiva assistência — e da racialização da experiência do trabalho desprotegido, considerando que os institutos protetivos desenvolvidos aqui foram pensados a partir da perspectiva do sujeito branco universal, com o efeito "colateral" enorme de excluir sistematicamente pessoas negras de tais estruturas de proteção social (ALVES, 2017).

Como observa Adalberto Cardoso (2010), desde a utopia varguista, que condicionou as insurgências dos trabalhadores à linguagem dos direitos e acomodou grande parte do conflito de classes no cumprimento da legislação posta sem necessariamente impulsionar novas e mais radicais reivindicações, a promessa do Direito do Trabalho brasileiro fundou-se em constituir pré-cidadãos concentrados no vir a ser de sua cidadania e desfocados de outras perspectivas para a luta coletiva, ademais minada pela ausência de liberdades democráticas. A amplitude e o próprio entendimento do que seriam esses direitos é algo a ser problematizado, visto que a contradição entre o avanço de um discurso protetivo e dignificador para o trabalho, seletivamente considerado e extremamente ancorado na atuação do Estado, e a prática de estímulo e reforço a processos de acumulação que concentram renda, propriedade e poder, fazendo-o por meio da garantia de inefetividade dessa mesma promessa estatal de regulação, é um fenômeno que marca a cultura institucional brasileira e projeta no momento presente.

De que esgotamento estaríamos falando, se nunca vivemos a plenitude de um modelo de proteção social que desse conta, dentro das complexidades e peculiaridades da nossa sociedade, de proteger os diversos sujeitos que aqui labutam? Fincar pé nessa premissa nos auxilia a perceber que mesmo quando no centro — países desenvolvidos — se invoca a superação do Direito do Trabalho e dos sistemas protetivos, a consequência é que os modelos precários e superexploratórios vivenciados no nosso capitalismo dependente sejam invocados como referência de "liberdade econômica" pelos discursos liberalizantes. Ao recusar essa referência e suas repaginações, reconhecemos a profundidade da questão social em seus arranjos globais e recusamos o trato neoliberal para com estas, seja no sentido centro-periferia, seja no sentido periferia-centro.

O que une a empregada doméstica, a operadora de telemarketing, a trabalhadora terceirizada da limpeza, o trabalhador da indústria desempregado, o entregador de aplicativo e a vendedora de cosméticos no País são todas faces de uma mesma questão social não resolvida, sequer democraticamente administrada. Não há, nesses arranjos, novos signos que permitam entender superada a dinâmica da exploração do trabalho e das assimetrias de poder que justificam um direito que possa se chamar de Direito do Trabalho, mas há vetores distintos que nos demandam repensar a tutela jurídica protetiva do trabalho no País, em suas diferentes feições, mas em sentido diametralmente oposto aos dos ventos neoliberais, manifestados tragicamente no Brasil por meio da Reforma Trabalhista de 2017.

Essa miríade de situações de trabalho precário e de não trabalho também desprotegido reivindicam, não a degradação das relações sociais em direção ao livre mercado, mas novos e mais sofisticados modelos de proteção, que intervenham no sentido de corrigir assimetrias e exclusões históricas, e que se institucionalizem para fazer cumprir suas prescrições e lidem com os novos desafios das transformações tecnológicas, centrando-se no vetor da proteção e na vida humana.(2)

As promessas por cumprir do Direito do Trabalho, no caso brasileiro, relacionam-se com as dificuldades de concretização do seu escopo protetivo, diante das conformações históricas, políticas, sociais e econômicas peculiares ao nosso contexto de subdesenvolvimento e desigualdade. Isso significa dizer que solução dos problemas do trabalho no Brasil passa por *mais Direito do Trabalho*, por um Direito do Trabalho melhor em termos de proteção, inclusão e ampliação da cobertura quanto às formas de trabalhar. O reconhecimento crítico desses limites em hipótese alguma nos conduz a aderir à proposta de aniquilação do Direito do Trabalho que a racionalidade neoliberal (DARDOT; LAVAL, 2016) reivindica.

2. Justiça do Trabalho como parte da arquitetura constitucional de proteção ao trabalho: promessas por cumprir

A afirmação do Direito do Trabalho no Brasil, com todos os seus limites, mas também com suas possibilidades, passou por uma estrutura institucional de efetivação desse instrumento jurídico, que se apresentasse como específica e compatível com as peculiaridades das relações laborais. Magda Biavaschi (2007) resgata, a partir do estudo de alguns dos primeiros processos judiciais em tramitação perante a Justiça do Trabalho, o papel desse ramo do Poder Judiciário e de seus agentes na afirmação de uma perspectiva humanística e social na construção das relações de trabalho no País.

Autores como Fernando Teixeira (2016) também resgatam que, a despeito do desmerecimento que sempre permeou a existência da Justiça do Trabalho como parte do Poder Judiciário — chamada depreciativamente de "Justicinha" —, o que se justificava, aos olhos dos críticos, seja pela relativa simplicidade dos seus espaços físicos e ritos, porque voltados ao atendimento e à circulação de trabalhadores, seja pelo fato de que a atuação protetiva, que seria inerente ao propósito de aplicação do Direito do Trabalho, aparentaria para os outros ramos do Poder Judiciário como um inconcebível despojamento de imparcialidade. Também

(2) O exemplo da Islândia, com a redução da semana de trabalho para 4 dias, pode nos ensinar a esse respeito, por meio de uma intervenção protetiva, que assegura postos de trabalho, preserva a saúde e, supreendentemente, incrementa a produtividade. Consultar: <https://www.dw.com/pt-br/isl%C3%A2ndia-melhora-produtividade-com-jornada-de-quatro-dias/a-58178823>. Acesso em: 29 jul 2021.

não faltou a pecha de que a Justiça do Trabalho, na forma como criada por Vargas, seria uma cópia da *magistratura del lavoro* da Itália fascista.(3)

Teixeira (2016) é cuidadoso ao retomar evidências históricas de que a Justiça do Trabalho e sua instrumentalização em prol do direito laboral não só não constituíam uma assimilação fascista, como demonstrava (e demonstra) diálogo com diversas experiências internacionais exitosas quanto à tutela das relações de trabalho e que, a despeito dos percalços e contradições que marcaram sua trajetória — como a presença de juízes classistas, somente revistas em 1999, pela EC n. 24, e a amplitude do Poder Normativo, somente delimitada coma EC n. 45/2004 — ela se revelou, ao longo da história, inclusive em momentos críticos como o período anterior ao Golpe de 1964, estudado pelo autor, como um espaço importante de agência dos trabalhadores na construção de estratégias de luta coletivas.

Aliás, também é essa a conclusão de Rafael Cabral, Eddla Pereira e Vitória Chaves (2019), que, pesquisando as origens da Justiça do Trabalho na figura do Conselho Nacional do Trabalho (CNT), identificaram nessa estrutura ainda precária uma "arena de lutas" para os trabalhadores, espaço em que os "de baixo" reconheciam uma possibilidade de conquistar direitos e constranger os empregadores a, no mínimo, uma justificação racional de suas condutas diretivas, o que era antes algo inimaginável.

A trajetória de atrelamento ao Estado, inclusive em arranjos que a previram originalmente fora da estrutura do Poder Judiciário, a composição classista *sui generis*, posteriormente revista, e a prerrogativa de exercício de poderes em grande medida antidemocráticos, como o Poder Normativo (restrito em 2004, como a EC n. 45, às hipóteses de comum acordo), fizeram os caminhos da Justiça do Trabalho serem tortuosos no sentido de se afirmar como campo independente e assimilado ao Poder Judiciário, na missão institucional de dizer o direito.

Não se pode dizer, contudo, que essa trajetória cristalize a experiência da jurisdição trabalhista, desconsiderando-se que também esse campo do Poder Judiciário é profundamente transformado pelo novo horizonte constitucional instituído em 1988 e que suas práticas jurisdicionais foram aperfeiçoadas ao longo do tempo, *pari passu* com a missão original de construção da justiça social e aplicação protetiva do direito laboral.

Aliás, é interessante perceber que, enquanto uma análise situada da Justiça do Trabalho traz preocupações sobre os escopos democráticos desse ramo do Poder Judiciário, sobretudo no que toca às relações coletivas de trabalho, no qual, sem destoar do padrão geral do Poder Judiciário brasileiro, há exegeses restritivas da Constituição e ações refratárias às liberdades e práticas reivindicativas dos sujeitos coletivos,(4) o senso comum difundido midiaticamente sobre a Justiça do Trabalho se situa num incômodo com a distribuição de

(3) A crítica, aliás, se estende ao direito do trabalho brasileiro como um todo, como se a inspiração corporativista que consta da disciplina original do direito coletivo do trabalho na CLT tivesse o condão de cristalizar o fenômeno jurídico no ato subjetivo de sua criação, ignorando as transformações históricas e os processos democráticos que reformulam e assimilam essas estruturas em novos contextos históricos.

(4) Por todos, consultar o excelente LOURENÇO FILHO, 2014.

justiça e com supostas atuações decisórias desproporcionais em favor dos trabalhadores. Segundo tal narrativa, essas sim ameaçariam o *status quo* e colocariam em xeque a existência da Justiça Trabalhista em relação à perspectiva do invisível mercado.

Tal percepção, embora bastante alardeada midiaticamente em função de casos isolados, infelizmente é divergente da conclusão de pesquisas específicas sobre a atuação da Justiça do Trabalho. Desde pesquisas que avaliam o papel da Justiça do Trabalho na baixa efetividade do direito laboral (LAGE, CARDOSO, 2006; FRENCH, 2002), pelas dificuldades de acesso, o que afasta a quantidade efetiva de pessoas que têm direitos trabalhistas violados por práticas de gestão de alcance coletivo do número de pessoas que efetivamente litiga; pelos lapsos temporais entre as violações de direitos e as condenações, sobretudo aquelas de alcance coletivo, que tenderiam supostamente a acarretar impactos financeiros maiores e, portanto, maior potencial de desestímulo às condutas patronais de desrespeito à lei; e pelo baixo valor das condenações individuais quando estes ocorrem, sobretudo em relação a danos morais e lesões decorrentes de acidente de trabalho ou doenças ocupacionais (DUTRA, 2018; FILGUEIRAS 2012; FILGUEIRAS, 2019).

Filgueiras (2012) destaca, nesse cenário, um elemento de fragilização da atuação protetiva em razão de posturas conciliacionistas, que redundariam em leniência com relação aos descumprimentos legais por parte dos patrões. No mesmo sentido, a avaliação de Hillsheim (2016) sobre o impacto pernicioso das práticas conciliatórias em relação à construção social de um sentido de relevância e imperatividade dos direitos trabalhistas.

Em pesquisa específica com a regulação do trabalho de operadoras de *telemarketing* em Salvador pude observar que a distância tempo-espacial e o descrédito em relação ao Judiciário trabalhista conformavam a experiência precária daquelas mulheres, em um sentido que esvaziava a experiência do trabalho formal para tais sujeitas subalternizadas. Nesse sentido, os fluxos e práticas da justiça laboral, em seus efeitos reais e simbólicos sobre a sociedade, mostravam-se muito mais favoráveis ao empregador, que, à época,[5] descumpria de modo geral e sistemático uma série de prescrições legais, do que às trabalhadoras que tinham seus direitos violados (DUTRA, 2018).

Essas conclusões de diversas pesquisas são corroboradas por dados que foram reiteradamente mobilizados em crítica ao ataque sofrido pela Justiça do Trabalho por meio da Reforma Trabalhista de 2017, que, por meio de dispositivos que restringiam o acesso à Justiça Trabalhista, golpeou a potencialidade regulatória do ramo especial do Poder Judiciário. Em resposta ao argumento de que a restrição ao acesso à justiça era necessária diante de supostos abusos que prevaleceriam na litigância trabalhista, foi levantada a evidência estatística de que tanto antes como depois da reforma trabalhista, verificou-se que os temas prioritários veiculados nas reclamatórias eram as verbas rescisórias. É dizer: litiga-se majoritariamente pelo elementar, pelo cumprimento de obrigações básicas, e não por teses duvidosas e abusivas.

(5) Digo "à época" porque, como concretização inclusive da ideia de um "direito subversivo do trabalho" nos termos desenvolvidos por Antonio Casimiro Ferreira (2012), muitas das ilegalidades identificadas na pesquisa foram convalidadas em práticas lícitas pela reforma trabalhista de 2017 (Lei n. 13.467), como demonstrado em DUTRA, 2018.

Mais que isso, o dado retrata a conduta patronal de descumprir obrigações básicas de forma sistemática, a denotar a inexistência de uma coerção consistente ao cumprimento da lei do trabalho.

Embora tenha havido como resultado quase que imediato da vigência da Lei n. 13.467/2017 uma queda abrupta do número de reclamações no mês de dezembro de 2017, patamar que se manteve rebaixado em todo o período subsequente, foi interessante confrontar esse dado com o perfil prioritário dos temas deduzidos nas reclamações trabalhistas. Dados do próprio CNJ já revelavam, em 2016 e, também, nos anos anteriores, que os temas mais demandados na Justiça do Trabalho referiam-se a verbas rescisórias. Durante o ano de 2018 — portanto, após a reforma trabalhista — esse padrão não mudou: segundo dados da Coordenação de Estatística do TST, os temas mais recorrentes entre os casos novos nas varas do trabalho em 2018 foram: 1º) o aviso prévio (470.830 processos); 2º) a indenização de 40% sobre o FGTS (398.152 processos); 3º) e multa do art. 477 da CLT (380.702 processos). Entretanto, se o perfil das reclamações não se modificou, seu número, mesmo em relação a esses temas, se reduziu praticamente à metade (DUTRA, 2019).

Por outro lado, o risco da sucumbência fez com que temas relevantes para a regulação das relações de trabalho, como os pedidos de indenização por danos morais, tema envolto em um suporte probatório mais complexo e que também depende de uma certa subjetividade na formação da convicção judicial, deixaram de ser pautados de forma significativa pelo conjunto dos trabalhadores: se em 2016 esse tema era o 17º mais demandado na Justiça do Trabalho, totalizando 281.989 processos (TST, 2016 *apud* DUTRA, 2019); em 2018 esse tema caiu à 26ª posição dos temas prioritariamente reclamados, totalizando apenas 84.022 processos (TST, 2018 *apud* DUTRA, 2019).

Essa ofensiva contra a Justiça do Trabalho, pautada em premissas atinentes a supostos comportamentos abusivos dos trabalhadores, na ampliação significativa e pouco atida aos particularismos do Direito do Trabalho dos mecanismos alternativos de solução de conflitos e de uma certa privatização do processo judicial trabalhista — escopos completamente dissociados dos problemas diagnosticados anteriormente — vai ao encontro do escopo geral da reforma neoliberal que foi implementada em relação ao direito material do trabalho, no questionamento de suas razões essenciais.

E, no caso das dinâmicas processuais, que tanto reverberam na Justiça do Trabalho, seus contornos já se encontravam desenhados desde o Documento Técnico n. 319 do Banco Mundial, que representa estudo sobre Poder Judiciário na América Latina e no Caribe. Nesse documento, no qual os déficits de desenvolvimento da região são vinculados a um Judiciário "incapaz de assegurar a resolução de conflitos de forma previsível e eficaz, garantindo assim os direitos individuais e de propriedade"; sob a premissa de que "a instituição em análise tem se demonstrado incapaz em satisfazer as demandas do setor privado e da população em geral, especialmente as de baixa renda", já aparecem como elementos para a reforma do Judiciário aquilo que posteriormente foi afirmado pela Lei n. 13.467/2017.

Propôs o Banco Mundial, a par do diagnóstico contido nesse documento (no qual não se cogita de análises particularizadas para jurisdições especiais como a trabalhista, ressalte-se), reforma do Judiciário nesses países, incluindo o Brasil, entendendo que ela "faz parte de um processo de redefinição do estado e suas relações com a sociedade, sendo que o desenvolvimento econômico não pode continuar sem um efetivo reforço, definição e interpretação dos direitos e garantias sobre a propriedade". Na proposta, maneja-se o léxico da "eficiência" e de um suposto "mercado de serviços judiciais", que oferece serviços a "potenciais usuários" dos serviços, em uma linguagem dissociada da ideia de direitos, justiça e cidadania.

No bojo dessa proposta, discorre-se também sobre medidas de inclusão, acesso à justiça, definição de critérios de recrutamento e garantias para a magistratura, e até em julgamentos baseados em perspectivas de gênero. Mas, a despeito dessas passagens, o cerne da proposta dialoga com "rever as custas processuais determinado (sic) se são suficientemente altas ao ponto de deter demandas frívolas e condutas antiéticas" e, também, com a ideia de que o "o acesso à justiça pode ser reforçado através de mecanismos alternativos de resolução de conflitos", tal como concretizado, parceladamente, desde a EC n. 45/2004 e, com mais assertividade, na Reforma Trabalhista de 2017.

A Justiça do Trabalho, como exposto, apresentava questões difíceis em relação ao cumprimento do seu mister, que se misturavam aos próprios limites do direito do trabalho no País, mas, no lugar de um revisão da baixa efetividade do direito e da dificuldade de coerção efetiva dos empregadores recalcitrantes, numa perspectiva coletiva, bem como da necessidade de aprofundamento do conteúdo democrático de sua atuação no campo das relações de coletivas de trabalho, alinharam-se reformas cujo leme apontava para outro sentido: restrições ao acesso à justiça; fragilização do caráter público da regulação e redução da possibilidade de intervenção do Poder Judiciário em temas centrais como dispensas coletivas e validade dos contratos coletivos de trabalho. Tudo isso associado ao desfazimento da normatização material protetiva.

A esse movimento somaram-se cortes orçamentários e também decisões do STF que não apenas censuravam alguns dos entendimentos um pouco mais progressistas do TST, desqualificando-os como paternalistas, em um conjunto de decisões que, além de minarem o sistema de proteção trabalhista em diversos aspectos (DUTRA; MACHADO, 2021), sucessivamente retiraram parcelas importantes de competência da Justiça do Trabalho (demandas de servidores públicos; de trabalhadores temporários; matéria relacionada à previdência complementar privada, ainda que vinculada ao contrato de trabalho; ações relacionadas à autorizações para trabalho dos menores; e, mais recentemente, ações relativas a trabalhadores autônomos).

A pandemia agravou o cenário, obrigando, no bojo das medidas de isolamento, a realização de atividades remotas, cuja implementação e desdobramentos, por vezes, colocavam em risco os escopos originais e mais profundos da justiça laboral, distanciando-a ainda mais da correção de rota quanto às críticas anteriormente postas.

O percurso da Justiça do Trabalho e suas importantes missões, redemocratizadas em 1988, ampliadas pela EC n. 45/2004, com o advento de possibilidades hermenêuticas e julgamentos paradigmáticos importantes para o campo do trabalho desde então, não a isenta, como visto, de críticas quanto ao preparo para o trato adequado de questões relacionadas ao racismo, ao machismo e às desigualdades mais profundas, em abordagens interseccionais e compatíveis com a adequação de nossa ordem jurídica aos reclames da realidade social. Tampouco a isenta, como conjunto (e, portanto, como bloco heterogêneo) da crítica quanto à necessidade de maior assertividade nos julgamentos, sobretudo dos litigantes habituais e de abordagens coletivas para os conflitos massivos, e quanto à necessidade de incorporar efetivamente o conteúdo democrático da Constituição de 1988 quanto às relações coletivas de trabalho.

Tais críticas partem de duas premissas: a imprescindibilidade da Justiça do Trabalho como aparato especializado de instrumentalização e efetivação do direito do trabalho e a necessidade de aperfeiçoamento de sua atuação em um sentido protetivo. Todavia, os críticos da Justiça do Trabalho, aliados a premissas divergentes dos dados empíricos ora mapeados, se arvoram na incorporação do projeto neoliberal para o Poder Judiciário, sem distinções em relação às peculiaridades da justiça laboral, e numa perspectiva acumulatória insaciável para as relações de trabalho (BISVASCHI, 2007), na qual as apostas são dobradas tão logo sua implementação acontece.

Reflexões finais

A partir dos dois eixos de reflexões desenvolvidos neste breve ensaio é inarredável a conclusão de que Direito e Justiça do Trabalho, embora ligados intimamente à persistência das questões estruturais que justificam sua existência, precisam transformar-se.

Todavia, essa mudança não se conecta com a suposta consecução de suas finalidades ou com a superação — social, técnica ou econômica — dos elementos que invocam sua existência. Pelo contrário, a transformação remete justamente às tarefas inconclusas do Direito e da Justiça do Trabalho em face da questão social brasileira e suas peculiaridades, bem como dos nossos desafios institucionais e democráticos.

Primeiro, sobre as missões essenciais do Direito do Trabalho, sua lida com as transformações e peculiaridades dos novos arranjos da questão social no Brasil desnudam a incoerência entre esse ímpeto de mudança e o conteúdo que tem sido oferecido pelas reformas de caráter marcadamente neoliberal.

Em segundo lugar, a disputada trajetória da Justiça do Trabalho no sentido da concretização do trabalho digno aponta para desafios não cumpridos nessa trajetória que remetem à efetividade dos comandos de proteção ao trabalho e à garantia de espaço e conteúdo democráticos às relações coletivas de trabalho. Ao contrário, as reformas que têm sido impostas remetem ao sentido oposto: regulação privada, restrições do acesso à justiça, individualização e recusa ao papel dos sindicatos, austeridade.

A pergunta que resta, entre críticas radicais e críticas centradas no argumento neoliberal, é: para que lado vai o leme?

Referências

ALVES, Raíssa Roussenq. *Entre o silêncio e a negação:* uma análise da CPI do trabalho escravo a ótica do trabalho "livre" da população negra. Dissertação de Mestrado defendida perante o Programa de Pós-graduação em Direito da Universidade de Brasília. Orientação: Gabriela Neves Delgado. 2017.

ANTUNES, Ricardo. *Os sentidos do trabalho:* ensaio sobre a afirmação e a negação do trabalho. São Paulo: Boitempo, 1999.

ANTUNES, Ricardo. *O privilégio da servidão*. São Paulo: Boitempo, 2017.

BARBAGELATA, Héctor-Hugo. *O particularismo do Direito do Trabalho*. São Paulo: LTr, 1996.

BIAVASCHI, Magda Barros. *O Direito do Trabalho no Brasil — 1930 a 1942:* a construção do sujeito de direitos trabalhistas. São Paulo: LTr: JUTRA — Associação Luso-Brasileira de Juristas do Trabalho, 2007.

CARDOSO, Adalberto; LAGE, Telma. *As normas e os fatos:* desenho e efetividade das instituições de regulação do mercado de trabalho no Brasil. Rio de Janeiro: FGV, 2007.

______. *A construção da sociedade do trabalho no Brasil:* uma investigação sobre a persistência secular das desigualdades. Rio de Janeiro: FGV, 2010.

CABRAL, Rafael Lamera Giesta; PEREIRA, Eddla Karina Gomes; CHAVES, Vitória Virna Girão. Processo histórico de formação da Justiça do Trabalho no Brasil: do Conselho Nacional do Trabalho ao Tribunal Superior do Trabalho. *Revista Jurídica Unicuritiba*, v. 1, n. 54, 2019, p. 266-291.

DARDOT, Pierre; LAVAL, Christian. *A nova razão do mundo:* ensaio sobre a sociedade neoliberal. São Paulo: Boitempo, 2016.

DUTRA, Renata Q. *Trabalho, regulação e cidadania:* a dialética da regulação social do trabalho. São Paulo: LTr: 2018.

______. A regulação pública do trabalho e a reforma trabalhista: impactos e reações do Poder Judiciário à Lei n. 13.467/2017. In: KREIN, José Dari; OLIVEIRA, Roberto Véras de; FILGUEIRAS, Vitor Araújo (Orgs.). *Reforma trabalhista no Brasil*: promessas e realidade. Campinas: Curt Nimuendajú, 2019, v. 1, p. 155-177.

______; FLEURY, F. M. Da pista e do quarto de despejo ao telemarketing: sujeitas subalternas, cuidado e os sentidos da terceirização. *Revista da Faculdade Mineira de Direito*, 2021.

______; MACHADO, Sidnei. *O Supremo e a Reforma Trabalhista:* a construção jurisprudencial da Reforma Trabalhista de 2017 pelo Supremo Tribunal Federal. Porto Alegre: Editora Fi, 2021.

FERREIRA, António Casimiro. *Sociedade da austeridade e Direito do Trabalho de exceção*. Porto: Vida Económica, 2012.

FILGUEIRAS, Vitor. *Estado e Direito do Trabalho no Brasil:* regulação do emprego entre 1988 e 2008. (Tese de Doutorado). Faculdade de Filosofia e Ciências Humanas da UFBA. Orientadora: Graça Druck. 2012.

______. As promessas da Reforma Trabalhista: combate ao desemprego e redução da informalidade. In: KREIN, José Dari; OLIVEIRA, Roberto Véras de; FILGUEIRAS, Vitor Araújo (Orgs.). *Reforma trabalhista no Brasil:* promessas e realidade. Campinas: Curt Nimuendajú, 2019.

FRENCH, John D. *Afogados em leis:* a CLT e a cultura política dos trabalhadores brasileiros. John D. French; tradução: Paulo Fontes. São Paulo: Fundação Perseu Abramo, 2002.

GONZALEZ, Lélia. Cultura, etnicidade e trabalho: efeitos lingüísticos e políticos da exploração da mulher. In: RIOS, Flávia; LIMA, Márcia (Orgs.). *Por um feminismo afrolatinoamericano.* Rio de Janeiro: Zahar, 2020. p. 25-44.

GOMES, Ângela de Castro. *A invenção do Trabalhismo.* Rio de Janeiro: FGV, 2005.

HILLESHEIM, Jaime. *Conciliação trabalhista:* ofensiva sobre os direitos dos trabalhadores na periferia do capitalismo. Rio de Janeiro: Lumen Juris, 2016.

KREIN, José Dari. *Debates contemporâneos:* economia social e do trabalho, 8: as relações de trabalho na era do neoliberalismo no Brasil. São Paulo: LTr, 2013.

LOURENÇO FILHO, Ricardo. *Entre continuidade de ruptura:* uma narrativa sobre as disputas de sentido da Constituição de 1988 a partir do direito de greve. 2014. 293 f. Tese (Doutorado em Direito) — Universidade de Brasília, Brasília, 2014.

PEREIRA, Flávia Souza Máximo; MURADAS, Daniela. Decolonialidade do saber e direito do trabalho brasileiro: sujeições interseccionais contemporâneas / Decolonial thinking and brazilian labor law: contemporary intersectional subjections. *Revista Direito e Práxis*, [S.l.], v. 9, n. 4, p. 2.117-2.142, dez. 2018.

PEREIRA, Flávia Máximo; NICOLI, Pedro Augusto Gravatá. Segredos epistêmicos do Direito do Trabalho. *Revista brasileira de políticas públicas*, v. 10, n. 2. ago. 2020.

SANTOS, Josiane Soares. *Questão social:* particularidades no Brasil (Coleção biblioteca básica de serviço social, vol. 6). São Paulo: Cortez, 2012.

SILVA, F. T. da. *Trabalhadores no Tribunal:* conflitos e Justiça do Trabalho em São Paulo no contexto do Golpe de 1964. São Paulo: Alameda, 2016.

THEODORO, Mário. As características do mercado de trabalho e as origens do informal no Brasil. In: JACCOUD, Luciana. (Org.). *Questão Social e Políticas Sociais no Brasil Contemporâneo.* Brasília: IPEA, 2005. p. 91-126.

O Novo Mundo Velho

Jorge Luiz Souto Maior[1]

A *Revista da Associação dos Magistrados da Justiça do Trabalho da 1ª Região*, AMATRA1, propõe o debate sobre a influência do novo quadro social, econômico e tecnológico, abarcando as novas figuras de contratação no mundo do trabalho, sobre a base teórica do Direito do Trabalho e o funcionamento da Justiça do Trabalho.

Indaga, também, qual seria a importância da Justiça do Trabalho diante dos desafios impostos pelo atual contexto socioeconômico e tecnológico.

Trata-se de debate importantíssimo e inadiável, até por conta da forma acelerada como os fatos e as ações que lhe são consequentes e antecedentes vêm se acumulando, impondo reações com imediatismo e pouca reflexão.

Penso que antes de falar sobre as inovações, talvez seja relevante falar sobre o passado e, com ele, recuperar alguns conceitos que possam ter ficados perdidos.

Seguindo esta linha, faz-se necessário recordar que os debates em torno das inovações tecnológicas, da nova morfologia do mundo do trabalho, da reestruturação produtiva, da reorganização mundial do capital etc., frequenta a realidade jurídica trabalhista há décadas e já produziram vários efeitos sobre aquilo que poderíamos denominar de "base teórica" trabalhista.

O que se tem, hoje, como a base teórica do Direito do Trabalho já é, por conseguinte, uma deturpação do que se poderia conceber com uma teoria geral do Direito do Trabalho.

De fato, é possível constatar um déficit teórico no Direito do Trabalho em duplo sentido. Primeiro, no aspecto de que a obra relativa à construção do arcabouço teórico do Direito do Trabalho foi precocemente interrompida. Lembre-se, a propósito, que, malgrado a essencial contribuição de Evaristo de Moraes, com seu Apontamentos de Direito Operário, de 1905, só é pertinente falar da existência de um Direito do Trabalho, como ramo específico do Direito, no Brasil, a partir da década de 1940, com obras de Joaquim Pimenta,[2] Cesarino

---

(1) Professor Associado da Faculdade de Direito do Largo de São Francisco — Universidade de São Paulo. Desembargador do Tribunal Regional do Trabalho da 15ª Região.

(2) GOMES, Orlando. *Introdução ao direito do trabalho.* Rio de Janeiro: Forense, 1944.

JR.,[3] Arnaldo Süssekin, Dorval de Lacerda, Segadas Viana[4], Orlando Gomes[5] e Egon Felix Gottschalk[6], José Martins Catharino[7] e Mozart Victor Russomano.[8][9][10]

Nestes primeiros escritos restava nítida a intenção dos autores de estabelecer um rompimento com a tradição jurídica civilista, visualizando o Direito do Trabalho como um direito público, ou, como sustentava Cesarino JR., um direito social, cujo papel seria promover uma intervenção do Estado nas relações de produção para, impondo limites ao poder econômico, melhorar a condição social dos trabalhadores.

Ocorre que, na década seguinte, já se pronunciavam vozes questionando as bases teóricas do Direito do Trabalho e acusando-o de ultrapassado.

Destaque-se, a propósito, a fala de José Pinto Antunes, na qualidade de professor catedrático de Economia Política da Faculdade de Direito da USP, manifestada na aula de abertura do ano letivo de 1957, com o título: "O Robô e as conseqüências econômico jurídicas de sua utilização".[11]

É bastante interessante, aliás, verificar a rápida mudança do pensamento de Pinto Antunes, de professor de Direito do Trabalho, na UFMG, em 1941, para professor de Economia Política, na USP, em 1957.

No primeiro momento, Pinto Antunes falava da importância do Direito do Trabalho, defendendo, inclusive, o instituto da estabilidade no emprego. Na década seguinte, como professor de Economia Política, passou a dizer que o Direito do Trabalho já tinha causado vários danos à economia, em razão de ter se estendido demais e dos custos que gerava. Dizia ele:

> "O Direito do Trabalho, de princípio de ordem, passou a fator de desequilíbrio, porque em contradição com as exigências irremovíveis das leis do preço que regem a produção. O direito legislado se contrapõe às necessidade econômicas. A crise da economia traz a crise do direito. A ordem econômica, abalada nos seus alicerces, ameaça levar na sua queda a própria ordem jurídica que condiciona."[12]

---

(3) GOMES, Orlando. *Introdução ao direito do trabalho*. Rio de Janeiro: Forense, 1941.

(4) *Idem*.

(5) *Idem*.

(6) GOTTSCHALK, Egon Felix. *Norma pública e privada no direito do trabalho*. São Paulo: Saraiva, 1944.

(7) CATHARINO, José Martins. *Tratado jurídico do salário*. Rio de Janeiro/São Paulo: Freitas Bastos, 1951. p. 66.

(8) RUSSOMANO, Mozart Victor. *Manual popular de direito do trabalho*. Rio de Janeiro: José Konfino, 1954.

(9) RUSSOMANO, Mozart Victor. *Pequeno curso de direito do trabalho*. Rio de Janeiro: José Konfino, 1956.

(10) RUSSOMANO, Mozart Victor. *Estudos de direito do trabalho*. Porto Alegre: Editora Sulina, 1953. Prefácio.

(11) ANTUNES, José Pinto. O "Robot" e as consequências econômico jurídicas da sua utilização. *Revista da Faculdade de Direito da Universidade de São Paulo*, São Paulo, v. 52, p. 250-260, 1957. Disponível em: <http://www.revistas.usp.br/rfdusp/article/view/66272/68882>. Acesso em: 08 mar. 2016.

(12) ANTUNES, José Pinto. O "Robot" e as consequências econômico jurídicas da sua utilização. *Revista da Faculdade de Direito da Universidade de São Paulo*, São Paulo, v. 52, p. 250-260, 1957. Disponível em: <http://www.revistas.usp.br/rfdusp/article/view/66272/68882>. Acesso em: 08 mar. 2016.

Reconhece, assim, como legítima a atuação empresarial de ser livre de trabalhadores e, mais ainda, de sindicatos:

> "A solução, na ordem econômica, contra a absorção dos rendimentos dos fatores pelo fator Trabalho, é encontrada na chamada 2ª. revolução industrial, que é a da introdução e generalização da máquina automática, isto é, a empresa *sem operários.*
>
> A produção procura se libertar deste produto caro, exigente e molesto, representado pelo operariado organizado em sindicatos e favorecido em ação contínua por uma legislação contra as leis econômicas, que, necessariamente, condicionam a maior produtividade." (13)

E após citar vários exemplos de unidades produtivas nas quais os trabalhadores foram substituídos, no todo ou em parte, pelas máquinas, sem considerar, é claro, o fenômeno do deslocamento da necessidade de força de trabalho, e até afirmando que as máquinas chegam a substituir a inteligência humana, preconiza, utilizando-se de subterfúgio de linguagem, o fim do Direito do Trabalho e conclama os acadêmicos a cumprirem essa tarefa:

> "A Academia de São Paulo é a escola dos poetas da Justiça. Não queremos o inundo que aí está, mas aquele que vemos e sentimos nas nebulosas do futuro ou nos sonhos de Perfeição. A injustiça dos fatos consumados revolta nos, mas nos anima à ação pelo melhor. O direito legislado não nos satisfaz, porque a lei não realiza a Justiça que vive em nossos corações insatisfeitos.
>
> Esta Escola é assim, de poesia e revolução, porque há 130 anos serve ao Ideal da Justiça. Realizamos, através da história, o aperfeiçoamento continuado das Instituições jurídicas não atingindo a Perfeição porque é esta o próprio Ideal que *não pode* ser Real.
>
> Aí estão em vossas mãos, meus jovens acadêmicos, os novos problemas jurídicos que vem suscitando a nova revolução industrial. O direito e a economia são instrumentos ao serviço da felicidade humana. Fazê-lo adequados ao fim, é tarefa difícil e diuturna, de sabedoria e coração.
>
> Sois, meus jovens alunos, os novos cavaleiros armados para esta Cruzada sem término. Sonhai com a Justiça. O sonho é que arma os lutadores para os grandes serviços da Pátria. A poesia inspira o impossível. E o impossível da Justiça é o nosso Ideal. A luta pelo ótimo realiza sempre o melhor.
>
> A luta pela Justiça, que é o ideal Jurídico, é a perene lição desta Nobre Casa. E, assim, é, também, a nossa *Primeira Lição* como intérprete regimental das gloriosas tradições da Academia de Direito de São Paulo."(14)

---

(13) ANTUNES, José Pinto. O "Robot" e as consequências econômico jurídicas da sua utilização. *Revista da Faculdade de Direito da Universidade de São Paulo*, São Paulo, v. 52, p. 250-260, 1957. Disponível em: <http://www.revistas.usp.br/rfdusp/article/view/66272/68882>. Acesso em: 08 mar. 2016.

(14) *Idem.*

A década de 1960 se inicia com as publicações das obras de Luiz Roberto de Rezende Puech[(15)] e de Orlando Gomes e Elson Gottschalk[(16)]. Em tais obras, os autores começam a falar da necessidade do especialista em Direito do Trabalho "precaver-se contra a tendência à exageração, que conduz ao abandono inconsiderado de todos os princípios clássicos"[(17)].

Encontra-se na abordagem de Orlando Gomes e Elson Gottschalk um recuo quanto à visão do Direito do Trabalho como um Direito Social, afirmando-se o caráter negocial e, portanto, contratual, da relação de emprego, com ênfase à vontade livremente formada a partir da noção de autonomia privada.

Os autores, no entanto, vale dizer, permanecem admitindo o dirigismo contratual, como uma forma do Estado, por meio de normas de ordem pública e imperativas inderrogáveis, tutelar o trabalhador, tido como econômico e juridicamente fraco.[(18)]

Bastante interessante o tratamento que dão à situação a qual denominam de "despedida injuriosa", caracterizada pela dispensa do empregado a partir de motivos infundados, lançando sobre o empregado um descrédito, que daria ao empregado o direito de receber, "além das indenizações trabalhistas", também uma importância pertinente ao "ressarcimento do dano civil"[(19)].

Mantinham-se, por certo, as manifestações em defesa do Direito do Trabalho na configuração de um direito público ou mesmo social, como evidencia texto de Amaro Barreto[(20)].

E quando o regime imposto pelo golpe de 64 foi para cima da estabilidade no emprego, que habitava o Direito do Trabalho no Brasil desde a sua consolidação, não faltaram vozes em defesa da eliminação deste direito trabalhista básico a partir de formulações econômicas. Octavio Bueno Magano, em artigo publicado em 1966, assim se manifestou:

> "A maioria das críticas feitas ao Projeto não se dirigem propriamente a ele resolvendo-se, ao contrário, numa apologia sentimental da estabilidade, ou na condenação de sua supressão, que nele absolutamente não se preconiza. Essa falta de objetividade atraiçoa, em muitos casos, o propósito de atingir, por razões políticas, os que o apadrinham e não o que nele se contém.
>
> (...)
>
> Num país com o Brasil, o grande objetivo a ser alcançado é o da maximização da taxa de desenvolvimento. Só o desenvolvimento econômico poderá propiciar efetiva melhoria das condições de vida da população.

(15) PUECH, Luiz Roberto de Rezende. *Direito individual e coletivo do trabalho (estudos e comentários)*. São Paulo: RT, 1960.

(16) GOMES, Orlando; GOTTSCHALK, Élson. *Curso elementar de direito do trabalho*. Rio de Janeiro/São Paulo: Forense, 1963.

(17) *Ibidem*, p. 9.

(18) *Ibidem*, p. 31.

(19) *Ibidem*, p. 71.

(20) BARRETO, Amaro. *Tutela geral do trabalho*. vol. I. Guanabara: Edições Trabalhistas, 1964. p. 21.

Na perseguição de tal objetivo, há dois instrumentos fundamentais: a *poupança* e a *produtividade*.

(...)

No Projeto em análise estão presentes os referidos instrumentos de progresso: a *poupança* e a *produtividade*. (...) A conversão do *Projeto* em lei será, pois, um fator de desenvolvimento econômico e social, a ser por todos desejado."(21)

A intensa legislação regressiva de direitos trabalhistas promovida pelo regime militar repercutiu na formulação teórica do Direito do Trabalho, que vai deixando, de forma mais incisiva, a sua configuração corporativista ou de direito social, para se integrar à lógica do contratualismo e, assim, reaproximando-se do direito civil, tudo dentro de uma "preocupação" de dar um tratamento mais "científico" ao Direito do Trabalho.

José Martins Catharino, em obra publicada em 1967, percebe este movimento e faz menção à existência de uma corrente doutrinária, sem citar nomes, que já veria sinais de estagnação no Direito do Trabalho(22). Adverte, também, para a intensidade dos ataques do poder econômico aos direitos trabalhistas(23).

As obras produzidas na década de 70 serão marcadas por este viés economicista.

Em 1971, Evaristo de Moraes Filho publica o livro Introdução ao Direito do Trabalho (que veio a se tornar clássica), mas que era, segundo adverte o próprio autor, a terceira edição de seu *Tratado elementar de direito do trabalho*, saído em 1960 e reeditado em 1965.

Nesta obra, na qual se explicita um propósito de adaptar a teoria jurídica trabalhista à atualidade, Evaristo abandona o limite de aplicação do Direito do Trabalho ao trabalho subordinado e vislumbra sua incidência também "para o trabalho autônomo e para outras formas concretas de prestação livre de trabalho remunerado"(24).

Esta ampliação, que tem a preocupação primária de estender direitos trabalhistas a outros trabalhadores, no entanto, gera um efeito concreto sobre a compreensão da natureza do Direito do Trabalho. Antes, referido autor havia apontado o Direito do Trabalho como um direito de classe, pertencente à classe operária (Folch e Oviedo), mas na nova visão, que implicava na aplicação de direitos trabalhistas também ao trabalho autônomo, perdia-se a perspectiva de classe e, até mesmo, a visualização do Direito do Trabalho como um direito excepcional, desvinculado dos demais ramos do direito. O Direito do Trabalho, em sua concepção, passava a ser meramente um direito especial que se alimenta das regras gerais do direito comum.(25)

---

(21) MAGANO, Octavio Bueno. Revisão da estabilidade. *Revista LTr*, maio/jun. 1966, p. 273-283.

(22) CATAHARINO, José Martins. *Compêndio universitário de direito do trabalho*. São Paulo: Editora Jurídica e Universitária, 1972. p. 38.

(23) CATAHARINO, José Martins. *Compêndio universitário de direito do trabalho*. São Paulo: Editora Jurídica e Universitária, 1972. p. 39.

(24) MORAES FILHO, Evaristo de. *Introdução do direito do trabalho*. São Paulo: LTr, 1971. p. 18.

(25) *Ibidem*, p. 33.

Destaque-se que Evaristo não abandona o caráter tuitivo do Direito do Trabalho, sua feição intervencionista e sua contraposição aos dogmas liberais da economia.(26)

Vale ressaltar, também, que durante praticamente toda a obra Evaristo de Moraes Filho qualifica o Direito do Trabalho como o "direito novo". No entanto, a expressão também foi utilizada por Evaristo de Moraes Filho para fazer alusão a um novo Direito do Trabalho, diverso daquele que foi tratado pelo próprio autor como primitivo. E esse "novo Direito do Trabalho" não teria visão apenas aos sofrimentos do trabalhador, voltando-se, também, aos anseios econômicos.(27)

Em 1974, Octavio Bueno Magano, defende a sua livre-docência em Direito do Trabalho na Faculdade de Direito da Universidade de São Paulo com a apresentação da tese, *As novas tendências do direito do trabalho.*

O Direito do Trabalho, cujas bases teóricas ainda estavam em formação, já teria, segundo Magano, "novas tendências".

De fato, o conteúdo da referida obra comprova o acerto da apreensão explicitada por José Martins Catharino, em 1967.

De plano, Magano põe em questão o princípio protetor do Direito do Trabalho na feição que, segundo o autor, seria a de proteger o trabalhado em face da "prepotência do empregador", mantendo-se a proteção contra os riscos contra a vida, a saúde e a moral dos trabalhadores(28).

Na sequência, vale-se de parte das falas de Cesarino Jr. e de Evaristo de Moraes Filho, extraídas de contexto, para justificar a existência de novas tendências do Direito do Trabalho que, baseadas na visualização do abandono da feição protetora dos trabalhadores, justificariam a redução de direitos.

Cesário Júnior, por exemplo, ao falar da transformação do Direito do Trabalho de um direito tuitivo para um direito estrutural, pensava como esta nova concepção justificaria, por exemplo, o instituto da estabilidade no emprego, por ser de interesse não apenas do trabalhador mas da própria estruturação da economia(29). Já Evaristo, como visto, procurava fundamentos para manter a função do Direito do Trabalho como instrumento de superação dos dogmas liberais.

Octavio Bueno Magano, no entanto, aproveitou-se dessa fissura teórica para justificar as retrações de direitos que vinham sendo implementadas pela ditadura militar desde 1964, notadamente o fim da estabilidade, argumentando que esta solução atendia, de maneira mais eficaz, o postulado da função do novo Direito do Trabalho de estruturar a economia, em

(26) MORAES FILHO, Evaristo de. *Introdução do direito do trabalho*. São Paulo: LTr, 1971. p. 35.

(27) *Ibidem*, p. 56.

(28) MAGANO, Octavio Bueno. *Novas tendências do direito do trabalho*. São Paulo: LTr, 1974. p. 10.

(29) CESARINO JÚNIOR, A. F. *Estabilidade e Fundo de Garantia*. Rio de Janeiro: Forense, 1986.

benefício, inclusive, dos próprios trabalhadores. O papel estruturante do Direito do Trabalho seria voltado, prioritariamente, ao desenvolvimento econômico.

Pouco importava para Magano — e outros que pensavam da mesma forma — que, no Brasil, o Direito do Trabalho era ainda um direito em formação e que nunca tivesse tido, concretamente, uma feição protetiva, já que concebido numa perspectiva corporativista, e também que os autores citados para justificar as tais novas tendências fossem europeus falando da realidade europeia na qual o Direito do Trabalho tinha dado mostras de existência desde o final do século XIX. O que importava, embora isso, por óbvio, não se revelasse, era legitimar o fim da estabilidade reivindicada pelas montadoras norte-americanas que estavam prestes a completar 10 anos de atuação no país e que não queriam dialogar com sindicatos com trabalhadores estáveis em seus empregos.

A defesa expressa dessa "tendência", que não é, por certo, algo que se extraía da materialidade da vida social, mas dos propósitos dos doutrinadores, extraídos, claro, de uma visão de mundo da classe dominante à qual pertenciam, pode ser identificada, igualmente, nas palavras de Antonio Lamarca, em obra de 1972:

> "Nosso Direito do Trabalho deve evoluir para uma mentalidade de grupo, convenção coletiva de trabalho em substituição ao paternalismo estatal; normas de origem profissional a regular as relações individuais, não impostas de cima para baixo. Mais uma vez seremos surpreendentes, fazendo o contrário de outras nações: o direito coletivo do trabalho será uma decorrência do individual. E com isso prosseguiremos dando ao mundo lições de genialidade e originalidade. Para tanto, aparelhar os sindicatos, desvinculando-os de qualquer coloração de natureza política (peleguismo) e ensejar as condições para a contratação coletiva, de acordo com as possibilidades da indústria e da agricultura e sem prejuízo do promissor desenvolvimento do país."[30]

A obra de Arion Sayão Romita, de 1975, *Direito do trabalho: noções fundamentais*,[31] parece não ecoar aos clamores de alguns doutrinadores por um novo Direito do Trabalho que atendesse os interesses econômicos de um menor custo de produção, para favorecimento das empresas na sua lógica de concorrência internacional. A obra mantém a perspectiva intervencionista do Direito do Trabalho, para superação dos preceitos liberais clássicos do individualismo e da liberdade contratual.

Ao final, no entanto, quando trata da "influência do conceito de direito do trabalho sobre os critérios de aplicação de suas normas", defende a noção de uma autonomia relativa do Direito do Trabalho, acatando a noção, já referida, de um direito especial e não de um direito de exceção, para o fim de, mesmo sem abandonar o caráter protecionista do Direito do Trabalho, que constituiria a sua essência, defender, de forma ambígua, a atuação de ampliação de direitos em favor dos trabalhadores por parte do legislador e uma contenção, pelo

(30) LAMARCA, Antonio. *Curso expositivo de Direito do Trabalho:* introdução e sistema. São Paulo: RT, 1972. p. 24.

(31) ROMITA, Arion Sayão. *Direito do trabalho:* noções fundamentais. São Paulo: LTr, 1975.

juiz, no momento da aplicação da norma, com base na ideia de imparcialidade.(32) A imparcialidade do juiz seria, assim, uma forma de conter o alargamento da legislação trabalho, fruto da atuação protetiva do legislador.

Ainda assim, em 1978, Orlando Gomes e Élson Gottschalk publicam a 7ª edição de seu *Curso de direito do trabalho*, no qual reafirmam a autonomia do Direito do Trabalho, destacando, no aspecto da interpretação, o seu particularismo, que "conduz o intérprete a deixar ao direito comum, apenas, um lugar secundário, ou, como se expressa a Consolidação, será ele uma *fonte subsidiária* do direito do trabalho, naquilo em que não for incompatível com os princípios fundamentais deste".(33)

Fato é que a história do Direito do Trabalho no período que vai do final da década de 1970 até o início dos anos 90, no qual, inclusive, foi promulgada a Constituição Federal de 1988, é marcada por uma atuação doutrinária que destrói direitos trabalhistas, sem a necessidade de alterar a lei, como já preconizava Pinto Antunes e Arion Romita, acima citados.

E as coisas pioram ainda mais com a introdução do ideário neoliberal nas considerações teóricas trabalhistas, o que se fez de modo tão intenso que até se pode dizer que a doutrina produzida no âmbito do Direito do Trabalho foi a responsável pela difusão do neoliberalismo no Brasil.

Com efeito, em 1987, a *Revista LTr*, principal veículo do pensamento doutrinário trabalhista à época, dá destaque, na edição de fevereiro, à posse do novo Presidente do Tribunal Superior do Trabalho, Ministro Marcelo Pimentel, cujo discurso abre as portas para a introdução da concepção neoliberal no trato das relações de trabalho no Brasil, preconizando a adoção de solução extrajudicial para os conflitos individuais trabalhistas, incluindo a arbitragem, fazendo menção à primazia da normatização pela negociação coletiva, sem fazer qualquer ressalva quanto aos limites da proteção jurídica, legalmente estabelecida, e visualizando a greve, fora dos parâmetros legalmente impostos, como um atentado à democracia.

No mesmo número, publicou-se na Revista, logo na sequência do discurso de Pimentel, artigo da lavra de Edy de Campos Silveira, com o título. "Arbitragem facultativa na solução dos conflitos do trabalho: na Itália" e logo no número seguinte, em março, o editorial da Revista deu relevo a uma decisão do recém inaugurado Tribunal Regional do Trabalho da 15ª Região (cujas atividades tiveram início em dezembro de 1986), na qual o relator designando, José Pedro de Camargo Rodrigues de Souza, declarou a ilegalidade de uma greve promovida sem a observância dos "prazos e requintes" da Lei n. 4.330/64, greve esta que durou três dias e que por ocasião do julgamento já havia encerrado em virtude de acordo celebrado entre as partes nos autos.

Na linha do discurso do Ministro, o Editorial da Revista, elaborado por Amauri Mascaro Nascimento, publicado na edição de abril do mesmo ano, trouxe a chamada: "novos

(32) ROMITA, Arion Sayão. *Direito do trabalho:* noções fundamentais. São Paulo: LTr, 1975. p. 157.

(33) GOMES, Orlando; GOTTSCHALK, Élson. *Curso de direito do trabalho*. Rio de Janeiro: Forense, 1978. p. 47.

tempos para a solução de conflitos trabalhistas", destacando a necessidade da adoção de métodos extrajudiciais.

A edição de junho da Revista, notoriamente pautada pelos temas em questão, traz artigos com essas discussões, mas já com um viés ligado ao interesse empresarial.

Em "A convenção n. 87 e o sindicalismo brasileiro", Ildélio Martins defende a não ratificação da Convenção n. 87 da OIT, preconizando que ela "poderá trazer, se ratificada, um reboliço prejudicial ao sistema vigente". O autor defende o sistema vigente sob os argumentos de que ele incentiva a sindicalização e favorece a "sedimentação sócio-econômico--profissional das atividades submetidas à mesma dinâmica de produção e de vida dos seus atores".(34)

O texto publicado na sequência, "A estabilidade e as novas tendências do direito do trabalho", da lavra de Ricardo Nacim Saad, é bastante revelador do elemento investigado: a raiz do avanço do neoliberalismo no Brasil. Saad, que se demonstra bastante crítico à estabilidade no emprego, vale-se, para tanto, do conteúdo de aula proferida pelo professor alemão Bernd Ruthers, no curso de pós-graduação da Faculdade de Direito da USP. Segundo Ruthes, citado por Saad, "a garantia abrangente de emprego faz, sobretudo, que pequenos e médios empresários tenham, por assim dizer, grande receio em empregar alguém, porquanto, sabem que uma vez que empregam alguém, dele não mais se livram. A garantia de emprego, no seu dizer, é uma faca de dois gumes, um sistema muito cruel. A garantia de emprego protege os que estão empregados e prejudica os desempregados."(35)

Ainda na edição junho aparece um artigo defendendo a necessidade do Direito do Trabalho proteger a empresa, deixando de lado o que teria sido, segundo o autor, uma "intervenção desmedida do Estado na ordem econômica privada"(36).

Diz o autor:

> "Por força do grande progresso da técnica, as empresas se diversificam, surgindo entre elas disparidades que a ordem jurídica não pode deixar de considerar.
>
> A empresa, como núcleo produtivo do país, não pode sossobrar. Há empresas grandes, médias e pequenas, com seus problemas específicos. Os empregados são os maiores interessados na subsistência e melhor desenvolvimento de suas empresas.
>
> Deve o sindicato estimular o livre desenvolvimento das empresas, incentivando a melhor integração dos empregados em seus objetivos.
>
> Reconhece-se o direito da empresa dirigir os seus próprios negócios e interesses, com a participação sempre que possível dos seus empregados. A autonomia

(34) MARTINS, Ildélio. A Convenção n. 87 e o sindicalismo brasileiro. *Revista LTr* 51-6/645-651.

(35) *Apud* SAAD, Ricardo Nacim. A estabilidade no emprego e as novas tendências do direito do trabalho. *Revista LTr* 51-6/632-657.

(36) PRADO, Roberto Barreto. A empresa e o direito do trabalho. *Revista LTr* 51-6/669-671.

da empresa é fundamental. Inadmissível que o sindicato ou qualquer outro agente externo substitua os seus naturais dirigentes."[37]

Destaca-se, na edição de julho, o texto de Luiz Carlos Amorim Robortella, "O impacto das novas tecnologias nas condições de trabalho e de emprego"[38], publicado na edição de julho, que é, de fato, a reprodução da manifestação realizada pelo autor, na condição de "relator brasileiro", no Primeiro Congresso Regional Americano de Direito do Trabalho e Seguridade Social, realizado em Buenos Aires, de 24 a 27 de abril de 1987.

No texto, o autor não chega a trazer soluções para o Direito do Trabalho diante da evolução tecnológica, limitando-se a advertir para a necessidade de se preocupar com o tema, tomando como ponto de partida o debate "Trabalho, Ciência e Tecnologia", realizado em São Paulo, em novembro 1985, pelo Ministério da Ciência e Tecnologia, por intermédio de um de seus órgãos, SEI (Secretaria Especial de Informática), contando com a participação de técnicos do Ministério do Trabalho e do Conselho Nacional de Desenvolvimento Científico e Tecnológico e do DIEESE.

Em seguida, o destaque vai para o texto de Celso Barroso Leite, "É preciso inventar algo melhor que a greve", com o qual deixa nítida a sua aversão à greve, preconizando que sua sobrevivência no "atual estágio da civilização" só se dá pela incapacidade intelectual dos estudiosos do Direito do Trabalho em encontrar outro mecanismo que seja menos contraproducente e que seja mais "consentâneo com as atuais condições sócio-econômicas", "adequado às novas realidades" e em conformidade "com o imperativo de justiça social autêntica", sem, no entanto, dizer que mecanismo seria este, representando seu texto, portanto, um autêntico ataque à greve, considera pura e simplesmente como ato de violência[39].

Revelando o processo em curso, ganha destaque o interessante e esclarecedor texto de Juary C. Silva e João Batista dos Santos, publicado na edição de agosto de 1987, pelo qual os autores alertam para o fato de que a forma como o Direito do Trabalho efetivamente se apresenta na realidade, por meio de interpretações e lógicas legislativas, retira-lhe o caráter de um efetivo direito protetor dos trabalhadores. Acusam a CLT de ser excludente, vez que não abrange trabalhadores rurais e servidores públicos. Acusam o Direito do Trabalho de incentivar a segregação, na medida em que permite, pela Lei n. 6.019/74, a intermediação de mão de obra. Ressaltam, também, a ineficácia da legislação trabalhista, que contribui para as práticas ilícitas. Percebem, ainda, o advento de uma jurisprudência contrária os interesses dos trabalhadores (Enunciados ns. 98, 137 e 198, do TST). Identificam a incompatibilidade da norma pertinente ao salário mínimo e a realidade socioeconômica, assim como a ausência de mecanismos eficazes para garantir a correção inflacionária do salário mínimo. Apontam para a retórica que pende sobre o direito de greve, garantido formalmente, mas que não pode ser exercido, em concreto. Preconizam, enfim, que se se quiser atribuir ao Direito do Trabalho

---

(37) PRADO, Roberto Barreto. A empresa e o direito do trabalho. *Revista LTr* 51-6/671.

(38) ROBERTELLA, Luiz Carlos Amorim. O impacto das novas tecnologias nas condições de trabalho e emprego. *Revista LTr* 51-7/788-792.

(39) LEITE, Celso Barroso. É preciso inventar algo melhor que a greve. *Revista LTr* 51-7/793.

o caráter de proteção aos trabalhadores será preciso a "reformulação no que se refere aos institutos básicos apontados".(40)

Na edição de setembro, Cássio Mesquita Barros Jr., tratando do "Impacto das novas tecnologias no âmbito das relações individuais do trabalho", praticamente dá continuidade ao texto iniciado, na edição anterior, por Luiz Carlos Amorim Robortella. O texto, aliás, foi apresentado no mesmo Congresso referido por Robortella.

Ao contrário do primeiro, este texto de Cássio Mesquita Barros Jr., baseando-se nas evoluções tecnológicas, é repleto de propostas de reduções de direitos trabalhistas, tratadas, eufemisticamente, de flexibilizações.

O texto de Cássio Mesquita Barros Jr. é a demonstração explícita da presença do neoliberalismo no meio jurídico trabalhista bem antes do período admitido enquanto tal pela historiografia.

Diz Mesquita:

> "A flexibilização econômica e social parece ser a mais importante questão das economias europeias atingidas pela crise internacional. No conjunto das formas institucionais e jurídicas, relativas às relações de trabalho, é o meio privilegiado de lutar contra os sistemas rígidos que engendram custos insuportáveis na competição internacional."(41)

> No que se refere ao trabalho temporário preconiza o autor:

> "A flexibilização na contratação da força de trabalho segue se impondo para responder a necessidades econômicas distintas e dar satisfação a interesses específicos das partes.

> A fenomenologia mais recente multiplicou empresas cujo objeto é oferecer mão de obra a outras empresas para a execução de serviços temporários. Estas organizações facilitam as empresas quando necessitam de mão de obra passageira para satisfazer necessidades emergentes de substituição de empregados em férias, sobrecarga inesperada de serviços, etc."(42)

E vai além, preconizando a adoção de um modelo amplo de intermediação de mão de obra:

> "Um dos traços característicos da economia moderna é o da cooperação entre empresas. A necessidade de aumentar a sua produtividade conduz a especialização dos serviços para adquirir dimensão que lhe permita o uso intenso da

(40) SILVA, Juary C.; SANTOS, João Batista dos. O direito do trabalho brasileiro e a perda do seu caráter de proteção dos trabalhadores. *Revista LTr* 51-8/946-951.

(41) BARROS JR., Cássio Mesquita. Impacto das novas tecnologias no âmbito das relações individuais do trabalho. *Revista LTr* 51-9/1.045-1.056.

(42) *Idem.*

> tecnologia mais recente. As atividades que não se inserem no âmbito da sua especialização são transferidas a outras empresas.
>
> (...)
>
> É perfeitamente compreensível essa realidade palpitante da economia de nossos dias. Uma empresa devotada à fabricação de máquinas de calcular pode admitir empregados e administrar a limpeza de todo o seu estabelecimento. Todavia empresas de limpeza especializadas, pelo fato de comprarem material de limpeza em grande quantidade a mais baixo custo, terem quadro de trabalhadores já aperfeiçoados a esses serviços e dimensão suficiente para adquirirem poderosas máquinas de limpeza, podem se desempenhar desses serviços com maior grau de eficiência e a mais baixo preço.
>
> (...)
>
> Não se compreende nesse contexto posturas doutrinárias, legislativas ou judiciais contrárias a prestação de serviços a terceiros porque divorciadas da realidade palpitante de nossos dias. No Brasil, chocante Enunciado de n. 255 do Colendo Tribunal Superior do Trabalho derivado de um incidente de uniformização de jurisprudência proclamou a ilicitude da prestação de serviços a terceiros com a única ressalva dos temporários, regulados pela Lei n. 6.019/74 e dos vigilantes regulados pela Lei n. 7.102/83."[43]

Por fim, defende, como não poderia deixar de ser, dentro do contexto ideológico do texto, a flexibilização do caráter cogente da norma trabalhista, para permitir à negociação coletiva fixar direitos e obrigações sem os limites fixados pela lei.[44]

O texto apresentado na sequência, de Sebastião Antunes Furtado, vai direto ao assunto, sem a intermediação da retórica da evolução tecnológica, "Crise econômica e flexibilização do mercado de trabalho", deixando nítida a existência de um movimento de ataque aos direitos trabalhistas.

O autor, indo na linha da defesa dos direitos trabalhistas, rechaça os argumentos que buscam por meio da redução de direitos solucionar os problemas econômicos. Em suma, adverte para o fato de que o Direito do Trabalho surge em época de crise e que, portanto, a crise econômica não pode ser apontada como fundamento para a retração do direito do trabalho, também porque, mesmo que assim não fosse, os problemas econômicos são ligados à economia, não podendo ser solucionados pelo jurista, sendo, por isso, despropositado culpar o direito do trabalho pela crise.[45]

---

(43) BARROS JR., Cássio Mesquita. Impacto das novas tecnologias no âmbito das relações individuais do trabalho. *Revista LTr* 51-9/1.045-1.056.

(44) *Idem*.

(45) FURTADO, Sebastião Antunes. Crise econômica e flexibilização do mercado de trabalho. *Revista LTr* 51-9/1.063-1.070.

Os meses seguintes se passam sem muita discussão, ao menos no âmbito da Revista, como se estivessem os autores esperando a conclusão da Constituição, preparando-se para iniciar a atividade de interpretá-la. E, exatamente neste aspecto, atendendo à convocação de Magano, Ney Prado publica, na edição de julho, o artigo "Justiça do Trabalho e economia invisível: por uma jurisprudência de transição". No texto, o autor, partindo do pressuposto de que a legislação trabalhista é injusta porque trata de maneira igual empresas com porte econômico distintos e prevendo que a situação possa se agravar com o advento da nova Constituição, preconiza uma atuação criativa e consciente da Justiça do Trabalho para que aplique a lei trabalhista de modo a não sacrificar as pequenas empresas, tratadas sob o codinome de "economia invisível".

Mas se a Justiça do Trabalho não tomar a si a tarefa de interpretar essa legislação de acordo com as distinções apontadas, arrisca-se, mais a mais, a reincidir nas injustiças: *summun jus, summa injuria*. Tratar, por exemplo, auxiliar de costureira de uma favelada idosa da mesma maneira que um operário da Petrobrás ou da General Motors é negar o sentido social da lei. Se a CLT é a mesma, a diferença deverá estar no juiz.[46]

Já o artigo de Antônio Rodrigues de Freitas Jr., publicado na edição de julho, traz significativa identificação da existência de uma "doutrina da desregulação e da flexibilização da legislação trabalhista"[47], posicionando-se contrário a ela.

Advém, enfim, a promulgação da nova Constituição, mas esta, como se sabe, ainda que não tenha avançado ao ponto pretendido pela classe trabalhadora, sobretudo no que tange à estabilidade no emprego e à cogestão, não correspondeu ao ideário neoliberal, chegando mesmo a alçar os direitos trabalhistas ao Titulo das Garantias de Direitos Fundamentais. Com isso, a doutrina trabalhista dominante se viu frustrada e passou à fase de desconstituição da Constituição pela via da interpretação, abalando ainda mais a base teórica trabalhista.

Os textos, inclusive, já estavam prontos, tanto que a Revista LTr publica no mesmo mês de outubro uma edição integralmente voltada à interpretação da Constituição.

O que se vê, nitidamente, no conteúdo das manifestações é uma preocupação de "desdizer" a Constituição, de negar o processo histórico político de sua realização, no qual a força da classe trabalhadora mostrou-se essencial mesmo para a superação do regime ditatorial vivenciado durante 21 anos de nossa história, atuando, sobretudo, com a força das greves. Os autores, no geral, simplesmente negam isso e tentam levar adiante os postulados da teoria neoliberal desenvolvida mundialmente e já expressa em muitos dos artigos citados, notadamente no que se refere à destruição da amplitude dada pelo art. 9º ao direito de greve e buscando conferir à negociação coletiva o poder de reduzir direitos trabalhistas, ao mesmo tempo em que se procurava afastar a eficácia aos direitos contidos no texto constitucional.

---

(46) PRADO, Ney. Justiça do Trabalho e economia invisível: por uma jurisprudência de transição. *Revista LTr* 52-7/780-785.

(47) FREITAS JR., Antônio Rodrigues. Os direitos sociais e a nova Constituição brasileira — protecionismo jurídico e desregulação da relação de emprego. *Revista LTr* 52-7/799-809.

De plano, tem-se o artigo de Amauri Mascaro Nascimento,[48] chamando a atenção para aquilo que chamada de "sentido da Constituição", que seria a "valorização das negociações coletivas", baseada na "autonomia privada coletiva". Teria sido este, segundo Mascaro, "o objetivo da Constituição".

O autor chega mesmo a propor que a figura do representante não sindical nas empresas poderia intermediar uma espécie de acordo específico para os empregados dessa empresa sem a presença do sindicato.

No que se refere à greve, no aspecto de competir aos trabalhadores fixar a oportunidade e o âmbito de interesses que queiram por meio dela defender (ar. 9º), Mascaro reconhece que o critério adotado pelo constituinte para defini-la foi "revolucionário", apontando sua origem no direito constitucional português.

No entanto, logo na sequência tenta destruir esse potencial revolucionário do texto:

> "Não me parece que a Constituição tenha consagrado a liberdade de greve num sentido lato e de modo a afastar qualquer tipo de limitação ou, mesmo, qualquer possibilidade de declaração de legalidade ou ilegalidade da greve. Não é bem assim, apesar de autorizar os trabalhadores para que decidam sobre a oportunidade e os interesses que devam defender por meio da greve, garantia que traduz um princípio de autodefinição dessas questões. A ideia da ilimitação da greve esbarra nas restrições inerentes à sua própria conceituação, como, também, nas limitações decorrentes da própria Constituição ao assegurar outras garantias individuais e coletivas que devem ser preservadas diante de eventuais paralisações do trabalho."[49]

No aspecto da estabilidade no emprego, o autor simplesmente destrói todo o conteúdo do intenso debate travado anteriormente, notadamente no que se refere à proteção contra a dispensa arbitrária, que seria uma estabilidade relativa, necessária e possível no contexto sócio-político-econômico existente, como admitido por todos os que, antes da promulgação da Constituição, se manifestaram a respeito.

Mas, desconsiderando tudo isso e negando qualquer avanço promovido pela Constituição, o artigo de Mascaro faz parecer que tudo continua como antes, mantendo-se ao empregado dispensado, a partir do exercício do direito potestativo de resilição contratual do empregador, o direito ao recebimento da indenização sobre o saldo do FGTS, ampliado de 10% para 40%:

> "A estabilidade no emprego, prevista nas Constituições anteriores, inclusive na de 1967 e Emenda Constitucional de 1969, foi retirada e substituída por indenização, além de outros direitos instituídos por Lei Complementar.

(48) NASCIMENTO, Amauri Mascaro. O direito do trabalho nas Constituições brasileiras. *Revista LTr* 52-11/1.295-1.301.

(49) NASCIMENTO, Amauri Mascaro. O direito do trabalho nas Constituições brasileiras. *Revista LTr* 52-11/1.299.

Enquanto não for elaborada lei complementar o direito do empregado despedido imotivadamente será ampliado de 10% para 40% de acréscimo do FGTS." [50]

E ainda que faça uma defesa dos avanços contidos na Constituição, notadamente no que se refere à redução do limite semanal para 44 horas e à "defesa do emprego contra as dispensas arbitrárias", chamando a atenção para a necessidade do desenvolvimento econômico corresponder a uma desenvolvimento social, termina seu texto com uma enigmática e aparentemente desconectada dos parágrafos antecedentes, advertência de que:

> "Nos modernos sistemas democráticos de relações de trabalho a tendência maior é a crescente *desregulamentação* que significa menos leis elaboradas pelo Estado e mais negociações coletivas que levem às convenções coletivas em diversos níveis, o nacional, com os pactos sociais, o local, com acordos de empresas e o setorial, por categorias."[51] (com grifo no original)

Já Octavio Bueno Magano, no texto "Proteção da relação empregatícia",[52] faz um grande exercício hermenêutico a respeito do inciso I, do art. 7º, da Constituição, para chegar no mesmo lugar, ou seja, a lugar nenhum, pois todo ajuste histórico da consagração da Constituição estaria vinculado ao advento futuro, por obra não do constituinte mas do legislador ordinário, de uma lei complementar definidora dos dizeres da Constituição.

O interessante é que antes da publicação da Constituição ninguém, nem o próprio Magano falava em postergar a aplicação da Constituição neste tema, que foi talvez um dos mais debatidos dentre todos os temas trabalhistas, deixando sua efetividade ao alvedrio do legislador infraconstitucional.

Magano chega mesmo a admitir que seria de aplicação imediata o preceito constitucional referente à proibição contra dispensa arbitrária. Assim, teria se dado o fim da denúncia vazia para a cessação do vínculo empregatício por parte do empregador. Ou em outras palavras, não existiria mais o direito potestativo do empregador de resilição contratual.

Em suas palavras:

> "... o princípio proibitivo de despedidas arbitrárias terá aplicabilidade imediata, desde a data da promulgação da Constituição. Isso quer dizer que, a partir de então, ninguém poderá atuar contrariamente a esse padrão de conduta."[53]
>
> O interessante é que o autor procura demonstrar a eficácia imediata do princípio no sentido do permissivo para o empregador de efetuar dispensas de empregados sem a necessidade de fundamentá-la em justa causa, bastando razões de caráter técnico, econômico ou financeiro, aludindo, inclusive, que, com a adoção desse parâmetro, teria havido por parte do constituinte um movimento

(50) NASCIMENTO, Amauri Mascaro. O direito do trabalho nas Constituições brasileiras. *Revista LTr* 52-11/1.300.

(51) NASCIMENTO, Amauri Mascaro. O direito do trabalho nas Constituições brasileiras. *Revista LTr* 52-11/1.301.

(52) MAGANO, Octavio Bueno. Proteção da relação empregatícia. *Revista LTr* 52-11/1.310-1.314.

(53) MAGANO, Octavio Bueno. Proteção da relação empregatícia. *Revista LTr* 52-11/1.311.

> "no sentido da maior flexibilização de nosso direito e consequentemente aproximação das regras sobre cessação do contrato, do modelo adotado por vários países da Europa Ocidental, cuja caracterização esquemática corresponde ao postulado de que a rescisão contratual justificada não compreende exclusivamente as dispensas disciplinares, de conteúdo moral (justas causas), mas também as efetivadas, sem arbítrio, porque fundadas em razões sociais relevantes, de caráter econômico ou técnico" (54).

Ou seja, notoriamente, o que Magano procura fazer é tentar evitar que o dispositivo da Constituição seja interpretado no sentido de ter garantido a estabilidade no emprego, admitindo, pois, a supressão do direito potestativo para sustentar a possibilidade de dispensa arbitrária cuja definição pode ser encontrada tanto no direito comparado quanto no direito interno (art. 165 da CLT).

No entanto, valendo-se da interpretação literal, conclui que enquanto não houver a lei complementar o descumprimento do empregador desse preceito constitucional não recebe qualquer punição e mais ainda que a dispensa efetuada sem ser arbitrária, ou seja, com base em motivos sociais e econômicos, não obrigaria sequer ao pagamento da indenização de 40% sobre o FGTS.(55)

Interpretando o inciso XIV, que prevê jornada de seis horas para o trabalho realizado em turnos ininterruptos de revezamento, Arnaldo Süssekind procura fontes primárias, constantes dos debates constituintes, para concluir que o dispositivo permitir a realização, na modalidade em questão, em turnos de revezamento, a prática de uma jornada ininterrupta de seis horas, ou seja, sem qualquer intervalo, obrigando, inclusive, para a configuração do revezamento, que o trabalhador trabalhe à noite, sendo possível a fixação de qualquer outro limite de jornada por intermédio de negociação coletiva.(56)

O texto de Cássio de Mesquita Barros Jr. reflete uma preocupação extrema em criminalizar a greve, para abafar qualquer avanço que se quisesse ver no art. 9º da Constituição.

A conclusão do texto fala por si:

> "Em conclusão, o texto constitucional tal como se apresenta mesmo inexistindo lei regulando o exercício do direito de greve, não impede que se afirme a existência de limites, a possibilidade de qualificar-se a greve, como ato ilícito, e ocorrendo dano injustificado, dar margem a responsabilidade civil e penal."(57)

Seguindo a linha de tentar de toda forma desconstituir a Constituição vem, na sequência, o artigo de Irany Ferrari,(58) pelo qual o autor desconsidera a disposição final do art. 7º

(54) MAGANO, Octavio Bueno. Proteção da relação empregatícia. *Revista LTr* 52-11/1.310-1.314.

(55) MAGANO, Octavio Bueno. Proteção da relação empregatícia. *Revista LTr* 52-11/1.312.

(56) SÜSSEKIND, Arnaldo. Jornada de trabalho em turnos de revezamento. *Revista LTr* 52-11/1.237-1.330.

(57) BARROS JR., Cássio Mesquita. O direito de greve na Constituição de 5 de outubro de 1988. *Revista LTr* 52-11/1.336-1.342.

(58) FERRARI, Irany. Jornada de trabalho alterações legais e contratuais. *Revista LTr* 51-11/1.348-1.352.

da Constituição, que igualou os direitos dos trabalhadores urbanos e rurais, e se expressa no sentido de que "não se pode dar aos rurícolas o mesmo tratamento dado aos trabalhadores urbanos, diante das especificidades das atividades rurais e das consideradas urbanas, cada qual até aqui regidas por diplomas legais próprios". E conclui: "Nessas condições, tanto para o trabalhador rural como para o empregado doméstico, o preceito constitucional em exame, não é auto-aplicável, somente passando a ter eficácia quanto a eles, após sua regulamentação pelo legislador ordinário."

Quanto aos turnos ininterruptos de revezamento, embora apresente interpretações favoráveis ao trabalhador, expressa-se no sentido de que a convenção coletiva poderá ampliar o limite de 6 (horas), fazendo a ressalva de que a validade dessa ampliação ao menos estaria sujeita à fixação de um adicional pelas horas excedentes superior a 50%.(59)

O processo interpretativo prossegue com a abordagem de Luiz Carlos Amorim Robortella, tratando de salário, férias e aviso prévio.(60)

O autor inicia fazendo várias considerações sobre justiça social e função distributiva do salário, mas, na busca do sentido das normas em exame, introduz uma ilação que não decorre da literalidade dos dispositivos constitucionais, no sentido de que "o salário mínimo é devido a todos que cumpram o máximo de 44 horas semanais, a teor do inciso XIII do mesmo art. 7º".(61)

A respeito do tema central referente ao salário, a irrenunciabilidade, Robortella a ela se refere como um "dogma da doutrina clássica" e trazendo à tona o disposto no inciso VI do art. 7º diz que tal texto "parece ser fruto das ideias de *flexibilização*, tema bastante versado na atual doutrina europeia e que coloca em cheque (SIC) algumas posturas dogmáticas do Direito do Trabalho"(62) — com grifo no original.

O autor deixa bastante claro como pretende utilizar a tal noção de flexibilização no processo de interpretação da Constituição quando diz:

> "Em suma, o direito deve atender às necessidades da sociedade e ao bem comum. Uma interpretação da lei pode ser razoável em época de prosperidade e, entretanto, absolutamente irrazoável e socialmente nociva em face da grave crise econômica." (63)

A partir desse pressuposto conclui:

> "A frincha aberta no princípio da irrenunciabilidade salarial pelo art. 7º, inciso VI da nova Carta, ao admitir sua superação por convenção ou acordo coletivo, deflui das ideias de flexibilização, com o fito de assegurar aos parceiros sociais

(59) FERRARI, Irany. Jornada de trabalho alterações legais e contratuais. *Revista LTr* 51-11/1.351.

(60) ROBORTELLA, Luiz Carlos Amorim. Salário, férias e aviso prévio. *Revista LTr* 51-11/1.353-1.360.

(61) ROBORTELLA, Luiz Carlos Amorim. Salário, férias e aviso prévio. *Revista LTr* 51-11/1.354.

(62) ROBORTELLA, Luiz Carlos Amorim. Salário, férias e aviso prévio. *Revista LTr* 51-11/1.356.

(63) ROBORTELLA, Luiz Carlos Amorim. Salário, férias e aviso prévio. *Revista LTr* 51-11/1.357.

> a busca de soluções globais negociadas, mediante concessões recíprocas, ao melhor estivo transacional." [64]

Sobre a participação nos lucros, interpretando o inciso XI do art. 7º, Robortella é taxativo:

> "A matéria, tal como foi tratada no preceito acima, apresenta como principal característica a natureza jurídica *não salarial*. Com isto buscou o legislador estimular as entidades patronais à concessão do benefício, destacando-o do conjunto da remuneração dos empregados e reduzindo consideravelmente os encargos trabalhistas, previdenciários e fiscais incidentes."[65]

Bastante importante também o artigo de Roberto Barreto Prado, cujas revelações já começam pelo título, "O direito de greve em face da Constituição de 5/10/1988", que, portanto, toma o "direito de greve" como algo superior à própria Constituição, vez que o texto constitucional (art. 9º) não satisfez ao intérprete.

Assim, o direito de greve não estaria consagrado na Constituição, devendo, isto sim, ser construído em face dela, ou seja, contra o que ela dispôs. Após tecer várias considerações históricas sobre o comunismo, o autor, sem muita relação com as colocações precedentes, conclui dizendo:

"Diante da redação confusa, vaga e ambígua do art. 9º da Constituição de 1988, impõe-se a urgente regulamentação do direito de greve, devendo da lei a ser elaborada constar o conceito de greve com suas limitações, bem como as normas regulares de sua tramitação, exercício e demais conseqüências jurídicas. Não se pode exercer um direito sem que se conheça o seu objeto."[66]

A amplitude da atuação interpretativa do texto constitucional por parte da doutrina é expressa também em artigo de Antônio Rodrigues de Freitas Jr., publicado em novembro, nos seguintes termos: "Já aqui não importa apenas a decisão formal dos constituintes, mas o sentido e o alcance das políticas sociais que, por seu intermédio e a partir dela, seremos capazes de verificar".[67]

Mas, no geral, o que se vê é uma total ausência de debate acerca das potencialidades do texto constitucional no que se refere à ampliação de direitos trabalhistas, notadamente no aspecto de terem sido tais direitos elevados ao patamar de direitos fundamentais. A não ser nas questões insuperáveis do avanço, redução do limite semanal para 44 horas, ampliação do adicional de horas extras para 50%, fixação do valor das férias com 1/3 a mais do salário normal, tudo o mais é alvo de interpretações restritivas e que se expressam quase que sem uma contestação: eliminação da estabilidade; redução de salários e aumento de jornada por

---

(64) ROBORTELLA, Luiz Carlos Amorim. Salário, férias e aviso prévio. *Revista LTr* 51-11/1.357.

(65) *Idem.*

(66) PRADO, Roberto Barreto. O direito de greve em face da Constituição de 5/10/1988. *Revista LTr* 52-11/1.388-1.393.

(67) FREITAS JR., Antônio Rodrigues. Direito do trabalho e mudança constitucional: os direitos sociais como condição da democracia. *Revista LTr* 52-11/1.398-1.412.

negociação coletiva; natureza não salarial da participação nos lucros; possibilidade ilimitada de trabalho em horas extras; responsabilidade do empregador por acidente do trabalho apenas no caso de dolo ou culpa; ampliação limitada dos direitos dos trabalhadores domésticos (com preocupação de encontrar um prazo prescricional);[(68)] limitação ao direito de greve etc.

A limitação do direito de greve, por exemplo, aparece novamente como preocupação principal do texto de Arnaldo Sussekind, "Limitações ao direito de greve"[(69)] e no aspecto específico da estabilidade, sem qualquer aviso prévio, começam a aparecer as interpretações de que a referência ao FGTS entre o rol dos direitos dos trabalhadores teria representado uma opção do constituinte por um dos regimes, vistos como incompatíveis. Essa posição vem expressa no texto de José Ajuricaba da Costa e Silva, "Dispensa arbitrária e FGTS na nova Constituição", publicado na edição de fevereiro de 1989,[(70)] tomando como parâmetro artigos de Amauri Mascaro Nascimento e Roberto Dornas.

Um debate mais intenso é verificado apenas no que se refere ao prazo prescricional. Vários são os textos publicados com posições distintas,[(71)] destacando-se o belíssimo texto de Márcio Túlio Viana, "Prescrição: dúvidas e soluções", que aparece na edição de janeiro de 1988,[(72)] sendo de se ressaltar que o final dessa história todos conhecem, que foi a da prevalência da interpretação menos benéfica ao trabalhador, no sentido de que o prazo ampliativo da prescrição não retrocedeu para alcançar situações fáticas já abarcadas pela prescrição anterior, de prazo menor, e de que a contagem do prazo de cinco anos conta-se retroativamente a partir da data da propositura da reclamação trabalhista e não no término do contrato de trabalho.

No frigir dos ovos o que se verificou foi uma avalanche da racionalidade neoliberal, de tal modo impregnada nas falas e textos que buscar uma interpretação ampliativa de direitos do texto constitucional parecia uma heresia, uma atitude retrógada e, por assim dizer, não intelectualizada, fazendo com que se transforma-se em voz corrente, quase sem contestação, o argumento de que a Constituição de 1988 acolheu o princípio da flexibilização, como forma

---

(68) DE LUCA, Carlos Moreira. O prazo de prescrição dos direitos assegurados aos empregados domésticos. *Revista LTr* 53-1/81-82.

(69) SÜSSEKIND, Arnaldo Lopes. Limitações ao direito de greve. *Revista LTr* 53-1/28.

(70) SILVA, José Ajuricaba da Costa e. Dispensa arbitrária e FGTS na nova Constituição. *Revista LTr* 53-2/138-139.

(71) CORDOVIL, Antonino E. B. Da prescrição para as causas de natureza segundo a nova Constituição Federal. *Revista LTr* 52-11/1.369-1.373; AZEVEDO, Gelson de. O novo prazo de prescrição das ações trabalhistas. *Revista LTr* 52-11/1.374-1.375; AZEVEDO, Marcos Juliano Borges de. A prescrição trabalhista na Constituição. *Revista LTr* 52-11/1.384-1.387; SILVA, Moacyr Mota da. Prescrição constitucional. *Revista LTr* 53-1/60-64; OLIVEIRA, Oris de. A prescrição no direito do trabalho brasileiro. *Revista LTr* 53-2/174-183; GONÇALVES, Ione Salin; GUTERRES, Jurema Reis de Oliveria; VARGAS, Luiz Alberto de; FRAGA, Ricardo Carvalho. A prescrição trabalhista constitucional. *Revista LTr* 53-4/427-431; NEVES, José Tôrres das. Prescrição no direito do trabalho à luz da nova Carta Magna. *Revista LTr* 53-9/912-931; SÜSSEKIND, Arnaldo. Prescrição. *Revista LTr* 53-9/1.019-1.022; LAMARCA, Antônio. Prescrição. *Revista LTr* 53-9/1.023-1.025; BARROS JR., Cássio Mesquita. Prescrição. *Revista LTr* 53-9/1.034-1.038; DALAZEN, João Orestes. A nova prescrição das ações trabalhistas. *Revista LTr* 53-10/1.147-1.154; CARMO, Júlio Bernardo. A prescrição trabalhista na Constiuição de 1988. *Revista LTr* 53-10/1.155.

(72) VIANA, Márcio Túlio. Prescrição: dúvidas e soluções. *Revista LTr* 53-1/72-74.

de conduzir às relações de trabalho no Brasil ao nível da modernidade, necessária para a superação do momento de crise econômica.

E o desmonte prossegue...

A propaganda neoliberal da década de 90, patrocinada por grupos econômicos internacionais e incentivada, internamente, pelo próprio governo federal, resultou em reformas legislativas que provocaram várias reduções de direitos dos trabalhadores. Mas, como se sabe, ou se deveria saber, o direito não se resume às leis e a aplicação concreta dessas leis requeria a intermediação dos profissionais do direito, notadamente, juízes, advogados, procuradores e professores.

Em outras palavras, o implemento das leis restritivas de direitos dependia, ainda, de uma reformulação conceitual do Direito do Trabalho que pudesse influenciar a atuação dos profissionais referidos. Foi por isso que naquele período teve início uma campanha muito grande em torno da necessidade de reformulação das bases teóricas do Direito do Trabalho, ganhando força a teoria da "flexibilização", cujo objetivo principal era difundir a necessidade de uma releitura dos princípios do Direito do Trabalho, para destruir, sobretudo, a ideia de proteção do trabalhador, tida, então, como ultrapassada, além de rígida demais diante das exigências dos tais "novos paradigmas" do processo produtivo.

Precisava-se, assim, de uma reforma mais ampla, que deveria partir da reformulação dos cursos jurídicos e que terminaria, de forma interligada, na Reforma do Judiciário.

Não é à toa, portanto, que o projeto de Reforma do Judiciário, apresentado pelo Banco Mundial, preconizava a necessidade de remodelação dos cursos jurídicos para que fossem voltados à formação de profissionais "treinados" para a aplicação de técnicas tendentes a favorecer a lógica de mercado.

Assim, ganharam expressão midiática as falas no sentido do fim do Direito do Trabalho. Em 1994, Luiz Carlos Amorim Robortella escrevia a obra, "O moderno Direito do Trabalho", que, no fundo, preconizava o fim do Direito do Trabalho, no que foi acompanhado pelo conteúdo de diversos artigos escritos por Arion Sayão Romita, compilados em obra publicada em 2003, com o sugestivo título, "O princípio da proteção em xeque". E como preconizava, à época, um dos principais porta-vozes dessa corrente: "Convenhamos: a CLT e a Justiça do Trabalho têm mais de 50 anos. Elas foram criadas para um mundo fechado e para uma economia protegida contra as agressões do processo competitivo".(73)

Uma obra que estimula bastante a linha de remodelação do Direito do Trabalho no sentido do abandono de sua racionalidade social, tendo como alvo, sobretudo, a atuação jurisdicional da Justiça do Trabalho, é a produzida por José Eduardo Faria, com o título, que não deixa dúvida: "Os novos desafios da Justiça do Trabalho" (1995).

---

(73) PASTORE, José. Relações de trabalho numa economia que se abre. Palestra realizada no Congresso Brasileiro de Direito Coletivo do Trabalho. São Paulo: LTr, 04 nov. 1996. In: PASTORE, José. *A agonia do emprego*. São Paulo: LTr, 1997. p. 93.

Ao final da década de 1990 o cenário é de destruição plena do Direito do Trabalho e extinção da Justiça do Trabalho. A situação vai a tal ponto, em termos de direitos perdidos e ineficácia dos parcos existentes, que emerge uma preocupação em torno da preservação da própria condição humana dos trabalhadores. Ou seja, diante do abalo da proteção jurídica trabalhista a doutrina passa a falar da "necessidade de se garantir a ética nas relações laborais",(74) da "dignidade do trabalhador"(75) e da "tutela da personalidade do trabalhador".(76)

É a partir daí que se verifica um movimento de retomada de uma construção das bases teóricas do Direito do Trabalho.

Dentro desse contexto ganha bastante relevo o texto publicado em julho de 1995, de autoria de Márcio Túlio Viana, que trata a flexibilização por meio de suas contradições, visualizando, mesmo no seu contexto, formas de ampliação da proteção jurídica dos trabalhadores.(77)

Em 1997, é publicado o livro de José Martins Catharino, Neoliberalismo e sequela, que inaugura a linha de uma resistência mais consistente ao neoliberalismo no meio jurídico, valendo lembrar que no campo da sociologia este caminho já havia sido aberto em 1995, por Ricardo Antunes, com a obra, Adeus ao Trabalho.

Mais esclarecedor ainda é o texto publicado, em julho de 1999, por Márcio Túlio Viana, "A proteção social do trabalhador no mundo globalizado — o direito do trabalho no limiar do século XXI".

Márcio Túlio realiza nesse texto, de forma inaugural, uma análise mais crítica e profunda do neoliberalismo, revelando as suas inconsistências teóricas e o seu papel ideológico, além das influências sobre a racionalidade das relações de trabalho, com repercussão no Direito do Trabalho.

Como diz o autor:

> "No discurso da moda, o Estado é sempre *paternalista*, o sindicato faz *baderna*, funcionário público *não trabalha*, todo juiz é *marajá*, ensino *deve ser pago*, nada como a *livre negociação*, o melhor é *privatizar*, o direito deve ser *flexível*. A ideologia justifica e reforça o papel do mercado como remédio para todos os males, santo para todos os milagres.
>
> É verdade que o *santo* tem seus limites, impostos por sua própria teologia, e as últimas crises financeiras já começam a desnudá-lo. Mas — ainda assim — não se criticam as políticas que o apoiam, não se questiona o que está posto. A culpa (ou a desculpa) é a *globalização*, palavra mágica que respalda qualquer medida, responde a qualquer pergunta, oculta outras verdades.

(74) CASTELO, Jorge Pinheiro. Do dano moral trabalhista. *Revista LTr* 59-03/488-491.

(75) COSTA, Orlando Teixeira. O trabalho e a dignidade do trabalhador. *Revista LTr* 59-05/591-594.

(76) SÜSSEKIND, Arnaldo Lopes. Tutela da personalidade do trabalhador. *Revista LTr* 59-05/595-598.

(77) VIANA, Márcio Túlio. Desregulamentar... regulamentando. *Revista LTr* 59-07/884-889.

> Outra palavra-chave é o desemprego. O mesmo sistema que o provoca serve-se dele, convencendo a opinião pública de que a solução é precarizar. Ou seja: o desemprego legitima a espoliação. E ele agora está na mídia, pois atinge a classe média.
>
> (....)
>
> Na retórica neoliberal, a lei está cheia de velharias, é rígida em excesso, tem raízes corporativas, é paternalista. Além do mais, tende a *proteger* uma elite, pois os empregados de ontem serão os autônomos de amanhã, e, mesmo hoje, a maioria emigra ara a informalidade. De resto, com diz a frase da moda o que importa não é tanto o "Direito *do* Trabalho", mas o Direito *ao* Trabalho.
>
> O *slogan* tem certo charme e causa impacto. Mas como criar empregos? A mesma doutrina responde: *flexibilizando*."[78]

Em termos de resistência, exige-se fazer referência à obra de Márcio Túlio Viana, precisamente com o título, Direito de Resistência, publicada em 1996, pela LTr Editora, que foi fruto de tese de doutoramento apresentada à Faculdade de Direito da UFMG.

Merecedoras de destaque, também, as obras de Alice Monteiro de Barros, que se constituiu a mulher que conseguiu romper, de forma mais incisiva, esse ambiente "machista" da doutrina jurídica trabalhista,[79] seguida de Rusinete Dantas Lima, Aldacy Rachid Coutinho e Walküre Lopes Ribeiro da Silva, estas na linha da resistência, e de Rosita de Nazaré Sidrim Nassar e Mônica Sete Lopes, na linha da flexibilização.

Nas duas primeiras décadas dos anos 2000, a produção acadêmica de resistência se intensifica, ganhando maior peso, sobretudo, na produção feminina de com destaque para Carmen Camino, Sayonara Grillo Coutinho, Daniela Muradas Reis, Magda Biavaschi, Gabriela Neves Delgado, Aldacy Rachid Coutinho, Márcia Novaes Guedes, Valdete Souto Severo e Walküre Lopes Ribeiro da Silva.

Valendo registrar também o aparecimento o curso de Direito do Trabalho, de Mauricio Godinho Delgado, que se tornou um clássico do período, com proeminência ainda hoje, reforçando a importância do Direito do Trabalho no cenário jurídico nacional.

É dentro desse contexto que se insere a inestimável contribuição de Benedito Calheiros Bomfim, em texto publicado em setembro de 2002, com o título "A legislação trabalhista e a flexibilização".[80]

---

(78) VIANA, Márcio Túlio. Proteção social do trabalhador no mundo globalizado — O Direito do Trabalho no século XXI. *Revista LTr* 63-07/890.

(79) Uma pesquisa específica sobre a contribuição feminina na formação da teoria jurídica trabalhista é uma obra importantíssima ainda a ser concluída. Um cuidadoso levantamento histórico a respeito poderá desonstruir essa hegemonia percebida até a década de 1980. Destaque-se, a propósito, a obra de Augusta Barbosa de Carvalho Ribeiro, Organização sindical brasileira, publicada em 1952, em São Paulo, pela Indústria Gráfica José Magalhães.

(80) BOMFIM, Benedito Calheiros. A legislação trabalhista e a flexibilização. *Justiça do Trabalho*, n. 225 (set. 2002), p. 6.

No referido texto, de forma inaugural para a época, o autor passa em revista a história da legislação trabalhista no Brasil das últimas seis décadas, demonstra o quanto a CLT já havia sido "flexibilizada" e explicita quais eram os efeitos nefastos dessa política tanto para o trabalhador quanto para a própria economia.

Mesmo com esta reação, que foi bastante eficiente para impedir a completa destruição do Direito do Trabalho, não se chegou a reverter o quadro da dupla deficiência teórica mais acima referido. A construção teórica do Direito do Trabalho, na concepção de um direito autônomo e nítidos propósitos de instrumentalização de uma regulação estatal da relação capital-trabalho, com vistas à melhoria da condição social dos trabalhadores e trabalhadoras, não se consolidou e ainda sofreu vários abalos com a introdução de concepções jurídicas civilistas.

É assim, por exemplo, que se consagrou a expressão Direito do Trabalho em vez de Direito Operário, sendo certo que este último melhor personifica o titular dos direitos, dando-se foco à figura do trabalhador e não ao trabalho que, como se sabe, na relação social capitalista, não é propriamente trabalho, mas mera força de trabalho, ou, mais propriamente, a mercadoria força de trabalho.

Foi desse modo, ainda, que se consagrou a ideia de que o Direito do Trabalho não seria, de fato, um Direito Social, sob a falácia argumentativa de que "social todo direito é", além de se inserir o Direito do Trabalho, no contexto da superficial e artificial divisão do Direito em "direito público" e "direito privado", no campo do "direito privado", escondendo, assim, a origem coletiva do conflito do qual os direitos trabalhistas emergem e ainda abrindo-se espaço para as valorações individuais das normas jurídicas.

Não é por outro motivo, aliás, que se recusou a noção inicial anticontratualista da relação de emprego e passou a imperar a denominação "Contrato de Trabalho".

Além disso, ainda se estabeleceu no próprio ramo trabalhista uma subdivisão, pela qual se concebeu a existência de um Direito do Trabalho Individual, em contraposição ao Direito Coletivo do Trabalho, sendo que, de forma contraditória, se vislumbrou a incidência dos princípios jurídicos trabalhistas apenas no primeiro, contracenando, de forma improdutiva, com os institutos privados introduzidos, e preconizando uma visão abertamente privatista no campo do Direito Coletivo, como se empregadores e sindicatos de trabalhadores fossem partes iguais, ao arrepio, pois, de toda a materialidade histórica.

Quando se pergunta, portanto, como as "novas tecnologias" ou o novo quadro social e econômico, ou, ainda, a nova morfologia das relações de trabalho impactam sobre a base teórica do Direito do Trabalho, é preciso, portanto, reconhecer:

— primeiro, que não chegamos a consolidar uma construção teórica trabalhista no Brasil, isto porque, como visto, os mesmos questionamentos (o que, inclusive, faze com que a indagação ora proposta não se reverta de um verdadeiro fato novo) foram feitos ao longo de todo o percurso histórico do Direito do Trabalho, atravessando, igualmente, a história da Justiça do Trabalho;

— e, segundo, até como consequência do destaque anterior, que não cabe a consideração de que as inovações tecnológicas tenham qualquer impacto concreto na base teórica do Direito do Trabalho, a não ser para aqueles que pretendam utilizar o dado como argumento retórico para atingir o objetivo, não revelado, da mera destruição de direitos trabalhistas, como visto, aliás, no decorrer da exposição acima.

Lembre-se, a propósito, que a inovação tecnológica acompanha a dinâmica dos conflitos trabalhistas desde os primórdios da regulação normativa no mundo do trabalho, o que se fez tanto pela via negocial, quanto pela via estatal. Não houve, propriamente, um só instante em que inovações tecnológicas não tenham surgido e deixado de alterar o modo de exploração do trabalho.

É por este motivo, inclusive, que na formulação inicial da teoria geral do Direito do Trabalho se procurou estabelecer a noção do Direito do Trabalho como um direito dinâmico, movido, sobretudo, por princípios e regras mínimas regadas pela cláusula do não retrocesso, exatamente para evitar que os trabalhadores e trabalhadoras, a cada novo avanço do capital, pudessem se ver conduzidos à uma situação de tábula rasa, perdendo todo o aparato jurídico conquistado.

O Direito do Trabalho, portanto, não altera sua substância com as idas e vindas do capital porque, afinal, a condição humana não é um dado econômico ou mero meio de produção, é um valor, que deve, inclusive, ser visto sempre em progressão.

Neste sentido é imperioso se ater à noção de que cada direito trabalhista é o registro histórico de uma conquista humanitária frente à racionalidade econômica.

Assim, toda vez que a engenharia produtiva, determinada pelos interesses econômicos dos capitalistas, se apresentarem como justificativas para a redução de direitos trabalhistas ou abalo dos objetivos do Direito do Trabalho, o que se tem, concretamente, é um falso-dilema, pois foi precisamente para impor limites à força destrutiva do capital (da vida, da paz e do meio ambiente) que o Direito do Trabalho se consolidou no cenário internacional. E quando isto não se percebe e se busca, no próprio Direito do Trabalho, uma fórmula para legitimar o retrocesso, não só se desconsidera a razão da existência do Direito do Trabalho, como o que se promove é, precisamente, uma derrota humanitária.

O que nos falta, por conseguinte, não é fazer adivinhações ou formular propostas mirabolantes, pretensamente "geniais", para vislumbrar qual devam ser os direitos trabalhistas aplicáveis na "nova realidade social, econômica e tecnológica", pois, se mantido o modelo capitalista de produção, não se nos apresenta um problema verdadeiramente novo com esta proposição, na medida em que a forma de exploração do trabalho não altera a essência da exploração e toda as relações histórica, sociais, políticas e econômicas em que esta se sustenta.

O que nos resta, por conseguinte, é meramente desvelar a base teórica do Direito do Trabalho que um dia, sem peias e sem amarras ideológicas, se concebeu para firmar um enfrentamento humanitário aos interesses do capital.

Dentro desta visão não cabe, por exemplo, qualquer dúvida quanto à identificação da relação de emprego, por incidência, inclusive, de preceitos de ordem pública, do trabalho exercido por trabalhadores e trabalhadoras por intermédio de aplicativos para os capitalistas que se utilizam desta tecnologia e da força de trabalho dos primeiros para reproduzirem o capital investido.

O fato concreto é que o Direito do Trabalho, como já dizia Mario de La Cueva, é um Direito inconcluso,[81] ou seja, um Direito, naturalmente, em constante transformação, mas uma transformação provocada para abarcar as diversas, constante e sempre inovadoras tentativas de fugas do capital.

Em outras palavras (e finais), as inovações tecnológicas alteram a regulação do trabalho, mas não a base teórica do Direito do Trabalho, que já foi concebido, desde a sua origem, como costumeiramente destaca o professor Márcio Túlio Viana, para vergar na direção do vento proposto pelo poder do capital, mas sem deixar romper a sua estrutura e, mais ainda, os seus propósitos.

Ao menos enquanto se mantiver o modelo capitalista de produção, esta será a pertinência do Direito do Trabalho, cabendo a Justiça do Trabalho, obrigatoriamente, bem entender isso e cumprir o seu papel de conferir efetividade aos direitos das trabalhadoras e trabalhadores, sem submeter a qualquer influência ou insurgência das forças capitalistas e, no caso do Brasil, também elitistas, misóginas e racistas.

São Paulo, 11 de agosto de 2021.

(81) "La naturaleza inconclusa del derecho del trabajo se muestra en un segundo aspecto: Las instituciones mencionadas en el párrafo anterior y otras que encontraremos en las páginas posteriores de este libro, son únicamente formas de manifestaciones del derecho del trabajo. La legislación las llenó con un contenido mínimo; por eso, según veremos, la Ley Federal del Trabajo es una relación de trabajo tipo, de contenido mínimo. Esas formas deben llenarse con nuevos contenidos, por lo que también es misión de las fuentes formales del derecho del trabajo lograr que esos contenidos crezcan continuamente y en la proporción que determinen los cambios sociales económicos, las necesidades de los trabajadores y las posibilidades de las empresas." (CUEVA, Mario de La. *Derecho Mexicano del Trabajo*. vol. 1. 5. ed. México: Porrua. 1960. p. 249)

Alinhamento Constitucional do Direito do Trabalho em Tempos de Crise

Aldacy Rachid Coutinho[1]

No atual contexto socioeconômico e tecnológico, é imperativo proceder a uma ressignificação teórica dos fundamentos do direito do trabalho. Trata-se, mais precisamente, de buscar compreender a (suposta) crise e os desafios dela decorrentes, na tentativa de apontar para um alinhamento constitucional como a mais acurada possibilidade de resposta, de sorte que o direito do trabalho mantenha ou proponha um protagonismo como instrumento emancipatório e de justiça social.

Não se pretende, então, propor a permanência da mesma base principiológica em termos de significante/significado que erigiu e sustentou um direito do trabalho que jamais ostentou glória; ao contrário, o próprio reconhecimento de sua insuficiência e inadequação talvez seja particularmente relevante para que se possa (re)conhecer as razões pelas quais se esfacelou diante das demandas de reformas trabalhistas na cronologia temporal. Note-se que a classe trabalhadora, por vezes inerte, vem ocupando o lugar de mera expectadora das tragédias do porvir.

Já havia apontado[2] outrora para a urgência em ultrapassar a construção principiológica de Plá Rodriguez, denunciando, ainda, a busca de uma pacificação social. Ela aponta, de início, para uma razão de ser de um direito do trabalho que rejeita o espaço de luta intrínseco aos movimentos reivindicatórios. Ademais, abordagens equivocadas como a que invoca a proteção aplicável apenas na dúvida sobre a interpretação, por exemplo, ou a perspectiva de que quando a 'norma' é 'clara' seria desnecessária a interpretação, seriam abandonadas em prol de uma hermenêutica constitucional. Assim procedendo, pelo ultrapassamento e não pela simples rejeição, é possível acolher uma outra perspectiva para proteção, então mais adequada à filosofia da linguagem, no trânsito da hermenêutica, e à ordem constitucional expressa em direitos fundamentais.

---

(1) Mestre e Doutora. Professora titular de Direito do Trabalho na UFPR, aposentada. Professora do curso de mestrado em Direito, Inovação e Regulações na UNIVEL. Integra a Rede Nacional de Grupos de Pesquisas e Estudos em Direito do Trabalho e da Seguridade Social — RENAPEDTS, a Rede Brasil-Itália-Espanha de Direito Público — REDBRITES e a Red Interuniversitaria Latinoamericana y del Caribe sobre Discapacidad y Derechos Humanos.

(2) COUTINHO, Aldacy Rachid. Propostas para uma ressignificação do princípio da proteção. In: FERRAREZE FILHO, Paulo; MATZENBACHER, Alexandre (Orgs.). *Proteção do trabalho:* perspectivas pós-constitucionais. Rio de Janeiro: Lumen Juris, 2016, p. 5-57.

O alinhamento constitucional sustentado permite sobretudo blindar o direito do trabalho mediante cláusulas pétreas e, portanto, se afastar dos argumentos retóricos e falaciosos de sustentadas necessidades de constantes alterações da legislação infraconstitucional diante de 'crises'.

Uma mirada para o passado dos marcos regulatórios infraconstitucionais nos permite identificar que, a par e para além das grandes reformas, a Consolidação das Leis do Trabalho, como expressão material positivada das regras trabalhistas, não teve descanso em vida: foi constante e sucessivamente alterada. A crise, então, é tão só narrativa legitimadora e nunca condição material.

É certo que não deixa de ser verdadeira a afirmação de que "[...] uma nova ideologia está sendo implantada no sistema jurídico trabalhista, com o ingresso de novos valores do ordenamento. O Estado passa a expressar outros interesses e prioridades entre o capital e o trabalho, no momento em que a ideia de autonomia do trabalhador, em tese, remodela as necessidades jurídicas desse sujeito. Dessa maneira, a proteção social do trabalhador, que se constituiu no 'espírito do direito do trabalho', é questionada e abre-se espaço para uma nova disputa em torno dos sentidos e significados desse campo do Direito para a classe trabalhadora".(3) Mas não constitui TODA a verdade.

Quando do advento da Reforma Trabalhista de 2017, que modificou profundamente e até mesmo subverteu o conteúdo do direito do trabalho, somente 38% do texto original da Consolidação das Leis do Trabalho permaneciam inalterados;(4) quase quatro centenas de propostas (mais precisamente 377), originárias tanto do Poder Executivo quanto do Legislativo, foram pouco a pouco desnaturando seu perfil ao longo da vigência e testemunharam as falácias de argumentos retóricos invocados. Somente os anos 1948, 1959 e 2004 passaram incólumes. A legislação trabalhista, tendo sido constantemente aviltada, acabou em mimetismo por produzir igualmente alterações no direito do trabalho.

E como não há espaço não ideológico, na medida em que as mutações foram se verificando, as ideologias que subjaziam iam sendo explicitadas; a exemplo da ditadura do Estado Novo ou do período da democratização, é possível inferir que o resultado nunca poderá ser atribuído a apenas UMA ideologia específica.

O processo de fragmentação das relações jurídicas é dessumido pela proliferação de múltiplas possibilidades atuais de tomada de trabalho, suplantando uma tradicional dicotomia trabalho subordinado-trabalho autônomo, essência do capitalismo. Tal circunstância aponta para uma resposta que dê conta, sobretudo, da condição de ser trabalhador dentro do

(3) OLIVEIRA, Isabela Fadul de; SANTANA, Quéren Samai Moraes; PEREIRA, Súllivan dos Santos. A reforma trabalhista no Brasil e os princípios do direito do trabalho. In: FREITAS, Carlos Eduardo Soares; OLIVEIRA, Murilo Carvalho Sampaio; DUTRA, Renata Queiroz (Orgs.). *Reforma trabalhista e crise do direito do trabalho no Brasil:* apontamentos críticos. Curitiba: Appris, 2020. p. 115.

(4) COUTINHO, Aldacy Rachid. Desconstruindo a falácia da reforma trabalhista de 2017: análise crítica dos argumentos retóricos do jurídico, do social e do econômico. In: MELO, Raimundo Simão; ROCHA, Claudio Jannotti da (Coords.). *Constitucionalismo, trabalho, seguridade social e as reformas trabalhista e previdenciária.* I Congresso Internacional de Direito do Trabalho e Direito da Seguridade Social. São Paulo: LTr, 2017. p. 111-119.

sistema capitalista de mercado, muito mais do que (embora sem desconsiderar) a reveladora relação capital-trabalho.

A precariedade veio a ser acirrada com a última grande reforma. Tal característica, vergonhosa, das relações de trabalho brasileiras, já vinha apontada décadas atrás como paradigma de ameaça na ordem mundial por Ulrich Beck:[5] o processo de "brasileirização do ocidente" expandiria alhures as peculiaridades de arranjos econômicos e sociais do Brasil cotidiano, mediante a comprovação de que a melhoria dos índices econômicos não eleva automaticamente como reflexo a condição social geral da população e, particularmente, dos trabalhadores.

Aliás, nos idos da década de 1980,[6] muito antes do advento de governos neoliberais, António José Avelãs Nunes, ao se debruçar sobre a experiência da industrialização brasileira, advertia para a comprovação da incorreção da hipótese de W. A. Lewis, no sentido de que a "concentração do excedente de uma economia subdesenvolvida... conduziria a um sistema econômico de homogeneidade crescente: (...) os salários rurais e os salários urbanos tenderiam a crescer à custa dos lucros, o que se traduziria numa distribuição do rendimento mais igualitária".[7]

Foram as lutas, protestos, greves, movimentos reivindicatórios que se constituíram a gênese do direito do trabalho que, da sua parte, se apressou em apresentar-se como resposta estatal intervencionista para uma realidade social emergente em um procedimento que garantia opacidade ao conflito. Não há que se negar que o mito protetivo fora erigido para ocultar a conivência com a exploração do trabalho não pago, sem o qual não se opera o capitalismo. E a disciplina mantida sob o crivo de sustentação jurídica do poder punitivo assegurava a normalização e a docilização dos corpos.

Embora não se pretenda retomar e empreender uma discussão em torno da nomenclatura, embate totalmente superado no passado, entendo que trazer à baila algumas razões apontadas para que o direito do trabalho tomasse o nome de "direito social" permite melhor compreender a significação teórica dos seus fundamentos para além do capital/trabalho e, desta forma, auxilia a propositura de uma (res)significação em alinhamento constitucional.

Para tanto, volver a Cesarino Junior é imprescindível.[8] Não obstante reconheça que todo direito é naturalmente social, se socialize, "se imbua de sentido social", "pois só há Direito em sociedade", sustenta que a entrada "social" denota uma posição — um lugar ocupado —

(5) A expressão foi alcunhada por Ulrich Beck. BECK, *Ulrich. Un nuevo mundo feliz:* la precariedad del trabajo en la era de la globalización. Barcelona: Paidos, 2000.

(6) COUTINHO, Aldacy Rachid. O direito constitucional a um mínimo salarial. *Revista da Academia Brasileira de Direito Constitucional*, Curitiba, n. 3, p. 112-127, 2003.

(7) AVELÃS NUNES, António José. *Crescimento econômico e distribuição do rendimento:* reflexões sobre o caso brasileiro. Lisboa: Centro de estudos fiscais, Ministério das Finanças, 1986. p. 179.

(8) CESARINO JUNIOR, A.F. *Direito social*. São Paulo: LTr, 1980.

oposta ao individualismo, "significando predominância do interesse coletivo sobre o individual".(9)

Se o olhar para o direito do trabalho se voltar exclusivamente para as partes contratantes, empregado e empregador, toda a fundamentação teórica estará centrada na disciplina jurídica dos interesses individuais em jogo. Se a mirada focar a questão social envolvida, os interesses individuais não serão desconsiderados, mas se submetem à primazia do interesse coletivo e social "visando [...] estabelecer o equilíbrio 'social', resolvendo a questão 'social'".(10) A contratualidade poderá ser igualmente mantida, mas retoma a sua base não mais na autonomia da vontade, de perfil individualista, mas na ordem de uma autonomia privada/pública, onde não reina o querer — vontade declarada livre —, mas o poder fazer segundo os parâmetros legais vigentes, que leve em consideração o coletivo e a sociedade, o múltiplo e não a singularidade.

Tendo "sujeitos próprios, os economicamente débeis, que chamamos de hipossuficientes, e se refere a um estado de fato determinado, a hipossuficiência ou debilidade econômica",(11) além da jurídica, se situa nos marcos de um sistema capitalista que se projeta como condição inerente de toda a classe de trabalhadores. Na medida em que surge o direito do trabalho como emergência do trabalho livre, "tentando ou procurando dar solução a esse terrível impasse"(12) que articulava a ausência de propriedade aos cânones da igualdade e liberdade, mediante uma intervenção estatal tutelar reguladora, fez-se uma opção redutora pelo trabalho dependente em detrimento do trabalho autônomo e pela contratualidade.

Ocorre que a prestação de trabalho não mais se cinge à dualidade autônomo/dependente; a multiplicidade de possibilidades, juridicamente reguladas, da entrega da força de trabalho e, particularmente, a erosão de direitos, convoca o direito do trabalho a revisitar seu compromisso histórico para com a classe trabalhadora. Se é correta e ainda válida a "lição que lhe proporciona a História", no sentido de que ostenta uma tendência universal de ampliação de seu conteúdo para todas as formas de trabalho, embora tenha se contentado inicialmente com o subordinado/dependente e "esforça-se [...] dentro da fragilidade, em trazer justiça para essa prestação de trabalho, tornando-a menos alienada, menos coagida, menos penosa, menos fatigante",(13) somente pela via da releitura de uma constituição dirigente, fundamentada no direito fundamental social terá condições de possibilidade de viabilizar na plenitude e para todos a sua efetividade, eficácia e eficiência.

O fundamento teórico do direito do trabalho encontra-se na ordem constitucional, na exata medida em que o trabalho que regula exprime um direito fundamental social inscrito no art. 6º, e como salienta Ingo Sarlet, "os direitos fundamentais integram, portanto, ao lado

---

(9) *Ibidem*, p. 33.

(10) *Ibidem*, p. 34.

(11) *Ibidem*, p. 37.

(12) MORAES FILHO, Evaristo; MORAES, Antonio Carlos Flores. *Introdução ao direito do trabalho*, 6. ed. São Paulo: LTr, 1992. p. 23.

(13) *Idem*.

da definição da forma de Estado, do sistema de governo e da organização de poder, a essência do Estado constitucional, constituindo, nesse sentido, não apenas parte da Constituição formal, mas também elemento nuclear da Constituição material".(14) Não por outra razão, o art. 7º, *caput*, ao traduzir em norma constitucional os direitos fundamentais sociais relativos ao trabalho, acolhe como destinatário o termo geral "trabalhadores": "São direitos dos *trabalhadores* urbanos e rurais, além de outros que visem à melhoria de sua condição social". (grifo nosso)

Merece destaque a circunstância de que no elenco de direitos do art. 7º alguns dos incisos não são restritos a trabalhadores subordinados. Por força da Lei n. 6.919/81, art. 1º, § 2º, os Diretores não empregados podem ingressar no FGTS previsto no inciso III; o inciso XXXIII menciona o aprendiz; o inciso XXXIV garante a igualdade de direitos entre "trabalhador com vínculo empregatício permanente" e avulso.

Os direitos sociais, como dimensão dos direitos fundamentais, concretizam a justiça social, materializando o Estado de Bem-Estar Social; "Não há uma "essência" de direito social que autorize atribuir a certo direito o regime normativo previsto, se previsto, aos direitos sociais por determinado sistema jurídico"; direitos sociais não se distinguem dos demais direitos fundamentais.(15)

Em se tratando de direitos fundamentais sociais, fixam prestações positivas estatais e ainda direitos de defesa; almejam assegurar condições materiais de sobrevivência. No tocante à dimensão objetiva, a eficácia dos direitos fundamentais na esfera privada, dita horizontal, é imune de dúvidas, sendo o contrato, como relação jurídica interpartes, permeável aos efeitos irradiantes, "no sentido de que estes, na sua condição de direito objetivo, fornecem impulsos e diretrizes para a aplicação e interpretação do direito infraconstitucional, o que, além disso, apontaria para a necessidade de uma interpretação conforme aos direitos fundamentais, que, ademais, pode ser considerada – ainda que com restrições – como modalidade semelhante à difundida técnica hermenêutica da interpretação conforme à constituição".(16)

A fundamentação teórica do direito do trabalho a partir do enquadramento como direito fundamental social abre as portas, por um lado, para sustentar, dentre outras, a proibição de retrocesso social, a irreversibilidade ou cláusula pétrea ou, se assim se quer, o seu conteúdo mínimo essencial ou o mínimo existencial vital, além da aplicação imediata e desnecessidade de integração normativa e, por outra, para que a tutela jurisdicional se efetive e se conforme com a normativa constitucional.

Não é o "novo" quadro social, econômico e tecnológico, dessumido por novas figuras contratuais, que afeta o núcleo da fundamentação teórica do direito do trabalho. Tampouco justifica qualquer especialização no direito do trabalho ou da Justiça do Trabalho.

---

(14) SARLET, Ingo Wolfgang. *A eficácia dos direitos fundamentais*. Porto Alegre: Livraria do advogado, 1998. p. 59-60.

(15) ROTHENBURG, Walter Claudius. *Direitos sociais são direitos fundamentais:* simples assim. Salvador: JusPodivm, 2021. p. 285; p. 339.

(16) *Ibidem*, p. 145.

Ao contrário, é o direito ao/do trabalho como expressão de direito fundamental social decorrente do marco constitucional brasileiro vigente que impõe uma nova fundamentação teórica. No caso, não pela via da especialização, acirrando fragmentações e tratamento desigual, mas por uma ampliação homogênea que estenda tutela, direitos e garantias a todos os que, de qualquer modo, ocupem esse lugar da força de trabalho.

Em síntese, direito do trabalho é direito social, inscrito na ordem constitucional e como indica Walter Claudius Rothenburg, direitos sociais são direitos fundamentais: simples assim.[17] Por aí, vai.

(17) *Ibidem*, p. 360-363.

Plataformas Digitais de Trabalho, Carteira Verde-Amarela, Desproteção e Justiça do Trabalho: Ligando os Pontos

Murilo Carvalho Sampaio Oliveira(1)

Em tempos de intensas inovações tecnológicas e, contraditoriamente, sofrimento repetido com pandemias respiratórias e sua consequente crise social e econômica, a discussão sobre a importância e o futuro do Direito do Trabalho e da Justiça do Trabalho também comporta reflexões que transitam entre o passado, presente e futuro.

Neste início, é oportuno enunciar a concepção que orienta este texto: a Justiça do Trabalho é instrumento indispensável à efetividade do Direito do Trabalho. Somente um segmento do Judiciário com autonomia organizativa e especialização temática, que pratica princípios, valores e regras distintas do Processo e do Direito Comum, é capaz de realizar, de modo coerente, concatenado e instrumental, o Direito do Trabalho.

A proteção trabalhista é, portanto, a defesa da continuidade de uma regulação não mercantil, como referencia Sayonara Grillo(2) para as relações de trabalho, justamente em razão da desigualdade de poder das negociações entre capital e trabalho. Defender um Direito do Trabalho de caráter protetivo, principal característica que o distingue do Direito Civil, é, nessa linha de pensamento, defender a própria razão de ser da Justiça do Trabalho.

A proposta, então, deste ensaio é percorrer panoramicamente as principais questões que envolvem o futuro do Direito do Trabalho em tempos pandêmicos.(3) O fio condutor desta reflexão é o papel e a finalidade do Direito do Trabalho, a partir das lições do passado e dos problemas do presente, notadamente tomando como ilustração da realidade concreta do cenário do trabalho em plataformas digitais e os debates sobre regulações "intermediárias" para a venda da força de trabalho.

---

(1) Juiz do trabalho na Bahia e professor associado da Faculdade de Direito da UFBA e do PPGD/UFBA. Doutor pela UFPR e Estágio Pós-doutoral na UFRJ.

(2) COUTINHO, Sayonara G.; HORN, Carlos Henrique. O princípio da proteção: fundamento da regulação não mercantil das relações de trabalho (republicação). *Revista OABRJ*, v. 26, p. 81-112, 2010.

(3) Este texto advém da pesquisa e organização de palestra proferida no Seminário "O FUTURO DO TRABALHO", organizado pelo Instituto Baiano de Direito do Trabalho — IBDT no dia 27.05.2021 e disponível em: <https://www.youtube.com/watch?v=yYEPsPVIKxc&t=8713s>.

Plataformas digitais e modelo empresarial

Inteligência artificial, produção massiva de dados (big data), algoritmos, dentre outros são novos elementos conceituais do modelo empresarial tecnológico que denominamos de plataformas digitais de trabalho. Aqui uma breve advertência apontada por Josiane Caldas,[4] nesses ambientes não há economia do compartilhamento como algumas propagandas sugerem. Renan Kalil[5] denomina esse contexto como capitalismo de plataforma, precisamente para enfatizar as desigualdades dessas trocas e a precariedade do trabalho.

Mais do que uma promessa do futuro, as plataformas já são o modelo de organizar a atividade econômica do presente, cuja forma de estruturação é baseada na datificação e governo ou até controle dos seus usuários e suas interações. O termo "plataforma digital de trabalho" é então delineado como uma infraestrutura não presencial que promove — e às vezes dirige e controla — a interação entre grupos de trabalhadores e de contratantes destes.[6] Não apenas conectam os seus usuários, as plataformas transcendem essa faceta tecnológica e comunicativa, porque constroem um modo de interação capitalista de compra e venda de diversas mercadorias, no sentido de governar e delimitar as possibilidades de ação dos seus usuários.

O modelo das plataformas de trabalho e outros tipos é, sobretudo, um modelo baseado na análise, tratamento e atuação conforme os dados coletados. O registro massivo desses dados de trabalho e consumo significa que a vivência humana (inclusive as atividades produtivas), é anotada na forma de dados, o que significa forma de extração de valor pelas plataformas digitais. Com isso, esse modelo plataformizado vem alcançando a hegemonia como paradigma de organização econômica, de sorte que a maioria das empresas mais valiosas da atualidade são aquelas no formato de plataformas, a exemplo da *Google* e *Amazon* Microsoft.[7]

A fim de enfatizar o maior poder de controle e vigilância que o ambiente digital proporciona, Steve Vallas e Juliet Schor[8] falam nas plataformas como "gaiolas digitais", tendo em vista que o mapeamento permitido pelos dados viabiliza uma cartografia total da dinâmica empresarial de uma atividade. Especialmente viabiliza a identificação das relações entre demanda e sazonalidade, permitindo que a plataforma saiba os padrões de oferta e procura e

---

(4) CALDAS, Josiane. *A Economia Compartilhada e a Uberização do Trabalho:* utopias do nosso tempo? Porto Alegre: Editora Fi, 2020.

(5) KALIL, Renan. *A regulação do trabalho via plataformas digitais*. São Paulo: Blucher, 2020.

(6) OLIVEIRA, Murilo Carvalho Sampaio; CARELLI, Rodrigo de Lacerda; GRILLO, Sayonara. Conceito e crítica das plataformas digitais de trabalho. *Revista Direito e Práxis*, v. 11, n. 4, p. 2.609-2.634, dez. 2020. Disponível em: <http://dx.doi.org/10.1590/2179-8966/2020/50080>; e em: <https://www.e-publicacoes.uerj.br/index.php/revistaceaju/article/view/50080>. Acesso em: 10 dez. 2020.

(7) Esta notícia indica o *ranking* das dez empresas mais valiosas em 2021: <https://g1.globo.com/economia/tecnologia/noticia/2021/06/21/amazon-e-apple-sao-as-marcas-mais-valiosas-do-mundo-mostra-pesquisa-kantar.ghtml>.

(8) VALLAS, Steve; SCHOR, Juliet. What Do Platforms Do? Understanding the Gig Economy. *Annual Review of Sociology*, v. 46, n. 1, 2020. Disponível em: <https://www.annualreviews.org/doi/abs/10.1146/annurev-soc-121919-054857>. Acesso em: 05 maio 2020.

a tipologia dos bens demandados. Com tais informações em tempo real e localizadas geograficamente, é factível ao detentor das informações sob demanda manipular a oferta, tanto em relação aos trabalhadores disponíveis como em relação às empresas fornecedoras dos bens ou serviços. As plataformas assim exercem uma governança (privada) e de certa forma oculta nos seus algoritmos sobre os seus parceiros e usuários.

Além dessa dimensão de dataficação, é imprescindível entender a plataformização do trabalho como um modelo de imbricação da financeirização da atividade econômica com a racionalidade neoliberal do sujeito como empreendedor de si, na linha sugerida por Rafael Grohmann.[(9)] A métrica de *performance* e resultado da gestão algorítmica — *vide* o exemplo da nota individual — funciona como mecanismo de autocobrança e internalização dos riscos do negócio como riscos apenas e exclusivamente individuais do trabalhador. O autor esclarece que o termo plataformização do trabalho é mais apropriado do que uberização, exatamente porque consegue captar a variedade dos modos de trabalho mediado por plataformas e a situação de maior dependência do trabalhador para com estes ambientes.

Nesse modelo de hipereficiência tecnológica, detectamos contraditoriamente em relação às promessas de um futuro de autonomia, liberdade e prosperidade, um quadro de grande precariedade social para os trabalhadores classificados como "empreendedores". Fora das propagandas, dos comerciais e do senso comum, as pesquisas acadêmicas identificam[(10)] que, na prática, sobretudo após a dedução das despesas custos de trabalho transferidos aos trabalhadores, a exemplo dos custos com veículo, internet, tributos, depreciação, combustível etc., há ganhos bem diminutos pelos trabalhadores. Assim, há um padrão remuneratório no qual em termos líquidos as pessoas ganham, em geral e em termos líquidos, algo muito próximo do que um salário mínimo por hora de trabalho efetiva o disponível.[(11)]

Fugindo do discurso de disrupções, Vitor Filgueiras e Sávio Cavalcante[(12)] argumentam que o trabalho via plataformas é, na sua estrutura, a antiga gestão de trabalho assalariado, mas com propagandas de negação desse assalariamento. Ao transferir as despesas de aquisição e

(9) GROHMANN, Rafael. Plataformização do trabalho: entre dataficação, financeirização e racionalidade neoliberal. *Revista Eptic*, São Cristóvão, SE, v. 21, n. 1, p. 106-122, 2020. Disponível em: <https://revec.revistas.ufs.br/index.php/eptic/article/view/12188>. Acesso em: 16 dez. 2020.

(10) A pesquisa da REMIR demonstrou que o perfil predominante do trabalhador em plataformas desse tipo não é o de empreendedores que investem suas propriedades, que exercitam plenamente sua liberdade de trabalho para definir quando e quanto tempo trabalhar, ou daqueles que conseguem receber rendimentos maiores do que a média dos empregados. Ao contrário, motoristas e entregadores são trabalhadores que praticam, em geral, jornadas superiores à duração legal e que recebem remuneração líquida inferior a dois salários mínimos, além de suportarem sozinhos despesas para trabalhar e riscos sociais da atividade. Disponível em: <http://revistatdh.org/index.php/Revista-TDH/article/view/74/37>.

(11) Essa análise mais detalhada das despesas de trabalho na plataforma Uber foi feita por Hugo Ribeiro e outros e está disponível em: <https://www.researchgate.net/profile/Hugo_Ribeiro27/publication/326160920_Uber_transporte_para_complementacao_de_renda/links/5b3bdfa5a6fdcc8506eebf24/Uber-transporte-para-complementacao-de-renda.pdf>.

(12) FIGUEIRA, Vitor; CALVALCANTE, Sávio. O trabalho no século XXI e o novo adeus à classe trabalhadora. *Princípios*, v.1, n.159, p.11-41, 2020. Editora Cubo. Disponível em: <http://dx.doi.org/10.4322/principios.2675-6609.2020.159.001>; e em: <https://revistaprincipios.emnuvens.com.br/principios/article/view/19>. Acesso em: 23 nov. 2020.

manutenção dos instrumentos de trabalho e igualmente das despesas dos riscos da atividade (acidentes, multas, ociosidade etc), e obtém-se mais eficiência econômica com a delegação dessas despesas ao trabalhador. A invisibilidade comunicativa e ideológica da condição de trabalhador assalariado funciona como expediente de transferência de despesas, e assim mais proveito econômico sobre a labuta alheia, além da subtração das despesas com o custeio dos direitos trabalhistas.

Carteira Verde-Amarela

Com isso, o modelo do trabalho em plataformas digitais já corresponde materialmente à conhecida proposta da *Carteira Verde-Amarela*. Conforme dados referenciados nas pesquisas científicas, esses trabalhadores são assalariados no sentido sociológico, os quais desempenham extensas jornadas e auferem pouca renda do trabalho, além de estarem sujeitos a mecanismos de controle e direção por algumas plataformas. São, portanto, assalariados sem direitos trabalhistas. Isto é, ali se concretiza a lógica repetida de que é melhor ter trabalho sem direitos do que não ter nenhum trabalho. Naquela relação, afirma-se que há uma (pseudo) autonomia da vontade individual, mas silencia-se sobre as estratégias de controle e precificação. Como resultado, trata-se o trabalhador e sua força de trabalho como uma mercadoria comum, desprezando-se a assimetria econômica das partes que corrói drasticamente a possibilidade de uma manifestação plena de vontade. Rodrigo Carelli(13) aponta que as plataformas organizam um modelo de negócios de trabalho sem direitos, o que significa, em verdade, na eliminação do Direito do Trabalho.

Para ilustrar essa análise, citamos uma plataforma de entrega de alimentos, cujo nome — normalmente veiculador da síntese da atividade econômica — é comida em inglês, contudo essa empresa não reconhece que faz entrega de comidas, mas apenas uma mediação tecnológica. Apesar do gigantesco crescimento(14) dessa empresa na pandemia em 2020, os trabalhadores dessa mesma plataforma tiveram simultaneamente nesse ano de bonança econômica para aquele negócio uma redução dos valores das entregas e uma expansão do tempo de trabalho.(15) Do ponto de vista econômico, está muito evidente a assimetria dos sujeitos dessa relação, com uma flagrante hipossuficiência e logicamente a apropriação do trabalho alheio, isso como resultado da ação do antigo sistema do salário por peça agora renovado de modo digital.(16)

---

(13) Artigo disponível em: <https://bibliotecaprt21.wordpress.com/2018/08/03/trabalho-no-seculo-xxi-as-novas-formas-de-trabalho-por-plataformas/>.

(14) *Vide* notícia, disponível em: <https://veja.abril.com.br/blog/radar/plataforma-de-delivery-tem-crescimento-de-418-em-relacao-a-2020/>.

(15) Vale a pena conferir tais dados na pesquisa da REMIR. Disponível em: <http://revistatdh.org/index.php/Revista-TDH/article/view/74/37>.

(16) Esta argumentação do controle e direção via salário por peça foi desenvolvida neste artigo: OLIVEIRA, Murilo. Dependência econômica e plataformas digitais de trabalho: desvendando as estruturas da precificação e assalariamento por meios digitais, publicado na Revista do Programa de Pós Graduação em Direito da UFBA, e-ISSN: 2358-4777, Volume 31, n. 1, p. 33-76, jan/jun. 2021. Disponível em: <https://periodicos.ufba.br/index.php/rppgd/article/view/45523>.

Reforma Trabalhista e desproteção

Se a promessa para o futuro do trabalho é ter uma ocupação sem direitos, isto é, sem regulação jurídica trabalhista de caráter protetivo, percebemos que o movimento semelhante já vem ocorrendo por dentro do Direito do Trabalho nos últimos anos. Trata-se das perspectivas políticas e ideológicas que afirmam que a proteção trabalhista inibe a contratação de empregados e, portanto, é preciso fazer um movimento de redução ou flexibilização das normas protetivas trabalhistas. É essa a suma da Lei n. 13.467/2017, conhecida como Reforma Trabalhista. Com algum paralelismo, a proposta em geral da Reforma Trabalhista é justamente criar, digamos, uma regulação intermediária, com menos direitos do que aqueles da CLT, para viabilizar a concorrência e a expansão econômica. Não à toa, a promessa de que menos direitos da Reforma Trabalhista gerariam mais empregos foi até quantificada em 2017: lá se prometeu seis milhões de novos empregos.(17)

Como se sabe, tal promessa não foi cumprida nem em 2018 ou 2019, para não se computar o aumento do desemprego no período alcançado pela pandemia do Covid-19 em 2020 e 2021. Descumprida a promessa, a argumentação ideológica liberal de que menos proteção significa mais empregos pode até, numa grotesca comparação, caracterizada como uma afirmação "terraplanista". Isso porque expressa uma concepção superficial e imediatista do fenômeno, além de baseada apenas numa compreensão situada no ponto de vista individual isolado. No terraplanismo, o sujeito olha o planeta aparentemente com uma geografia plana e já conclui, sem recorrer a estudos, opiniões em contrário e sobretudo sem verificações por procedimentos científicos, que a Terra é plana. Do mesmo modo, quando o empregador, sobretudo o pequeno empregador, precisa pagar ao final do mês as despesas trabalhistas — e também o conjunto de encargos previdenciários e tributários maliciosamente computados como se fossem despesas trabalhistas — há um sentimento de que o Direito do Trabalho é caro e que assim é preciso reduzir as despesas.

Fora dessas percepções individuais e superficiais dos fenômenos, não existe no plano científico pesquisa acadêmica consolidada que demonstre objetivamente de que a redução de direitos trabalhistas por si só gerou a contratação de mais empregados. Então, a noção de uma proposta intermediária trabalhista de menos direitos com o objetivo de se contratar mais empregados carece de qualquer demonstração científica, embora seja um mantra repetido diuturnamente na mídia convencional e no âmbito do juslaboralismo.

Adentrando nas inovações da Reforma Trabalhista, é preciso elucidar que, desde novembro de 2017, há uma pluralidade de regimes de contratação do trabalhador, inclusive a sugerir que a contratação pela via relação de emprego da CLT seria uma opção ou faculdade a cargo do contratante do trabalhador. Permite-se na legislação para ter terceirizados na forma de pessoa jurídica ("PJs") conforme o art. 5-C da Lei n. 6.019/1974, redação dada pela Lei n. 13.467/2017, desde que anteriormente não tenham sido empregados. Autoriza-se a contratação de empregados terceirizados na atividade-fim (art. 5-A da Lei n. 6.019/1974).

---

(17) Essa notícia confirma a promessa de geração de seis milhões de empregos, disponível em: <https://g1.globo.com/economia/noticia/nova-lei-trabalhista-vai-gerar-mais-de-6-milhoes-de-empregos-diz-meirelles.ghtml>.

Os últimos julgados do STF que validam indistintamente o trabalho autônomo independentemente se a autonomia se realiza no plano concreto ou não, como no caso da Ação Declaratória de Constitucionalidade 48, que reconheceu a constitucionalidade da Lei n. 11.442/2007, disciplinadora do transporte rodoviário de cargas por conta de terceiros. Todas essas previsões legais ou jurisprudenciais são, numa perspectiva mais ampla, expressões de regulações intermediárias, nas quais há menos direitos ou mesmo nenhum direito como ocorre com os autônomos ou PJs.

Regulações trabalhistas intermediárias

Convém indagar: qual é o legado substancial de contratações ou regulações intermediárias no caso brasileiro? Mais empregos foram gerados? Ou estamos a presenciar transferência de trabalhadores outrora submetidos ao regime empregatício e agora deslocados para novos regimes com menos direitos? Ainda que seja muito cedo temporalmente para se ter essa resposta, podemos encontrar essa resposta do insucesso de regulações intermediárias na história brasileira. Pensamos que o exemplo sintomático é a situação muito peculiar à categoria de bancários. A jornada padrão de seis horas diárias foi criada para essa categoria pelo Decreto n. 23.322 em 1933, mas a Lei n. 1.540 de 1952 excluiu tal jornada especial para gerentes, o que se caracteriza como uma regulação de proteção intermediária com menos direitos para essa parcela dos empregados bancários. Diante de uma "regulação intermediária", muitos bancários foram e continuam a ser realocados com o cargo de gerentes sem, todavia, o real exercício funcional de gerência, apenas com o intuito de se pagar menos com essa proteção intermediária. Esse tema é tão recorrente e reiterado no Judiciário trabalhista que é objeto das Súmulas ns. 102 e 287 do TST.

No horizonte estrangeiro, não encontramos igualmente o êxito de regulações intermediárias. Na Itália, Valério de Stefano[(18)] opina pelo insucesso do modelo intermediário da parassubordinação, o qual propiciou que os típicos empregados fossem classificados, dolosamente pelas empresas, como parassubordinados, esvaziando a proteção da categoria inicial de emprego. Na Espanha, a existência de uma lei específica para o trabalho autônomo economicamente dependente (TRADE) não equacionou as dificuldades da zona cinzenta, tanto que, em 2021, o país espanhol publicou normativa que estabelece a presunção de trabalho subordinado no caso das plataformas de entregas. Assim, uma categoria intermediária de proteção trabalhista pode implicar enfraquecimento da categoria de proteção total.

Retornando ao trabalho em plataformas digitais no Brasil, é apropriado perpassar criticamente pela conhecida proposta de regulação intermediária para os trabalhadores em plataformas. A deputada Tabata Amaral apresentou o PL n. 3.748/2020[(19)] recusando a qualificação dos trabalhadores em plataformas como empregados, entretanto esses sujeitos teriam, curiosamente, direitos a salário mínimo, acréscimo de 30% sobre o valor da entrega

(18) Trata-se do artigo: DE STEFANO, Valerio. The Rise of 'Just-in-Time Workforce': On-Demand Work, Crowd Work and Labour Protection in the 'Gig-Economy'. Disponível em SSRN: <https://ssrn.com/abstract=2682602>.

(19) A proposta completa encontra-se disponível em: <https://www.camara.leg.br/proposicoesWeb/prop_mostrarintegra;jsessionid=node08u68p295xuxz110vyyht4tx4e14072099.node0?codteor=1912324&filename=PL+3748/2020>.

para compensar o tempo à disposição, 13º salário, férias, proteção previdenciária, seguro desemprego, dentre outros. Ora, esses direitos correspondem exatamente àqueles mais básicos e centrais do Direito do Trabalho, ou seja, flertam com uma proteção trabalhista ainda que diminuída. Ressaltamos que por essa proposta intermediária as empresas que punem os trabalhadores pela recusa de corridas ou entregas seriam empregadoras, de modo que boa parte das plataformas que conhecemos hoje e que se valem do poder punitivo seriam, conforme PL n. 3.748/2020, alcançadas pela proteção trabalhista plena, porque o poder punitivo é uma prerrogativa exclusiva da figura jurídica do empregador.

Voltando ao argumento central de que menos direitos não enseja, por si só, mais empregos, apresentamos, para não recair em voluntarismos ideológicos ou senso comum, a evidência estatística de que uma proteção trabalhista maior por si só não impede a contratação de mais empregados. É preciso rememorar o ano de 2010, quando o mercado de trabalho brasileiro, sem nenhuma reforma trabalhista, teve o maior índice da história de empregos formais, criando 2,5 milhões de ocupações.[20] Por outro lado, no ano de 2019, mesmo com uma reforma trabalhista que barateou a contratação, não verificamos, nem mesmo na modalidade intermitente, o retorno ao índice de empregados de 2017. Isso significa que, como já se discute há muito tempo nas ciências econômicas, que a expansão dos postos de emprego está mais atrelada objetivamente com a expansão econômica da nação do que com os custos da legislação trabalhista.

Ligando os pontos: "ativismos" e projeto constitucional para o trabalho

Proteção, flexibilização e neoliberalismo são modelos regulatórios naturalmente afetos às questões políticas e ideológicas, porque o Direito e/ou o Direito do Trabalho não escapam ao contexto social e político em que são criados e aplicados. Exatamente por essa imbricação entre direito e política e em razão de uma impossibilidade científica de neutralidade axiológica dos julgadores, é imperioso que haja uma certa diretriz ou valores para orientar a construção e interpretação das leis e definir os objetivos desta República. É então a Constituição e seu projeto político de Estado de Bem-Estar Social (Estado Providência) que nos vinculam como aplicadores do direito e por isso é tão simbólico que os juízes devem jurar cumprir a Constituição e não serem meras bocas repetidoras da literalidade das leis quando tomam posse.

Nesse particular, é preciso fazer uso irônico dos discursos que pregam que interpretações trabalhistas protetivas sejam expressão de ativismo judicial. A ironia se dá porque somente um ativismo judicial de ideologia neoliberal pode explicar como os fundamentos, princípios, objetivos e direitos fundamentais elencados no texto constitucional sejam desprovidos de qualquer eficácia. Ou não seria ativismo tornar letra morta dispositivos constitucionais como: a vedação da despedida arbitrária previsto no art. 7º, I; a plena liberdade sindical do art. 8º; a busca do pleno emprego do art. 170; e a ampla gratuidade da justiça do art. 5º, LXXIV. Seria ativismo decidir sobre juros e correção monetária na área trabalhista

(20) Vale conferir essa notícia em: <https://economia.uol.com.br/noticias/redacao/2011/01/18/brasil-cria-252-milhoes-de-emprego-em-2010-e-tem-melhor-ano-desde-1992.htm>.

em um processo em que discutir apenas correção monetária, como ocorreu no julgamento das ADCs ns. 58 e 59 pelo STF? Todas essas questões já indicam, e qualificar interpretações legítimas ou não do texto constitucional funcionam em verdade como uma retórica para estereotipar o pensamento alheio divergente e, assim, reduzir a discussão sobre os argumentos realmente importantes: qual o papel do Direito do Trabalho.

No olhar histórico mais longo, encontramos diversos direitos que hoje estão previstos na lei foram antes criados por decisões que seriam, hoje, rotuladas de ativistas. Pensamos que a construção da estabilidade gestante iniciada na jurisprudência e depois convertida em lei é uma amostra adequada dessa interpretação protecionista. Isso indica que os princípios protetivos do Direito do Trabalho lhe sugerem uma progressividade de direitos com o objetivo da melhoria da sua condição social. Aliás, é a literalidade do *caput* do art. 7º da CF que, muitas vezes nos julgamentos, é desconsiderada. Ainda na ironia, podemos dizer que somente um ativismo neoliberal explica o porquê do déficit de efetividade dos direitos fundamentais dos trabalhadores no Brasil.

Para concluir, arrematamos que caso vinguem as propostas de regulação sem direitos (sem proteção trabalhista ou com uma parca proteção), estamos a dizer publicamente para a sociedade que o Direito do Trabalho e o seu instrumento de sua efetivação, a jurisdição trabalhista, não possuem relevo ou justificativa para continuar existindo. Esse é o objetivo final, tanto do modelo plataformizado de trabalho, como da *Carteira Verde-Amarela*: considerar o trabalho como mera mercadoria que livremente negocia com o empregador e que tem, como nas demais relações comuns, seus litígios julgados pela Justiça dos Comuns.

Oxalá que o principal princípio da Organização Internacional do Trabalho (OIT) e pilar do juslaborismo — não tratar o trabalho humano como mercadoria — não prossiga desprezado por interpretações de ocasião ou de ativismo neoliberal, quando ainda temos, na Carta Maior, o projeto de proteção e dignidade para todos aqueles que trabalham!

O Relatório de Conversão da MP n. 1.045/2021: Uma (Es)Quadra de Erros

Guilherme Guimarães Feliciano(1)
Rodrigo Trindade(2)

Reincidir no erro é falhar duas vezes. Já repetir dois erros performa uma quadra de equívocos, inspirando preocupações, porque as coisas começam a ficar bem mais sérias. Se, por fim, os erros duplicados desconhecem princípios comezinhos da matéria em questão, apesar do estrépito que sucedeu as suas primeiras "versões", começa-se a suspeitar das intenções de quem os comete. Afinal, erros sucessivos e deliberados insinuam-se já não como erros, mas como *estratégia* para subverter a fórceps o que não poderia ser subvertido. E, nesse caso, já não há incidentes, mas beligerância. Ou, em um licencioso trocadilho: já não há uma "quadra", mas uma *esquadra* de erros: cada erro funciona como um vaso de guerra, para coordenadamente romper com as linhas de defesa do "adversário".

Pois bem: o relatório parlamentar para conversão em lei da MP n. 1.045/2021, que "*institui o Novo Programa Emergencial de Manutenção do Emprego e da Renda e dispõe sobre medidas complementares para o enfrentamento das consequências da emergência de saúde pública de importância internacional decorrente do coronavírus (Covid-19) no âmbito das relações de trabalho*", equivoca-se em forma e conteúdo. O texto foi aprovado na última noite de terça-feira, 10.08.2021, pela Câmara dos Deputados, com 304 votos a favor, 133 contrários e uma abstenção. A novidade veio algumas horas antes da votação da PEC do Voto Impresso, e com texto de última versão apresentado no Plenário apenas poucas horas antes da decisão e sem qualquer oportunidade prática de avaliação, discussão e aperfeiçoamento. O projeto ainda pode receber limitadas alterações na Câmara (os chamados "destaques") e, no Senado, precisa ser analisado até 9 de setembro, data em que a MP caduca.

O Relatório — agora com texto base aprovado na primeira Casa Legislativa — vulnera normas-princípios que edificam o próprio Direito do Trabalho. E tudo isso pela segunda vez. Vejamos.

---

(1) Juiz. Professor associado do Departamento de Direito do Trabalho da Faculdade de Direito da Universidade de São Paulo. Doutor em Direito Penal pela USP. Doutor em Direito Processual Civil pela Universidade de Lisboa. Livre-docente em Direito do Trabalho pela USP. Titular da Cadeira n. 53 da Academia Brasileira de Direito do Trabalho. Ex-presidente da Associação Nacional dos Magistrados da Justiça do Trabalho (2017-2019).

(2) Juiz. Professor universitário e de cursos jurídicos. Mestre em Direito das Relações Sociais pela Universidade Federal do Paraná. Ex-presidente da Associação dos Magistrados da Justiça do Trabalho da 4ª Região.

A MP n. 1.045/2021 reedita políticas previstas na Lei n. 14.020/2020, a qual teve origem na MP n. 936/2020. Esses dois últimos diplomas já haviam merecido acerbas críticas da doutrina, em diversos pontos. À altura, o relatório parlamentar de conversão da MP n. 936/2020 em lei buscava inicialmente enxertar diversas matérias estranhas ao tema original. Isso agora se repete, na discussão parlamentar da MP n. 1.045/2021 (<https://www.istoedinheiro.com.br/associacoes-do-mp-alertam-que-bip-biq-precarizam-relacoes-de-trabalho-dos-jovens/>); e já voltaremos a isso. Mas, naquela primeira ocasião, como a prática já era suficientemente reconhecida como indevida, os "contrabandos" foram posteriormente retirados e apenas se mantiveram emendas na matéria pertinente.

Em um mundo ideal, bem se diga, a pandemia terminaria por decreto. Ou, pelo menos, com a não renovação de decreto que lhe determinasse o prazo. Mas estaríamos no campo da ficção fantástica, porque o fenômeno biológico não se curva ao mundo do dever-ser. Ao que parece, porém, a perspectiva parlamentar não se afastava muito dessa "idealidade": no Brasil, o Decreto Legislativo n. 6/2020 definiu que a crise de emergência sanitária deveria ir até 31.12.2020; e, ao não ser renovado, impediu a continuidade de importantes políticas governamentais. Não por outra razão, aliás, o Poder Judiciário precisou intervir, nos autos da ADI n. 6.625-DF, relator ministro Ricardo Lewandowski, j. 05.03.2021 (em que se decidiu, no campo sanitário, manter vigentes as medidas excepcionais previstas na Lei n. 13.979/2020, *"mesmo porque à época de sua edição* [do Decreto Legislativo n. 6/2020] *não lhes era dado* [aos parlamentares] *antever a surpreendente persistência e letalidade da doença"*, que, como se sabe, protagonizou uma agressiva "segunda onda" no início deste ano — v. <portal.stf.jus.br/noticias/verNoticiaDetalhe.asp?idConteudo=461873&ori=1>). A medida liminar foi deferida em 30.12.2020, pelo relator, e referendada em março deste ano.

Com efeito, a pandemia não apenas se manteve em 2021, como se mostrou ainda mais destrutiva que no ano anterior, tanto em vidas, como para empresas e empregos, ou ainda para renda e consumo. A Covid-19 começa a arrefecer apenas agora, na viragem do semestre, em função do que era óbvio, para os sensatos e mansos de coração, desde meados de 2020: o Programa Nacional de Imunização (PMI). Ou, em uma palavra, *vacina.*

E, até por isso, era mesmo necessário não apenas manter as medidas governamentais de contenção, envolvendo inclusive os eventuais fechamentos provisórios de estabelecimentos e as restrições de atividades econômicas, como também as políticas públicas aptas a assegurar o mínimo existencial para os trabalhadores e o mínimo vigor econômico para os empregadores, assegurando subsistência do emprego e da renda.

Para tanto, como sabemos, o ano de 2020 conheceu duas importantes iniciativas. Primeiramente, o Programa Emergencial de Manutenção do Emprego e da Renda (PEMER), de que agora trata a Lei n. 14.020/2020, incluindo o pagamento de benefício emergencial. E, logo em seguida o Programa Emergencial de Suporte a Empregos (PESE), a que se refere a Lei n. 14.043/2020, e que permitiu o financiamento de folhas salariais.

Ao largo das muitas dúvidas e inseguranças que acompanham a calamidade de saúde pública, aparecia uma cada vez mais firme certeza: a imprescindível responsabilidade de atuação dos Poderes da República, não apenas para medidas de profilaxia e de tratamento e cura da doença, mas também para o tratamento dos críticos efeitos econômicos da pandemia.

A Lei n. 14.020/2020 (originada da MP n. 936/2020) alcançou 9,8 milhões de empregados e suas medidas foram utilizadas por cerca de 1,5 milhão de empregadores de todo o País. Graças a esse programa, foi possível efetuar o pagamento de R$ 3,7 bilhões aos trabalhadores atingidos com suspensão contratual ou redução proporcional de jornada e salário. Trata-se, aqui, de medida que evitou o fechamento de milhares de empresas e consequentemente manteve, ainda que minimamente, as condições de sobrevivência de famílias que fatalmente seriam atingidas pelo desemprego.

O programa governamental possuía deficiências e inadequações pontuais, é certo. Tais problemas foram identificados desde seu nascedouro, por diversos segmentos da doutrina e da jurisprudência nacionais. Indicamos apenas os mais preocupantes. De um lado, deixava de reconhecer, de forma efetiva e séria, o inapelável papel das entidades sindicais (instituições que, na prática, podem acabar alijadas da integração e fiscalização dos processos). Houve preferência pela intrínseca insegurança de acertos individuais para definir consequências graves. De outra banda, os benefícios gerados para empregadores — com alívios de encargos financeiros e outorga de empréstimos muito benéficos — não são acompanhados de claras contrapartidas aos trabalhadores afetados, nomeadamente com a outorga de real estabilidade no emprego (havia, sim, um arremedo de garantia de emprego, balizada pelo tempo de duração da aplicação da medida de enfrentamento, que sequer assegurava claramente a fruição de todos os direitos trabalhistas durante esse lapso).

As políticas públicas seguiram a percepção comum, àquela altura, de que a emergência sanitária seria debelada em prazo muito menor do que este que se tem efetivamente revelado. Por isso, como dizíamos, foram pensados com prazos relativamente curtos. Repita-se: o Decreto Legislativo n. 6/2020 definiu período de vigência da emergência sanitária até 31.12.2020; e, ao não ser renovado, engendrou tacitamente o esgotamento da referida política de enfrentamento trabalhista da pandemia. No campo laboral, com efeito, o principal resultado da não extensão do prazo do decreto foi o término da aplicação do PEMER, como consolidado no imo da Lei n. 14.020/2020. Todavia — e como todos percebemos —, seguem vigentes as restrições econômicas decorrentes da necessidade de menor circulação social. E isso agrava ainda mais as condições de manutenção de empresas e empregos.

Tudo isso faz perceber o encaminhamento de uma convergência, em todos os Poderes da República, quanto à necessidade de prosseguimento das políticas públicas de garantia de empresas, empregos e renda. Da mesma forma que se busca mais firme atuação pública para manter a vida e a saúde dos cidadãos, também o campo de luta relativo às consequências econômicas e trabalhistas da pandemia segue demandando *performance* robusta do Estado. O assegurar da continuidade de empresas e empregos é medida elementar para preservação de capacidade produtiva, para a sobrevivência de famílias e para a permanência de níveis de consumo e segurança social.

E agora?

À partida, a Medida Provisória n. 1.045, de 27.04.2021, permite nova rodada do PEMER (Programa Emergencial de Manutenção do Emprego e da Renda) e (re)autoriza o pagamento do BEM ou BEPER (Benefício Emergencial de Manutenção do Emprego e da Renda) nas hipóteses de suspensão temporária de contratos individuais de trabalho e de redução proporcional de jornada e salário (que, de resto, seguem igualmente autorizadas como medidas complementares para o enfrentamento das consequências da pandemia). No Congresso Nacional, a MP n. 1.045/2020 recebeu relatório para possível conversão em lei; e, mais uma vez, o relator desbordou dos limites esperados para a sua atuação. Dessa vez, os enxertos receberam aprovação pela maioria do Plenário da Casa, com aprovação do Relatório inchado. O texto resultante, que deveria — como diz a Constituição — limitar-se a eventuais aperfeiçoamentos no conteúdo da MP, *respeitando o seu objeto e a sua finalidade* (a saber, enfrentar a pandemia no mundo do trabalho), reincidiu no vício e acabou por inocular organismos totalmente estranhos ao diploma originário. Erra na forma e no conteúdo, mais uma vez.

Entre outras "novidades", vale registrar desde logo as seguintes:

(a) a "possibilidade" de o trabalhador com contrato individual de trabalho suspenso contribuir como *segurado facultativo*, conforme as alíquotas estabelecidas para o segurado obrigatório (art. 18 do PLV), dispensando o empregador de sua responsabilidade previdenciária em um momento crítico, pandêmico, de evidentes dificuldades financeiras para o trabalhador (incluindo a redução/supressão salarial);

(b) a instituição do *Programa Primeira Oportunidade e Reinserção no Emprego* (PRIORE), nos arts. 24 e seguintes do PLV, ressuscitando dispositivos da MP n. 905/2019 e a problemática figura da "carteira verde-amarela", agredindo a isonomia constitucional (CRFB, art. 5º, *caput*) e a própria imperatividade do art. 7º da CRFB, além de não guardar mínima relação com as medidas excepcionais e transitórias da MP n. 1.045/2021 (e, não por outra razão, a figura fora originalmente instituída *antes* da pandemia, ainda em 2019);

(c) a criação do *Regime Especial de Trabalho Incentivado, Qualificação e Inclusão Produtiva* (REQUIP), nos arts. 43 e seguintes do PLV, a veicular igualmente matéria estranha ao texto original da medida provisória, promovendo exploração da mão de obra em condições de sub-reptícia precariedade; e

(d) a alteração de preceitos legais atualmente em vigor, reduzindo direitos sociais e relativizando garantias trabalhistas, a reboque do discurso do "barateamento" da força de trabalho e, para mais, revitalizando ideias que se imaginava superadas em legislaturas pregressas.

Vejamos, porém, com maior cautela.

Cabe ponderar, como premissa de raciocínio, que o prolongamento temporal da pandemia, acompanhado do recrudescimento de contaminações e incertezas de novas cepas, torna atualmente ainda mais importante a atuação governamental na preservação da saúde

— inclusive econômica — de empregados e empregadores. A oportunidade da conversão em lei da MP n. 1.045/2021 deveria ser, portanto, ocasião de reafirmação da necessidade do agir estatal firme no sentido da proteção social; e, paralelamente, de atuação consistente na correção dos defeitos que já haviam sido apontados no PEMER original, a ponto de suscitar inúmeros processos judiciais e consequentes passivos empresariais. Mas não é o que se viu; e nem o que se segue a ver.

No lugar da sempre pretendida "segurança jurídica" — tão propalada e tão pouco praticada —, o relatório aprovado pela Câmara para conversão da MP em lei incorreu em novos equívocos e suscitou redobradas inseguranças, como se viu há pouco. Segue a censurável estratégia dos "jabutis" legislativos, que vem sendo repetida — e repelida — nos últimos anos: inseriu a fórceps, no texto original, matérias estranhas ao tema de fundo da medida provisória, com diversos subterfúgios retóricos de "conexão". Na espécie, entranham-se enxertos que propõem a criação de amplos programas governamentais — o PRIORE e o REQUIP, *supra* —, proponíveis a qualquer tempo, e modificações de diversos artigos da legislação trabalhista em vigor, resgatando propostas já superadas ao tempo da MP n. 905/2019 e da MP n. 936/2020. Tudo sem nenhuma relação, insista-se, com o objeto e a finalidade da MP n. 1.045/2021. Em suma, o substitutivo apresentado pelo relator, e ratificado pela maioria de seus pares, em lugar de se ater às questões ínsitas à conversão da medida provisória em lei, dentro dos limites constitucionais, preferiu reciclar dispositivos que já tinham sido propostos e rejeitados em legislaturas anteriores.

Quanto ao PRIORE, repise-se, o relatório revive os piores ensejos da MP n. 905/2019, como o seu midiático — e pouco efetivo — "contrato verde e amarelo". Em poucas palavras, dirige-se à contratação, por prazo determinado, de pessoas com idade entre 18 e 29 anos, a pretexto de facilitar o primeiro emprego formal, registrado em CTPS; e se estende também a trabalhadores com idade igual ou superior a 55 anos e que estejam sem vínculo formal de emprego há mais de 12 meses. Ou seja: como alternativa para as altas taxas de desemprego, especialmente entre jovens e idosos, opta-se pela *precarização* desses contratos, com redução da contribuição para o FGTS e remuneração máxima de dois salários mínimos, somando-se à "Bolsa de Incentivo à Qualificação" (BIQ) e ao pagamento de um bônus pelo FAT (BIP).

Quanto ao REQUIP, por outro lado, restaura-se um modelo também testado pelo Governo Federal nos primeiros meses de 2020, igualmente sob a égide da caducada MP n. 905/2019. Cuida-se de um regime especial de trabalho "incentivado", com duração máxima por dois anos, acessível às pessoas jurídicas de direito privado, aos profissionais liberais de nível superior e aos produtores rurais pessoas físicas — os potenciais contratantes —, que poderão firmar, com os trabalhadores "elegíveis" — basicamente pessoas entre 18 e 29 anos, sem emprego formal nos dois anos anteriores e inscritos no cadastro único para programas sociais, com renda mensal familiar de até dois salários mínimos —, um "Termo de Compromisso de Inclusão Produtiva" (CIP) para a prestação de serviços ou de trabalho eventual, *sem vínculo empregatício* (mas com jornada de trabalho e com vale-transporte!), ao qual se associam iniciativas de qualificação profissional, em que o beneficiário faria jus ao mesmo BIP e ao mesmo BIQ (*supra*), cada qual no valor máximo de R$ 275,00, totalizando máximos

R$ 550,00/mês, para quem vier a trabalhar por 22 horas semanais. Como se vê, *menos* que o salário mínimo nacional (atualmente de R$ 1.100,00), em condições ordinárias, ao arrepio do que dispõe o art. 7º, IV, da CRFB.

O projeto de conversão da MP, aprovado pela Câmara dos Deputados, ainda promove, como antecipamos, diversas alterações em dispositivos da legislação ordinária trabalhista. Segue-se o que já se havia tentado em dois outros PLVs, os das MPs ns. 905/2019 e 927/2020, precarizando o sistema nacional de fiscalização, diminuindo a autonomia do Ministério Público do Trabalho, estendendo jornadas laborais e reduzindo o adicional de horas extras para profissões com jornada diferenciada, ampliando o pagamento de prêmios em detrimento de salários etc. E, do ponto de vista formal, regressa-se ao mesmo vício multicitado neste texto: são temas sem nenhuma relação com o pontual e temporalmente limitado enfrentamento das consequências trabalhistas da pandemia.

Por fim, como *gran finale,* o projeto avança em campos absolutamente inauditos, ainda mais grotescamente diversos, dispondo sobre Juizados Especiais Cíveis e Criminais no âmbito da Justiça Federal e sobre exames periciais em ações previdenciárias. Como se não bastasse, propõe alteração no texto do Código de Processo Civil (Lei n. 13.105/2015) e se perde assustadoramente entre outros tantos imprevisíveis "jabutis" processuais, em contraste com a diretriz constitucional explicitamente impeditiva da integração de regras processuais nos textos de medidas provisórias (art. 62, § 7º, I, "*b*", da CRFB). Trata-se, é claro, de intervenção legislativa póstera, por iniciativa parlamentar incidental; mas não deixa de impressionar o uso "estratégico" de uma espécie legislativa em cuja *iniciativa originária* não se poderia alterar legislação processual. E, nesse afã, segue na tentativa de modificação de disposições relativas ao acesso à Justiça, ao procedimento para homologação de acordos extrajudiciais, às condições para o benefício de justiça gratuita e ao pagamento de honorários sucumbenciais.

O processo de conversão da medida provisória em lei convola uma iniciativa momentânea do Executivo em ato permanente do Parlamento. A prerrogativa de apresentação, no curso do processo legislativo, de emendas aos textos das espécies normativas em tramitação no Congresso Nacional é inerente ao exercício da atividade parlamentar. Mas não é absoluto. Trata-se de consequência necessária da efetiva participação dos membros das Casas Legislativas no processo de elaboração, redação, alteração e consolidação das leis. A efetiva participação do Parlamento se faz a partir do circuito de integração em comissões, com apreciações sucessivas sobre diferentes óticas. Nessa direção, a prerrogativa de emendar, ínsita à atividade parlamentar, jamais deveria se confundir com a própria iniciativa legislativa, muito menos na hipótese de projeto de conversão de medida provisória.

Aliás, a tentativa de inserir temas estranhos ao texto original de medida provisória não é nova. O Supremo Tribunal Federal já teve oportunidade de reconhecer a *inadequação do procedimento*, por agredir expressos dispositivos da Constituição da República. No julgamento da ADI n. 5.127, declarou-se que a prática de inserir matérias de conteúdo temático estranho ao objeto originário da medida provisória — os ditos "jabutis" — viola o devido processo de tramitação legislativa e descumpre o compromisso democrático anotado na Constituição.

Em seu voto de relatoria, a ministra Rosa Weber esclareceu que *"a alteração da proposta legislativa sujeita a cláusula de reserva de iniciativa somente se legitima quando a modificação proposta — seja para ampliar, restringir, adequar ou adaptar o alcance do texto original —, guarda com ele estrita relação de afinidade temática"*. Firmou-se a compreensão de que emendas de parlamentares só são admitidas para restringir, adequar ou adaptar questões estabelecidas no texto principal da medida provisória, e desde que não atinjam a essência das proposições nem desvirtuem seus propósitos. Nessa linha, inserir em uma medida provisória matéria que não poderia ser originalmente veiculada pelo próprio Poder Executivo, ante as limitações formais e materiais impostas pela EC n. 32/2001, parece ser, afinal, o atestado maior da introdução de um "jabuti" legislativo.

E há justificativas da essência da democracia parlamentar que impedem a prática. Os enxertos são feitos a partir de um nítido "furar a fila": pretende-se valer do regime de tramitação sumária próprio da conversão de medida provisória, para alijar a sempre necessária apreciação profunda dos temas pelo Congresso Nacional. Isso diminui o Parlamento e enfraquece o regime democrático. Não por outra razão, em seu voto na ADI n. 5.127, o ministro Edson Fachin advertiu que, *"quando uma MP, ao ser convertida em lei, passa a tratar de diversos temas inicialmente não previstos, o seu papel de regulação da vida comum vê-se enfraquecido no que diz respeito à legitimação pelo procedimento democrático"*. Noutras palavras, ao pretender excluir o trajeto ordinário de apreciação de projetos legislativos, rejeita-se a oportunidade de discussão e aperfeiçoamento, além de se criar uma "vantagem" comparativa indevida, para o parlamentar que assim procede, em relação a todos os demais que seguem o tradicional — e regular — rito legislativo. Os atropelos em temas com amplas e permanentes repercussões socioeconômicas apenas poderão conduzir a dificuldades de adequação com o sistema jurídico nacional, especialmente com a Constituição.

Para completar, o conteúdo dos enxertos ora em causa insiste em um rumo já comprovadamente desatinado: o de associar redução dos níveis de proteção trabalhista com a diminuição de desemprego e/ou o crescimento econômico. Nesse estranho *looping* de coisas velhas, repete-se a continuamente descumprida promessa de reduzir a desocupação no Brasil; e os quase cinco anos de vigência da Reforma Trabalhista bem o demonstram, mercê dos níveis ainda altamente elevados de desemprego, do achatamento geral da renda e da ampliação da subocupação e do desalento. Basta ver as estatísticas do IBGE e os dados da PNAD contínua: no primeiro trimestre de 2021, 14,8 milhões de desempregados e 6 milhões de desalentados (<https://www.ibge.gov.br/explica/desemprego.php>). Tudo a demonstrar, à exaustão, que essa fórmula está muito longe do sucesso pretendido.

Insista-se, pois: nada de bom, em nenhum momento e em nenhum lugar, adveio de políticas e práticas com os "valores" da redução de direitos trabalhistas, da facilitação de contratações precárias, do achatamento de sindicatos, da diminuição da estrutura fiscalizatória e da leniência na repressão a maus empregadores. Se não funcionou com lei formalmente aprovada, dificilmente será com disposições enxertadas.

O relatório original do deputado Christino Aureo (PP-RJ), aprovado pela Câmara, seguiu para apreciação no Senado, no momento em que concluíamos a primeira análise do respectivo texto. O que nos recordava, à altura, a canção "O abraço da esperança", do grupo Razão Áurea (<https://www.ouvirmusica.com.br/razao-urea/o-abraco-da-esperanca/>): "Haverá um recomeço/Para quem sabe em paz esperar/Essa dor que hoje machuca, ao fim da luta/Vai me transformar". Era a nossa esperança para aquele "recomeço" legislativo: a de que o Senado da República mantivesse a sua coerência e, mais uma vez, lancetasse as adições absolutamente impróprias feitas no texto da MP n. 1.045/2021. Ou seria isso, ou seria mesmo a evidência cabal de que o Direito do Trabalho tinha, diante de si, uma esquadra hostil, altamente articulada, capaz de reduzi-lo a platitudes normativas.

Felizmente, não foi assim. O Senado da República rejeitou integralmente, em boa hora, o texto da medida provisória, com todos os seus excessos e inconstitucionalidades. Ato contínuo, porém, vozes no Poder Executivo anunciaram que insistiriam com a institucionalização das "novas formas" de contratação laboral, para o "bem" da economia nacional. A batalha prosseguirá, portanto. Novos mares, novas naves, novos embates.

Justiça do Trabalho e Modernização das Relações de Trabalho: Possibilidade de Reversão do Abandono

José Francisco Siqueira Neto(1)

Em tempos de discursos vazios sobre liberdade econômica e uma suposta "superação" do Direito do Trabalho, é de extrema relevância indagar em que medida o novo quadro social, econômico e tecnológico, e as novas figuras de contrato de trabalho afetam o núcleo da fundamentação teórica que justifica a especialização do Direito do Trabalho e da própria Justiça do Trabalho, e a sua importância diante desses desafios.

Isso, não só pela proteção das conquistas sociais arduamente alcançadas ao longo de mais de um século, mas também para qualificar conceitos como a especialidade da Justiça do Trabalho e sua relação com as chamadas "disrupções tecnológicas", brilhantemente identificadas por Joseph Schumpeter em sua obra *Business Cycles: A Theoretical , Historical, and Statistcal Analysis of the Capitalist Process.* (2)

Em 2019, em artigo publicado em coautoria(3) na rede social LinkedIn, escrevemos brevemente sobre a rápida transformação do mercado de *delivery* com a chegada e a disseminação das grandes empresas de entrega por aplicativos no mercado brasileiro, que à época contava com quase 11 milhões de desempregados. A ideia — em breve relato — era projetar também os futuros impactos que empresas como a *startup* Nuro — que planejava implementar milhares de veículos autônomos de baixa velocidade — causariam nesse mercado ainda incipiente.

Hoje, quase dois anos depois, o número de desempregados no Brasil aumentou para 14,8 milhões(4) e os aplicativos de entrega dominaram ainda mais o mercado — especialmente

(1) Mestre (PUC-SP) e Doutor (USP) em Direito. Advogado (Siqueira Neto Advogados Associados). Professor titular da Faculdade de Direito e do Programa de Pós-Graduação Stricto Sensu em Direito Político e Econômico da Universidade Presbiteriana Mackenzie.

(2) SCHUMPTER, Joseph Alois. *Business Cycles:* A Theoretical, Historical, and Statistcal Analysis of the Capitalist Process. Martino Publishing, Mansfield Centre, CT: 2005.

(3) Artigo escrito em coautoria com José Francisco Figueiredo Marcondes Ferraz.

(4) Disponível em: <https://economia.uol.com.br/empregos-e-carreiras/noticias/redacao/2021/06/30/desemprego-pnad-ibge.htm>. Acesso em: 12 jul. 2021, 14h34.

após o início da pandemia da COVID-19 —, e o Nuro R2 se prepara para começar a fazer entregas de comida no estado da Califórnia, ainda este ano.

Não há dúvidas — dado o panorama atual — que as transformações tecnológicas afetam o "*núcleo da fundamentação teórica que justifica a especialização da própria Justiça do Trabalho*" criada à imagem e semelhança do padrão produtivo taylorista-fordista. Em citado artigo, mencionamos uma decisão proferida pela Justiça do Trabalho,[5] em primeiro grau de jurisdição, que reconheceu a existência de relação de emprego entre uma empresa de entregas por aplicativo e os condutores profissionais que prestam serviços de transporte de mercadoria por meio de suas plataformas digitais, condenando a empresa a uma série de obrigações, dentre elas efetuar registro em sistema eletrônico de todos os profissionais cadastrados no sistema, abster-se de contratar ou manter condutores contratados como autônomos, implementar o pagamento de adicional de periculosidade e comprovar a disponibilidade de imóvel apto ao estacionamento de veículos, bem como um ambiente para os condutores aguardarem as ordens de serviço.

Na sequência, mencionamos ainda uma decisão posterior — janeiro/2020 — do Tribunal Superior do Trabalho (TST)[6] que afastava o vínculo de emprego de motoristas de plataforma, com base na inexistência do requisito da subordinação, uma vez que existiria suposta autonomia do prestador de serviço em se colocar à disposição da empresa.

Decisões absolutamente antagônicas sobre uma relação ainda muito indefinida no âmbito da Justiça do Trabalho demonstram a inexistência de uma infraestrutura jurídica capaz de absorver com agilidade e dinamismo as transformações do trabalho.

As mudanças promovidas por novas tecnologias como os aplicativos de *delivery* fazem parte dos ciclos econômicos a que se refere Schumpeter, que acontecem independentemente do arcabouço jurídico em que se encontram. Divididos em Prosperidade, Recessão, Depressão e Renovação, ilustram os processos pelos quais a sociedade capitalista passa durante cada um dos ciclos que se renovam de tempos em tempos. A destruição criativa, ou inovação disruptiva, — outro termo cunhado por Schumpeter — neste contexto, é um produto ou serviço que cria um novo mercado ou transforma o anterior e desestabiliza os concorrentes que antes eram protagônicos.

É papel do Estado, pela via do Direito, encontrar uma forma de lidar com as inovações disruptivas de maneira adequada a preservar — e muitas vezes restaurar — o equilíbrio entre as forças atuantes na sociedade. A tecnologia, sobretudo aquela estruturada com Inteligência Artificial, apesar de muito engenhosa, não tem vontade própria dominante sobre a política elementar. Ou seja, é no domínio da política que se resolvem os problemas dessa envergadura, como demonstram as recentes transformações no mundo das Techs promovido na China.

Isso é o mesmo que dizer que a especialização da Justiça do Trabalho não implica, necessariamente, reconhecer a relação de emprego — nos moldes de como foi concebida há

(5) Processo n. 1001058-88.2018.5.02.0008.

(6) Processo: RR-1000123.89.2017.5.02.0038.

quase oito décadas — e aplicar suas nuances nas relações que pouco remetem àquelas para as quais a atual infraestrutura jurídica foi concebida. Cabe ao Estado — por meio de políticas específicas — redimensionar sua própria estrutura de maneira que seja capaz de absorver e tutelar as novas relações profissionais. É inegável que os governos devem assumir a liderança nas novas regulamentações como forma de organizar e dirigir o processo como um todo, de maneira que se evitem os maiores efeitos sofridos pela sociedade.

A importância da Justiça do Trabalho nunca esteve única e exclusivamente na sua especialização — a qual muitos de seus críticos gostam de chamar de 'única' entre os diferentes sistemas jurídicos —, mas sim em sua capacidade de refletir criticamente a análise do infinito mundo das relações jurídicas de trabalho. A existência de uma justiça especializada serve também a uma maior compreensão acerca da área tutelada, possibilitando a manutenção — ou promoção — do equilíbrio de um sistema que muitas vezes sofre seus desbalanços por forças outras que o próprio direito.

Esse foi o substrato da existência da Justiça do próprio Direito do Trabalho no Brasil, promovido por meio de um arcabouço jurídico capaz de responder minimamente aos desequilíbrios causados pelas livres forças do mercado. O problema aqui é que a matriz produtiva que gerou esse arcabouço de proteção é uma matriz que não mais corresponde de forma preponderante à contemporaneidade.

É certo que houve nos últimos anos um revanchismo fortalecido pela Reforma Trabalhista destruidora e de seus filhotes igualmente perversos, por um certo "aparelhamento reacionário" — que não se confunde com conservador — por parte de alguns de seus integrantes. Nada, porém, que critérios bem definidos de seleção e adequados meios de avaliação de conduta não consigam corrigir.

É notório que o trabalho é sempre o primeiro alvo em tempos de crise. Não somente de discursos sobre flexibilização, ou de reformas estabanadas que pouco ou nada solucionam, mas também da própria exploração do mercado de ineficiências decorrentes de crises econômicas. É o caso do mercado de *delivery*. O sucesso das empresas líderes de mercado não se dá somente pela disrupção tecnológica, mas também da existência de um contingente massivo de mão de obra disponível a baixíssimo custo[7]. Basta a economia gerar emprego que vai faltar mão de obra de reserva, como explicam os recentes acenos no Reino Unido e na Califórnia, onde essas empresas oferecem salário mínimo, férias remuneradas e previdência social. Ou seja, se o Estado se abstém de conter a barbárie, o livre jogo das forças minimamente equilibradas cuida dessa eficiência.

A vantagem competitiva aqui é — dentre outras coisas — a própria exploração da mão de obra. E não se trata de juízo de valor, mas apenas de ênfase para demonstrar que a Justiça do Trabalho, sozinha, é insuficiente para proteger o trabalhador quando o próprio mercado faz desaparecer os postos formais de emprego.

(7) HARVEY, David. *O enigma do Capital e as crises do capitalismo*. São Paulo: Boitempo, 2011. p. 55.

Essa, efetivamente, não é uma realidade para a qual o sistema de especialização da Justiça do Trabalho foi concebido. A maior volatilidade dos postos de trabalho, a possibilidade de prestação de serviços via aplicativos, o trabalho remoto e a transformação das cidades são todos fatores — dentre tantos — que transformaram para sempre o trabalho. Tentar moldar essa nova realidade àquela que existia no começo da industrialização brasileira certamente resultará em uma experiência fracassada. Tentar, por outro lado, obstaculizar novas tecnologias, tende a amplificar seu inerente efeito disruptivo. No referido artigo em coautoria mencionado, destacamos que *"a experiência revela que quanto menor é a aversão às novas tecnologias por parte do Estado, melhor é a sua dinâmica de implantação e aceitação por parte da sociedade"*.

Isso não significa, porém, que devemos renunciar ao sistema especializado da Justiça do Trabalho. Pelo contrário, é necessário retornar às raízes e compreender a relação humana que — para nos atermos aos bordões tecnológicos — é a verdadeira *interface* da relação de trabalho. Isso implica compreender o papel do Estado no desenvolvimento. E desenvolvimento significa industrialização, sofisticação produtiva. O fortalecimento de uma infraestrutura jurídica adequada é o primeiro passo do desenvolvimento econômico e social.

Isso significa entregar — juntamente com ações específicas do Estado e políticas públicas determinadas — novas ferramentas para que a Justiça do Trabalho possa continuar cumprindo seu papel de equilibrar as forças atuantes no mercado de trabalho. Mas, importante ressaltar, que à Justiça do Trabalho não é devido ocupar o papel do Estado e do governo. E o papel desses significa a coordenação de um projeto nacional de desenvolvimento e aqui significa vincular o Direito do Trabalho intrinsicamente às políticas macroeconômicas.

Não cabe diminuir direitos para gerar empregos, cabe dinamizar a economia para gerar emprego e consequentemente gerar políticas de consumo que sustentem o desenvolvimento.

O que acontece na prática, porém, é exatamente o contrário. Há um desmonte das bases econômicas jurídicas que há muito sustentam o sistema brasileiro, ao passo que não há um movimento paralelo de construção de uma nova base adequada às novas realidades. Em nome de uma suposta liberdade econômica, há um processo completo de desindustrialização e uma completa desregulamentação extremamente perigosa.

Em um cenário harmônico, as tecnologias disruptivas — tais quais as plataformas de entrega por aplicativo — já são capazes de abalar estruturas sociais e causar danos humanos pela própria transformação do mercado de trabalho. Em um cenário caótico, porém, como se vive no Brasil, os danos são exponencialmente maiores.

Era esse o cenário de 2019 que destacamos no artigo sobre os carros autônomos.

Corre-se o risco, no Brasil, de pularmos etapas de transformação social sem a adequada recolocação da mão de obra envolvida nos mercados afetados.

Por exemplo, o que acontece se, em um período de cinco anos, as empresas brasileiras líderes do mercado de entrega por aplicativo forem capazes de substituir sua mão de obra por carros autônomos? Ainda que pareça distante essa realidade, o certo é que a disrupção tecnológica acontece mais rápido do que podemos antever. Não temos muito tempo para discutir a adequação dessa nova modalidade de prestação de serviço a uma figura jurídica defasada.

Inegavelmente a necessidade da democratização e modernização das relações de trabalho por parte do legislador brasileiro é um tema antigo no Brasil. O sistema de negociação coletiva, por exemplo, essencial a qualquer semblante de equilíbrio em um ambiente que envolva forças relacionadas ao trabalho, pode e deve ser modernizado para alcançar sua devida eficácia. O desafio reside aqui em enxergar as figuras que tradicionalmente compunham a representação dos empregados e empregadores nesses mercados incipientes. Por outro lado, esse novo ambiente proporcionado por uma transformação absoluta das regras sindicais promovidas pela recente Reforma Trabalhista oferece às representações dos trabalhadores uma ampla oportunidade de transformação da representação.

É o caso do movimento dos entregadores que visam romper as amarras dos aplicativos para negociar melhores condições de trabalho para um coletivo que enxerga na figura do entregador, popularmente conhecido como *motoboy*, uma categoria de trabalho relevante. Aliás, o mínimo de conhecimento da história do movimento sindical nos remete ao movimento dos caminhoneiros dos Estados Unidos da América, na década de 1960, que lembrava à população que tudo recebiam em suas casas, alguém havia entregado.

A ausência de requisitos legais não deveria ser empecilho à negociação do movimento com as empresas. É essa, inclusive, a natureza dos pactos internacionais que regulam sobre o assunto, como o Pacto Internacional dos Direitos Econômicos, Sociais e Culturais — do qual o Brasil é signatário — e a Convenção n. 87 da Organização Internacional do Trabalho — que, apesar de não ter sido ratificada pelo Brasil, é o centro da discussão sobre liberdade sindical e negociação coletiva.

Organizar um mercado de trabalho não é somente "conceder garantias ao trabalhador". É também encontrar seu ponto ótimo, equilibrando as diferentes forças e promovendo o seu desenvolvimento econômico, social e cultural. E é aqui também que ganha relevo a Justiça do Trabalho e sua especialidade. A composição — figura central no Judiciário trabalhista — é a melhor forma de encontrar e fomentar esse equilíbrio. Acontece que isso só seria possível dentro de um arcabouço jurídico coerente, adequado e em consonância com as novas dinâmicas do mundo do trabalho.

Compreender que o trabalho não existe no vácuo é o primeiro passo para conseguir modernizar de maneira efetiva todas as relações e instituições que envolvem a área. O Poder Judiciário — sozinho — não será capaz de absorver e tutelar as relações sociais em constante fluxo de transformação, nem esse é o seu papel. Para os magistrados da Justiça do Trabalho, é necessário entregar as ferramentas que permitam a adequação da realidade ao mundo jurídico. No entanto, a base muito consolidada de juízes especialistas é extremamente benéfica. Ela pode exercer um relevante papel nos esforços de amarração dos efeitos das relações de trabalho.

A especialidade e décadas de história institucional da Justiça do Trabalho e sua capacidade instalada, que assegura a possibilidade de implementação de um sistema moderno, é importante para não só equilibrar as atuais relações de trabalho, mas também antever as novas transformações e disrupções tecnológicas que possam vir a perturbar esse equilíbrio.

A importância da Justiça do Trabalho está, portanto, não na CLT, mas sim na própria experiência, autônoma dos demais ramos do Poder Judiciário, que consolidou por décadas um corpo único capaz de compreender as relações sociais como nenhum outro. E mais, capaz de articular as consequências das atividades econômicas com os direitos sociais. Os desafios — e por consequência, as diferentes decisões sobre o assunto — em tutelar as transformações tecnológicas não está, como querem fazer crer seus detratores, na especialidade da Justiça do Trabalho, mas sim na ausência completa de políticas de Estado e de governo e na insuficiência de instrumentos que permitam acompanhar o dinamismo das relações de trabalho.

Tentativas de restringir o alcance da Justiça do Trabalho não têm o efeito de "dinamizar" ou "otimizar" o mercado de trabalho. Pelo contrário, afastar-se da justiça especializada é ignorar as especificidades da relação e uma compreensão construída com muita luta e estudo durante décadas. O que precisamos é realinhar os propósitos, recuperar o sentido de sistema de relações de trabalho coerente com um projeto de desenvolvimento capaz de sustentar políticas macroeconômicas amigáveis à proteção do trabalho.

Por isso que o discurso não deve ser nunca de desmonte das estruturas, mas sim de seu aperfeiçoamento dentro de um sistema coerente e dinâmico. O desenvolvimento econômico nunca precisou ser antagônico à proteção do trabalho. A experiência nacional e internacional prova que é justamente o contrário. Enquanto o discurso for de promoção da economia em detrimento do trabalho, o futuro seguirá sendo incerto e fortemente impactado pelo surgimento de novas tecnologias. Compreender a figura central do Direito do Trabalho na promoção do desenvolvimento econômico é o primeiro passo para alcançar a necessária resistência criativa capaz de absorver esse novo mundo tecnológico.

No entanto, há que se compreender que é papel do Estado — e não do Direito do Trabalho — promover políticas públicas que fomentem o desenvolvimento e a geração de empregos. A criação de novos postos de trabalho jamais será fruto da redução das proteções ao trabalhador. Precisamos acabar com esse discurso simplista que amplifica a barbárie e nada faz para promover o desenvolvimento. O Direito do Trabalho pode e deve seguir cumprindo seu papel de regulamentador das forças livres do mercado, especialmente em um cenário de avanço tecnológico, enquanto outras esferas públicas cuidam da promoção ao desenvolvimento e aumento dos postos de trabalho. Claro, todos sempre em harmonia e colaboração, de maneira a compreender que as instituições públicas devem atuar integradas em um cenário de desenvolvimento social, econômico e cultural.

As Temporalidades do Mercado de Trabalho Brasileiro, Retrocessos e a Justiça do Trabalho

Luciana Garcia de Mello(1)

Introdução

Desde a década de 1970, tem ocorrido uma série de transformações na estrutura e na organização do trabalho que alteram a dinâmica do conflito das relações que se estabelecem entre o capital e o trabalho. De modo intenso, formas de contratação protegidas e com garantias legais vão cedendo lugar a trabalhos flexíveis e cada vez mais precarizados. Nesse contexto, emerge um discurso que ataca a Justiça do Trabalho, acusando-a de proteger excessivamente o trabalhador e dificultar a modernização das relações laborais. Também há uma acusação de que a rigidez da legislação trabalhista é responsável pela dificuldade em aumentar o número de contratações, fazendo assim com que o desemprego seja crescente.

O incipiente processo de regulação do mercado de trabalho brasileiro que começou a ocorrer nos anos 1930, contando inclusive com a criação da Justiça do Trabalho nos anos 1940, foi um processo restrito que não atingiu a todos os trabalhadores. Pode-se dizer que durante um longo período de tempo somente o trabalho urbano e formal esteve sob o abrigo da lei, ficando sem garantias legais o trabalho rural, o trabalho informal e o trabalho doméstico, por exemplo. Essa situação veio a se modificar nos últimos anos, mas ainda assim o trabalho informal, que emprega um número expressivo de trabalhadores, tende a ser exercido sem proteção legal. Assim, portanto, sem que tenha se estendido a regulamentação do trabalho de forma ampla, assiste-se no momento atual um retrocesso no que diz respeito a implementação da legislação trabalhista e um forte ataque à Justiça do Trabalho.

Nesse capítulo, colocar-se-ão em discussão, em um primeiro momento, as diferentes temporalidades do mercado de trabalho brasileiro e a configuração do conflito entre capital e trabalho em cada um desses períodos. Em seguida, procurar-se-á demonstrar que no momento atual há um retrocesso nesse espaço social e, a partir disso, busca-se refletir sobre os desafios e a importância da Justiça do Trabalho.

---

(1) Professora do Departamento de Sociologia e do Programa de Pós-Graduação em Sociologia da Universidade Federal do Rio Grande do Sul. Integrante do grupo de pesquisa Trabalho e Justiça Social — Just.

As temporalidades do mercado de trabalho brasileiro e o conflito capital *versus* trabalho

Para pensar as temporalidades do mercado de trabalho brasileiro, Pochmann (2020) sugere três períodos distintos: o primeiro está relacionado com a longeva sociedade agrária; o segundo tem como referência a transição para a sociedade urbana e industrial entre as décadas de 1930 e 1980; por fim, tem-se o início do século XXI e a passagem da incompleta sociedade urbana e industrial para a de serviços. Interessa-nos, nessa etapa, recuperar essa reconstrução história para refletir sobre a configuração do conflito capital *versus* trabalho na sociedade brasileira.

Como explica Pochmann, o mundo do trabalho na sociedade agrária estava constituído por três componentes sociais diferentes. Havia uma massa de negros africanos que havia sido trazida pelo tráfico de escravos e que viria a ser rejeita pela elite escravocrata na ocasião da transição para o trabalho livre. De acordo com Ortiz (1985), a ideia de progresso no pensamento de boa parte da elite brasileira significava, principalmente, um país mais branco. Consequentemente, após a alteração no regime de trabalho, os imigrantes europeus tornaram-se a mão de obra preferencial. Onde o imigrante aparecesse, eliminava fatalmente o pretendente "negro" ou "mulato", pois se entendia que ele era o *agente natural* do trabalho (FERNANDES, 1978, p. 27). Como destaca Pochmann (2008), o processo de transição do trabalho escravo para o trabalho livre criou um exército de desocupados e grande parte da população de ex-escravos e de seus descendentes tornaram-se excedentes para as necessidades do capital agrário. Nas cidades, o negro vai viver predominantemente na desocupação, na informalidade e nas ocupações precárias. Outro componente social era representado pela imigração branca, que tinha papel importante nas atividades mais dinâmicas da época no país, no caso a cafeicultura na região sudeste. Por fim, cabe mencionar um terceiro componente que conta com a presença de segmentos livres remanescentes de mestiços pobres e negros libertos e fugidos. De acordo com Pochmann, esse último grupo tinha acesso restrito às ocupações, ficando quase sempre em atividades residuais e de baixa remuneração no mercado de trabalho.

A legislação do trabalho que emerge nesse contexto de transição para o capitalismo está relacionada à preocupação patronal com a disciplina para o exercício do trabalho livre. Assim, os dispositivos legais voltavam-se para a repressão e a imposição de penalidades para situações consideradas de vadiagem e de vagabundagem. Ainda segundo o autor, a omissão do Estado liberal possibilitou que durante a República Velha, o funcionamento selvagem do mercado de trabalho ficasse francamente favorável aos interesses do patronato.

Cumpre salientar que o término da escravidão não provocou uma transformação significativa na estrutura do mercado de trabalho e, como afirma Pochmann (2020), as condições de uso e remuneração da força de trabalho permaneceram próximas do regime de quase servidão. Outro fator importante destacado por Cardoso (2008) é que houve a permanência de certos traços estruturais do passado escravista no processo de consolidação da sociedade capitalista no país. Assim, o caráter revolucionário do capitalismo teve que conviver com um ordenamento social bastante rígido em suas práticas e em seu imaginário. Essa inércia social se evidenciou na já citada desqualificação do negro e do elemento nacional como possíveis trabalhadores no regime capitalista, na percepção do trabalho manual como uma atividade degradada, permitida somente a indivíduos degradados, no encastelamento das elites econômicas em suas posições de poder, entre outros fatores. Havia uma ordem profundamente antiliberal em suas práticas e visões de mundo e uma ética de desvalorização do trabalho que por longo tempo impediu o reconhecimento dos trabalhadores como sujeitos de direitos, isto é, como cidadãos (CARDOSO, 2008, p. 88).

A segunda temporalidade do mercado de trabalho apontada por Pochmann relaciona-se com a transição para a sociedade urbana e industrial, que sofreu importante impulso com a Revolução de 1930. Esse é um momento importante, pois a partir da década de 1930 começa a ocorrer uma regulação do mercado de trabalho e, como já afirmado em ocasião anterior (MELLO, 2020), o trabalhador assalariado passa a estar inserido em um regime de proteção social. Para Carvalho (2008), ainda que tenham se apresentados vários entraves e falhas no sistema de proteção social que foi se consolidando ao longo dos anos em nosso país, é inegável que o período de 1930 e 1945 pode ser caracterizado como a era dos direitos sociais, notadamente para os trabalhadores assalariados. Nesse contexto, o elo entre trabalho e proteção social foi se fortalecendo, o que significa um certo apaziguamento do conflito entre capital e trabalho. Além da implantação de uma legislação trabalhista, houve também a adoção de uma legislação previdênciaria e a organização dos sindicatos. Outros elementos importantes foram a criação do Ministério do Trabalho, Indústria e Comércio em 1930 e do Departamento Nacional do Trabalho em 1931. Ainda segundo Carvalho, no ano seguinte foi decretada a jornada de 8 horas no comércio e na indústria; regulamentou-se o trabalho feminino, proibindo-se o trabalho noturno para as mulheres e estabelecendo-se salário igual para homens e mulheres; regulou-se o trabalho dos menores de idade; criou-se a carteira de trabalho. Em 1933, houve avanços em relação à previdência social dos trabalhadores formais, quando foram criados os Institutos de Aposentadoria e Pensão. Particularmente importante foi a promulgação do Decreto 5.452 de 1º de maio de 1943, que aprovou a Consolidação das Leis do Trabalho (CLT). Esse documento é um marco importante, pois a partir de então tem-se um instrumento regulatório para as relações entre capital e trabalho.

Algumas categorias ficaram de fora da regulação do mercado de trabaho, tais como os trabalhadores autônomos, os trabalhadores domésticos e os trabalhadores rurais. Como informa Pochmann (2020), nas décadas de 1930 e 1950, a legislação social e trabalhista centrada na atuação do Ministério do Trabalho e da Justiça do Trabalho voltou-se fundamentalmente para o mundo do trabalho urbano, pois havia uma forte resistência do patronato rural a qualquer forma de regulação pública do trabalho. Somente em 1972 foi estendida a cobertura da previdência aos trabalhadores autônomos e domésticos. Quanto aos trabalhadores rurais, apesar de ter sido aprovado um estatuto para eles em 1963, apenas com a Constituição Federal de 1988 houve a universalização dos benefícios previdenciários para essa categoria. De qualquer modo, é inegável que as relações de trabalho tornaram-se mais regulamentadas e o trabalho formal ficou mais protegido.

Um fator crucial é que esse ordenamento legal do mercado de trabalho vincula-se fortemente à aquisição da cidadania. Nesse sentido, Santos (1979) sugere que a cidadania seja o conceito chave que permite entender a política socioeconômica pós-1930, bem como fazer a passagem da esfera da acumulação para a esfera da equidade. Esse conceito somente pode ser descrito, nas palavras do autor, como o de cidadania regulada.

Por cidadania regulada entendo o conceito de cidadania cujas raízes encontram-se, não em um código de valores políticos, mas em um sistema de estratificação ocupacional, e que, ademais, tal sistema de estratificação ocupacional é definido por norma legal. Em outras palavras, são cidadãos todos aqueles membros da comunidade que se encontram localizados em qualquer uma das ocupações *reconhecidas* e *definidas* em lei (SANTOS, 1979, p. 75).

> Santos segue argumentando que a regulamentação das profissões, a carteira profissional e o sindicato público definem os três parâmetros pelos quais passa a definir-se a cidadania. Os direitos do cidadão decorrem dos direitos das profissões e essas só existem via regulamentação estatal. Em sentido semelhante, Cardoso (2010) afirma que o desenvolvimentismo, que teve início no governo de Getúlio Vargas na década de 1930, e a estruturação do mercado de trabalho, iniciada nesse mesmo período, fizeram surgir uma promessa de integração cidadã. Criava-se assim um horizonte de expectativa para as pessoas que vivem do trabalho. Por outro lado, como assinalado por Santos, todos os trabalhadores que a lei desconhece tornam-se pré-cidadãos.

Além de a regulamentação estar restrita ao mercado de trabalho urbano, Pochmann (2020) salienta que persistiam problemas de natureza estrutural no mercado de trabalho brasileiro. Por um lado, o índice de desemprego era baixo, ficando o funcionamento do mercado de trabalho próximo ao pleno emprego. Por outro, o baixo rendimento, a informalidade e a presença maciça de ocupações não assalariadas persistia. De qualquer modo, havia uma evolução positiva. A taxa de precarização[(2)] reduziu-se, entre os anos 1940 e 1980, de 85% para 45% da PEA; houve uma expansão da taxa de assalariamento de 45% para 65%, o que significa que 75% das ocupações abertas no período eram assalariadas; destaca-se também a formalização do emprego assalariado, sendo que em 1980, quase 51% dos ocupados eram trabalhadores formais, o que contrasta com a realidade de 1940, quando esse percentual não atingia os 13%.

A partir da década de 1980, a estrutura de classes que havia se consolidado com a constituição da sociedade urbana e industrial começa a se transformar. Pochmann (2020) menciona que a crise da dívida externa e a adoção de políticas recessivas no último governo da Ditadura civil militar vão provocar a perda da centralidade do Estado desenvolvimentista. Problemas herdados desse período, tais como endividamento público, superinflação, pobreza e desigualdade irão comprometer as políticas econômicas e sociais do período democrático. Soma-se a isso a adesão do País ao neoliberalismo nos anos 1990 e sua inserção no processo

(2) Conforme o autor, é a soma das ocupações de assalariamento informal, conta própria e sem remuneração em relação ao total da PEA ocupada.

de globalização de forma passiva e subordinada. A consequência dessas transformações é que o País entrou em um processo de desindustrialização sem que a totalidade da população tenha sido incluída no padrão de consumo da sociedade urbano e industrial. Essa precoce desindustrialização provocou um inchamento do setor terciário da economia.

Ainda segundo Pochmann, essas mudanças repercutem de modo negativo no mercado de trabalho. Assim, a taxa nacional de desemprego elevou-se significativamente, passando de menos de 3% em 1980 para 12% em 2018. Outra questão importante é o aumento da precarização entre os ocupados. O autor aponta que em 2018 havia 44,5 milhões de ocupados em ocupações precárias. Também relevante é o fato de que os empregos assalariados que mais cresceram foram os trabalhos informais, sendo que a participação relativa na população economicamente ativa – PEA ocupada passou de 14% em 1980, para quase 20% em 2018. No mesmo período houve decréscimo do emprego formal que passou de 78,3% para 70,4%, o que representa uma diferença de quase oito pontos percentuais. Diante disso, pode-se afirmar que "a recente e antecipada transição para a sociedade de serviços no Brasil tem sido marcada pela desestruturação do mercado de trabalho, com significativa presença do desemprego aberto, a subutilização dos trabalhadores e a precarização das ocupações geradas" (POCHMANN, 2020, p. 94).

Paralelamente às mudanças de natureza estrutural que estão ocorrendo no mercado de trabalho, tem-se um processo de desregulamentação dessa esfera social, fazendo com que a distribuição do poder no conflito capital *versus* trabalho volte a pender de modo excessivo para o primeiro. Pochmann cita mudanças que começaram a ocorrer ainda na década de 1990, que estão relacionadas à flexibilização na legislação social e trabalhista, permitindo a diversificação na forma de contratação do trabalho assalariado. O autor destaca a expansão do trabalho na condição do regime de pessoa jurídica (empregador de si próprio) e, posteriormente, nos anos 2000, a criação da figura do Microempreendedor Individual (MEI), como modo de formalizar o trabalhador por conta própria. Todas essas novas formas de trabalho vem em substituição ao emprego assalariado formal. Pode-se mencionar ainda a Lei n. 13.429 de 2017, que amplia a terceirização e o contrato temporário, e ainda a Lei n. 13.467 de 2017, que instaura a Reforma Trabalhista, alterando diversos dispositivos da CLT. Como argumentam Krein e Colombi (2019), essa reforma é um instrumento de desconstrução de direitos, que reitera o viés autoritário das políticas ultraneoliberais implementadas no País, principalmente após o golpe de 2016. Ainda segundo esses autores, a reforma sustenta-se em um tripé: flexibilização das modalidades de contratação, da jornada de trabalho e da remuneração (liberalização da terceirização, ampliação do contrato temporário e do contrato parcial, contrato intermitente, banco de horas, remuneração variável, entre outras mudanças); flexibilização das instituições públicas e da organização sindical (prevalência do negociado sobre o legislado e fragilização da fiscalização, por exemplo); individualização dos riscos (instabilidade da remuneração e da jornada de trabalho, por exemplo). Para Druck *et al.* (2019), com a Reforma Trabalhista a precarização no mercado de trabalho torna-se regra.

Na etapa seguinte, colocaremos em discussão os desafios para a Justiça do Trabalho na atual temporalidade do mercado de trabalho brasileiro.

Retrocesso social e a Justiça do Trabalho

O próprio desenvolvimento da sociedade capitalista tornou necessária a existência de um árbitro que regulasse os conflitos existentes no mercado de trabalho e que também pudesse estabelecer regras mínimas para proteger o trabalhador. Nesse contexto, a Justiça do Trabalho, desde a sua fundação, tem um papel central na regulação do conflito entre capital e trabalho, sendo orientada pelo princípio de proteção ao trabalhador.

No momento atual, a justiça do trabalho torna-se crucial, pois estamos diante de um processo de reversão social. Para defender tal argumento, retomamos a visão de Honneth (2014) sobre a esfera do mercado. Para esse autor, tal esfera organizada de maneira capitalista pode ser pensada como uma instituição relacional de liberdade social e, portanto, vincula-se à realização da justiça. A partir disso, assevera que o mercado econômico não pode ser separado do horizonte de valores da sociedade democrática que o rodeia; e os processos de intercâmbio econômico também estão inseridos em um marco de normas e valores anteriores ao mercado. Haveria assim uma promessa normativa no mercado de trabalho capitalista, e diante da pressão dos movimentos sociais, do protesto moral e das reformas políticas tende a ocorrer a realização progressiva dos princípios de liberdade social.

Para Honneth, há um progresso normativo na esfera do mercado capitalista sempre que se podem estabelecer com êxito os mecanismos institucionais que permitiram colocar em vigência fáctica as ideias regulatórias, os processos discursivos de regulação de interesses e, de outro lado, as consolidações jurídicas da igualdade de oportunidades. O autor realiza uma reconstrução normativa da esfera do mercado de trabalho, argumentando que a ideia de promessa se vincula às transformações que ocorreram na organização do trabalho nos primeiros anos do século XIX. Com a Revolução Industrial, as condições de trabalho que estavam baseadas em relações tutelares deram lugar à ideia de trabalho livre. Por outro lado, a primeira fase de desenvolvimento do capitalismo industrial foi fortemente afetada pelo pauperismo, fazendo emergir a problemática da questão social. Esse paradoxo possibilitou uma progressiva politização do problema da avaliação das consequências sociais da nova organização do trabalho. As classes trabalhadoras foram adotando formas cada vez mais energéticas de resistência e, nessa luta, foram adquirindo, pouco a pouco, as ideias normativas que haviam sido mobilizadas pelos defensores do capitalismo para legitimar a nova organização do trabalho. No vocabulário da resistência, começaram então a aparecer categorias jurídicas que pareciam tomar literalmente as promessas normativas do mercado, falava-se em "direito ao trabalho", em direitos de proteção do trabalho e formas de assistência elementar e ainda se colocava em questão o problema da exploração (HONNETH, 2014, p. 303). Para o autor, essa luta indica que a ideia de um contrato de trabalho livre já havia sido aceita normativamente pelos trabalhadores ou pelo menos já tinha se tornado tolerável e assim tem início uma tentativa de regulamentação da esfera do trabalho que parte dos trabalhadores.

Não cabe aqui retomar toda a análise histórica empreendida por Honneth, mas importa afirmar que o ponto máximo da trajetória da ampliação da liberdade social no mercado de trabalho encontra-se no período pós-guerra. Nos países da Europa Ocidental reinava um igualitarismo que exigia intervenções estatais no setor econômico. O fato importante, do ponto de vista da análise até então empreendida, é a constatação de que os objetivos das medidas econômicas-políticas adotadas se ajustavam as metas de ampliação da liberdade social. Além das atribuições de direitos e de garantias, avolumaram-se as discussões sobre a necessidade de uma humanização do mundo do trabalho. A conclusão é que, nesse contexto, as condições de reconhecimento na esfera da organização capitalista do trabalho haviam melhorado, levemente, em favor dos assalariados (HONNETH, 2014, p. 322). Pode-se afirmar, portanto, que até meados da década de 1970 o mercado de trabalho foi se tornando cada vez mais regulamentado e criou-se um horizonte normativo para os trabalhadores, que podiam então almejar uma série de garantias e proteções legais. É importante sublinhar que esse progresso normativo, ainda que com características distintas, também pode ser observado no mercado de trabalho brasileiro. Como demonstrado na primeira parte desse trabalho, no período desenvolvimentista, por exemplo, emergiu uma forma de cidadania, que estava fortemente atrelada ao pertencimento ao mercado de trabalho formal. Também nesse período houve um processo de institucionalização da proteção social em nosso país.

A partir da década de 1970, tem início um processo de retrocesso ou de involução, que leva Honneth a falar em um desenvolvimento errado, pois, ao invés de ampliação, há uma redução da liberdade social. Tomando como referência a sociedade brasileira, esse quadro pode ser associado à terceira temporalidade exposta no item anterior. Assim, pode-se interpretar que a desestruturação e a desregulamentação do mercado de trabalho são características marcantes dessa fase. Posteriormente, para completar esse quadro, tem-se o aprofundamento de uma agenda neoliberal, sobretudo, após o golpe de 2016, que destituiu a então presidenta Dilma Rousseff. Para compreender o processo de reversão social que ocorre a partir de então é importante destacar algumas modificações importantes. Em primeiro lugar, como destaca Antunes (2009), estamos diante de uma nova morfologia do trabalho. A análise não diz respeito somente à sociedade brasileira, mas a uma transformação nas sociedades ocidentais de modo geral.

O autor enumera as principais tendências do período atual: 1) o proletariado tradicional, industrial, fabril, estável, herdeiro do período taylorista e fordista vai cedendo lugar a formas mais desregulamentadas de trabalho; 2) aumento do novo proletariado fabril e de serviços — são os terceirizados, subcontratados, *part-time*, entre outras modalidades de terceirização; 3) aumento significativo do trabalho feminino, mas sem que as mulheres recebam os mesmos rendimentos e tenham os mesmos direitos e garantias que os homens; 4) há uma expansão significativa dos assalariados médios no setor de serviços; 5) exclusão dos jovens, que atingiram a idade de ingresso no mercado de trabalho e que, sem perspectivas, acabam engrossando as fileiras dos trabalhos precários e do desemprego; 6) há também a exclusão dos trabalhadores considerados idosos, que geralmente acabam se refugiando no trabalho informal ou ficam no desemprego; 7) tem-se utilizado a inclusão precoce e criminosa de crianças no mercado de trabalho; 8) expansão do trabalho no chamado "Terceiro Setor" como forma alternativa de ocupação; 9) expansão do trabalho em domicílio. Essa nova morfologia torna necessária uma plasticidade da Justiça do Trabalho para abarcar todo um leque de situações emergentes que geram novos conflitos nas relações de trabalho.

Em segundo lugar, deve-se destacar a importância da flexibilização que vem ocorrendo no mercado de trabalho, que torna difícil a regulamentação dessa esfera social.

A nova condição de trabalho está sempre perdendo mais direitos e garantias sociais. Tudo se converte em precariedade, sem qualquer garantia de continuidade. O trabalhador precarizado se encontra, ademais, em uma fronteira incerta entre ocupação e não ocupação e também em um não menos incerto reconhecimento jurídico diante das garantias sociais. Flexibilização, desregulação da relação de trabalho, ausência de direitos. Aqui a flexibilização não é riqueza. A flexibilização, por parte do contratante mais frágil, a força de trabalho, é um fator de risco e a ausência de garantias aumenta essa debilidade. Nessa guerra de desgaste, a força de trabalho é deixada completamente descoberta, seja em relação ao futuro, seja em relação à renda, já que ninguém os assegura nos momentos de não ocupação (VASAPOLLO *apud* ANTUNES, 2009, p. 234).

> Antunes vê a flexibilização como uma forma de conceder liberdade à empresa em vários sentidos: para desempregar os trabalhadores, sem penalidade, quando há queda na produção e nas vendas; para reduzir ou ampliar o horário de trabalho de acordo com suas necessidades; para pagar salários inferiores ao mínimo estipulado por lei; para organizar o trabalho por escala; para adotar o trabalho em tempo parcial e/ou o trabalho flexível, entre outras formas de precarização. A grande questão é que a flexibilização atingiu também a legislação trabalhista, que acusada de ser rígida e de dificultar a manutenção de empregos, acabou sendo alterada para tornar o trabalhador mais vulnerável. Isso impõe um desafio para a justiça do trabalho porque por mais que a precarização do mercado de trabalho seja desumana, ela não é necessariamente ilegal.

Por fim, cabe mencionar um último elemento que está relacionado às dificuldades de regulamentação nos trabalhos realizados nas empresas por plataformas e aplicativos. Antunes e Filgueiras (2020) argumentam que as aparentes novas formas de organização do trabalho, associadas ao uso das novas tecnologias de informação e comunicação (TIC) e a essas empresas são na realidade estratégias de gestão e de contratação do trabalho que mascaram a existência do assalariamento. As relações de trabalho (sempre que possível) são individualizadas e invisibilizadas, assumindo a aparência de prestação de serviços. Contudo, bem como os autores salientam, todos os ingredientes do assalariamento estão presentes, tais como a obtenção do lucro, a exploração do mais valor e a espoliação do trabalho. Soma-se a isso o fato de que todos os custos e riscos associados à realização da atividade são transferidos para o trabalhador.

Outro elemento importante é que a utilização das TICs potencializa e aprofunda o processo de recusa da condição de empregador, que é uma estratégia de gestão e controle do trabalho vinculada à ampliação dos níveis de exploração da força de trabalho. Para os autores, tem-se um paradoxo. Por um lado, o emprego das novas tecnologias na gestão do trabalho possibilita a identificação e a efetivação dos direitos aos trabalhadores mais fácil do que em qualquer outro período da história. Hoje em dia, é muito mais fácil identificar os trabalhos realizados, os seus tempos e movimentos, pagamentos e ocorrências e, enfim, impor às empresas o cumprimento das normas. No lugar de testemunhas, papéis e inspeções *in loco*, agora há todas as informações de forma minuciosa e detalhada, disponíveis na rede e nas bases de dados das empresas. Por outro lado, há um discurso de que estamos diante de novas formas de trabalho que se distanciam da regulação protetiva. Ainda segundo os autores, a ideia de que o direito do trabalho gera desemprego passou a ser fortemente aceita, contaminando o debate sobre a regulação de aplicativos e plataformas. Além disso, a própria natureza do trabalho nessa área enfraquece o direito do trabalho. Ele é parte de um tipo de novo adeus à classe trabalhadora, que possui pelo menos três perspectivas distintas: 1) a primeira e mais "radical" assume que o trabalho autônomo está substituindo o trabalho assalariado; 2) a segunda assevera que estão surgindo novas formas de trabalho que não se enquadrariam como assalariadas ou autônomas, conformando uma zona cinzenta de indeterminação; 3) a terceira sinaliza para o crescimento do precariado, uma nova classe social que difere dos assalariados. Esses últimos são trabalhos, como por exemplo os *crowdwork* realizado por *taskers*, que estão em atividades sem direitos, estabilidade e garantia de renda. No entanto, eles são proprietários dos principais meios de produção e têm controle do seu tempo de trabalho. Nessas três perspectivas, os autores salientam que se presume que o direito do trabalho soa como algo anacrônico uma vez que as novas formas de trabalho o tornariam inviável ou até mesmo inaplicável.

O quadro de retrocesso que se procurou colocar em evidência tem por objetivo não apenas propor uma reflexão sobre os desafios atuais da Justiça do Trabalho, mas, sobretudo, destacar a sua importância. Diante de um quadro de evasão de normas e regras, mais do que nunca se torna necessário proteger o trabalhador para que não se aprofundem ainda mais as disparidades de poder existentes nas relações de trabalho. Ao contrário dos defensores do fim do Direito do Trabalho, há atualmente um desafio de fazer com que esse ramo do Direito possa acompanhar as transformações nas relações de trabalho para que a dignidade da classe trabalhadora seja preservada.

Considerações finais

Ao longo desse capítulo, procurou-se evidenciar a dinâmica do mercado de trabalho brasileiro. Ao resgatar as suas três temporalidades e a configuração do conflito capital *versus* trabalho em cada uma delas, objetivou-se construir o argumento de que estamos diante de um retrocesso social. Assiste-se atualmente a um duplo movimento que envolve tanto a desestruturação do mercado de trabalho quanto a evasão de normas e regras, que anteriormente possibilitavam — ainda que apenas para uma parcela de trabalhadores — uma relativa pacificação das relações de trabalho.

Com o surgimento de uma nova morfologia do trabalho e as transformações do processo produtivo relacionadas à introdução das tecnologias de informação e comunicação, surge mais do que nunca a necessidade de fortalecimento da Justiça do Trabalho para que o aumento da exploração e da subordinação dos trabalhadores decorrentes dessas mudanças não deixem o trabalhador totalmente à mercê dos desejos de acumulação de lucro dos empregadores capitalistas.

Outro elemento importante é que como destacam Souto Maior e Severo (2020) a Justiça do Trabalho tem um papel crucial na consolidação da democracia. Os autores argumentam que apesar de esse ramo da justiça ser paradoxal em sua função e em sua forma de atuação, ele consolidou-se como local de fala da classe trabalhadora. O reconhecimento judicial das perdas sofridas durante a relação de trabalho está associado ao exercício da cidadania. Ainda segundo os autores, "um processo trabalhista efetivo, ético, em que se reconhece e pratica a proteção que orienta e justifica a existência de normas trabalhistas, além de promover distribuição (ou reposição) de renda, confere dignidade a quem vive do trabalho" (2020, p. 2.784). Nesse sentido, a Justiça do Trabalho teria também um papel transformador. É precisamente por isso que urge encontrar formas de dinamizá-la para que ela possa seguir cumprindo essa tarefa diante de um cenário de retrocessos.

Referências bibliográficas

ANTUNES, Ricardo. Século XXI: nova era da precarização estrutural do trabalho? In: ANTUNES, Ricardo; BRAGA, Ruy (Orgs.). *Infoproletários:* degradação real do trabalho virtual. São Paulo: Boitempo, 2009. p. 231-238.

______; FILGUEIRAS, Vitor. Plataformas digitais, uberização do trabalho e regulação no capitalismo contemporâneo. *Contracampo*, v. 39, n. 1, p. 27- 43, abr./jul. 2020.

CARDOSO, Adalberto. *A construção da sociedade do trabalho no Brasil:* uma investigação sobre apersistência secular das desigualdades. Rio de Janeiro: FGV, 2010.

______. Escravidão e sociabilidade capitalista. Um ensaio sobre inércia social. *Novos Estudos CEBRAP*, n. 80, p. 71-88, mar. 2008.

CARVALHO, José Murilo. *Cidadania no Brasil.* O longo caminho. Rio de Janeiro: Civilização Brasileira, 2008.

DRUCK, Graça; DUTRA, Renata; SILVA, Selma C. A contrarreforma neoliberal e a terceirização: a precarização como regra. *Caderno CRH*, v. 32, n. 86, p. 289-305, maio/ago. 2019.

FERNANDES, Florestan. *A integração do negro na sociedade de classes*. São Paulo: Ática, 1978. Volume I.

HONNETH, Axel. *El derecho de la libertad:* esbozo de uma eticidad democrática. Madri: Katz, 2014.

KREIN, José D.; COLOMBI, Ana Paula F. A reforma trabalhista em foco: desconstrução da proteção social em tempos de neoliberalismo autoritário. *Educação & Sociedade*, v. 40, p. 1-18, 2019.

MELLO, Luciana G. Reforma trabalhista e desproteção social: um devir negro do mundo. *Revista da ABET*, v. 19, n. 1, p. 11-32, jan./jun. 2020.

ORTIZ, Renato. *Cultura brasileira e identidade nacional*. São Paulo: Brasiliense, 1985.

POCHMANN, Márcio. Rumos da política do trabalho no Brasil. In: SILVA. Maria O.; YAZBEK, Maria C. *Políticas públicas de trabalho e renda no Brasil contemporâneo*. São Paulo: Cortez; São Luís, MA: Fapema, 2008.

______. Tendências estruturais do mundo do trabalho no Brasil. *Ciência & Saúde Coletiva*, 25(1), p. 89-99, 2020.

SANTOS, Wanderley G. *Cidadania e justiça*. A política social na ordem brasileira. Rio de Janeiro: Campus, 1979.

SOUTO MAIOR, Jorge L.; SEVERO, Valdete S. A justiça do trabalho como instrumento de democracia. *Revista Direito e Práxis*, v. 11, n. 4, p. 2.773-2.801, 2020.

A Importância da Justiça do Trabalho: Direitos Trabalhistas e os Imperativos da Igualdade

Elina Pessanha[1]

A Justiça do Trabalho é fruto da consolidação de conquistas sociais que, no tumultuado início do século XX, marcaram o mundo ocidental. A instituição sintetiza o avanço de direitos laborais que o ator coletivo 'classe operária' inaugurara com suas lutas, suas greves, suas associações e sindicatos, no contexto da crescente industrialização da Europa no século XIX — e com repercussões pelo mundo. Contar com instituições que regulassem e depois fiscalizassem e fizessem cumprir os acordos alcançados entre trabalhadores e patronato tornou-se então progressivamente imperativo, se não para todas, para muitas sociedades.[2] Foi nesse sentido que a República de Weimar formalizou, desde 1919, as orientações para o encontro dos atores sociais envolvidos nos conflitos do trabalho, sob controle do Estado, lançando as bases de um sistema que se reproduziria, embora com peculiaridades, por diversos países e regimes políticos, já contando com o acompanhamento da Organização Internacional do Trabalho (OIT).

No Brasil, o processo de institucionalização do controle estatal sobre as relações de trabalho se anunciou bem antes da criação de uma Justiça do Trabalho na década de 1940. A Primeira República, com seu recorte liberal, esquivara-se de regular as relações de trabalho, mesmo diante dos desafios de um mercado de trabalho recém-revolucionado pela extinção da escravatura, diante do qual as aspirações de um Direito do Trabalho tentavam ainda se concretizar.[3] Os governos restringiram-se a reprimir os frequentes conflitos sociais e a conviver com as poucas medidas precursoras do Legislativo para proteger segmentos dos trabalhadores e estabelecer alguns direitos fundamentais.

---

(1) Professora titular do Departamento de Antropologia Cultural e integrante do corpo permanente do Programa de Pós-Graduação em Sociologia e Antropologia (PPGSA), ambos da Universidade Federal do Rio de Janeiro (UFRJ, Rio de Janeiro, Brasil) e diretora do Arquivo de Memória Operária do Rio de Janeiro, da mesma casa. Doutora em Ciências Humanas pela Universidade de São Paulo (USP, São Paulo, Brasil), mestre pelo Programa de Pós-Graduação em Antropologia Social (PPGAS) do Museu Nacional (MN), da UFRJ, e tem graduação em ciências sociais pela Universidade Federal Fluminense (UFF, Niterói, Brasil).

(2) É importante lembrar que a Inglaterra, por exemplo, se caracterizou pela "abstenção legal" e a ausência de controle estatal sobre as relações de trabalho. Ver KAHN FREUND (1977).

(3) Evaristo de Moraes, em 1905, já defendia a necessidade de "institutos jurídicos destinados à proteção das classes trabalhadoras e à modificação das suas condições de existência", em MORAES (1971).

O movimento de 1930, porém, alteraria profundamente esse quadro. Em 1931, o Decreto n. 19.770 definia as partes da negociação trabalhista e os procedimentos para realizá-la. Sob essa orientação, em 1932, criavam-se as Juntas e Comissões de Conciliação e Julgamento, com o objetivo de conciliar os conflitos trabalhistas coletivos e individuais. Magda Biavaschi, recuperando velhos processos de comarcas no Rio Grande do Sul, já mostrou como trabalhadores, homens e mulheres, recorriam a essas instituições — explorando inclusive a então recente autonomia de ação das mulheres em relação ao marido — e muitas vezes com resultados favoráveis ao polo do trabalho (BIAVASCHI, 2007).(4)

Na Constituição de 1934, já aparecia a proposta de implantação da Justiça do Trabalho (título IV, art. 122) "para dirimir questões entre empregadores e empregados, regidas pela legislação social". Foram reconhecidas as convenções coletivas e a composição paritária tripartite das instituições, por representantes de empregadores e empregados, e presidente indicado pelo governo.(5)

Proposto em 1936, o anteprojeto de organização da Justiça do Trabalho, provocou fortes disputas políticas e ideológicas. Por um lado, respondendo a demandas sociais já existentes, reuniu o apoio, embora diferenciado, de correntes corporativistas, progressistas e cristãs, desejosas da correção, pelo Estado, das desigualdades sociais causadas pelo capitalismo. Por outro, provocou uma forte reação liberal: patrões, políticos e intelectuais contrários à intervenção estatal e a uma justiça trabalhista federal — tão distante dos interesses locais sedimentados; e que, além disso, não aceitavam que os sindicatos funcionassem como pessoas jurídicas públicas, alegando que a vontade individual deveria prevalecer. Regulamentada em 1939, a Justiça do Trabalho só foi instalada em 1941 por imposição política do chamado Estado Novo. Tornou-se guardiã da Consolidação das Leis do Trabalho (CLT), de 1943, e finalmente foi integrada ao Poder Judiciário pela Constituição de 1946.

O regime militar de 1964 manteve a CLT, mas acentuou seus traços mais autoritários, além de acabar com a estabilidade no emprego e instituir o regime de FGTS. Quando o sindicalismo ressurge no final dos anos 1970 a partir do ABC paulista, começa uma fase de duras negociações e um grande ciclo de greves no País.(6) A Constituição de 1988, fechando o ciclo autoritário, fortaleceu o poder da Justiça do Trabalho no julgamento de dissídios coletivos e na criação de normas econômicas e sociais, abrindo novas oportunidades às demandas coletivas dos trabalhadores. Mas isso durou pouco: logo o contexto econômico e político traria um forte controle do movimento sindical, contando muitas vezes com a colaboração do Judiciário trabalhista. De fato, durante a década de 1990, com o avanço do receituário neoliberal, o TST cumpriria um papel instrumental central para a diminuição da intervenção do Estado e a expansão do mercado. O governo de Fernando Henrique Cardoso — que estancara o ciclo explosivo de greves com a repressão aos petroleiros em 1995 —, tentou flexibilizar ao máximo as relações de trabalho, terminando por fazer aprovar no Legislativo,

---

(4) BIAVASCHI (2007).

(5) Esse breve apanhado histórico se apoia em MORAES FILHO (1986 e 1978).

(6) Em NORONHA (2009), temos a análise de vários ciclos de greves no Brasil.

no final de 2001, a prevalência do "negociado sobre o legislado".[7] O projeto foi arquivado no início do governo de Luiz Inácio Lula da Silva, em 2003, a partir de quando o TST, num movimento pendular, derruba as medidas controladoras das demandas sindicais vigentes desde 1993, inaugurando um período de maior liberdade para as associações em geral. De 2004 a 2015, nas negociações coletivas registradas pelo DIEESE, os trabalhadores alcançaram, em mais de 80% dos casos, reajustes salariais (a principal reivindicação econômica das várias categorias), iguais ou acima dos índices de inflação, com as greves voltando a níveis de maior estabilidade em comparação a ciclos anteriores (em 2012, foram 873 greves, maior índice desde 1997).[8]

Mas nos anos que se seguiram ao golpe de 2016 e ao afastamento compulsório da presidente (re)eleita, Dilma Rousseff, as ameaças à Justiça e aos direitos do trabalho retornariam com força e, dessa vez, consolidando um retrocesso social extraordinário para a democracia brasileira e provocando muitas greves.[9] O governo Michel Temer trouxe a chamada "Reforma Trabalhista" de 2017, atingindo o movimento sindical pela retirada abrupta de seu financiamento pelo imposto sindical, por mecanismos de ataque à sua ação coletiva e por restrições para seu acesso à Justiça. A liberação da terceirização também se imporia progressivamente, consolidada por decisões do Supremo Tribunal Federal.[10]

Com o governo de Jair Bolsonaro e a pandemia do Covid-19 a partir de 2020, esse quadro se deteriora ainda mais para os trabalhadores, com maior liberdade ao patronato para retirar direitos, seja na contratação e na dispensa de seus empregados, seja na definição de jornadas e salários.

1. Os direitos e a Justiça

Por tudo isso que se expôs, é importante destacar que o forte ataque que estamos observando recentemente aos direitos trabalhistas e à Justiça do Trabalho em nosso país,

deixa de levar em conta algumas questões fundamentais. O que estamos assistindo nos últimos anos — com a chamada "reforma trabalhista" de 2017, a liberdade à terceirização, as medidas do governo Bolsonaro sob pretexto de proteger a economia e o emprego durante a pandemia da Covid-19, a tendência crescente à individualização da negociação trabalhista, e finalmente com as ameaças à própria Justiça do Trabalho — é um processo que desconsidera a lógica fundacional do próprio Direito do Trabalho e menospreza a nossa experiência histórica particular, pondo em risco a ordem social que mantemos no Brasil.

(7) Ver KREIN, 2004.

(8) Balanço das negociações dos reajustes salariais de 2012, DIEESE (2013).

(9) Em 2016, 2.093 greves, segundo o DIEESE (2017).

(10) No ano de 2018, o STF julgou a Arguição de Descumprimento de Preceito Fundamental (ADPF) n. 324 e o Recurso Extraordinário (RE) n. 958.252, entendendo pela licitude da terceirização em qualquer atividade. Em 2020, o STF julgou constitucional — impondo um argumento dito "consequencialista" — a Lei da Terceirização (Lei n. 13.429/2017), a qual permitiu a terceirização de atividades-fim das empresas urbanas. Para a ação predatória dos direitos do trabalho levada pelo STF em tempos recentes, ver GODINHO (2021).

Em trabalho anterior (PESSANHA e ARTUR, 2019) já chamamos atenção para alguns desses aspectos.(11) Em primeiro lugar, destacamos como se ignora o caráter histórico e cumulativo da construção e proteção dos direitos trabalhistas em nosso país, em sintonia com movimentos internacionais pelos direitos humanos. Todo o longo processo de lutas e investimento de vários atores, individuais e principalmente coletivos — por diversos caminhos e modos muitas vezes controversos — com o objetivo de fundar direitos, aperfeiçoar a lei e as instituições, terminando por constitucionalizar, em 1988, por via democrática, o núcleo do modelo de relações de trabalho que atravessou o século XX e quase duas décadas deste século XXI, é completamente desconsiderado. A contínua pressão social e sindical, os debates e regulamentações no âmbito do Poder Legislativo, as decisões e normatizações nas diversas instâncias do Poder Judiciário e do Ministério Público, sem falar das denúncias e fiscalização por parte de órgãos do próprio Poder Executivo, tudo isso se pretende apagar da memória social e política do País. Não se enxerga que, por essa via, os desafios de conhecer e avaliar os direitos e de ajustá-los às transformações do mundo do trabalho, perdem suas principais referências.

Por outro lado, nesse ataque mais recente ao nosso histórico modelo, o papel da Justiça do Trabalho para tratar com a especificidade característica das relações laborais é obscurecido em dois sentidos. De uma parte, perde-se de vista o núcleo teórico constitutivo do Direito do Trabalho, baseado em valores que decorrem do princípio central de proteção dos trabalhadores em uma situação de desequilíbrio de poder, e que se desdobram em alguns outros postulados como, por exemplo, a defesa da continuidade da relação de emprego (DELGADO, 2008).(12) A formação especializada dos juízes e juízas do trabalho (cerca de 3.500 para todo o País) é subestimada, assim como o conhecimento e a habilidade que desenvolvem para lidar com os conflitos de interesse inerentes às relações de trabalho, expressos no volume extraordinário de processos que apreciam e julgam.(13)

Justiça do Trabalho — Processos julgados 2016-2020

Orgão	TST	TRTs	Varas Trabalhistas
Processos Julgados	1.468.982	4.848.612	11.254.145

Fonte: Relatório Geral da Justiça do Trabalho 2020. TST, 2021.

De outra parte, e dada a centralidade da lógica de ações e de acordos de caráter coletivo no Direito do Trabalho,(14) conduzidos por entidades representativas de grupos ou classes, ou seja, os sindicatos, desconsidera-se que essa Justiça do Trabalho especializada continua sendo chamada a intervir nos processos de negociação coletiva, tanto nos casos de acordos — hoje em franca maioria — quanto de convenções, administrando a movimentação entre os mais de 11 mil sindicatos de trabalhadores e as empresas, ou os mais de 5 mil sindicatos de empregadores existentes no Brasil.

(11) Ver PESSANHA; ARTUR (2019).

(12) DELGADO, M. (2008).

(13) GOMES; PESSANHA (2010).

(14) SILVA (2008).

É inquestionável que a taxa de judicialização das negociações coletivas passou a apresentar significativa queda a partir de 1993, em virtude de medidas do próprio Judiciário destacadas anteriormente, que dificultaram o acolhimento de dissídios coletivos. Esse quadro vem se sustentando desde que, após um breve interregno (2003-2005), a chamada Reforma do Judiciário de 2004 repôs fortes limites à abertura de dissídios.(15)

Dissídios Coletivos julgados — 2016-2020

Orgão	TST	TRTs
DCs julgados	166	3.879

Fonte: Relatório Geral da Justiça do Trabalho 2020. TST, 20.

Entretanto, como se vê, a Justiça do Trabalho ainda julga dissídios, e manteve também seu papel de observação e intervenção em outras ações e conflitos coletivos — como no caso das greves que o movimento sindical, mesmo profundamente abalado pela reforma de 2017 e pela pandemia, seguiu realizando. Essas, tanto nas esferas pública e estatal quanto privada, apresentam mais recentemente um caráter majoritariamente defensivo, visando à manutenção das condições existentes ou a recuperação de direitos, o que torna ainda mais oportuna e necessária a participação da justiça.

Caráter das greves — Brasil 2020

Caráter	Greves	
	n.	%
Propositivas	142	21,9
Defensivas	576	88,8
Manutenção de condições vigentes	*313*	*48,2*
Descumprimento de direitos	*367*	*56,5*
Protesto	79	12,2
Solidariedade	3	0,5

Fonte: DIEESE — Sistema de Acompanhamento de Greves (2021).

Nota: A soma das parcelas pode ser superior ao total de greves, dado que uma mesma paralisação pode conter diversas e distintas motivações.

A Justiça do Trabalho sempre desempenhou, e deve continuar desempenhando, função crucial na canalização de demandas e reclamações das partes do conflito trabalhista, na sua administração e tentativas bem-sucedidas de conciliação (percentual de conciliação em 2020 foi de 43,7%, segundo o TST),(16) assim como na garantia jurídica que oferece à condução do processo e à sustentação de seus resultados.

(15) A reforma decorreu da Emenda Constitucional n. 45, aprovada no final de 2004 pelo Congresso Nacional.

(16) Relatório Geral da Justiça do Trabalho 2020, TST (2021).

Formas de resolução dos conflitos — Brasil 2020

Formas de resolução	Greves	
	Número	%
Negociação	211	88,3
Intervenção/participação da Justiça	69	28,9
Decisão judicial	51	21,3
Acordo judicial	12	5,0
Sem informação	24	10,0

Fonte: DIEESE — Sistema de Acompanhamento de Greves (2021.)

Notas: 1) das 649 greves registradas, só para 37% delas havia informação sobre meios de resolução dos conflitos; 2) A soma dos subitens pode ser superior ao total de "interv/particip da JT", já que, em uma mesma greve, o Judiciário pode intervir em um momento como conciliador e em outro como árbitro.

Se, afinal, mesmo com a prevalência do "negociado sobre o legislado" — preconizada pelos projetos neoliberais dos anos 1990, neutralizada a partir de 2003, e finalmente legalizada pela "reforma" de 2017 — o Judiciário trabalhista foi, em 2020, chamado a intervir em cerca de 1/3 dos conflitos coletivos observados pelo DIEESE, não há como negar a relevância desse papel.

É importante frisar que essa intervenção não é unívoca, ou tampouco necessariamente propensa a beneficiar os trabalhadores: a instituição é reconhecida como local privilegiado de disputa dos sentidos do Direito, não de garantia automática de ganhos por uma das partes do conflito trabalhista, embora possa, em diferentes contextos, expressar tendências predominantes (PESSANHA e ARTUR, 2019).

Mas diante dos pretextos de "modernizar" as relações de trabalho — para, na verdade, atender aos interesses do patronato, à sua ânsia desmedida de lucros, ao seu desejo de escapar de qualquer controle público e legal sobre suas ações — a Justiça do Trabalho tem ainda mantido a manifestação dos conflitos dentro de parâmetros legais definidos, salvaguardando portanto, a efetiva segurança jurídica e a dignidade mínima em nossas relações de trabalho.

2. Os imperativos da igualdade

Thomas Piketty, em sua obra recente *Capital e Ideologia*, chama atenção para o fato de que o aumento das desigualdades socioeconômicas na maioria dos locais do planeta desde 1980-1990, "figura entre as evoluções estruturais mais preocupantes com que o mundo se vê confrontado neste início do século XXI".[17]

De fato, as duas primeiras décadas deste século, concluídas com a eclosão da pandemia do Coronavírus em 2020, registram índices alarmantes de pobreza, em contraste com os

(17) A obra citada, PIKETTY (2020), inclui uma análise minuciosa de "regimes desigualitários na história": nas sociedades escravocratas e coloniais e nas social-democratas e comunistas.

níveis altíssimos de concentração de renda, de propriedades e capital cultural, desenhando um quadro social de equilíbrio instável a que as diversas sociedades têm respondido de acordo com suas especificidades sociais e políticas.

A relação entre trabalho/renda e sobrevivência, muito embora a desigualdade se expresse também por outras dimensões da realidade social, tem lugar inquestionavelmente central nesse processo. Para aqueles que, nas sociedades "proprietaristas", necessitam — e nem sempre podem ou conseguem — vender regularmente sua força de trabalho, as condições de extrema precariedade estão colocadas como dura alternativa de vida. Desemprego continuado, subemprego intermitente, dependência familiar ou assistencial, moradia em abrigos ou na rua, são cenários possíveis para os "excluídos" do mercado de trabalho. Mesmo entre os "incluídos", as condições variam, e o tipo de emprego e o nível de renda definem posições econômicas e sociais diversas, e aproximações ou distanciamentos em relação ao espaço de proteção pelos direitos trabalhistas. O emprego dito "formal" está ao alcance da legislação do trabalho e da intervenção das instituições protetoras, como se viu. O trabalho "informal", por sua vez, cresce assustadoramente sob total desproteção pela lei e aprofundando o primado do poder patronal.

As mudanças tecnológicas, de outro lado, trazem novos problemas às relações laborais, alterando as formas de arregimentação, realização, jornada e remuneração do trabalho. O trabalho remoto, incluído o teletrabalho, que ganhou maior fôlego com a pandemia, exige definições urgentes sobre sua regulação, em termos da manutenção dos custos de pessoal e equipamentos, e dos modos de controle e de extensão da jornada.[18]

No caso das formas de uberização do trabalho, muitas vezes implicando a opacidade quase absoluta dos agenciadores/intermediários da prestação de serviços, urge encontrar mecanismos de responsabilização das empresas envolvidas quanto à manutenção, à segurança e à proteção desses trabalhadores.[19]

A precarização crescente das condições de trabalho tem efeitos claros sobre o aprofundamento da desigualdade social. A insuficiência de renda, o vazio de políticas públicas e a impossibilidade de contar com proteção social diante de práticas impositivas e descomprometidas com a dignidade humana, corroem o tecido social e podem atingir profundamente os princípios de coesão que sustentam a sociedade como tal.

Diante desse quadro, não fica difícil argumentar, portanto, sobre a estreita relação entre igualdade, Direito do Trabalho e instituições trabalhistas.

---

(18) Ver, sobre isso, BARROSO (2013) e LIMA; BRIDI (2019). E também a pesquisa em curso, "Percepções de trabalhadores e trabalhadoras sobre teletrabalho no contexto da pandemia de Covid-19" (2021), realizada por ABET/CUT-SP/CUT-RJ/AMORJ, com a participação de Patricia Troppia, Barbara Castro, Maria Aparecida Bridi, Maria Cristina Rodrigues, Monica Paranhos e Elina Pessanha, e também de Karen Artur e José Luiz Soares, refletindo sobre o tema nas negociações coletivas.

(19) Sobre a situação dos trabalhadores "uberizados", ver SANTANA; ANTUNES (2021). Sobre plataformas digitais e Direito do Trabalho, CARELLI; OLIVEIRA (2021).

No plano ideológico, sabe-se que o campo jurídico trabalhista sempre foi cenário de disputas em torno de modelos de sociedade e de institucionalização das relações entre capital e trabalho, daí a importância de narrativas que, a partir do Direito do Trabalho e de seus fundamentos teóricos, interpelem as autoridades instituídas e a sociedade, e acenem permanentemente com perspectivas mais igualitárias para o País.

No plano institucional, não há como não destacar a importância da ação qualificada e especializada dos magistrados — e também dos procuradores — do trabalho, sempre que fiéis aos pressupostos corretivos e compensatórios das desigualdades sociais, que marcam sua formação. Eles podem e devem proteger os direitos materiais e procedimentais da atuação dos sindicatos, por um lado, e igualmente disputar espaços no interior de suas próprias instituições, para fazer valer posições políticas e decisões jurídicas que dialoguem criticamente com as leis, reafirmando os direitos constitucionais e os preceitos dos organismos internacionais — como os da OIT.[20]

Escrevendo, há alguns anos, sobre a necessidade de refundar a legislação trabalhista para adaptá-la às novas formas de organização do trabalho e seus efeitos, SUPIOT levantou algumas questões que nos ajudam a refletir conclusivamente sobre os objetivos deste texto.[21]

A primeira delas decorre de sua preocupação sobre como enfrentar os impasses entre autonomia e subordinação do trabalho em relação às irreversíveis mudanças de ordem tecnológica que observamos no mundo atual. Diante das promessas de maior autonomia a ser propiciada ao trabalhador pelos avanços da tecnologia, ele nos relembra que com a revolução informacional, a robotização e a uberização, em vez de a subordinação do trabalho dar lugar à almejada independência, teria se criado uma forma de "governança pelos números", exercendo sobre os cérebros o mesmo domínio que o taylorismo exercera sobre os corpos, e substituindo as ordens a serem executadas pelos objetivos a serem alcançados. Há, portanto, que se enfrentar e controlar esse movimento que avança para, "em vez de colocar os computadores a serviço dos homens, tentar organizar o trabalho dos homens segundo o modelo de trabalho dos computadores".

A segunda questão refere-se às possibilidades de estender a cobertura de direitos para além do "emprego", incorporando à legislação a proteção sobre todas as modalidades de "trabalho". Com isso se romperia, pelo menos no plano protetivo dos direitos, a barreira perversa entre formalidade e informalidade dos contratos de trabalho, passo importante para a fiscalização e exigência de padrões mínimos de "decência", como quer a OIT, em todas as relações trabalhistas. Aliás, nunca é demais lembrar que a Justiça do Trabalho, no Brasil, passou a contar (desde 2004) com essa possibilidade legal de atender a todos os conflitos decorrentes das relações de trabalho,[22] prerrogativa que infelizmente não se concretizou na prática. Progressivas manifestações do Supremo Tribunal Federal — entre as inúmeras que cercearam ações e retiraram competências da Justiça do Trabalho nos últimos anos (COUTINHO, 2020) —, mudanças institucionais, impasses sobre a definição do caráter de subordinação do

(20) Sobre posições recentes e perspectivas da OIT, ver SILVA; GONDIM (2020).

(21) SUPIOT (2017).

(22) Reforma do Judiciário (EC n. 45/2004), art. 114, I.

trabalhador e de responsabilização patronal nos contratos de trabalho, especialmente com a terceirização e a uberização etc., podem ser elencados entre as causas inibidoras do exercício dessa jurisdição prevista.

Finalmente, Supiot destaca que uma reforma do direito trabalhista não pode deixar de incluir o "trabalho não comercial", mas vital para a sociedade, de cuidado das crianças e dos idosos. Ele fica à margem dos parâmetros de valor e de jornada, e portanto passível de crescente mercantilização e desrespeito aos "tempos sociais" que o caracterizam, precisando também ser regulado e controlado.

Nos dias que virão, é absolutamente indispensável que a doutrina e as instituições responsáveis pela proteção ao trabalho enfrentem esses e os demais desafios colocados, contribuindo para a garantia de uma real autonomia coletiva dos trabalhadores e estimulando o diálogo social e a solidariedade, vetores essenciais da coesão numa sociedade democrática. Só assim conseguiremos rever os direitos trabalhistas e refundar suas leis para os novos tempos, e a Justiça do Trabalho poderá resgatar e cumprir integralmente o seu compromisso, de base, com a igualdade.

Bibliografia

ABET, CUT-SP/CUT-RJ, AMORJ. *Relatório de Pesquisa "Percepções dos/as trabalhadores/as sobre teletrabalho no contexto da pandemia da Covid"*. Publicações ABET, 12 jul. 2021. Disponível em: <http://abet-trabalho.org.br/relatorio-de-pesquisa-percepcoes-dos-as-trabalhadores-as-sobre-teletrabalho-cut-abet-amorj/>.

BARROSO, M. *O Teletrabalho em domicílio:* análises sócio-jurídicas sobre o trabalho à distância. Curitiba: Appris, 2013.

BIAVASCHI, M. *O Direito do Trabalho no Brasil, 1930-1942:* A Construção do Sujeito de Direitos Trabalhistas. São Paulo: LTr , 2007.

BOURDIEU, P. *A Economia das Trocas Simbólicas*. São Paulo: Perspectiva, 1987.

CARDOSO, A. *A construção da sociedade do trabalho no Brasil* — Uma investigação sobre a persistência secular das desigualdades. Rio de Janeiro: Amazon, 2019.

CARELLI, R.; OLIVEIRA, M.C.S. *As plataformas digitais e o Direito do Trabalho:* como entender a tecnologia e proteger as relações de trabalho no século XXI. Belo Horizonte: Dialética, 2021.

COUTINHO, G. *Justiça Política do Capital* — A desconstrução do Direito do Trabalho por meio de decisões judiciais. São Paulo: Tirant lo Blanch, 2021.

DELGADO, M. G. *Curso de Direito do Trabalho*. São Paulo: LTr, 2008.

DIEESE. *Sistema de Acompanhamento das Greves 2020*. São Paulo, 2021.

______. Balanço das Greves em 2016. *Estudos e Pesquisas* n. 84, 2017.

______. Balanço das Greves em 2012. *Estudos e Pesquisas* n. 66, 2013.

GOMES, A. C.; SILVA, F. (Orgs.). *A Justiça do Trabalho e sua História*. Campinas: Ed. Unicamp, 2013.

______; PESSANHA, E. (Orgs.). *Memória da Justiça do Trabalho* — Trajetórias de Juízes. Porto Alegre: Alegre Poa, 2010.

KAHN FREUND, O. *Labour and the Law*. Londres: Stevens and Sons Ltd, 1977.

KREIN, J. D. A Reforma Trabalhista de FHC: análise de sua efetividade. *Revista do Tribunal Regional do Trabalho da 15ª Região*, n. 24. Campinas, 2004.

KREIN, J.D.; VERAS, R.; FILGUEIRAS, V. *Reforma Trabalhista no Brasil:* Promessas e Realidade. Campinas: Curt Nimuendajú, 2019.

LIMA, J.; BRIDI, M. A. Trabalho digital e emprego: a reforma trabalhista e o aprofundamento da precariedade. *Cadernos CRH*, vol. 32, n. 86, Salvador, 2019.

MORAES, E. *Apontamentos de Direito Operário* (1905). São Paulo: LTr, 1971.

MORAES FILHO, E. *Introdução ao Direito do Trabalho*. São Paulo: LTr, 1986.

______. *O Problema do Sindicato Único no Brasil:* seus fundamentos sociológicos. São Paulo: Alfa--Omega. 1978.

MOREL, R.; PESSANHA, E. A Justiça do Trabalho. *Tempo Social*, v. 19 n. 2, São Paulo, 2007.

NORONHA, E. Ciclo de greves, transição política e estabilização: Brasil 1978-2007. *Lua Nova,* n.76, 2009.

PIKETTY, T. *Capital e Ideologia*. Rio de Janeiro: Intrínseca, 2020.

PESSANHA, E.; ARTUR, K. Justiça do trabalho: controle dos conflitos sociais e dignidade das relações trabalhistas. *Carta Maior*, 22 jan. 2019.

SANTANA, M.; ANTUNES, R. A pandemia da uberização e a revolta dos precários. *Le Monde Diplomatique — Brasil*. França, 30 abr. 2021.

SILVA, S. *Relações coletivas de trabalho* — Configurações institucionais no Brasil Contemporâneo. São Paulo: LTr, 2008.

SILVA, S.; GONDIM, T. A OIT e o futuro do trabalho: notas sobre a atuação da instituição e seus limites. In: PESSANHA, E.; RODRIGUES, M.C.; BARROSO, M. (Orgs.). *OIT 100 anos:* ações, impasses e perspectivas. Rio de Janeiro: Lumen Juris, 2020.

SUPIOT, A. E se refundarmos a legislação trabalhista? *Le Monde Diplomatique* —Brasil. França, ed. 123, 4 out. 2017.

TRIBUNAL SUPERIOR DO TRABALHO. *Relatório Geral da Justiça do Trabalho 2020*. Brasília, 2021.

Breves Palavras sobre Direito, Trabalho e Justiça

Márcio Túlio Viana(1)

1. Introdução

Foram-me formuladas duas questões.

A primeira:

Em que medida o novo quadro social, econômico e tecnológico e as novas figuras de contratos de trabalho afetariam o núcleo da fundamentação teórica que justificaria a especialização do Direito do Trabalho e da própria Justiça do Trabalho?

A segunda:

Qual a importância da Justiça do Trabalho diante dos desafios que, segundo vossa senhoria compreende, se apresentam no atual contexto socioeconômico e tecnológico?

No limite das minhas possibilidades, procuro responder, sinteticamente. Começo pela primeira — nos itens 2 e 3. Termino com a segunda, no item 4.

2. Retalhos do passado

Ao longo de décadas, fábrica, sindicato, Direito e Justiça foram se ajustando um ao outro — e assim, cada qual a seu modo, contribuindo para humanizar um pouco o sistema e ao mesmo tempo, ou também por isso, a viabilizá-lo e fortalecê-lo.

Foi desse modo que todos eles se fizeram grandes, estáveis, uniformes, previsíveis, otimistas, refletindo ideias e emoções ainda iluministas e como que se refletindo no mesmo espelho.

Também por um bom tempo, cada um daqueles agentes ou instituições impulsionou o movimento do outro, como se fossem correias recíprocas de transmissão. E cada qual encontrava no outro a sua razão de ser, a sua explicação, o seu sentido.

Mesmo a empresa precisava de seu rival, o sindicato, e não só para se tornar mais palatável aos olhos da sociedade, como fonte de exploração humana, mas para potencializar

(1) Professor no Programa de Pós-Graduação em Direito da PUC-Minas.

o consumo de seus produtos e até para disciplinar a força operária,[2] impondo limites às rebeldias.

E também o sindicato se nutria da empresa, que lhe fornecia não apenas os combatentes da greve — organizados, padronizados, habituados aos comandos — como também circunstâncias objetivas concretas – a começar das próprias máquinas, que podiam ser utilizadas, de forma invertida, a seu favor.

Daí por que o desempregado nunca teve sequer a possibilidade de pressionar, de resistir. Não lhe é possível usar a racionalidade da fábrica como arma de defesa ou ataque, como fez Carlitos em "Tempos Modernos", pressionando o botão da esteira rolante ou esguichando óleo nos que o perseguiam. Também por isso, sempre foi deixado praticamente à margem do Direito e da Justiça.

Naqueles tempos, a fábrica apenas começava o seu longo reinado, e ser empregado significava sempre ser vulnerável. E o contrário também ocorria: vivíamos numa "sociedade de empregados", como um autor[3] descreveu, talvez olhando mais para trás do que para frente.

Mas como o sujeito vulnerável só podia ser útil dentro da fábrica, tanto o Direito como a Justiça puseram-se a construí-lo também fora dela, como consumidor. Na verdade, também a fábrica participou dessa arquitetura, pelo menos desde Ford, com o seu salário de cinco dólares ao dia, ou talvez até antes dele, pelas mãos de empresários como Owen, na Inglaterra, ou mesmo Jorge Street, no Brasil.

Já naquela época, então, quando surgiam os médios e os altos empregados, tanto o Direito quanto a Justiça entraram em cena com o seu tecnicismo, ou o seu *rigor científico*. E a própria condição de vulnerabilidade foi perdendo o sentido ou a importância original, passando a ser traduzida, ou substituída, pela ideia de subordinação.

Como aponta com inteligência Dorothee Rudiger,[4] foi então que o conceito de empregador, contido na CLT, alcançou o seu verdadeiro sentido: depois de ter, num primeiro momento, desapropriado os trabalhadores dos meios de produção, e de, no momento seguinte, tê-los recolhido na fábrica, o empregador passou a *dirigir*, realmente, a força de trabalho, impondo gestos e movimentos.

"A subordinação não é técnica, nem econômica, nem hierárquica, nem social. É jurídica!" — passaram a nos ensinar os livros de doutrina. Já não percebíamos que a primeira frase não desmentia a segunda, pois tratam de assuntos diferentes, falam de coisas de natureza distinta; seria como comparar bicicletas com bananas fritas.

---

(2) Sobre essa forma de disciplinamento, consulte-se BIHR, Alain. *Da grande noite à alternativa*. São Paulo: Boitempo, *passim*.

(3) Castel, Robert. *As metamorfoses da questão social*: uma crônica do salário. Petrópolis: Vozes, 1995, *passim*.

(4) RÜDIGER, Dorothee Susanne. "Transformações do direito do trabalho na pós-modernidade: o exemplo Brasil". In: LINDGREN ALVES J. A. e outros (Coords.). *Direito e cidadania na pós-modernidade*. Piracicaba: Unimep, 2002.

Desde então, a preocupação do Direito e da Justiça não tem sido tanto a de absorver mais pessoas em condição miserável, mas a de construir critérios para definir quem é e quem não é subordinado, seja miserável ou não. Pela mesma razão, pouco lhes importa a condição miserável de quem *não é* empregado.

Desse modo, tudo ficou mais facilmente enquadrado, classificado, especializado. Horas extras ou férias são direitos do empregado; empregado é quem trabalha sob subordinação; grevista é o empregado em greve. Do mesmo modo, quase sempre, reclamante só é quem foi ou ainda é empregado.

Ao longo das mesmas décadas, e cada vez mais, fábrica e sindicato foram levantando as suas paredes, não só no plano real, como no sentido metafórico. E assim também fez o Direito do Trabalho, com os seus princípios sólidos, perenes, indiscutíveis. Em todos esses ambientes, era impossível entrar sem ser empregado, membro da categoria ou norma trabalhista, respectivamente.

Desse modo, pelo menos até antes da reforma, a CLT repelia expressamente o Direito Comum — exceto quando "compatível".(5) Também ela se construía como os velhos palácios da Justiça, que pareciam expulsar — com as suas estátuas de leões, dragões e serpentes — o caos do mundo exterior, permitindo apenas a entrada da violência ritualizada, contida, capaz de ser composta pelo juiz.(6)

Não era diferente com o próprio lar operário. Suas paredes, mesmo simples, não só defendiam as famílias do poder patronal — pelo menos enquanto as *blitzes* de Ford(7) não apertavam a campainha — como lhes permitiam mimetizar, quase às escondidas, um pouco daquele outro mundo distante, idílico, inacessível.

Conta um autor,(8) a propósito, que nas primeiras vilas operárias, em São Paulo, as casas pobres repetiam, com os seus pequenos jardins, as mansões dos bairros chiques. E algo semelhante acontecia em outras cidades, como Belo Horizonte, em bairros antes operários, e hoje *cults*.(9)

Daquele tempo para cá, no entanto, muita coisa mudou. Hoje, como sabemos, a fábrica está sempre pronta a se mover; e o mesmo acontece com o trabalhador — seja, às vezes, por opção, seja, mais vezes ainda, por necessidade. Na verdade, é tudo que se move, assim como antes também se movia, mas em ritmo muito mais acelerado e radical.(10)

---

(5) Na antiga redação de seu art. 8º. Naturalmente, pode-se também fechar os olhos à nova redação, já que colide com normas maiores.

(6) GARAPON, Antoine. *Bien juger:* essai sur le rituel judiciaire. Paris: Odile Jacob, 2001, *passim*.

(7) Disposto a construir uma nova espécie de homem, ele chegou a organizar grupos de assistentes sociais para gerenciar e fiscalizar a vida privada de seus operários. Algo semelhante aconteceu em suas plantações de borracha na Amazônia, como aponta GREG, Grandin. *Fordlandia:* ascensão e queda da cidade esquecida de Ford na selva. São Paulo: Rocco, 2010.

(8) MARTINS, J. de Souza. *A aparição do demônio na fábrica, no meio da produção*. São Paulo: USP, 1993. p. 5.

(9) No caso de Belo Horizonte, o bairro Floresta.

(10) A propósito, veja-se: ROSA, Hartmut. *Aceleração:* a transformação das estruturas temporais na modernidade. São Paulo: Unesp, 2019.

No Direito, o descolamento entre vulnerabilidade (ou dependência) e subordinação parece mais problemático do que nunca. Enquanto, de um lado, aumenta a diferença entre os próprios subordinados, cresce o abismo entre as pessoas que têm algum tipo de proteção, ainda que apenas razoável, e aquelas despossuídas de tudo, ou de quase tudo.

É verdade que muitos dos desprotegidos no mundo real poderiam ser reconhecidos como sujeitos de Direito. Mas o Direito, como sabemos, não se resume às palavras do código. Ali elas ficam dormindo, quase mortas, como vampiros num caixão; só despertam para a vida quando ouvem a voz dura do patrão, ou o silêncio forçado do empregado, ou o grito do líder na greve, ou a sentença dócil ou firme do juiz.

Além disso, como todos sabemos, há um mar crescente de pessoas ignoradas pelo próprio Direito teórico, formal. Basta pensar, por exemplo, nos que passam as noites sob as pontes e marquises, nos que vagam pelas ruas à cata de lixo, nos que simplesmente desistiram de procurar emprego, nos que — sem endereço, sapatos, roupas ou higiene — não teriam nenhuma chance de encontrá-lo, nos que tentam vencer os muros nas fronteiras ou no interior das cidades, nos que cumprem penas adicionais nas prisões,(11) nos que ainda sofrem nos hospícios ou nos que vendem partes de seu corpo — cabelos, dentes, sangue, órgãos genitais — para manter vivas as outras partes.

Diante desse universo de miseráveis, o Direito do Trabalho e a Justiça do Trabalho deveriam se confessar mais modestos, hoje, do que nunca. O mais que podem fazer é envolver ainda, por via hermenêutica, os que o sistema tenta cuspir por via da fraude, mas que ainda podem ser enquadrados, racionalmente, no conceito de subordinação.

3. Costuras do futuro

Pensar num futuro maior e melhor não significa destruir desde logo o presente. Assim, nem de longe poderíamos defender, por exemplo, o fim da Justiça do Trabalho, e/ou a sua incorporação na Justiça Comum. A melhor estratégia, naturalmente, é a de defender com unhas e dentes o que temos — ou o que sobrou — e ao mesmo tempo tentar avançar, por difícil que pareça, nos espaços ainda abertos. E isso depende também — ou sobretudo — das lutas de resistência dos próprios oprimidos.

A propósito, não custa notar como alguns daqueles novos espaços já vêm sendo ocupados, inclusive pela jurisprudência. São os que dizem respeito aos chamados "direitos civis de primeira geração", ou "dimensão", como os que resguardam a privacidade, proíbem as discriminações e combatem os assédios. São direitos que entram em compasso com o próprio credo neoliberal — que enfatiza a liberdade e a igualdade, embora com outros propósitos — e não implicam, pelo menos diretamente, maior distribuição de renda. Essa válvula de escape os imuniza contra o discurso dominante — senão em tudo, pelo menos nos aspectos mais importantes.

---

(11) Sobre o tema, escrevemos, com Raquel Portugal, o livro *O segundo processo:* fatores informais que penetram nos julgamentos. São Paulo: LTr, 2019.

Não é possível negar, é claro, o aspecto positivo desse avanço *civilista* no Direito do Trabalho, por mais que mereça retoques. Mas é um avanço que cobra um preço, pois ajuda a mascarar o que vem acontecendo com os direitos trabalhistas no sentido estrito. Hoje, em que pese a crítica que se faz à expressão "gerações de direitos" — trocada na doutrina por "dimensões de direitos" — o que vemos, na verdade, é mesmo um confronto de gerações; a primeira geração começa a atropelar a segunda, e a tal ponto é assim que se acusa o próprio Direito do Trabalho de inviabilizar o direito *ao* trabalho.

Por outro lado, também não custa repetir a ligação entre o sindicato e as normas de proteção. Mesmo em países como o nosso, em que a mão do governante teve o seu peso, as pressões operárias estiveram presentes na criação da CLT; além disso, as normas que importamos da Europa chegaram aqui banhadas do sangue dos trabalhadores de lá. Assim, de um modo ou de outro, ou não importa aonde, a figura do sindicato está impressa em cada pequena regra trabalhista. E isso nos mostra que — mais do que a natureza de seus sujeitos — o que marca a diferença entre o Direito Individual e o Direito Coletivo do Trabalho é a relação de causa e efeito entre um e outro.

Ser construído também pelos oprimidos é um dos traços mais marcantes do Direito do Trabalho, e responsável, em grande parte, por sua autonomia. Mas é também, ao mesmo tempo, o seu *Calcanhar de Aquiles*: mostra que apesar de todo o aparato que o acompanha — fiscais, juízes e procuradores, com as suas ações, sentenças e multas — ele depende do sindicato para crescer e até para se manter vivo. No entanto, até na dimensão subjetiva — do sujeito trabalhador — o sindicato está em crise, como nós também sabemos; e essa sua crise é a crise do próprio Direito do Trabalho.

Ora, para que o sindicato sobreviva, e não negue a sua história, provavelmente terá de se transformar dos pés à cabeça. Do contrário poderá seguir sendo sindicato no nome, mas já então desvirtuado, com o triste papel de ir chancelando, passo a passo, o processo de destruição de suas próprias conquistas.

No sentido dessa grande transformação, é provável que o sindicato deva substituir o *modelo casa*, que sempre o acompanhou, pelo *modelo rua*,[12] que o espera no futuro E isso significa abrir portas e janelas para todos os que quiserem entrar e sair, o que exigirá mudanças na lei; e expor-se corajosamente aos riscos de cada esquina, aprendendo — continuamente — a se desviar dos novos buracos que podem ir surgindo. Seria preciso ainda trocar a voz de seu líder pela escuta das bases, e ir construindo, na prática do dia a dia, as suas pequenas, variadas e mutantes estratégias. Serão elas que construirão suas teorizações, mas as próprias teorizações terão de ser sempre questionadas, também a cada dia.

Em poucas palavras, ao invés de tentar resgatar — mais e sempre — a memória do passado, o sindicato terá de considerar os elementos — inclusive subjetivos — da pós-modernidade. Por isso, talvez tenha de se contentar com um militante que flutua, e vai e

(12) A propósito, com Maria Rosaria Barbato, escrevemos o texto "Casas, ruas e vírus", disponível em: <**https://www.indexlaw.org/index.php/rdb/article/view/6840**>.

volta, sem os juramentos de fidelidade de ontem; e de atentar também para as individualidades, mesclando-as com o interesse do grupo. Aliás, talvez o seu futuro esteja mais no difuso do que propriamente no coletivo — repetindo, em certa medida, certa tendência do próprio Direito Civil, e talvez prenunciando um novo e maior Direito do Trabalho — seja qual for o nome que se lhe dê.

4. Entre a Justiça e a justiça

Dizia Couture que:

> O juiz é um homem que se move dentro do Direito como o prisioneiro dentro de seu cárcere. Tem liberdade para mover-se e nisso atua sua vontade. O Direito, entretanto, lhe fixa limites muito estreitos, que não podem ser ultrapassados. O importante, o grave, o verdadeiramente transcendental no Direito não está no cárcere, isto é, nos limites, mas no próprio homem.(13)

Feita de seres humanos, a Justiça do Trabalho tem sido importante sob dois aspectos — para o bem e para o mal.

De um lado, é importante porque — nos limites de seu *cárcere* — o juiz pode consertar ou reduzir alguns dos estragos do legislador. Não se trata, é claro, de legislar também, mas de valorizar as normas constitucionais e os princípios do Direito do Trabalho; e ao mesmo tempo, na análise da prova, tentar fugir das armadilhas que os seus preconceitos, a sua história de vida e até mesmo suas palavras difíceis, suas *vestes talares*, sua cadeira no alto e tudo o mais à sua volta pressionam e confundem o demandante quase sempre pobre, aflito e sem a menor possibilidade de desvendar o ritual.(14)

De outro lado, porém, a Justiça tem sido importante — no sentido de influente — quando ajuda, aqui ou ali, a destruir direitos tão duramente conquistados. Nesse caso, o juiz se deixa levar pela ideologia reinante, ou pela lei do menor esforço, ou pelo interesse de pavimentar sua promoção, ou por tudo isso de uma vez; e simplesmente aplica, mecanicamente, as palavras cunhadas pelo legislador, ignorando ou até invertendo os princípios trabalhistas e constitucionais.

Nessa mesma hipótese, cada pequena decisão — querendo ou não o juiz — transmitirá à sociedade uma nova (e ao mesmo tempo velha) mensagem: a de que basta trabalhar para "vencer na vida", o que significa que o miserável é o único responsável por sua miséria — ainda mais numa terra onde "em se plantando, tudo dá". Mas a decisão também dirá, nas entrelinhas, que direitos demais implicam empregos de menos, que o sindicato é um covil de vagabundos ou comunistas, que é hora de acabar com a "indústria de indenizações" e que a CLT, além de velha, é filha de Vargas, *um ditador*.

Ainda nesse caso, o juiz continuará, naturalmente, a exercer o seu trabalho, mas deixará de ser um juiz *do trabalho* — pelo menos na essência. Estará trasvestido de juiz de direito

(13) COUTURE, Eduardo. *Introdução ao Estudo do Processo Civil*. Porto Alegre: J. Konfino, 1967.

(14) VIANA, Márcio Túlio; NUNES, Raquel Portugal. Obra citada.

— ou *federal*, se preferir. Mas para isso terá transformado a hora extra e as férias em coisas pequenas, sem valor, pleiteadas por pessoas também pequenas, sem valor, o que o fará igualmente pequeno, sem valor. Será um juiz que tenta se espelhar num juiz comum, mas será menos do que comum — e sim um juiz *de segunda classe*. Terá perdido a sua referência, o seu diferencial, o seu sentido e a sua relevância. E a cada dia olhará com inveja aquele elegante colega, seu ideal de consumo, sempre às voltas com pleitos milionários, palanques com o prefeito ou questões jurídicas *de alta indagação*.

Assim, na primeira das *importâncias*, vemos o juiz reformar as palavras da lei — quando preciso — em nome de normas mais altas e reflexões mais profundas. Já na segunda, ao contrário, são as palavras da lei que estarão reinterpretando e deformando o juiz.

Relevância e Atualidade da Jurisdição Trabalhista na Suprema Corte dos EUA

Cássio Casagrande[1]

Durante os debates que antecederam a Reforma Trabalhista, os críticos mais exaltados da Justiça do Trabalho argumentavam que a própria existência de uma jurisdição específica para processamento e julgamento de conflitos em matéria laboral seria anacrônica. Esses críticos questionavam então, até mesmo, a necessidade de manutenção desse ramo especializado do Poder Judiciário da União, não sendo poucos os que ainda continuam a advogar a extinção da Justiça do Trabalho, dentre eles o atual Presidente da República, que assim se manifestou no início do seu mandato.[2]

Para reforçar o seu discurso de que a Justiça do Trabalho seria "desnecessária", muitos de seus detratores usam um argumento retórico baseado em antítese, a essa altura já bastante rebarbativo: os Estados Unidos, que alcançaram notável desenvolvimento econômico e social, não contariam com uma Justiça especializada em matéria trabalhista, logo essa seria dispensável.

Essa retórica, no entanto, é claramente falaciosa, porque a própria antítese parte de uma premissa falsa: a de que a ausência de um ramo do Judiciário especializado em conflitos laborais importaria em inexistência de jurisdição trabalhista específica.

É preciso observar aqui, para desconstrução do argumento falacioso, dois aspectos fundamentais do sistema de solução de conflitos laborais nos EUA: esse país possui "jurisdição trabalhista administrativa" tanto no plano federal,[3] como no estadual, em que "agências" especializadas resolvem disputas trabalhistas individuais e coletivas, cujas decisões são recorríveis diretamente à segunda instância da Justiça Federal, podendo chegar até a Suprema Corte dos Estados Unidos, não só em questões de controle de constitucionalidade, como também, em matéria de uniformização da lei federal relacionada ao Direito do Trabalho

(1) Doutor em Ciência Política. Professor de Direito Constitucional da Universidade Federal Fluminense. Procurador do Ministério Público do Trabalho no Rio de Janeiro. Colunista do *JOTA*.

(2) A declaração de Jair Bolsonaro de que estudaria o fim da Justiça do Trabalho foi feita em entrevista televisionada ao canal *SBT* no dia 03.01.2019.

(3) São exemplos de agências administrativas federais em matéria trabalhista a National Labor Relations Board, que julga conflitos sindicais, e a *Equal Employment Opportunity Commission*, responsável por apreciar ações por discriminação no emprego.

(como, dentre outras, a National Labor Relations Act e a Federal Labor Standards Act) ou mesmo a matérias que incidem de forma oblíqua nas relações laborais (como o Título VII da *Civil Rights Act*). Além disso, como é da tradição da *Common Law* americana, em muitas matérias é possível provocar o Poder Judiciário diretamente, mesmo sem prévio exaurimento da via administrativa.

Esse "esquema" de organização do sistema de litigância, que pressupõe a existência de interação recursal entre agências administrativas especializadas e a Justiça Federal, se dá não somente na área trabalhista, mas também em outras áreas "especializadas", como o direito dos imigrantes ou o direito dos contribuintes. Portanto, a suposta inexistência de uma "Justiça do Trabalho" nos Estados Unidos decorre do fato de que a Justiça Federal naquele país foi organizada de modo unitário (diferentemente do Brasil onde ela comporta quatro ramos), recebendo demandas "especializadas" apenas em caráter de apelação nos diversos tribunais federais regionais ("circuitos")[(4)].

Mais importante, é notável como esse sistema permite uma intensa judicialização dos conflitos laborais, muitos dos quais percorrem um longo caminho desde as instâncias administrativas até alcançar a jurisdição recursal da Suprema Corte dos Estados Unidos, que acaba por delinear em seus precedentes importantes aspectos do Direito do Trabalho nos Estados Unidos. Portanto, ao contrário do que se argumenta aqui no Brasil, a jurisdição trabalhista nos EUA comporta considerável litigância e desempenha papel fundamental na construção judicial do Direito do Trabalho, inclusive em aspectos que envolvem a uniformização da legislação federal e o exercício de direitos constitucionais no local de trabalho.

Para demonstrar a relevância e atualidade da jurisdição trabalhista nos Estados Unidos, apresento aqui os casos mais relevantes julgados pela Suprema Corte daquele país nos últimos cinquenta anos, que contribuíram para moldar o Direito do Trabalho americano. O marco temporal é assim fixado porque coincide, aproximadamente, com as gestões dos três últimos presidentes daquela corte constitucional: Warren Burger (1969 – 1986); William Rehnquist (1986 – 2005) e John Roberts (2005 – ...), os quais representariam uma "era conservadora" da Suprema Corte, ainda em andamento, durante o qual houve predomínio de juízes considerados conservadores, os quais, em teoria, representariam uma força ideológica liberal (no sentido europeu) do ponto de vista econômico, tendente ao acolhimento de teses patronais, em desfavor das obreiras, no que diz respeito aos conflitos trabalhistas que lhes foram submetidos.

No entanto, uma análise mais meticulosa da jurisprudência trabalhista construída no período demonstra um quadro mais complexo, em que se podem sentir avanços e retrocessos relativamente à concepção tutelar do Direito do Trabalho.

---

(4) Para uma abordagem mais detida sobre o sistema americano de jurisdição trabalhista, reporto o leitor ao meu artigo "Litigância trabalhista nos EUA em perspectiva comparada", publicado em *Direito Comparado do Trabalho no Mundo Globalizado*, organizado por Francisco Gerson Marques de Lima (Fortaleza: Excola, 2020); para uma obra de fôlego ainda maior sobre o tema, recomendo o livro escrito pelo juiz do trabalho e mestre em Direito João Renda Leal Fernandes, *O Mito EUA — um país sem direitos trabalhistas?* (Salvador: JusPodivm, 2021).

Desde 1971, quando Richard Nixon, em curto espaço de tempo, conseguiu nomear quatro juízes para a Suprema Corte (incluindo os percalços de duas indicações fracassadas), tem havido uma maioria ininterrupta de ao menos cinco *Justices* indicados por presidentes filiados ao Partido Republicano.

Esse predomínio conservador de cinquenta anos na Suprema Corte parece claro e incontestável, mas muitos questionam quão conservadora seria a jurisprudência produzida nesse período, em que foram reconhecidos como constitucionais o direito ao aborto, às ações afirmativas e ao casamento homoafetivo, apenas para ficar em três casos mais emblemáticos em que prevaleceram teses geralmente associadas ao ideário liberal (isto é, da esquerda americana).

De fato, especialmente em temas morais, a "Corte Nixon", como sarcasticamente os críticos designam o período Burger-Rehnquist-Roberts,[5] foi bastante centrista, seguindo de modo geral a opinião pública dos americanos em questões de moralidade pública. No entanto, quando na pauta de julgamentos a Corte se defronta com questões eminentemente econômicas, que envolvem trabalhadores, consumidores ou acionistas em face de grandes empresas, o resultado quase sempre é adverso àqueles que se encontram no lado mais fraco da disputa.

A jurisprudência trabalhista do período é bastante significativa desse comportamento. Quando a Corte se defrontou com questões relativas a discriminação no trabalho, que implicam dimensões de moralidade pública, o resultado em geral (mas nem sempre) foi favorável aos trabalhadores. No entanto, quando as controvérsias julgadas diziam respeito a disputas sobre o cerne do contrato de trabalho (salários e jornada), sobre o acesso dos trabalhadores ao Judiciário ou, ainda, sobre mobilização sindical, as decisões tendem a favorecer os empregadores.

Assim, pode-se dizer que em questões trabalhistas, uma visão de igualdade civil nas relações laborais tem prevalecido mesmo neste período conservador, especialmente quando a Suprema Corte interpretou e aplicou o famoso título VII da Lei dos Direitos Civis (*Civil Rights Act*), editada em 1964 durante o governo Kennedy/Johnson, como resposta ao movimento pelos Direitos Civis liderado por Martin Luther King.

Por exemplo, em Griggs *v.* Duke Power[6] a Corte Burger acolheu em uma ação trabalhista coletiva a teoria do impacto desproporcional nas lides sobre discriminação com base em norma regulamentar aparentemente neutra; em Frontiero *v.* Richardson,[7] inaugurou jurisprudência copiosa equiparando os direitos das mulheres aos homens no mercado de trabalho, como também, em Cleveland Board of Education *v.* LaFleur[8] proibindo discriminações

(5) *Vide*, por exemplo, a recente obra de Adam Cohem, *Supreme Inequality — The Supreme Court's Fifty Year Battle for a More Unjust America* (Nova Iorque: Penguin, 2021).

(6) 401 U.S. 424 (1971).

(7) 411 U.S. 677 (1973).

(8) 414 U.S. 632 (1974).

em razão de gestação; no caso United States Steelworkers of America, AFL-CIO-CLC *v.* Weber *et. al.*,(9) considerou constitucional o estabelecimento de cotas raciais em acordos coletivos de trabalho.

Durante a Corte Rehnquist, a Suprema Corte reconheceu em Meritor Savings Bank *v.* Vinson(10) que o assédio sexual é uma forma de discriminação tutelada pelo referido Título VII da Civil Rights Act; em Johnson *v.* Transportation Agency, Santa Clara County, Califórnia,(11) admitiu a constitucionalidade de ações afirmativas para mulheres em empregos públicos.

Já na Corte Roberts, em Meachean *v.* Knolls Atomic Power,(12) a Corte constitucional americana atribuiu ao empregador o ônus de prova em processos de discriminação por idade; em Equal Employment Opportunity Commission *v.* Abercombie & Fitch Stores,(13) declarou como discriminatória recusa em admitir empregado por sua indumentária religiosa; em Bostock *v.* Clayton County,(14) reconheceu que a Lei dos Direitos Civis de 1964, ao vedar dispensas "por motivo de sexo", também protege os trabalhadores contra despedida por orientação sexual.

Embora tenha acompanhado a tendência das Cortes Burguer e Rehnquist em matéria de discriminação no trabalho, como se viu acima, os últimos 15 anos da presidência Roberts têm sido bastante duros para trabalhadores e sindicatos em temas fundamentais de relações laborais, como nos casos Ledbetter *v.* Goodyear Tire & Rubber Co.,(15) em que a Corte deu interpretação restritiva para o prazo prescricional relativo a parcelas de trato sucessivo, em ações trabalhistas, por discriminação de gênero (decisão posteriormente superada por lei federal do governo Obama); Wall Mart Stores, Inc. *v.* Dukes,(16) na qual entendeu incabível ação coletiva para demonstrar discriminação salarial relativa a um milhão e meio de trabalhadoras mulheres; Sandifer *v.* United States Steel Corporation,(17) em que entendeu possível a exclusão da jornada de trabalho dos minutos destinados a vestir equipamento especial de trabalho, antes e depois do início da jornada; Epic Systems *v.* Lewis,(18) no qual se permitiu aos empregadores firmar, no ato da admissão, compromisso arbitral com empregados, vedando-lhes a possibilidade de litigar em juízo; Janus *v.* AFCME,(19) caso em que a Corte reverteu, por *overruling*, jurisprudência pacífica desde 1977 que permitia contribuições

---

(9) 443 U.S.193 (1979).

(10) 477 U.S. 57 (1986).

(11) 480 U.S. 616 (1987).

(12) 554 U.S. 84 (2008).

(13) 575 U.S. ______ (2015).

(14) 590 U.S. ______ (2020).

(15) 550 U.S. 618 (2007).

(16) 564 U.S. 338 (2011).

(17) 444 U.S. 37 (2014).

(18) 584 U.S. ______ (2018).

(19) 585 U.S. ______ (2018).

sindicais compulsórias de servidores públicos para bancar despesas de negociação coletiva; Cedar Point Nursery *v.* Hassid,[20] julgado recentemente, no qual a Suprema Corte negou a constitucionalidade de uma lei estadual da Califórnia que permitia a sindicato de trabalhadores rurais acessar propriedade para promover campanhas junto aos representados.

Portanto, nesse breve voo de pássaro sobre os precedentes mais relevantes da jurisprudência trabalhista da Suprema Corte dos Estados Unidos nas últimas décadas, pode-se perceber a relevância e atualidade da jurisdição trabalhista naquele país. Ainda que não seja dotado de uma justiça especializada para dirimir conflitos laborais, os Estados Unidos possuem um sistema de jurisdição administrativa imbricado ao sistema judicial que permite, tal como ocorre aqui, a patrões e empregados judicializar suas disputas ideológicas sobre o sentido e alcance das normas reguladoras das relações de trabalho até a mais alta Corte do país.

(20) 594 U.S. ______ (2020).

Relações de Trabalho na Sociedade Contemporânea, Revolução Industrial 4.0 e a Competência da Justiça do Trabalho

Flávia Moreira Guimarães Pessoa[1]
Silvia Helena Paráboli Martins Maluf[2]

Resumo: O advento de novas tecnologias ocasionou o que se convencionou chamar de Revolução 4.0, provocando grandes transformações no mundo do trabalho, sobretudo pelo surgimento de novas relações laborais. No presente ensaio analisaremos os reflexos dessas mudanças no Direito do Trabalho, bem como a importância da Justiça do Trabalho diante dessa nova realidade. O ensaio adota a metodologia analítica descritiva e conclui ser a Justiça do Trabalho o ramo do Poder Judiciário que mais tem condições de analisar as questões que envolvem as relações trabalhistas pela sua especialização, conforme permissão contida no art. 114 da Constituição Federal de 1998, modificado pela Emenda à Constituição n. 45/2004, além do que, possui princípios específicos que devem ser observados nessas relações, por possuírem características próprias que as diferenciam das relações civis e comerciais.

Palavras-chave: Revolução 4.0. Novas relações de trabalho. Automação. Competência da Justiça do Trabalho.

1. Introdução

O universo do trabalho tem passado por grandes transformações, sobretudo com as novas relações de trabalho que têm surgido ao longo dos anos em decorrência da implementação de novas tecnologias, chamadas de Revolução 4.0, que ocasionaram a flexibilização das leis trabalhistas.

Todavia, mesmo diante desse novo contexto, não podemos nos esquecer de que, pelo menos, em um lado dessa relação de trabalho sempre haverá uma pessoa física, que é o trabalhador, que deve ser protegido pelo ordenamento jurídico, pois antes de tudo é uma pessoa,

(1) Conselheira do Conselho Nacional de Justiça. Juíza do trabalho (TRT da 20ª Região – Sergipe). Professora do Mestrado em Direito da Universidade Federal de Sergipe e da Universidade Tiradentes. Especialista em Direito Processual pela UFSC. Mestre em Direito, Estado e Cidadania pela UGF. Doutora em Direito Público pela UFBA. Pós-doutora em Direito do Trabalho pela UFBA. Acadêmica da Academia Brasileira de Direito do Trabalho e da Academia Sergipana de Letras Jurídicas.

(2) Juíza do trabalho (TRT da 20ª Região – Sergipe). Mestranda em Direito Constitucional. Especialista em Direito Administrativo; Direito Tributário e Direito do Trabalho e Processual do Trabalho.

cuja dignidade constitui fundamento da República, de acordo com a Constituição Federal de 1988.

O próprio trabalho constitui direito fundamental, pois é por ele que o indivíduo se vê valorizado, e que também merece proteção do Estado, que deverá adotar medidas para o pleno emprego.

Esses direitos fundamentais, quando ameaçados ou lesados, devem ser reparados, consistindo o acesso à justiça também direito fundamental.

Outrossim, por meio da ampliação da competência da Justiça do Trabalho que ocorreu pela Emenda Constitucional n. 45, publicada em 31 de dezembro de 2004, além de ter sido garantida a existência da Justiça do Trabalho, esta saiu mais fortalecida. Isso porque a Carta Magna afirmou a competência dessa Justiça Especializada para toda a matéria trabalhista, pelo que se pode dizer que a mudança atribui à Justiça do Trabalho não somente a competência para conhecer e julgar os conflitos existentes entre empregados e empregadores, mas, também, das relações de trabalho.

Foi, sem dúvida, um grande avanço, pois ficou concentrada toda a matéria trabalhista em um só ramo do Judiciário, o que propiciou dar efetividade ao Direito do Trabalho, que possui princípios específicos e podem ser aplicados também às relações de trabalho (e não somente às relações de emprego), a partir do reconhecimento da existência de outras categorias de trabalhadores que, tal como os empregados, são hipossuficientes e necessitam de proteção.

Assim, o Direito do Trabalho, que não se limita às normas contidas na CLT, mas refere-se a todo texto normativo que trata de relações de trabalho, não pode ser desvinculado do Processo do Trabalho, que melhor atende às demandas dos trabalhadores em razão das suas especificidades, o que foi reconhecido pelo constituinte ao editar a Emenda Constitucional mencionada.

2. Das novas relações de trabalho e preservação da dignidade da pessoa humana

Com o implemento e avanço da tecnologia, atualmente chamada de Indústria 4.0, ou Revolução 4.0, o ambiente de trabalho ou mesmo a forma da prestação de serviços está passando por mudanças, propiciando a flexibilização das normas trabalhistas e o surgimento de novas relações de trabalho.

Destaca-se que as primeiras discussões envolvendo o tema referente à Revolução 4.0 datam de 2011, durante a Feira de Hannover, na Alemanha, em que foram iniciadas as discussões geradas pelas "fábricas inteligentes", que iriam revolucionar as organizações e os sistemas operacionais globais (SCHWAB, 2016, p. 12).

Schwab (2015, p. 1) ressalta que a Revolução 4.0 apresenta uma velocidade de transformações tecnológicas sem precedentes históricos, atingindo um ritmo exponencial e não linear, além de afetar quase a totalidade de setores e países. A amplitude e a profundidade dessas mudanças anunciam a transformação de sistemas inteiros de produção, gestão e governança a partir das diferentes possibilidades trazidas pelos avanços tecnológicos em campos como inteligência artificial, robótica, Internet das Coisas, veículos autônomos, impressão 3D, nanotecnologia, biotecnologia, ciência de materiais, armazenamento de energia, computação quântica, dentre outros.

Conforme destacam Philbeck e Davis (2019, p. 1), o conceito de Quarta Revolução Industrial é comumente tomado como sinônimo de indústria 4.0, mas, na realidade, esses termos descrevem aspectos diferentes. Para os autores, indústria 4.0 é um importante componente dentro da grande moldura da Quarta Revolução Industrial, estando focada no relacionamento entre digitalização, transformações organizacionais e aumento da produtividade.

Dentre as mudanças ocorridas no mundo do trabalho está o próprio ambiente laboral, pois haverá situações em que o trabalhador não precisará ir a um determinado espaço físico para trabalhar, ou seja, para o estabelecimento da empresa, pois seu trabalho poderá ser desenvolvido em qualquer local, desde que tenha acesso à internet. Esse é o chamado teletrabalho ou *home office.*

Esse avanço tecnológico pode gerar, inclusive, a despersonificação do empregador, em decorrência da sua "dessubjetivação", pela ausência de contato físico, pois embora haja a pessoalidade na prestação de serviços em relação ao empregado, este pode desconhecer o seu patrão, ou seja, a figura do proprietário da empresa, tendo como referencial apenas a pessoa jurídica para a qual trabalha.

A forma como o trabalho vinha sendo desenvolvido também sofreu mudanças. O modelo taylorista outrora vigente, em que o trabalhador era submetido a uma sequência de atos, na ordem e velocidade determinadas pelo superior hierárquico, que fiscalizava a forma como esse trabalho era desenvolvido, dá lugar a um trabalho mais flexível, passando o trabalhador a ser avaliado por objetivos (SUPIOT, 2007, p.212), ou metas, sendo que a quantidade de trabalho desenvolvida poderá influenciar diretamente na sua remuneração, pois quanto maior a sua produção maior o seu ganho, ou seja, maior o esforço, maior a compensação. A gestão por metas foi implantada a partir dos anos 1980, e foi gerada pela globalização, mundialização financeira e necessidade de aceleração (ANTUNES, 2018, p. 39).

Ainda, a conexão à rede faz com que o trabalhador sempre esteja disponível, podendo ser acionado a qualquer momento, o que geralmente leva ao estresse físico ou mental, doença conhecida por *burnout.* Até mesmo essa busca por metas, e melhoria de salário, faz com que o trabalhador se dedique mais tempo ao trabalho.

Outrossim, as categorias que envolvem mão de obra mecanicamente repetitiva e precisa serão substituídas pela automatização (SCHWAB, 2016, p. 39). Além da substituição do trabalho repetitivo em diversos setores de produção, ressalta-se que o poder da tecnologia computacional e das redes comunicacionais fará com que diferentes profissões sejam parcialmente ou completamente automatizadas (SCHWAB, 2016, p. 39).

O tempo e o espaço, nesse novo contexto, são redimensionados, pois o trabalho pode ultrapassar fronteiras, gerando múltiplas relações instantaneamente, não obstante o trabalhador precise apenas de uma tela de computador.

O trabalho por produção em muito se assemelha àqueles trabalhadores que prestam serviços a empresas que atuam em economia de compartilhamento, também chamada de economia "gig",[(3)] a exemplo da Uber, Amazon, Airbnb etc., e envolve dois tipos de trabalho, que são *crowdwork* e *on demand* (KALIL, p. 241). Os trabalhadores nessas atividades não têm sido considerados empregados pelas próprias tomadoras dos serviços.

O trabalho *on demand* diz respeito a atividades tradicionais, como transporte e limpeza, e de escritório, cujos serviços são oferecidos por meio de aplicativos, gerenciados pela empresa, que identificam a oferta e a demanda, e que estabelecem padrões mínimos de qualidade (KALIL, p. 241-245).

O trabalho *crowdwork* envolve a realização de tarefas a partir de plataformas *on line* que colocam em contato diversas organizações e indivíduos por meio da internet, permitindo a aproximação entre consumidores e trabalhadores de todo o mundo. A plataforma mais conhecida de *crowdwork* é a Amazon Mechanical Turk (MTurk), que oferece tarefas de "inteligência humana". Nesse tipo de atividade existem fornecedores e solicitantes e há, aproximadamente, 3.000 tarefas a serem realizadas pela MTurk (KALIL, p. 241-245).

Os trabalhadores em economia de compartilhamento, embora possuam maior flexibilidade ou autonomia na prestação de serviços, também possuem semelhanças com os empregados celetistas, já que não dirigem, de forma livre, a prestação de serviços, pois são vinculados às políticas da empresa à qual se vinculam, tendo que aceitar um mínimo de chamadas para evitar a desativação da sua conta ou mesmo o preço dos serviços prestados, os quais são inegociáveis, como ocorre com os motoristas da Uber, por exemplo.

No Reino Unido tem sido utilizado o trabalho intermitente, que é chamado de *zero hour contract*, em que os contratos não especificam a quantidade de horas que se deve trabalhar, embora os trabalhadores fiquem esperando uma chamada e, quando acionados, recebem apenas pelo serviços prestados, não levando em conta o tempo de espera. Esse tipo de trabalho pode se dar em qualquer segmento, tais como motoristas, eletricistas, advogados, limpeza, serviços domésticos etc. (ANTUNES, 2018, p. 39).

As novas formas de prestação de serviços, contudo, não diminuíram a tensão entre o capital e o trabalho, ao contrário, novas demandas foram surgindo, pois desse desenvolvimento tecnológico os papéis de cada um dos integrantes dessas novas relações foram se modificando. Não obstante as mudanças, o capital sempre irá controlar o trabalho, seja de que tipo for, porém, o que muda é a forma como se dá esse controle.

(3) Conforme salienta Nikos Koutsimpogiorgos *et al.* (2020, p. 245), a contratação de trabalhadores para tarefas únicas, em que o solicitante e o trabalhador são intermediados por meio de uma plataforma *online*, é uma forma emergente de transação de trabalho — geralmente chamada *Gig Economy*, conquanto não haja consenso a respeito do conceito do termo. Grande controvérsia existe acerca do fenômeno. Os defensores argumentam que a *Gig Economy* atende aos desejos dos solicitantes e dos trabalhadores por relações de trabalho mais flexíveis, enquanto os céticos se preocupam com os baixos salários e a previdência social limitada dos trabalhadores.

Essas novas relações de trabalho têm provocado a diminuição do trabalho formal, por se entender inexistir a subordinação na forma de prestação de serviços, excluindo os trabalhadores nessas atividades da proteção das normas celetárias, gerando a proletarização dos trabalhadores.

Ricardo Antunes (2018, p. 39) observa que, nesse ritmo, poucos trabalhadores serão assalariados e que muitos serão "empreendedores" ou "proletários de si mesmos", os quais estarão em uma triste realidade em que oscilarão entre o desemprego completo e o privilégio da servidão.

A própria empresa Uber denomina os motoristas ora de "parceiros" ora de "clientes" ora de "contratantes", alegando, com base nessa última denominação, que os motoristas é que contratam o uso do aplicativo desenvolvido pela empresa, para a prestação de serviços, e não a própria empresa (TEODORO; D'AFONSECA; ANTONIETA, 2017).

A legislação brasileira, no entanto, é omissa quanto à regulamentação dessas novas relações de trabalho, ao contrário de outros países, a exemplo da Espanha, com sua "Lei dos Entregadores" ou "*Ley de los riders*", aprovada pelo Conselho de Ministros da Espanha, para a qual esses trabalhadores, presumivelmente, são considerados empregados. Essa medida decorreu de uma decisão prolatada em setembro de 2020 em que o Tribunal Supremo do país reconheceu o vínculo empregatício entre um entregador ciclista e a *startup* Glovo. A medida também prevê que as empresas informem as regras relativas aos algoritmos e tecnologias de inteligência artificial da plataforma das empresas (CONJUR, 2021).

Não obstante, a Constituição não permite que os trabalhadores sejam expostos a condições degradantes, devendo, pois, serem garantidos a eles patamares civilizatórios mínimos (DELGADO, p. 567).

Vale destacar que o valor social do trabalho constitui fundamento da República Federativa do Brasil, como estabelecido no art. 1º, inciso IV, da Constituição Federal de 1988. Ademais, no art. 6º, também da Constituição de 1988, está previsto, dentre outros, o direito ao trabalho. Esse dispositivo constitucional, portanto, refere-se ao direito subjetivo de ter um trabalho. Merece ressalva, ainda, o art. 170 da Constituição Federal de 1988, que considera o trabalho humano como um dos pilares da ordem econômica, e o art. 193 que estabelece que "a ordem social tem como base o primado do trabalho, e como objetivo o bem-estar e a justiça sociais".

Assim, tem-se que o próprio trabalho é um direito fundamental, cabendo ao Estado implementar políticas voltadas para o pleno emprego. Todavia, esse direito fundamental ao trabalho somente é concretizado se o trabalho for digno. A orientação constitucional, inclusive, como ressalta Gabriela Neves Delgado (2008, p. 567), é no sentido de preservação da dignidade da pessoa humana, ou seja, a Constituição de 1988 consagra a dignidade da pessoa humana como fundamento do Estado Democrático de Direito.

A Constituição de 1988 também prevê diversos direitos sociais que podem ser aplicados a essa categoria de trabalhadores a fim de que lhes sejam garantidos tratamentos protetivos próprios do Direito do Trabalho, propiciando garantias mínimas de existência digna.

O texto constitucional, ao instituir os direitos sociais no art. 7º, não faz distinção entre trabalhadores com vínculo empregatício e prestadores de serviços, sendo que esses direitos fundamentais, conforme é admitido pela doutrina pátria e mesmo pelo STF, têm aplicabilidade direta e eficácia imediata, inclusive às relações privadas, e que também poderão ser aplicados àqueles trabalhadores sem vínculo empregatício.

Por outro lado, as empresas, apesar de lhes ser aplicado o regime da livre-iniciativa, estão submetidas à respectiva função social. Desta forma, sua existência tem que cumprir o propósito constitucional, que é a dignidade humana, o que significa dizer que, ao explorarem a força de trabalho de outrem, devem garantir aos trabalhadores direitos fundamentais mínimos que lhes possam proporcionar uma vida digna.

As empresas, portanto, têm responsabilidade social, ou seja, são responsáveis pela saúde física e mental das pessoas que lhe prestam serviços, devendo garantir-lhe condições de trabalho e remuneração dignos, promovendo a inclusão social.

Todavia, a concessão desses direitos sociais não pode ser feita indiscriminadamente a todos os trabalhadores, devendo, pois, ser observada a peculiaridade do trabalho e das condições em que ele é desenvolvido. Isso, no entanto, não consiste em discriminação, mas apenas em reconhecimento da própria estrutura do trabalho, ou seja, das diferenças na forma de prestação de serviços de cada trabalhador (DELGADO, 2008, p. 568), consistindo, portanto, em medida de equidade, pelo tratamento desigual para aqueles que são desiguais.

3. Da competência da Justiça do Trabalho

A reforma do Judiciário, ocorrida com a Emenda Constitucional 45/2004, ampliou a competência da Justiça do Trabalho, incluindo no rol a competência para conhecer as questões relativas às relações de trabalho.

A ampliação da competência da Justiça do Trabalho se justifica, nesse contexto, por sua especialização, cujo objetivo é a aplicação do Direito do Trabalho que tem por escopo regular não só as relações de emprego como as relações de trabalho, concedendo ao trabalhador, hipossuficiente, tratamento diferenciado, para que possa atingir um patamar social digno. Os próprios direitos decorrentes das disposições contidas no art. 7º da Constituição Federal de 1988 são de cunho trabalhista.

Além disso, o Direito do Trabalho possui princípios específicos os quais devem ser observados nessas relações de trabalho, por possuírem características próprias que as diferenciam das relações civis e comerciais, mormente no que diz respeito à manifestação da vontade, que devido à igualdade presumível entre as partes, podem pactuar livremente, estabelecendo as condições que entenderem necessárias para que o pacto atinja sua finalidade, o que não ocorre com o contrato de trabalho.

O princípio da proteção, portanto, é aquele mais específico da Justiça do Trabalho, por meio do qual se busca trazer a igualdade substancial para as partes envolvidas na relação, diante da superioridade do tomador de serviços perante o trabalhador, propiciando um equilíbrio na relação.

Não poderíamos deixar de mencionar o princípio da irrenunciabilidade, sobretudo em se tratando de direitos fundamentais, os quais buscam a dignidade do trabalhador, que não podem ser renunciados pelo trabalhador.

O próprio Processo do Trabalho tem como característica a simplicidade e a oralidade, o que facilita aos trabalhadores (muitos deles com pouca instrução) acompanharem todos os atos processuais, já que os litigantes podem postular pessoalmente, sem a assistência de advogado, diante do *jus postulandi* que lhes é conferido. Além disso, os princípios próprios do Processo Trabalhista fazem com que os processos sejam mais céleres, o que é imprescindível para os trabalhadores, pois a maioria das controvérsias gira em torno de verbas de natureza alimentar.

Os membros da Justiça do Trabalho estão mais afeitos aos problemas decorrentes da exploração do trabalho humano, os quais lhe dão maior consciência social pela vivência e prática, o que lhes possibilita dar maior proteção ao trabalhador, já que a problemática entre capital e trabalho envolve conflitos nos quais se discutem direitos fundamentais. A Justiça do Trabalho é a mais apropriada, pois é capaz de ver as relações de trabalho por outro ângulo, o que é necessário para conferir ao trabalhador proteção de direito material mais adequada, uma das finalidades institucionais do processo.

Pode-se dizer, portanto, que a função da Justiça do Trabalho não se limita apenas a aplicar a CLT às relações de emprego, mas todo o arcabouço jurídico que possa regulamentar as relações de trabalho, sejam elas de que tipo forem, não devendo prevalecer nenhum entendimento que busque diminuir sua importância.

Ressalte-se, por fim, que a relevância da Justiça Especializada ficou ainda mais evidente nesse período de pandemia causada pelo COVID-19, em virtude do incremento das ações trabalhistas ajuizadas. No período de janeiro a maio de 2020 foram mais de 7,7 mil novos casos relacionados com a temática. Por outro lado, os índices de conciliação também foram bastante expressivos nesse período, cujo índice geral de janeiro a julho de 2020 foi de 39,5%, o equivalente a 270,8 mil conciliações, com mais de 6 bilhões pagos no primeiro grau (TRIBUNAL SUPERIOR DO TRABALHO, 2021).

4. Conclusões

Não obstante as novas relações de trabalho que vêm surgindo com o avanço da tecnologia, qualquer tipo de trabalho, que inclusive constitui um direito fundamental, merece proteção do Estado, que deve adotar medidas para a busca do pleno emprego, assim como de proteção do próprio trabalhador, pois todo o ordenamento jurídico tem como fim a dignidade da pessoa humana.

Os direitos sociais estabelecidos na Constituição Federal de 1988, os quais se aplicam às relações de trabalho, segundo suas peculiaridades, garantem o valor do trabalho, devendo o Estado prestar a tutela jurisdicional em caso de lesão ou ameaça de lesão, sendo a Justiça do Trabalho aquela que melhor poderá analisar, por sua especialização, as controvérsias decorrentes de qualquer relação de emprego, e não somente de trabalho.

Referências

ANTUNES, Ricardo *O privilégio da servidão [recurso eletrônico]:* o novo proletariado de serviços na era digital. São Paulo: Boitempo, 2018. Disponível em: <https://nestpoa.files.wordpress.com/2019/09/ra-ps.pdf>. Acesso em: 27 jul. 2021.

CONJUR. Após decisão do Supremo, Espanha confere direitos trabalhistas a entregadores de aplicativos. *Consultor Jurídico*, 12 mar. 2021. Disponível em: <https://www.conjur.com.br/2021-mar-12/espanha-confere-direitos-trabalhistas-entregadores-aplicativos>. Acesso em: 30 jun. 2021.

DELGADO, Gabriela Neves. A constitucionalização dos direitos e os reflexos no mercado de trabalho. *Revista LTr*, ano 72, n. 5, p. 563-575, maio 2018.

KALIL, Renan Bernardi. Direito do Trabalho e Economia de Compartilhamento: apontamentos iniciais. In: ZANATTA, Rafael A. F.; PAULA Pedro C. B. de; KIRA, Beatriz (Orgs.). *Economias do Compartilhamento e o Direito*. Curitiba: Juruá, 2017.

KOUTSIMPOGIORGOS, Nikos *et al.* Conceptualizing the Gig Economy and Its Regulatory Problems. *Policy & Internet*, vol.12. n. 4, p. 525-545, maio 2020. Disponível em: <https://doi.org/10.1002/poi3.237>. Acesso em: 3 jun. 2021.

PHILBECK, Thomas, DAVIS, Nicholas. The fourth industrial revolution: shaping a new era. *Journal of International Affairs*, vol 72, n. 1. Nova York, Columbia University. 2019. Disponível em: <https://www.jstor.org/stable/26588339?seq=1>. Acesso em: 1º jun. 2021.

SCHWAB, Klaus. The Fourth Industrial Revolution: what it means and how to respond. *Snapshot*, n. 12, dez. 2015.

______. The fourth Industrial Revolution. *World Economic Forum*, 2016.

TEODORO, Maria Cecília Máximo; D'AFONSECA, Thaís Cláudia; ANTONIETA, Maria. Disrupção, economia compartilhada e o fenômeno Uber. *Revista da Faculdade Mineira de Direito — PUC Minas*, v. 20, n. 39 (2017). Disponível em: <http://periodicos.pucminas.br/index.php/Direito/index. Acesso em: 27 jun. 2021.

TRIBUNAL SUPERIOR DO TRABALHO. TST divulga levantamento oficial com número de ações relacionadas ao coronavírus na Justiça do Trabalho. *Notícias do TST*. Publicado em 18 jun. 2021. Disponível em: <st.jus.br/-/tst-divulga-levantamento-oficial-com-número-de-ações-relacionadas-ao-coronavírus-na-justiça-do-trabalho>. Acesso em: 29 jun. 2021.

______. Especial: acordos trabalhistas durante a pandemia. *Notícias do TST.* Publicado em 31 ago. 2020. Disponível em: <http://www.tst.jus.br/-/especial-acordos-trabalhistas-durante-a-pandemia>. Acesso em: 29 jun. 2021.

Jurisdição, Oralidade e Hiperdocumentação

Vitor Salino de Moura Eça[(1)]

Introdução

As conjecturas em que se desenvolvem as situações de trabalho dão peculiar sentido à expressão oral, seja na celebração, no desenvolvimento ou na extinção do pacto, formando um riquíssimo acervo de dados que se avoluma continuamente, porquanto nas situações cotidianas, historicamente, não havia o registro documental de fatos.

Transpondo-se essa realidade para o espaço da prestação jurisdicional não é difícil compreender a razão pela qual o princípio processual da oralidade tem significado tão distinto e precioso na solubilidade das lides trabalhistas. Ocorre que estamos a ressignificar a sociedade da informação, com a facilitação de acesso aos *smartfones*, onde cada indivíduo pode gravar sons e imagens de sua realidade laboral, fatos que têm sido trazidos para o campo da apreciação jurisdicional, consistindo em meios pré-constituídos de prova.

Esse fenômeno é factual em toda sociedade, e por certo o tema interessa à integralidade da ciência processual, no entanto convém notar que para os procedimentos em que os aspectos relacionais são exacerbados, como nas demandas trabalhistas, de família ou penais, a preocupação há de ser maior, cabendo-nos investigar em profundidade como essa nova apreensão e captura dos fatos se incorpora ao mundo do processo.

Diante disso, e reconhecendo que a prestação da jurisdição laboral exige do magistrado uma hipersensibilidade na instrução oral do processo, resulta que precisamos refletir como a busca da verdade real com os novos parâmetros tecnológicos impactará a cognição e o julgamento das causas trabalhistas.

---

(1) Pós-doutor em Direito Processual Comparado pela Universidad Castilla-La Mancha, na Espanha. Pós-doutor em Direito Processual Internacional na Universidad de Talca – Chile. Doutor em Direito Processual. Mestre em Direito do Trabalho, ambos pela PUC-Minas. Juiz do trabalho no TRT-3. Professor adjunto IV da PUC-Minas (CAPES 6), lecionando nos cursos de mestrado e doutorado em Direito, na área de Direito Processual, onde é líder do Grupo de Pesquisa *Processo e Jurisdição Democrática*. Professor visitante em diversas universidades nacionais e estrangeiras. Professor conferencista na ENFAM e na ENAMAT. Pesquisador junto ao Centro Europeo y Latinoamericano para el Diálogo Social — CELDS – España e ao Centro de Estudios de Derecho del Trabajo y de la Seguridad Social — CENTRASS – Chile. Membro efetivo, dentre outras, das seguintes sociedades: Academia Brasileira de Direito da Seguridade Social — ABDSS; Academia Brasileira de Direito do Trabalho — ABDT; Associação Brasileira de Direito Processual — ABDPro; Instituto Brasileiro de Direito Processual — IBDP; Asociación Iberoamericana de Derecho del Trabajo y de la Seguridad Social — AIDTSS, e da Societé Internationale de Droit du Travail et de la Sécurité Sociale.

Não sabemos ainda se a tecnologia fará desaparecer a prova oral, num juízo onde a presença de múltiplas testemunhas chega ao ponto de diferenciar a procedimentalidade laboral, em que a busca da verdade real é principiológica, e os magistrados são treinados para uma escuta atenta e perspicaz. É certo que sendo os fatos gravados em tempo real e estando comprovados antes mesmo da propositura da demanda, a própria estrutura científica do Direito Processual do Trabalho será alterada, a instrução processual será profundamente transformada, e possivelmente se criará um novo padrão de compreensão de fatos e, por conseguinte, de deliberação.

Compreensão e estrutura de procedimentalidade

Os princípios são fatores estruturantes de determinada área de conhecimento, servindo para inspirar, interpretar e integrar, e nessa ordem de ideias podemos dizer que em matéria processual trabalhista o princípio da oralidade, apesar de não exclusivo, apresenta-se em seara laboral com vigor bem distinto.

As relações laborais são fluidas e continuadas, e é por isso que o princípio da oralidade tem grande importância entre nós, na explicação dos fatos atinentes ao que se passou no ambiente de trabalho, conduzindo-nos a uma situação na qual todos devem colaborar na instigação para que os atores do processo atuem a norma processualdo trabalho considerando os fins sociais a que ela se destina, equalizando a capacidade probatória das partes, por meio da técnica processual.

As iniciais sempre foram parcas de documentos. A concentração da oferta probatória era em audiência, e entre nós a audiência consiste em um momento muitíssimo especial, para o qual devem estar bem preparados todos os participantes, notadamente o juiz do trabalho e os advogados, situação em que todos devem conhecer minuciosamente a controvérsia que motivou a audiência, bem como os trâmites lógicos.

A audiência consiste num dever legal, procedimental, da autoridade de destinar um espaço de discursividade para que as partes possam falar e serem ouvidas. A CLT dispõe sobre as audiências em três oportunidades, nos arts. 813 a 817, quando aborda os aspectos formais; nos arts. 843 a 852, quando se refere aos atos possíveis nos dissídios individuais, e ainda nos arts. 860 a 867, estes se ocupando dos dissídios coletivos.

Quanto aos objetivos da audiência, em que a matéria está mais bem retratada, é o art. 845 da CLT que afirma caber ao autor e ao réu o dever de comparecimento à audiência, acompanhados das testemunhas, apresentando, nessa ocasião, as demais provas. Isso equivale dizer que na audiência a verdade aparecerá. É o ápice da instrução.

O fato é que, até aqui, a realidade vinha aos autos por meio de narrativas de pessoas que presenciaram os fatos ou deles tomaram conhecimento no âmbito de suas situações de trabalho, com as inerentes dificuldades de percepção, compreensão e memorização dos acontecimentos, para não se considerar eventuais alterações factuais, fruto da vontade deliberada de ajudar ou prejudicar um dos litigantes. No cenário que se delineia caberá ao intérprete fazer sozinho todo esse percurso, diante dos sons e imagens que lhe são apresentados, numa concepção de *prova quente*, lembrando que a sequência dos eventos é inerente às atividades continuadas. Assim, houve uma palavra rude, mas um subsequente pedido de desculpas? Em que trecho a pessoa a quem interessa o fato e que está gravando interromperá a captura? Por outro lado, obrigará a que todos passem a gravar as situações cotidianas para eventual contraprova? Isso escapa ao razoável e torna a vida artificial e desinteressante.

Forçoso é reconhecer, porém, que isso já está a ocorrer de forma gradual, mas com forte tendência de ampliação, de modo que a sociedade está a se transformar e o direito não pode desconhecer o novo formato, ou a doutrina jurídica se furtar a oferecer contribuições para os intérpretes, de forma que a sociedade construa relações mais harmônicas.

Absorvendo fatos e entendendo pessoas

A presença das partes em audiência, a assistência dos respectivos advogados e a intermediação segura do magistrado sempre foi garantia de comunicação franca, direta e objetiva de todos os participantes do ato jurídico, com alto proveito para o esclarecimento dos acontecimentos prévios, seja para soluções compositivas ou para julgamento mais ajustado ao que efetivamente se passou.

Convém pontuar que esse método, apesar de muito bem utilizado pela Justiça do Trabalho, não é criação juslaboral, a fim de não atiçar críticos oportunistas da eficiência desse setor judiciário. É estruturante da própria ciência processual, como esclarece o notável sistematizador Alcalá-Zamora y Castillo, em sua monumental obra *Evolución de la doctrina procesal*, donde exsurge que ícones como Bülow, Goldschmidt, Klein, Carnelutti e tantos outros eminentes processualistas se dedicaram à estruturação e à ordenança processual, espaço em que o entrosamento entre os participantes do processo deriva de sua organização publicizada, tendente à prestação de serviço público e interatividade de pessoas (ALCALÁ-ZAMORA Y CASTILLO, 1974, p. 287).

No processo contemporâneo, não só o do trabalho, permeia um senso comum de que a intermediação direta entre os seus atores é fator de eficiência sistêmica, porquanto permite uma cognoscitividade de melhor qualidade, fruto da intelectividade do magistrado, dando ensejo a princípios e técnicas de julgamento, como o princípio do juiz natural, consagrado em nossa Constituição Federal e da identidade física do juiz, a recomendar que aquele que ouviu as partes e testemunhas seja o julgador originário do caso em apreciação judicial.

Fenômeno da hiperdocumentação

O porte do celular em nossos dias parece algo mais essencial do que roupas ou documentos de identificação pessoal, e a tecnologia permite que tais dispositivos eletrônicos gravem sons e imagens alterando profundamente a maneira como as pessoas se relacionam, e esse fenômeno chega ao mundo do processo.

A tomada de sons e imagens permite a documentação dos fatos da vida civil, e por conseguinte, das relações laborais. Fazia-se primeiramente por transcrição pericial, depois por meio de atas notariais, *print* de telas e afins, e mais recentemente, após a incorporação do PJ-e nas atividades forenses, a subida direta de sons e imagens a ser uma realidade já incorporada à rotina forense, permitindo o exame direto e imediato pelo próprio julgador.

Esse fato revoluciona o direito processual, contribui notadamente para a afirmação de um microssistema chamado de *direito probatório*, que já surge densamente permeado por garantias constitucionais de ampla liberdade da atividade cognoscível, no qual a figura da testemunha perde espaço a cada dia, enquanto a prova documental tem assegurado espaço crescente.

A eficiência do método ainda é controvertida. Há quem veja vantagens, pois as testemunhas podem esquecer os fatos essenciais, podem se confundir, podem ainda alterar deliberadamente os fatos pelos mais diversos motivos, e assim por diante.

Essa ocorrência é qualificada pela doutrina como *hiperdocumentação*, mas tampouco representa um meio mais idôneo de prova, pois os fatos articulados podem também ser falsos, articulados de modo previamente distorcidos, dentre outras práticas espúrias.

A segurança não aumenta consoante o meio de prova, mas sim conforme a credibilidade das pessoas envolvidas e a apreciação contextualizada do conjunto probatório a derivar numa atividade coerente e, portanto, crível.

O *e-mail*, o *WhatsApp* e mais uma infinidade de plataformas operacionais registram ordens ilegais, a prestação de serviço em tempo excessivo, sem a correspondente remuneração, assim como a geolocalização do dispositivo celular evidencia a ativação de trabalhadores externos, e assim os dados podem vir para o processo. Os celulares gravam ofensas, assédios, entradas e saídas em catracas eletrônicas, e outras praxes menos ortodoxas lamentavelmente tão presentes no mundo laboral brasileiro.

A impressão que esta análise preliminar gera é que um meio de prova não deve invalidar os outros. Eles devem ser complementares. Devem sim ensejar um conhecimento mais exauriente e sensível, conferindo segurança aos juízes, além de pureza e exatidão aos julgamentos, melhorando a qualidade da atividade jurisdicional e deixando as partes mais satisfeitas, porquanto entenderão mais os fundamentos da decisão e, assim, as razões de decidir.

Conclusão

Sabemos que a tecnologia que seduz é a mesma que desafia, mas o problema do nosso tempo é a velocidade com a qual ela está se transformando, a exigir respostas cada vez mais ágeis e compreensão mais profunda.

No nosso espaço de atuação a prova somente chegará ao processo por meio da narrativa de alguém excepcionalmente. A compreensão dos fatos se dará por meio da percepção direta dos fatos pelo julgador. No direito processual contemporâneo a testemunha perde espaço enquanto a prova documental ganha extraordinário prestígio, fatos que se afiguram importantíssimos no campo de atuação do Direito Processual do Trabalho, assim como na percepção dos fatos verificados nas relações laborais quando vertidos para o processo.

O quanto tudo isso modificará a nossa compreensão dos fatos e o padrão de julgamento importa num incitamento permanente, e a percepção que fica é que um meio de prova jamais excluirá o outro. Teremos, pois, uma complementariedade dos elementos probatórios, em que a abundância favorece a descoberta da verdade e como os fatos efetivamente se passaram, aumento da segurança jurídica do julgador em proveito das partes. Nada obstante teremos muito a pensar e debater em torno desse apaixonante tema, tão presente em nossas atividades e que ainda renderá interessantes colóquios. Viva a pesquisa! Vamos pensar juntos!

Referências bibliográficas

ALCALÁ-ZAMORA Y CASTILLO, Niceto. *Estudios de teoria general e história del processo*. México: Unam, 1974.

DIDIER, JR., Fredie *et alli. Curso de direito processual civil*. v. 2, 14. ed. Salvador: JusPodivm, 2019.

EÇA, Vitor Salino de Moura. *Direito Processual do Trabalho*. São Paulo: LTr, 2019.

A Negação do Acesso à Justiça do Trabalho pelo Processo de Reforma Trabalhista[(1)]

Rodrigo de Lacerda Carelli[(2)]

O seminal conto "Diante da Lei", de Franz Kafka,[(3)] traz uma alegoria perfeita para a discussão sobre os obstáculos ao acesso à Justiça do Trabalho trazidos pelo processo de "reforma trabalhista", considerada como um processo contínuo e permanente de alteração do Direito do Trabalho e do Processo do Trabalho que ocorre já há alguns anos, tanto em decorrência de sucessivas alterações legislativas quanto de decisões judiciais, inclusive e principalmente do Supremo Tribunal Federal. Na história kafkiana, um simples camponês vê-se à porta da lei, tentando acessá-la, sendo impedido por um guarda, que o informa que, apesar de ser possível a sua entrada, não o seria naquele momento. O guardião lhe conta que, apesar de ser forte, é apenas o primeiro guarda, e que se o homem conseguisse ultrapassá-lo, enfrentaria a cada entrada das próximas salas outros guardas ainda e cada vez mais fortes. Junto à porta, que se encontrava sempre aberta, o vigia concedeu-lhe uma banqueta para esperar. Dali, ao olhar para dentro da porta, o homem simples podia ver a luz da lei. Ele permanece anos naquele lugar, e, quando está a ponto de morrer, pergunta ao guardião da lei: "se todos aspiram à lei, como é que, durante todos esses anos, ninguém mais, senão eu, pediu para entrar?" O guarda então diz que ninguém mais podia entrar, senão o pobre homem, pois a porta era feita somente para ele. Então fecha a porta e vai-se embora.

Os dispositivos processuais que foram trazidos pelo processo de "reforma trabalhista", entendido como a sequência de modificações legislativas e jurisdicionais que se seguem desde 2015, servem como o guarda kafkiano: deixam a porta da lei — ou da Justiça — aberta, de onde pode se ver a sua luz, mas lhe negam o efetivo acesso.

A sagacidade de Kafka — e a incrível coincidência com a "reforma" — é de relatar a existência de diversos guardas, um em cada porta de sala da lei, com o exclusivo fim de impedir o camponês — ou o trabalhador — de acessar à Justiça. Assim, para alcançar a lei, há

(1) Esta é uma versão modificada e compilada de textos anteriormente publicados no *Jota*, encontráveis em: <https://www.jota.info/opiniao-e-analise/artigos/diante-da-lei-breve-ensaio-juridico-sobre-kafka-09022019>; e: <https://www.jota.info/opiniao-e-analise/artigos/o-que-os-britanicos-podem-ensinar-ao-ministro-barroso-01092017>.

(2) Doutor em Sociologia pelo IESP-UERJ. Professor do Programa de Pós-Graduação em Direito pela Universidade Federal do Rio de Janeiro. Procurador do trabalho no Rio de Janeiro.

(3) KAFKA, Franz. *Cuentos completos*. Madri: Valdemar, 2017. p. 222-224.

de ultrapassar os vários obstáculos travestidos de guardas. Na "reforma", são criados diversos desses guardiões: a retirada da obrigatoriedade de homologação das verbas rescisórias pelos sindicatos (art. 477, CLT); o processo de jurisdição voluntária de homologação de acordos extrajudiciais (art. 855-B, CLT); a quitação anual de obrigações trabalhistas (art. 507-B, CLT); e a arbitragem e mediação em dissídios individuais (art. 507-A, CLT). Os tribunais, quando anabolizam os chamados Centros Judiciários de Métodos Consensuais de Solução de Disputas (CEJUSCs), que são utilizados inclusive na realização de mediações pré-processuais utilizadas para solucionar processos em curso (!), participam desse mesmo processo de negação do acesso à verdadeira justiça. A esses guardiões se juntam os anteriormente existentes, como a disparidade de poder entre empregado e empregador, que é transposta para o processo nas diferenças em relação à força de convencimento e possibilidade de condução de testemunhas, capacidade de sustentar os custos para ida ao prédio da Justiça nos constantes adiamentos de audiência, além de obstáculos judiciais discriminatoriamente colocados para a oitiva de inquiridos arrolados por trabalhador e empresa (por exemplo, contraditas aceitas em relação a testemunhas que ajuizaram ações contra a mesma empresa e contraditas não aceitas em relação a testemunhas que são ainda empregadas da empresa, inclusive em funções de confiança, em estado legal de sujeição em relação a quem as arrolou). Também não podemos deixar de ressaltar os próprios obstáculos de direito material que a lei trouxe, mas fiquemos nos processuais, que já são guardiões fortes o suficiente.

Entretanto, o guardião mais visível da negativa do acesso à Justiça é o incremento de riscos aos trabalhadores que tentem acessar a Justiça do Trabalho. Apesar de a Constituição da República expressamente prever o direito ao acesso à Justiça (art. 5º, LXXIV) e da assistência jurídica integral e gratuita aos que comprovarem insuficiência de recursos (art. 5º, XXXV), essas normas foram imediatamente negadas pela limitação da concessão da gratuidade àqueles que percebem salário igual ou inferior a 40% do teto dos benefícios pagos pela Previdência Social (art. 790, § 3º, da CLT) ou que comprovem insuficiência de recursos. Ou seja, deixa de valer a Constituição que afirma que a gratuidade é destinada àqueles que comprovem dela necessitar, sendo trocada essa prova por uma presunção de capacidade a quem percebe acima desse limite. Como se todo trabalhador que percebe, por exemplo, cinco mil reais mensais, pudesse utilizar o dinheiro que obviamente aplica todo mês na bolsa de valores para pagar eventuais custos do processo. Desculpe-me o leitor a ironia da "aplicação no mercado de capitais", mas ela foi necessária para evidenciar a má-fé do legislador.

Além disso, há julgadores que, mesmo estando o trabalhador sem emprego no momento do ajuizamento da ação, vão buscar o salário do trabalhador enquanto estava no emprego para questionar sua possibilidade de arcar com os custos do processo, e outros que ainda observam os valores de verbas rescisórias para entender que o trabalhador não deveria receber a gratuidade de justiça, esquecendo o caráter alimentar dessas verbas, que são utilizadas geralmente para os gastos essenciais no período entre empregos.

Entretanto, mesmo para aqueles em que a lei considera "elegível" (para utilizar o anglicismo em moda nos atuais tempos) para a justiça gratuita, a gratuidade não é total, pois deve, mesmo assim, eventualmente arcar com honorários periciais e advocatícios (arts. 790-B e

791-A, § 4º, da CLT). Ou seja, ultrapassado o primeiro guardião, temos o segundo, talvez ainda mais forte.

Os guardas que impedem o acesso à Justiça foram tratados no clássico *Acesso à Justiça* de Bryant Garth e Mauro Cappelletti:(4) custos judiciais (inclusive em relação ao tempo) e possibilidades das partes (recursos financeiros e benefícios da litigância habitual e prejuízos ao litigante eventual). Parece que a obra foi lida pelos responsáveis pela reforma para fazerem justamente o contrário do ali proposto e melhor implementar os obstáculos ali descritos, na forma de guardiões da porta da lei.

O homem do campo do conto de Kafka, ao contrário, pode ser visto como alguém que acredita nos direitos previstos na Constituição. Ele não esperava tantas dificuldades, diz a história, "pois A Lei deveria ser acessível a toda a gente e sempre". Então o homem espera a concessão da licença do guarda, e não força sua entrada na lei.

Como o homem do campo, a Suprema Corte britânica entendeu que a lei deve prevalecer para todos, pois nisto consiste a base do Estado de Direito ("*Rule of Law*"): a razoável certeza que a Justiça concederá o direito a quem o tiver desrespeitado, que é garantida pelo amplo acesso à Justiça, sem obstáculos, ou guardiões. Assim, a Corte considerou inconstitucional o pagamento de custas na Justiça do Trabalho do Reino Unido.(5)

A Suprema Corte assim decidiu com base na Magna Carta, de 1297, que dispõe que "Nós não venderemos a nenhum homem, não vamos negar ou retardar para nenhum homem a Justiça ou o Direito" (*Nulli vendemus, nulli negabimus aut differemus rectum aut justiciam*) (p. 22). Conforme dispuseram os "*Lords*" e a "*Lady*" que compõem a Corte, o direito constitucional de acesso aos tribunais é inerente e central ao Estado de Direito ("*Rule of Law*") e à Democracia, o que significa que a sociedade é governada pelo Direito. O direito de acesso à Justiça também significa que as pessoas e as empresas precisam saber que podem fazer cumprir seus direitos se necessitarem e que, por outro lado, se falharem em cumprir suas obrigações, é provável que haja um remédio judicial contra eles. "É esse conhecimento que sustenta as relações sociais e econômicas no dia a dia" (p. 21). Acrescentou que "quando o parlamento aprova leis criando direitos trabalhistas, por exemplo, ele o faz não somente para conferir benefícios aos empregados individualmente, mas porque foi decidido que é interesse público que tais direitos devam ser efetivados" (p. 21).

A Corte argumentou que a negociação e a mediação são instrumentos válidos somente se existir um sistema judiciário justo disponível caso esses métodos prévios falhem, pois do contrário, "a parte na posição mais forte de barganha sempre prevalecerá" (p. 21). Ressalta também que as empresas já estão em posição de muito mais poder em Juízo, e que o pagamento de custas simplesmente exacerba essa condição (p. 40). Reconheceu, assim, que o acesso à Justiça é de interesse da sociedade, e não somente dos indivíduos (p. 21).

---

(4) CAPPELLETTI, Mauro; GARTH, Bryant. *Acesso à Justiça*. Porto Alegre: Sergio Antonio Fabris, 1988.

(5) Disponível em: <https://www.supremecourt.uk/cases/docs/uksc-2015-0233-judgment.pdf>.

A Suprema Corte do Reino Unido também afastou com números a tese do governo britânico que a introdução de obstáculos à Justiça impediria o ajuizamento de ações despropositadas ou temerárias. Verificou-se, ao contrário, que, comparando com período imediatamente anterior, a proporção de sentenças improcedentes foi consistentemente maior após a introdução das custas, estatística que é reproduzida nos recursos ao Tribunal (p. 17). Os dados, mais uma vez, derrubaram a ideologia.

Os resultados da imposição de novos guardiões pela "reforma trabalhista" brasileira são claros e imediatos, e sem mais tardar foram comunicados à população pela grande mídia: queda de até 50% no número de ações trabalhistas!;(6) Queda de 77% das reclamações na Justiça do Trabalho!(7) Em seguida vieram os editoriais dos meios de comunicação propor o "enxugamento futuro da vasta estrutura hoje existente para arbitrar conflitos entre empregados e empregadores", um eufemismo para defender o fim do ramo especializado.(8)

É a *realidade inventada* ou a *profecia que se autocumpre*, conforme a teoria de Paul Watzlawick:(9) defende-se que a Justiça do Trabalho não deve existir, então se cria uma lei que impede o acesso à Justiça do Trabalho, e depois se termina com o ramo trabalhista devido à redução da demanda que se criou.

Aqui cabe trazer, no entanto, outra profecia, a de Franz Kafka: ao final de seu conto, o guardião, ao ver o trabalhador morrendo, dá seu trabalho por terminado e fecha a porta. Como aquela porta era somente para os trabalhadores e esses desistiram da espera, não é mais necessária nem a porta, nem seu guardião. Kafka viu tudo bem antes. Não inventou a realidade, somente a sua sensibilidade permitiu visualizá-la antes de todo mundo.

---

(6) Disponível em: <https://economia.estadao.com.br/noticias/geral,acoes-trabalhistas-caem-mais-de-50-apos-reforma,70002176586>.

(7) Disponível em: <https://oglobo.globo.com/economia/numero-de-acoes-trabalhistas-registra-queda-77-no-rionos-primeiros-meses-apos-mudanca-na-lei-22503454>

(8) Disponível em: <https://www1.folha.uol.com.br/opiniao/2018/04/incentivo-correto.shtml?loggedpaywall>.

(9) WATZLAWICK, Paul. Profecias que se autocumprem. In: WATZLAWICK, Paul. *A realidade inventada*. Editorial Psy II, 1994. p 97-116.

A Centralidade do Acesso Pleno à Justiça do Trabalho nos Tempos Atuais

Renata Versiani Scott Varella(1)

1. Introdução

O presente texto sustenta, a partir de uma compreensão social e histórica da configuração e do papel da Justiça do Trabalho no Brasil, a centralidade do Judiciário Trabalhista e do amplo e efetivo acesso a essa instância judicial para o alcance de patamares mínimos protetivos do trabalho na atualidade. É importante compreender o papel, as possibilidades e os limites da Justiça do Trabalho em um país dependente como o Brasil, isto é, que se insere de maneira subordinada na divisão internacional do trabalho e que possui como um dos pilares de seu padrão de reprodução societário a superexploração da força de trabalho.

Não sem razão o Judiciário Trabalhista lida com trabalhadores advindos de um mercado laboral marcado historicamente pela informalidade, pela alta rotatividade, pela desproteção, pela precariedade dos vínculos de trabalho, pelo desemprego e pela crescente flexibilização dos ajustes laborais. As transformações das práticas laborais e das relações de trabalho, nas últimas décadas, operadas principalmente pela mediação tecnológica e alimentadas por uma racionalidade liberal, vão no sentido da precarização, ainda maior, dos vínculos laborais e da desproteção, na tentativa de afastar inúmeros trabalhadores e trabalhadoras do campo de incidência dos direitos fundamentais do trabalho.

A pandemia do novo coronavírus acentuou essa realidade com novas mudanças na organização e na configuração das relações de trabalho. Os dados apresentados, em 2020 e 2021, pela PNAD-Contínua e pela PNAD-Covid, expressam tendências de aumento da instabilidade, da informalidade, da flexibilidade dos vínculos e de posições precárias no mercado de trabalho. Os levantamentos da PNAD-Contínua referente a janeiro de 2021 mostram patamares recordes para a taxa de desocupação (14,2%) e para o número de desalentados que alcança 5.902.000 trabalhadores (pessoas que gostariam de trabalhar, mas que desistiram de buscar uma vaga de emprego). No mesmo sentido, estudos do IPEA confirmam o impacto da pandemia no mercado de trabalho, com a contração de admissões no mercado formal, a manutenção de taxas altas de despedidas e dispensas, a queda da ocupação, a ampliação do *home office* e do trabalho em tempo parcial, o crescimento da informalidade, a

(1) Professora adjunta de Direito e Processo do Trabalho na Faculdade Nacional de Direito — UFRJ.

queda de rendimentos, dentre outros fatores (CARVALHO *et al.*, 2020; AZEVEDO *et al.*, 2020; CARVALHO, 2021).

Esse quadro demonstra o aprofundamento dos processos de flexibilização de direitos e de precarização das condições laborais em curso no Brasil, que possui, como marcos, o golpe político-institucional de 2016 e a Reforma Trabalhista de 2017 (Lei n. 13.467/2017 e Lei n. 13.429/2017) e que se atrela à contínua reconfiguração/desconstrução dos órgãos que atuam na regulação pública das relações de trabalho. Nesse contexto, a Justiça do Trabalho foi e segue sendo objeto de ataques, com fundamentos ultraliberais, que objetivam (1) deslegitimar sua existência como órgão jurisdicional especializado, (2) impedir ou inibir uma atuação protetiva em defesa do(a)s trabalhadore(a)s, (3) estimular atuações que legitimem a retirada de direitos por meio da instrumentalização da instância jurisdicional trabalhista.

Entendemos que a conformação e o funcionamento do Judiciário, particularmente da Justiça do Trabalho, e o contorno e a efetividade de suas decisões impactam diretamente a construção das relações de trabalho no Brasil (CARDOSO, 2003), sendo elemento constitutivo central para a consolidação e o desenvolvimento das práticas laborais. Para além da atuação judicial concreta, o Judiciário projeta uma gramática de estímulos e desestímulos ao mercado laboral, que acaba por legitimar, encorajar ou inibir condutas e comportamentos dos sujeitos sociais para além dos processos judiciais. Assim, o *modus operandi* da Justiça do Trabalho, suas normas, interpretações e práticas jurisdicionais impactam a conformação do comportamento dos trabalhadores e tomadores de serviço no mercado de trabalho, projetando uma série de incentivos e possibilitando diferentes usos da própria institucionalidade trabalhista.

Nesse debate, a efetividade e o alcance do acesso à Justiça do Trabalho tomam centralidade, uma vez que expressam a capacidade institucional de intervir na conformação do mercado de trabalho brasileiro e/ou a capacidade estatal de regular as relações de classe no Brasil. Quanto maiores as restrições e as barreiras existentes ao acesso efetivo ao Judiciário Trabalhista, menor a capacidade judicial de intervenção nas relações de trabalho.

Desde já, é importante demarcar que as reflexões sobre o acesso à justiça não se restringem à possibilidade de ajuizamento de uma reclamação trabalhista, mas envolvem a análise dos diferentes fatores que impedem, restringem ou inibem o alcance e a efetividade dos direitos fundamentais do trabalho por meio do Judiciário Trabalhista. Dizem respeito, pois, às transformações no mundo do trabalho, às dinâmicas socioeconômicas e político-ideológicas, ao acesso à informação e à orientação jurídica, à conformação da legislação processual, aos itinerários interpretativos do direito internacional, constitucional, material e processual do trabalho, às práticas e estratégias jurisdicionais, ao funcionamento cotidiano da Justiça do Trabalho, às presenças e ausências dos órgãos que auxiliam na regulação do trabalho, bem como à gramática de estímulos e incentivos engendrada pelo aparato judicial (e seu enfrentamento ou reforço). Desse modo, a reflexão do acesso à justiça se atrela à análise da efetividade do acesso a direitos para além da instância judicial.[2]

---

(2) Nesse ponto, é importante ressaltar que a democratização do acesso à justiça não significa necessariamente a ampliação do acesso a direitos. Como ressaltado pela pesquisadora Élida Lauris, o acesso a instâncias de resolução de

Para compreensão da temática proposta, realizamos, em um primeiro momento, reflexões sobre a natureza e o caráter da instância judicial trabalhista na organização socioeconômica e o lugar da efetividade dos direitos fundamentais do trabalho. Em um segundo momento, buscamos perfazer um breve panorama histórico da Justiça do Trabalho, destacando a centralidade do acesso do(a) trabalhador(a) em sua conformação e funcionamento e, em uma última parte, mapeamos alguns obstáculos ao pleno acesso do(a) trabalhador(a) à Justiça do Trabalho e delineamos alguns desafios para a concretização dos direitos fundamentais do trabalho.

2. A natureza da instância judicial trabalhista e o acesso aos direitos fundamentais do trabalho

Desde sua gênese, o Judiciário Trabalhista imbricou duas dimensões de atuação que lhe concedem um caráter intrinsecamente ambivalente.(3) Por um lado, a dimensão de auxiliar na manutenção das condições materiais de reprodução e de acumulação do capital, garantindo e legitimando as bases para a exploração do trabalho nos marcos capitalistas. Por outro lado, a direção de garantir a proteção aos(às) trabalhadores(as) em patamares mínimos civilizatórios e, para isso, o seu acesso efetivo ao Judiciário Trabalhista, buscando corrigir a assimetria estrutural entre as partes do processo e das relações de trabalho e retificar, pelo menos em parte, as enormes distorções econômicas e sociais geradas pela dinâmica capitalista (GODINHO, 2018; PLÁ RODRIGUEZ, 2000). Nesse aspecto, vincula-se a uma perspectiva de desmercantilização do trabalho humano.

Desse modo, a Justiça do Trabalho realiza o segundo objetivo na medida em que alcança, por meio de seus julgados e de seus incentivos, a efetividade da adequação das relações de trabalho aos direitos fundamentais do trabalho consagrados pelas normas jurídicas trabalhistas infraconstitucionais, constitucionais e internacionais.(4) Para isso, é fundamental aferir, dentre outros elementos, se o Judiciário Trabalhista viabiliza o acesso aos(às) trabalhadores(as) e se suas decisões refletem esse patamar de proteção laboral. Nesse contexto, para além dos julgados, é importante visibilizar a gramática de estímulos e desestímulos engendrada pelas formas de funcionamento (ou pelo não funcionamento) da Justiça do Trabalho, pelas interpretações construídas pelos Juízos e Tribunais e pela produção normativa efetivada pelo Judiciário.

---

conflitos pode ocultar "*a existência de uma justiça que corrobora a violação sistemática de direitos*", sendo que "*a experiência de acesso ao direito [pelo Judiciário] apenas exceciona circunstancialmente o estado de não acesso ao(s) direito(s) a que estão submetidos as/os destinatários da assistência judiciária*" (LAURIS, 2015, p. 419).

(3) Essa dupla orientação da Justiça do Trabalho foi tratada por outros autores, dentre eles: Luiz Werneck Vianna (1999) e Adalberto Cardoso (2003).

(4) É certo que a concepção sobre "*os parâmetros mínimos civilizatórios a serem respeitados no âmbito das relações de trabalho*" não advém unicamente das regras jurídicas positivadas e dos princípios trabalhistas e constitucionais. Para além dessa normatividade, existem direitos que vão sendo construídos na dinâmica social, principalmente conectados aos sujeitos coletivos, e que fundamentam as percepções da realização ou não da justiça pelas instâncias judiciais. Além disso, sabe-se que toda norma está sujeita às atividades interpretativas perpetradas pelos sujeitos e intérpretes do direito que definem, de fato, o sentido e alcance daquele comando.

A incidência e a amplitude de cada uma dessas dimensões no funcionamento cotidiano da instância judicial trabalhista variam consideravelmente no curso da história brasileira. Do mesmo modo, varia também a relação entre essas dimensões, mormente se considerarmos os determinantes dependentes do desenvolvimento capitalista regional. Em linhas gerais, a inserção subordinada do Brasil na divisão internacional do trabalho e o papel cumprido pelo país no capitalismo mundial engendram características particulares à sua organização socioeconômica e ao seu Estado. Tais características advêm de necessidades e dinâmicas imperialistas centrais e envolvem a consolidação de contínuas transferências de valor a esses países. Por outro lado, as particularidades das sociedades dependentes permitem a generalização da superexploração da classe trabalhadora, remunerando-a sistematicamente abaixo do valor de sua força de trabalho (MARINI, 2005).(5) Essa situação societária restringe decisivamente a consolidação de direitos sociais no mercado de trabalho brasileiro, isto é, exige o desrespeito sistemático dos direitos dos(as) trabalhadores(as) na realidade laboral.

Nesse contexto, a necessária inefetividade dos direitos trabalhistas, para a qual a Justiça do Trabalho contribui ou não, é que gerará a elevação da precariedade e da exploração do trabalho (UCHIMURA, 2016) e, por consequência, o aumento da extração da mais-valia e dos lucros do empresariado. Essa característica acentua consideravelmente a tensão entre as dimensões constitutivas da instância judicial trabalhista, ou seja, entre a atuação que fornece as bases para a continuidade e a expansão da acumulação capitalista e a atuação que garante a proteção aos(às) trabalhadores(as).

Desse modo, acentua-se o caráter ambíguo e contraditório do Judiciário Trabalhista como particularidade dos países periféricos e dependentes.(6) Trata-se de espaço em constante disputa no qual os interesses se acirram e conformam permanentemente proposições de funcionalizações e usos estratégicos que se conectam com as diferentes dimensões constitutivas e ocasionam contínuos tensionamentos. Nesse contexto, situam-se as iniciativas de instrumentalização da legalidade justrabalhista e dos mecanismos da Justiça do Trabalho pelo empresariado para rebaixar, ainda mais, o pagamento dos valores devidos aos(às) trabalhadore(as) (UCHIMURA, 2016). É a tentativa de utilizar o trâmite processual e a instância

---

(5) O sociólogo Jaime Osório destaca que o Estado no capitalismo dependente se forja com, pelo menos, duas características: a subsoberania e o autoritarismo (OSÓRIO, 2014 e 2017). Para ele, a reprodução do capital sustentada na superexploração gera agudas fraturas sociais: ilhas de riqueza no meio de um mar de pobreza, trabalhadores esgotados prematuramente, miséria e desemprego. Isso tende a criar condições para potencializar os enfrentamentos sociais, o que enseja a adoção reiterada e recorrente pelo Estado de mecanismos coercitivos.

(6) Existem importantes trabalhos que investigam as particularidades das instituições estatais nos países da América Latina. Desde as teorias da dependência, o sociólogo Jaime Osório sustenta que "*a agudização dos conflitos sociais no capitalismo dependente e da superexploração trazem consequências sobre o Estado de direito e o peso da lei os quais são minados e aplicados discricionariamente. As leis não escritas têm um peso significativo na vida social. As instituições do Estado, por sua vez, manifestam fragilidade, não por imaturidade, senão pela particularidade que apresenta a imbricação do econômico com o político*" (OSORIO, 2017, p. 49). Especificamente sobre as instituições judiciais, o jurista Alessandro da Silva assevera que "*nas sociedades dependentes, desenvolveu-se uma instância jurídica sui generis, caracterizada por um baixo grau de autonomia em relação às determinações políticas, legitimada por uma dogmática jurídica em que a coerência técnica dá lugar à arbitrariedade e ao favorecimento e ainda sem compromisso com padrões mínimos de justiça social*" (SILVA, 2019, p. 425).

judicial para reduzir custos e aumentar os lucros na dinâmica empresarial, funcionando a Justiça do Trabalho como espaço de administração de dívidas e riscos das empresas.

O pesquisador Victor Filgueiras identifica, em suas investigações, a relação entre a postura conciliatória da Justiça do Trabalho e o descumprimento das normas pelos capitalistas no conjunto do mercado de trabalho (FILGUEIRAS, 2014). Como ressaltam Adalberto Cardoso e Telma Lage, "*o trâmite processual como um todo incentiva, nas conciliações, a que os trabalhadores abram mão de seus direitos. Isso termina por ser um incentivo à burla por parte dos empresários, que, nas conciliações, acabam pagando menos do que se tiverem cumprido a lei durante a vigência dos contratos*" (CARDOSO e LAGE, 2006, p. 217). Além disso, Gustavo Seferian demonstra as funcionalizações financeiras do processo e da Justiça do Trabalho, considerando as mudanças efetivadas pela Lei n. 13.467/2017, analisando, dentre outros, os institutos da conciliação, da arbitragem, da prescrição intercorrente, do seguro-garantia judicial, da fiança bancária e o aumento dos custos do processo para o(a) trabalhador(a) (SEFERIAN, 2019).

Em tensionamento com as tentativas de adequação da institucionalidade trabalhista aos interesses econômicos, delineia-se a utilização da Justiça do Trabalho como instrumento de ampliação dos direitos e da proteção dos(as) trabalhadores(as), concretizando os princípios peculiares do Direito e do Processo do Trabalho e concedendo efetividade plena às normas constitucionais e internacionais do trabalho. Nesse campo, o acesso à instância judicial se conecta com a denúncia das violações sistemáticas dos direitos justrabalhistas no mercado de trabalho, tomando centralidade as ações coletivas e as atuações dos sindicatos profissionais e do Ministério Público do Trabalho.

Esse quadro de tensões e disputas demonstra a importância da Justiça do Trabalho como uma das poucas instituições capazes de limitar a superexploração dos(as) trabalhadores(as) e de lhes proporcionar patamares mínimos de proteção no mercado laboral brasileiro. Isso redobra a responsabilidade dos intérpretes e operadores do Direito na disputa por uma atuação que viabilize a ampliação da proteção à classe que "vive do trabalho", o que envolve uma atividade hermenêutica sistemática, mais responsável e incisiva no controle e na limitação da exploração do trabalho e na defesa intransigente dos direitos fundamentais do trabalho.

A compreensão da tensão entre as referidas dimensões do Judiciário Trabalhista revela as possibilidades reais de regulação judicial das relações de classe em cada momento histórico, o que expressa, de certa forma, a correlação de forças entre capital e trabalho no país ou seu movimento permanente, em articulação com as dinâmicas internacionais que pressionam por contínuas adequações às necessidades e aos interesses dos padrões de acumulação capitalista mundiais.

Contudo, não é possível afirmar que a conformação do padrão regulatório judicial das relações de trabalho seja apenas um epifenômeno das relações de classe, uma vez que existem (a) dinâmicas e configurações institucionais, (b) construções e mecanismos jurídicos, (c) ritos e estratégias jurídico-processuais e (d) posições e práticas dos atores sociais e sujeitos operadores do direito que — por possuírem densidades normativas, temporalidades distintas, lógicas diferenciadas[7] e, por vezes, envolverem a possibilidade de agência dos sujeitos individuais e coletivos — vão condicionando essa conformação, influenciando a própria configuração das relações de classe.

Sobre isso, o sociólogo Adalberto Cardoso sustenta que o modelo legislado de relações de trabalho no Brasil, ou seja, o fato de os direitos trabalhistas serem legalmente garantidos, implica que *"parte da solução dos conflitos do cotidiano no trabalho aporte regularmente na Justiça do Trabalho"* (CARDOSO, 2003, p. 188). Diante disso, esse autor ressalta que as relações de classe no Brasil são juridificadas e mostra como tal dinâmica foi acentuada na década de 1990 em função das mudanças econômicas que incluíram a reestruturação produtiva e os consequentes ajustes nos parques produtivos, de serviços e de distribuição de mercadorias.

Essa nova configuração das relações de classe no Brasil conferiu à Justiça do Trabalho, na década de 1990, um lugar central. Se aquelas relações sempre foram juridificadas, a novidade nesses anos foi sua crescente judicialização: capital e trabalho defrontaram-se não mais (ou não primordialmente) por meio de mecanismos de representação coletiva, como sindicatos, comissões de empresa ou centrais sindicais, mas, cada vez mais, pela mediação de advogados e juízes do trabalho, intérpretes do direito. O direito do trabalho é constitutivo do que são as classes sociais, de seu lugar no mercado de trabalho e das relações possíveis entre elas. Em face disso, inquirir sobre a natureza e o funcionamento da Justiça do Trabalho (dinâmica processual, atuação de advogados e juízes, jurisprudência consolidada, eficácia jurídica etc.) é tarefa obrigatória na análise das relações de classe entre nós [...] (CARDOSO, 2003, p. 190-191).

Não se pretende aqui entender a normatividade juslaboral, os modelos institucionais e os desenhos jurídico-processuais em desconexão com a dinâmica social, histórica e econômica mais ampla.[8] Mas apenas destacar uma série de elementos e recursos normativos e institucionais,

(7) O teórico David Harvey, ao tratar sobre sua teoria da ordenação espaçotemporal capitalista, aponta para a dupla lógica de poder advinda do capital e do Estado. Para ele, mesmo que em coalizão, o Estado está atrelado — mesmo que não exclusivamente — ao território e tende a apresentar uma lógica caracterizada pela garantia de fixidez, enquanto o capital tende a apresentar uma lógica em busca da fluidez (uma parte do capital se territorializa e outra torna-se fluida). A lógica territorial de poder e a lógica capitalista de poder estão em relação dialética e conformam um sistema em permanente movimento e instabilidade. Para o presente texto, importa demarcar, a título de exemplo, as diferenças entre a lógica estatal para os arranjos institucionais e a lógica capitalista para a expansão da acumulação (HARVEY, 2005).

(8) Nesse sentido, é importante ressaltar que a compreensão da intervenção do Estado passa, necessariamente, pela apreensão deste com a totalidade concreta (KOSIK, 1974) e suas dimensões — dinâmicas e imbricadas — econômicas, sociais, políticas e ideológicas. Com efeito, a conformação do Estado se atrela à forma de organização e reprodução material da vida em comum, mormente se considerarmos o capitalismo em sua fase monopolista (NETTO, 2011) em condições de subordinação e dependência (MARINI, 2005). É necessário, ademais, vincular a análise da ação estatal e, particularmente, da direção e da orientação geral da regulação judicial das relações de trabalho a diferentes fatores sócio-históricos, tais como: a relação entre as classes sociais, a intensidade organizativa dos sujeitos coletivos, os projetos políticos em implementação e em disputa em cada momento histórico. Contudo, esse quadro não esgota a compreensão do fenômeno estatal e institucional no campo do direito e das relações de trabalho, em particular do direito e do processo do trabalho, nem tampouco esgota as possibilidades de resistência/subversão cotidiana através dos usos e das estratégias jurídicas adotadas pelos atores coletivos e pelos sujeitos atuantes no sistema de justiça.

bem como de práticas e dinâmicas, que matizam e complexificam a configuração e a atuação do Poder Judiciário, particularmente sobre as relações de trabalho.[9]

Todos esses fatores dizem respeito à capacidade estatal e, particularmente, do Judiciário Trabalhista, de intervir e regular as relações de classe no Brasil, sendo central a reflexão sobre o acesso à Justiça do Trabalho para aferir a possibilidade de intervenção judicial nas relações de trabalho, bem como o caráter dessa intervenção. Em função disso, a acessibilidade do(a) trabalhador(a) à instância trabalhista é tema central na constituição da Justiça do Trabalho.

3. A construção da Justiça do Trabalho e do acesso do(a) trabalhador(a)

Historicamente, a criação da Justiça do Trabalho envolveu o enfrentamento aos princípios liberais e às práticas oligárquicas vigentes nas ações estatais, precipuamente em relação ao mundo do trabalho, até o início do século XX. O processo que culminou com a criação da instância trabalhista envolveu tanto o ascenso das lutas proletárias nas nascentes cidades (MORAES FILHO, 1978) e das lutas no campo por trabalho e liberdade nesse período histórico, quanto a implementação do projeto político-econômico colocado em marcha a partir da ascensão de Getúlio Vargas ao governo em 1930 (BIAVASCHI, 2005).[10] Expressou, assim, o desenvolvimento capitalista do país, a partir (1) da abolição da escravização de pessoas; (2) da adoção de uma política de industrialização e de diversificação da economia, ainda que em desenvolvimento combinado com o setor agrícola agroexportador (PINHEIRO, 1977); (3) da crescente urbanização; (4) da ampliação do trabalho assalariado e subordinado, mesmo que em associação com outras modalidades de trabalho não remunerado.

O governo corporativo e nacional-desenvolvimentista de Vargas investiu fortemente na industrialização do País e, simultaneamente, enfrentou a questão social a partir de iniciativas estatais articuladas. Mesmo com dinâmicas autoritárias de controle dos movimentos organizados e dos(as) trabalhadores(as),[11] impulsiona-se a constituição de um Estado Social que

---

(9) O autor Marcus Orione aponta alguns riscos aos estudos institucionais sobre o Estado. Ressalta a importância de conceber uma crítica imanente do Estado, para que possamos entender os limites das ações estatais na produção deste bem comum e ir além das aparências e dos discursos que acompanham a forma estatal. Aponta criticamente que *"... ficam claras as limitações da teoria institucionalista no sentido de que o Estado é o grande produtor do bem comum. A limitação mais clara emerge, como visto, de sua inexorável ligação com o capital, como forma específica desse. Não há, em vista dessa ligação, como aquele que se liga inexoravelmente à lógica de autovalorização do capital produzir de forma plena e desinteressada o bem comum."* (ORIONE, 2015, p. 64). Nesse contexto, no decorrer da pesquisa, é necessário tensionar, de maneira contínua, a aparência e a essência dos fenômenos e dinâmicas sociojurídicas.

(10) Getúlio Vargas liderou uma ampla coalizão de forças sociais que incluía setores insatisfeitos da oligarquia agrária (para além da facção exportadora), burguesia industrial nascente, camadas médias urbanas, segmentos militares e setores populares. Essa coalizão chega ao poder político com a Revolução de 1930.

(11) Para além do controle estatal dos sindicatos, por meio de diferentes mecanismos que impunham o atrelamento das organizações sindicais ao Ministério do Trabalho, e da perseguição política aos movimentos organizados e opositores, o autor Luiz Werneck Vianna ressalta que as elites políticas, a partir de Vargas, não ignoravam que, para manter o fator trabalho sob controle, a pura coerção não bastava, sendo necessária a ideologia do corporativismo para suprir essa carência no nível subjetivo (VIANNA, 1999, p. 188-189). Nessa direção se enquadraria a ideologia varguista sobre a outorga aos/às trabalhadores da legislação social e das normas trabalhistas, como se não houvesse vinculação com as reivindicações dos/as trabalhadores e de suas organizações. Para os porta-vozes estatais, seria obra exclusiva do Estado a legislação social, os grupos profissionais e os sindicatos (VIANA, 1951).

se ocupava da regulamentação das relações de trabalho e que criava um aparato institucional para promover e fiscalizar essa construção. Nesse ponto, é imperioso repisar a influência, nesse processo, da trajetória de organização da classe trabalhadora brasileira nas cidades e no campo, bem como o fato de a legislação social, em virtude dessa organização reivindicativa, já ser amplamente discutida tanto no campo popular quanto no institucional (MORAES FILHO, 1978). Contudo, é inegável que o governo Vargas concede maior velocidade à aprovação e à consagração das leis do trabalho, cria instituições de assistência e de previdência social e institui importantes mecanismos para tornarem efetivas as legislações aprovadas, como a criação e a consolidação do Ministério do Trabalho.

Nesse contexto, insere-se a proposta de organização da Justiça do Trabalho do governo varguista, apoiada, segundo Regina Morel e Elina Pessanha (2007), em um "consenso antiliberal" no qual *"socialistas, católicos e corporativistas, todos comprometidos, embora com objetivos e estratégias diferenciados, com a correção das desigualdades sociais da ordem capitalista por meio da ação do Estado"* (MOREL, PESSANHA, 2007, p. 89). Para Oliveira Viana, um dos mentores do projeto e consultor do Ministério do Trabalho, a Justiça do Trabalho deveria ser uma instituição moderna que superava o individualismo liberal e o formalismo jurídico (CAMPANTE, 2010, p. 27), dotando o processo de maior celeridade e permeabilidade ao(à) trabalhador(a) e concedendo a esse órgão o poder normativo em conflitos coletivos.(12)

Sob tais circunstâncias, vai se desenhando, de forma embrionária, a partir da prática das Juntas de Conciliação e Julgamento e das Comissões Mistas de Conciliação em funcionamento no Ministério do Trabalho,(13) a normatividade processual trabalhista. Vão sendo construídos mecanismos que, em contraposição aos princípios liberais e partindo da assimetria material dos litigantes na seara trabalhista, buscam viabilizar o acesso dos(as) trabalhadores(as) aos espaços de resolução dos conflitos, implantar ritos rápidos e simples, ampliar os poderes dos *julgadores* na condução dos procedimentos e incentivar soluções conciliatórias entre as partes, com atenção à natureza coletiva dos conflitos de trabalho.(14) Nessa direção, a proposta de organização da Justiça do Trabalho enfrentou ferrenha resistência do campo liberal, desde sua apresentação ao Congresso Nacional em 1936. O Judiciário Trabalhista foi regulado em 1939, regulamentado em 1940 e finalmente inaugurado em 1941 como instância administrativa por Getúlio Vargas.

---

(12) Isso não significa dizer que Oliveira Viana representava esse "consenso antiliberal". É necessário ressaltar o vínculo do projeto varguista e de um de seus porta-vozes, Oliveira Viana, com a perspectiva corporativa e com a crítica profunda tanto ao liberalismo oligárquico quanto ao socialismo (VIANA, 1943).

(13) As Comissões de Conciliação foram criadas pelo Decreto 21.396/1932 e eram competentes para conciliar os dissídios coletivos, e as Juntas de Conciliação e Julgamento foram criadas pelo Decreto 22.132/1932 para conciliar e julgar dissídios individuais. Ambas eram instâncias administrativas do Ministério do Trabalho.

(14) Sobre a não admissão de recursos das decisões interlocutórias constante no projeto da Justiça do Trabalho apresentado para o Congresso, Oliveira Viana assevera: *"O projeto fez bem [...] do contrário cairíamos nas chicanas e nas delongas do processo ordinário e desaparecerão todas as vantagens de uma justiça especial, justiça trabalhista para servir [...] a verdadeiros proletários, que vivem 'au jour le jour' do emprego e do salário. Recurso de decisões interlocutórias é luxo processual para gente rica, que pode esperar anos a decisão de um feito"* (VIANA, 1983 [1938]).

Em 1943, foi promulgada a Consolidação das Leis do Trabalho (CLT) que, além de reunir e sistematizar uma série de normas que estavam em diplomas legais dispersos, criou novos parâmetros de regulação das relações de trabalho. Foi conformada, ademais, a normatividade processual a ser aplicada na Justiça do Trabalho, consagrando importantes mecanismos peculiares para garantir o acesso e a participação do(a) trabalhador(a) no processo, com o objetivo de corrigir as desigualdades materiais e sociopolíticas entre as partes dos conflitos laborais. Destacam-se alguns institutos e características: (i) *ius postulandi:* capacidade de postular em Juízo sem a presença de advogado; (ii) ausência de pagamento prévio das custas processuais; (iii) ampla possibilidade de concessão dos benefícios da justiça gratuita; (iv) atuação de juízes classistas nas instâncias trabalhistas para facilitar a comunicação e a conciliação; (v) possibilidade de apresentação de reclamação e contestação de forma verbal; (vi) maior contato do(a) magistrado(a) com as partes, a partir de um procedimento marcadamente oral e simplificado; (vii) ausência de honorários de sucumbência; (viii) efeitos processuais diferenciados entre as partes pelo não comparecimento à audiência; (ix) competência territorial fixada pelo local da prestação de serviços. Desse modo, consagrava-se, dentre outros, o princípio da proteção processual ou do protecionismo temperado no Direito Processual do Trabalho (LEITE, 2019; SCHIAVI, 2020), almejando construir a isonomia em seu sentido substancial, na tentativa de compensar os desequilíbrios processuais entre as partes. A integração da Justiça do Trabalho ao Poder Judiciário, em 1946, não modificou suas principais características e particularidades.

A garantia do efetivo e pleno acesso às instâncias judiciais foi reforçada pela Constituição de 1988, que alçou o princípio do acesso à justiça a direito fundamental, consagrando-o em seu art. 5º, XXXV, da CR/88 ("*a lei não excluirá da apreciação do Poder Judiciário lesão ou ameaça a direito*"). Conjugado a esse dispositivo, está o direito à assistência judiciária gratuita e integral, consubstanciado no art. 5º, LXXIV, da CR/88, segundo o qual "*o Estado prestará assistência jurídica integral e gratuita aos que comprovarem insuficiência de recursos*".[15] Ressalte-se que a Constituição de 1988 foi construída após um amplo processo participativo e é um marco na redemocratização do País após décadas de ditadura militar (1964 a 1985). Efetivamente, a Constituição associa a intervenção estatal à economia de mercado, estabelecendo as balizas para um Estado de Bem-Estar Social. Declara um longo rol de direitos fundamentais, incluindo os direitos sociais e trabalhistas, e concede natureza constitucional a diversos direitos reconhecidos pela CLT. Amplia o poder normativo da Justiça do Trabalho, amplia as possibilidades de tutela coletiva e determina a expansão da estrutura judicial trabalhista, o que, de fato, aconteceu nos anos que acompanharam a aprovação dessa carta constitucional. Portanto, a Constituição de 1988 fortaleceu a Justiça do Trabalho e os pilares para a proteção adequada e efetiva do(a) trabalhador(a), caminhando na construção do direito fundamental ao trabalho digno no país.

---

(15) Nos termos da Lei n. 5.584/1970, na Justiça do Trabalho, a assistência judiciária, a que se refere a Lei n. 1.060/50, é prestada pelo Sindicato da categoria profissional a que pertencer o trabalhador hipossuficiente. O art. 14 da Lei Complementar n. 80/1994 estabelece que a Defensoria Pública da União atuará na Justiça do Trabalho. Contudo, não se instituiu uma defensoria para atuar no Judiciário Trabalhista, não havendo, atualmente, na Defensoria Pública da União estrutura ou pessoal para essa atuação.

No entanto, é importante salientar que o Judiciário Trabalhista, em sua história, mesmo após a Constituição de 1988, foi objeto de inúmeras ações que buscaram modificar sua estrutura e seu *modus operandi*. Em breves linhas, duas inflexões devem ser citadas por se conectarem a temas relacionados ao acesso à justiça. A primeira delas na década de 1990 se refere à implementação de uma agenda político-econômica neoliberal pelo governo do então presidente Fernando Henrique Cardoso, por meio da qual se almejava fragilizar ou extinguir as formas de regulação judicial das relações de trabalho. Chegou-se a propor a extinção da Justiça do Trabalho. Em função das resistências efetivadas, esse objetivo não foi alcançado, sendo extinta a figura dos(as) juízes(as) classistas que atuavam nas instâncias judiciais trabalhistas. A segunda inflexão é aquela desatada a partir da ruptura político-institucional de 2016 que desembocou na Reforma Trabalhista perpetrada pelas Leis ns. 13.429/2017 e 13.467/2017. Foram inúmeras alterações aprovadas de maneira apressada, sem um debate público consistente e sem a participação efetiva das organizações dos(as) trabalhadores(as) e da sociedade civil.

Nessa verdadeira contrarreforma, foi modificada uma gama de dispositivos da CLT com o objetivo de precarizar e flexibilizar as relações de trabalho, aumentando a desproteção dos(as) trabalhadores(as) no mercado de trabalho e ampliando as possibilidades de exploração e intensificação do trabalho. Ademais, essa mudança legislativa atacou, de forma frontal, os dispositivos que garantiam a acessibilidade do(a) trabalhador(a) ao Judiciário, retirando da instância judicial trabalhista grande parte da força para conceder efetividade aos direitos fundamentais do trabalho. Nessa seara, as principais alterações dizem respeito: (i) ao aumento dos custos (e dos riscos) do processo para os(as) trabalhadores(as); (ii) às dificuldades para o alcance dos benefícios da justiça gratuita; (iii) à ressignificação da *justiça gratuita* para não incluir honorários periciais e sucumbenciais; (iv) à possibilidade do pagamento das custas processuais figurar como condição para proposição de nova reclamação trabalhista; (v) ao pagamento de honorários advocatícios, mesmo havendo sucumbência parcial; (vi) ao estímulo às resoluções extrajudiciais dos conflitos; (vii) ao fim da execução de ofício pelo(a) juiz(a), quando o trabalhador estiver acompanhado por advogado, o que fragiliza a efetividade da tutela jurisdicional; (viii) à diminuição das garantias para a satisfação dos créditos trabalhistas; (ix) ao fim da contribuição sindical obrigatória, o que ocasiona a desestruturação da assistência judiciária gratuita ofertada por essas entidades aos(às) trabalhadores(as); (x) limitações às atividades interpretativas dos Juízos e Tribunais Trabalhistas.(16) Trata-se de uma forte ofensiva à acessibilidade efetiva dos(as) trabalhadores(as) à instância judicial e aos direitos fundamentais do trabalho, traduzindo-se em uma tentativa de adequação forçada da regulação judicial das relações de trabalho aos interesses e necessidades da atualização do padrão de acumulação capitalista.

---

(16) Por outro lado, como observado pelo jurista Mauro Schiavi, a Lei n. 13.467/2017 teve uma preocupação muito intensa em assegurar o acesso à justiça aos empregadores em vários dispositivos, destacando: (i) possibilidade de concessão de justiça gratuita ao reclamado; (ii) desnecessidade do preposto da reclamada na audiência ser empregado; (iii) mitigação dos efeitos da revelia; (iv) sucumbência recíproca; (v) contraditório prévio antes da homologação dos cálculos (SCHIAVI, 2018, p. 19-20).

Ademais, atualmente,(17) o Supremo Tribunal Federal (STF) é uma instância fundamental na produção judicial da regulação das relações de trabalho. O STF tem sido chamado a se pronunciar em relação a diferentes mudanças normativas perpetradas, dentre outras, pela EC 45/2004, pela Lei n. 13.429/2017 e pela Lei n. 13.467/2017. Alguns exemplos são: ADI 3423-DF (debateu a constitucionalidade da necessidade de mútuo acordo para o ajuizamento de dissídio coletivo inserido pela EC 45/2004), ADI 5766-DF (discute a constitucionalidade, por violação ao direito fundamental ao acesso à justiça, de diferentes dispositivos da Lei n. 13.467/2017 que impuseram oneração excessiva aos trabalhadores), ADC's 58 e 59 (discutiu os índices a serem aplicados para a atualização dos créditos decorrentes de condenação na Justiça do Trabalho). Em diferentes julgamentos, observa-se que o STF tem se consolidado como um ator central no reconhecimento e na legitimação de processos de flexibilização de direitos e precarização das relações de trabalho, enfrentando a jurisprudência do TST, mesmo no período anterior à Reforma Trabalhista. Desse modo, a construção da gramática de estímulos e desestímulos ao mundo do trabalho inclui a atuação do STF, bem como as tensões entre esse órgão e a Justiça do Trabalho.

Em continuidade a essa trajetória, o projeto de lei de conversão da Medida Provisória n. 1.045/2021, que tramita no Congresso Nacional e, em tese, institui "*o Novo Programa Emergencial de Manutenção do Emprego e da Renda e dispõe sobre medidas complementares para o enfrentamento das consequências da emergência de saúde pública de importância internacional decorrente do coronavírus (covid-19) no âmbito das relações de trabalho*" ampliou seu escopo inicial e acabou contemplando diferentes temas que pretendem ampliar as dificuldades no acesso do(a) trabalhador(a) à Justiça do Trabalho. Dentre as propostas, estão: (1) o fim da assistência judiciária gratuita prestada aos(às) trabalhadores(as) pelos sindicatos, (2) a maior rigidez para a concessão da justiça gratuita, com possibilidade de imposição de multa por litigância de má-fé, (3) a possibilidade de aposição de cláusula de quitação geral nos acordos extrajudiciais, devendo a homologação pelos Juízos do Trabalho se ater à conformidade dos elementos do negócio jurídico nos termos do Código Civil.

4. O acesso do(a) trabalhador(a) à Justiça do Trabalho na atualidade

As sérias restrições ao acesso do(a) trabalhador(a) à jurisdição trabalhista figuram tanto como um dos objetivos centrais das mudanças legislativas recentes quanto como o resultado das interpretações perpetradas principalmente pelo Supremo Tribunal Federal, mas também presentes nos Juízos e Tribunais do Trabalho. Considerando os limites do presente texto, tratarei de dois principais conjuntos de investidas em face do acesso pleno do(a) trabalhador(a) à Justiça do Trabalho.

O primeiro deles busca afastar, por diversas iniciativas, os(as) trabalhadores(as) da Justiça do Trabalho. São medidas que impõem dificuldades para o ajuizamento das ações

(17) O protagonismo do Supremo Tribunal Federal em matéria trabalhista já era uma tendência desde a promulgação da Constituição Federal de 1988, considerando a constitucionalização de direitos sociais e fundamentais relacionados às relações de trabalho e à Justiça do Trabalho. Contudo, essa tendência se materializa na última década, principalmente a partir de 2014, sendo fortalecida nos últimos anos.

trabalhistas, que vão desde a imposição de requisitos formais para a petição inicial e de dificuldades para a concessão da justiça gratuita até a desestruturação da assistência judiciária gratuita prestada pelos sindicatos (e, na prática, a inexistência de assistência judiciária integral e gratuita prestada pela Defensoria Pública) e o incentivo a formas de resolução extrajudicial dos conflitos trabalhistas. Essas medidas passam pelo desestímulo dos(as) trabalhadores(as) em buscar a Justiça do Trabalho pela imposição de riscos excessivos no processo, os quais podem ser responsabilizados pelo pagamento de custas processuais, honorários advocatícios e honorários periciais mesmo sendo beneficiários da justiça gratuita. Nesse sentido, os ônus da sucumbência, somados às possibilidades de multas por litigância de má-fé, dirigidos à parte vulnerável podem significar uma barreira intransponível ao acesso à Justiça do Trabalho.

Fazem parte desse conjunto de iniciativas as reiteradas decisões de incompetência da Justiça do Trabalho para tratar das relações de trabalho, mesmo considerando a ampliação da competência da instância judicial trabalhista perpetrada pela Emenda Constitucional n. 45/2004. Trata-se de um franco processo de esvaziamento da competência da Justiça do Trabalho. Algumas decisões emblemáticas do Supremo Tribunal Federal nesse sentido são: ADI n. 3.395-6 (incompetência da Justiça do Trabalho para as relações estatutárias e jurídico-administrativas); RE n. 586.453 (Tese de Repercussão Geral n. 190: incompetência da Justiça do Trabalho para o processamento de demandas ajuizadas contra entidades privadas de previdência com o propósito de obter complementação de aposentadoria); RE 846854 (Tese de Repercussão Geral n. 544: incompetência da Justiça do Trabalho para julgar abusividade de greve de servidores públicos celetistas da Administração pública direta, autarquias e fundações públicas); RE n. 960.429 (Tese de Repercussão Geral n. 992: incompetência para julgar controvérsias relacionadas à fase pré-contratual de seleção e admissão de servidores públicos celetistas, isto é, para demandas envolvendo danos morais pré-contratuais de servidores públicos celetistas da Administração Pública direta e indireta); RE n. 606.003 (Tese de Repercussão Geral n. 550: incompetência para o julgamento de processos envolvendo relação jurídica entre representante e representada comerciais, entendendo que não há relação de trabalho entre as partes). Essa interpretação restritiva quanto à competência da Justiça do Trabalho tem sido aplicada, em alguns julgados de turmas do STF, para os motoristas autônomos, supostamente regulados pela Lei n. 11.442/2007.

Urge ressaltar ainda o posicionamento do Tribunal Superior do Trabalho, em consonância com a Súmula n. 363 do STJ, no sentido da incompetência da Justiça do Trabalho para julgar relações de trabalho também enquadradas como de consumo, regidas por lei especial. Por fim, a maior parte das decisões da Justiça do Trabalho no sentido da incompetência dessa especializada para processar e julgar os conflitos de trabalho envolvendo os(as) trabalhadores(as) de plataforma. Essas decisões negam o fundamento e as particularidades constitutivas da Justiça do Trabalho que, a partir da assimetria real dos sujeitos do mercado de trabalho, se construiu como órgão jurisdicional especializado apto a julgar relações nas quais há prestação de trabalho humano em prol de um tomador. Ressalte-se que o afastamento dos(das) trabalhadores(as) da Justiça do Trabalho restringe a própria capacidade de enunciação dos direitos por parte desses sujeitos e estimula o descumprimento dos direitos trabalhistas pelo empresariado.

Os dados estatísticos da movimentação processual da Justiça do Trabalho revelam a tendência de queda no ajuizamento de novas ações trabalhistas, mesmo considerando o contexto pandêmico. Vale dizer que essa queda não está relacionada à ampliação do acesso a direitos no mercado de trabalho, não havendo nenhum indício de mudança nesse sentido.

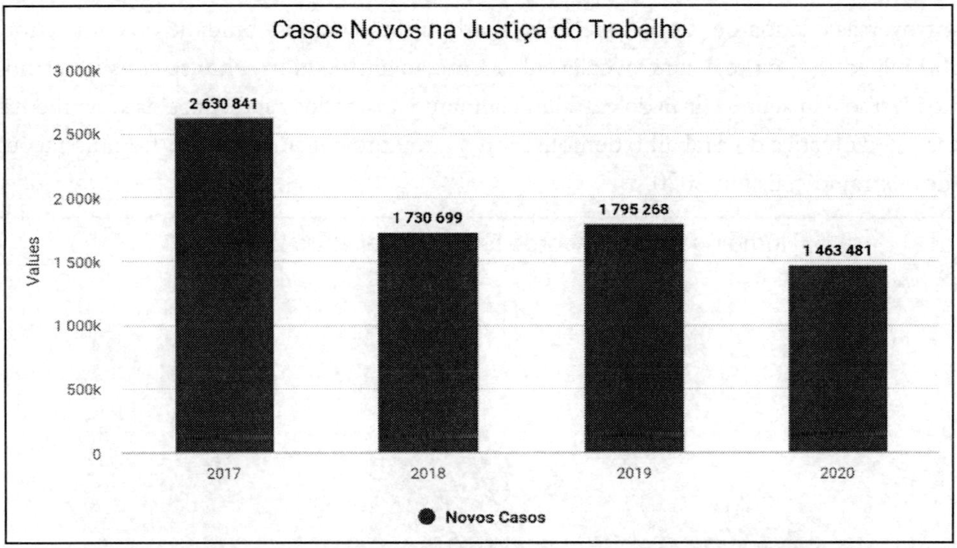

Fonte: Elaboração própria com dados da estatística da Justiça do Trabalho (sistema e-Gestão).

O segundo conjunto de ataques ao acesso do(a) trabalhador(a) ao Judiciário Trabalhista diz respeito à desconstrução do vínculo entre o processo do trabalho e a acessibilidade efetiva do(a) trabalhador(a). Envolve, por um lado, mudanças processuais que dificultam a participação efetiva da parte vulnerável, a partir, por exemplo, da imposição de dificuldades probatórias,(18) da desvalorização da audiência como espaço do diálogo efetivo entre julgador e parte,(19) da estipulação de formalidades que impedem ou inibem a atuação do(a) trabalhador(a).

---

(18) Sob o fundamento de combater a litigância temerária, a Lei n. 13.467/2017 reafirmou as condutas de má-fé presentes no CPC nas quais os(as) trabalhadores(as) poderiam ser enquadrados (o que já era aplicado na Justiça do Trabalho), sendo referidas condutas aplicadas para as testemunhas (art. 793-D da CLT). Como é sabido, a prova testemunhal no Processo do Trabalho possui uma importância central para o trabalhador a fim de comprovar as condições reais de trabalho. Há possibilidade de multa dirigida à testemunha.

(19) Houve intensa produção normativa pelos Tribunais sobre matéria processual, na tentativa de adequar o fluxo processual às limitações impostas pela pandemia. Conformou-se, assim, um verdadeiro rito processual de emergência na Justiça do Trabalho. Um dos exemplos de mudança é o disposto no Ato n. 11/2020 da Corregedoria-Geral da Justiça do Trabalho que, dentre outros procedimentos, em seu art. 6º, faculta aos(às) magistrados(as) a utilização do rito processual estabelecido no art. 335 do CPC para apresentação de defesa sem realização de audiência, o qual se afasta consideravelmente dos procedimentos estabelecidos pela CLT e dos princípios peculiares do Processo do Trabalho. Em função desse permissivo, alguns têm adotado o entendimento de que a audiência trabalhista poderia ser dispensada, estando a maior parte dos atos processuais sujeitos à negociação, ao gerenciamento e à flexibilização processuais (MOTA, 2020, p. 527).

Por outro lado, envolvem medidas que facilitam a instrumentalização da institucionalidade trabalhista pelos empregadores e tomadores de serviço como artifício para redução de custos e rebaixamento de direitos. Um exemplo é o estímulo às conciliações judiciais e extrajudiciais, destacando a possibilidade de homologação de transações extrajudiciais inserida pela Reforma Trabalhista (arts. 855-B a 855-E da CLT). É importante ressaltar que os ajustes entabulados pelas partes não garantem o acesso efetivo aos direitos fundamentais do trabalho. Pelo contrário, muitas vezes, envolvem o pagamento, a menor, de verbas rescisórias incontroversas e ainda de forma parcelada, sendo limitada a possibilidade de conhecimento pelo(a) julgador(a) da real controvérsia subjacente ao ajuste, mormente se considerarmos os estritos termos do acordo firmado extrajudicialmente. Os dados estatísticos da movimentação processual da Justiça do Trabalho demonstram o aumento considerável das homologações de acordos extrajudiciais em 2020.

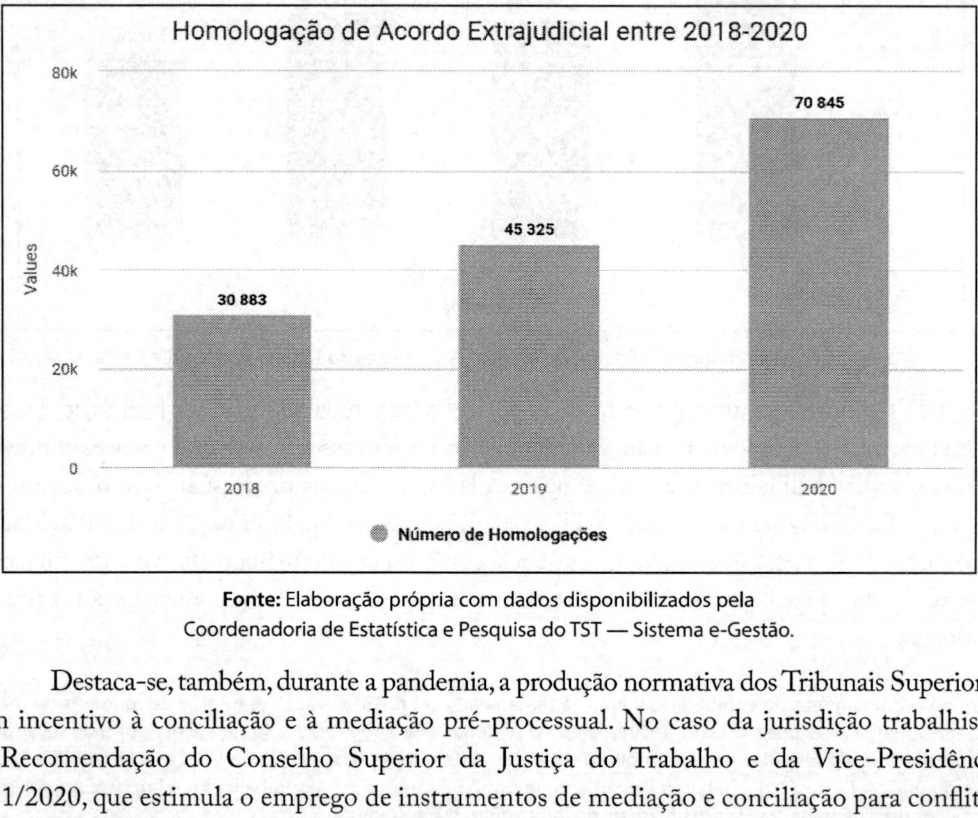

Fonte: Elaboração própria com dados disponibilizados pela Coordenadoria de Estatística e Pesquisa do TST — Sistema e-Gestão.

Destaca-se, também, durante a pandemia, a produção normativa dos Tribunais Superiores em incentivo à conciliação e à mediação pré-processual. No caso da jurisdição trabalhista, a Recomendação do Conselho Superior da Justiça do Trabalho e da Vice-Presidência n. 1/2020, que estimula o emprego de instrumentos de mediação e conciliação para conflitos individuais e coletivos em fase processual e em fase pré-processual por meios eletrônicos e videoconferência no contexto da pandemia, recomenda que os já existentes Núcleos Permanentes de Métodos Consensuais de Solução de Disputas — NUPEMEC-JT e dos Centros Judiciários de Métodos Consensuais de Solução de Disputas — CEJUSC-JT de 1º e de 2º graus sirvam de apoio para as conciliações e mediações processuais e pré-processuais tanto em conflitos individuais quanto em conflitos coletivos. Há previsão, em seu art. 2º, parágrafo único, para a utilização, em complementação aos instrumentos processuais disponíveis, dos procedimentos de mediação pré-processual previstos no art. 3º, § 3º, do CPC.[20] Nesse contexto, é importante ressaltar que já era admitida a mediação pré-processual de conflitos coletivos (Ato TST.GP n. 168/2016), contudo não se admitia a mediação pré-processual de conflitos individuais de trabalho, conforme expressamente disposto no art. 7º, § 6º, da Resolução CSJT n. 174/2016[21]. Trata-se, portanto, de posição inovadora em relação à sistemática do Processo do Trabalho e ao entendimento anterior do Conselho Superior da Justiça do Trabalho, o qual foi modificado e complementado pela Resolução CSJT n. 288/2021 que introduziu mudanças na Resolução CSJT 174/2017 para tornar possível a mediação pré-processual em conflitos individuais do trabalho.[22]

Na mesma direção, estão as tentativas de legitimar as negociações processuais entre as partes, a partir da aplicação do art. 190 do CPC, cuja aplicação havia sido afastada pelo TST por meio da Instrução Normativa n. 39/2016, que considerava referido comando legal incompatível com o Direito Processual do Trabalho. Esse dispositivo consagra a possibilidade de negociação processual entre as partes do processo e sua incorporação à dinâmica trabalhista, além de violar frontalmente o princípio da indisponibilidade das normas processuais do trabalho, pressupõe erroneamente a simetria entre as partes do conflito trabalhista. Para essa perspectiva, o(a) trabalhador(a), de maneira isolada, possui conhecimento prévio e autonomia individual para se manifestar livremente sobre as regras processuais, estando em igualdade de condições em relação aos empregadores e às empresas na Justiça do Trabalho. A realidade da instância judicial trabalhista demonstra as gigantescas disparidades entre as partes do processo que refletem as enormes desigualdades materiais e sociopolíticas estruturais da dinâmica econômica, que são acentuadas pela habitualidade das empresas e empregadores na litigância na Justiça do Trabalho. Vale dizer que, atualmente, a flexibilização procedimental, por negociação ou por gestão processual, tem sido defendida não apenas para o contexto pandêmico,[23] mas para o período pós-pandêmico (MOTA, 2020).

Outra medida que estimula a instrumentalização da institucionalidade trabalhista é a redução da atualização monetária aplicada na Justiça do Trabalho, a partir da interpretação concedida pelo STF no julgamento das ADCs ns. 58 e 59 e das ADIs ns. 5.867 e 6.021. A aplicação de taxa SELIC a partir da postulação judicial e a eliminação dos juros de mora no curso do processo incentivam a utilização da instância trabalhista como forma de protelar

---

(20) O CPC, em seu art. 3º, estabelece que "Não se excluirá da apreciação jurisdicional ameaça ou lesão a direito", prevendo, em seu § 3º, que "a conciliação, a mediação e outros métodos de solução consensual de conflitos deverão ser estimulados por juízes, advogados, defensores públicos e membros do Ministério Público, <u>inclusive</u> no curso do processo judicial".

(21) O art. 7º, § 6º, da Resolução CSJT n. 174/2016 estabelece que "As conciliações e mediações realizadas no âmbito da Justiça do Trabalho somente terão validade nas hipóteses previstas na CLT, aí incluída a homologação pelo magistrado que supervisionou a audiência e a mediação pré-processual de conflitos coletivos, sendo inaplicáveis à Justiça do Trabalho as disposições referentes às Câmaras Privadas de Conciliação, Mediação e Arbitragem, e normas atinentes à conciliação e mediação extrajudicial e pré-processual previstas no NCPC".

(22) Ressalte-se que a Recomendação CSJT.GVP n. 1/2020 foi prorrogada por prazo indeterminado pela Recomendação CSJT.GVP n. 2/2020.

(23) Ressalte-se que o Ato n. 11/2020 da Corregedoria-Geral da Justiça do Trabalho foi prorrogado por prazo indeterminado pelo Ato n. 18 do mesmo órgão em novembro de 2020.

e pagar, a menos, verbas trabalhistas alimentares e incontroversas. Nessa direção, estão as iniciativas de fragilização da execução trabalhista que contemplam o fim da execução de ofício, caso o trabalhador esteja acompanhado de advogado, e a criação de inúmeras facilidades e oportunidades processuais para a postergação do pagamento do crédito trabalhista.

A reflexão sobre as diferentes barreiras que impedem o acesso adequado à Justiça do Trabalho torna-se tema, ainda mais, central no contexto de emergência sanitária ocasionado pela pandemia do novo coronavírus. As transformações nas condições e nas práticas laborais, a mediação da tecnologia e o conjunto de restrições para conter a disseminação e o contágio do vírus, em um cenário de crise socioeconômica e política, têm o condão de gerar, ainda mais, barreiras objetivas e subjetivas aos(às) trabalhadores(as).

A intermediação da tecnologia acentua as desigualdades e assimetrias entre as partes do processo, havendo uma enorme diferença de acesso aos meios e instrumentos tecnológicos que viabilizam a participação e a produção dos atos processuais para os sujeitos dos conflitos laborais. É certo que a disponibilidade e a mobilização adequada da tecnologia dependem da condição socioeconômica e da existência de recursos financeiros e educacionais. Os dados da PNAD Contínua TIC 2018 (IBGE), publicada em 2020 em referência ao ano de 2018, demonstram que mais de 20% dos domicílios brasileiros não utilizam a internet, ou seja, 79,1% utilizam a internet enquanto quase 15.000 domicílios não possuem acesso à internet. Esse percentual é consideravelmente maior nas áreas rurais, onde 50,8% dos domicílios não utilizam a internet. O rendimento médio *per capita* daqueles em que se utiliza a internet é o dobro do rendimento dos que não utilizam. No mesmo sentido, as razões apontadas para o não acesso à internet são: falta de interesse, custo elevado dos serviços ou falta de conhecimento digital (ninguém no domicílio sabe usar a internet). São dados que revelam a exclusão digital em relação direta com a situação socioeconômica, o que se torna mais relevante no contexto pandêmico, uma vez que houve a redução da renda e da capacidade econômica e o aumento da vulnerabilidade social.

Desse modo, quanto mais vulnerabilizados e sem recursos para a sobrevivência estiverem os(as) trabalhadores(as), menor a possibilidade de possuir recursos financeiros e tecnológicos e de adquirir as competências necessárias para a adequada participação virtual no processo eletrônico. Na pandemia, com as restrições de locomoção, a exclusão digital gera dificuldades adicionais em relação ao acesso às informações, ao acesso à assistência judiciária adequada e ao acompanhamento efetivo do processo. O enfrentamento dessa realidade exige políticas públicas articuladas para a democratização do acesso à internet e para a viabilização do desenvolvimento das competências e habilidades necessárias para o manuseio dessas ferramentas. Apesar de serem necessárias ações estatais estruturadas, o Poder Judiciário deve levar em conta essa realidade para o desenho das iniciativas de funcionamento remoto.

As investidas em face do acesso do(a) trabalhador(a) à Justiça do Trabalho se dão, de maneira concomitante, ao aprofundamento e à ampliação da vulnerabilidade social e econômica dos(as) trabalhadores(as). Esse quadro redobra a centralidade do papel da Justiça do Trabalho na construção de uma tutela adequada aos(às) trabalhadores(as) e na potencialização da regulação judicial das relações de trabalho.

Esse caminho passa pela reafirmação e pela reconstrução da Justiça do Trabalho como instância jurisdicional comprometida com a concretização dos direitos sociais fundamentais; passa pela ampliação do acesso efetivo e pleno do(a) trabalhador(a) à Justiça do Trabalho, contribuindo, como intérpretes e operadores do Direito, na construção, no âmbito jurídico e social, de saídas individuais e coletivas que permitam a superação das barreiras objetivas e subjetivas para a postulação judicial e a participação efetiva do(a) trabalhador(a) no processo; passa pelo uso criativo das normativas e dos julgados nacionais e internacionais; passa pelo acesso do(a) trabalhador(a) à informação e à assistência judiciária gratuita e integral e pelo acesso efetivo aos direitos fundamentais no mercado de trabalho.

É importante salientar que esse percurso envolve o enfrentamento aos argumentos ultraliberais que insistem em tratar o ser humano como uma mera mercadoria e em ocultar ou desprezar as enormes disparidades econômicas e sociopolíticas entre o trabalhador e o tomador de serviços. É certo que a plena libertação ou a plena proteção do(a) trabalhador(a) não se darão pela Justiça do Trabalho que cumpre, como visto, funções na reprodução da acumulação capitalista e induz uma certa alienação do(a) trabalhador(a) às formas jurídicas do capital (UCHIMURA, 2016) e um certo enquadramento da contestação e da insurgência aos meios consentidos pelo sistema. Contudo, a crítica aos limites da Justiça do Trabalho não deve conduzir à sua desvalorização como importante espaço de disputa, a partir do qual é possível garantir limites à superexploração do trabalho e disputar a regulação pública e protetiva das relações de trabalho. De forma coletiva, é necessário tensionar os papéis exercidos pelo Judiciário e particularmente pela Justiça do Trabalho nos tempos atuais.

Em tempos de barbárie, a Justiça do Trabalho se torna um campo privilegiado de disputas para a concretização de patamares mais amplos de proteção aos(às) trabalhadores(as) e para a construção de uma vida digna para as maiorias sociais brasileiras.

Referências bibliográficas

BEZERRA LEITE, Carlos Henrique. *Curso de Direito Processual do Trabalho*. 17. ed. São Paulo: Saraiva Educação, 2019.

BIAVASCHI, Magda. *O Direito do Trabalho no Brasil — 1930/1942:* A construção do sujeito de direitos trabalhistas. Tese de doutorado em Economia Aplicada defendida na Universidade Estadual de Campinas. Campinas, 2005.

CAMPANTE, Rubens Goyatá. A formação da regulação do trabalho no Brasil. Homenagem aos 70 anos da Justiça do Trabalho. *Revista do Tribunal Regional do Trabalho da 3ª Região*, Belo Horizonte, v. 52, n. 82, jul./dez. 2010.

CARDOSO, Adalberto Moreira. *A década neoliberal e a crise dos sindicatos no Brasil*. São Paulo: Boitempo, 2003.

______; LAGE, Telma. Desenho legal e desempenho real: Brasil. In: BENSUSÁN, Graciela (Coord.). *Instituições Trabalhistas na América Latina:* desenho legal e desempenho real. Rio de Janeiro: Revan, 2006.

CARVALHO, Sandro Sacchet. Retrato dos rendimentos e horas trabalhadas durante a pandemia. Carta de Conjuntura n. 51. *Nota de Conjuntura n. 51 – 2º trimestre 2021. Instituto de Pesquisa Econômica Aplicada (IPEA)*. Disponível em: <https://www.ipea.gov.br/portal/images/stories/PDFs/conjuntura/210408_cc_51_nota_4_retrato_dos_rendimentos.pdf>. Acesso em: 10 abr. 2021.

CARVALHO, Sandro Sacchet; CAVALCANTI, Marco Antônio; LAMEIRAS, Maria Andreia Parente; RAMOS, Lauro. Análise das transições no mercado de trabalho brasileiro no período da COVID-19. Carta de Conjuntura n. 49. *Nota de Conjuntura n. 12 – 4º trimestre 2020. Instituto de Pesquisa Econômica Aplicada (IPEA)*. Disponível em: <https://www.ipea.gov.br/portal/images/stories/PDFs/conjuntura/201106_nota_12_transicoes_de_mercado_de_trabalho.pdf>. Acesso em: 08 fev. 2021.

CORREIA, Marcus Orione Gonçalves. Por uma crítica imanente sobre os limites das políticas públicas de direitos sociais e o Estado na produção do bem comum no modo de produção capitalista. *Saúde e Sociedade*, vol. 24, 2015.

FILGUEIRAS, Vitor Araújo. A Justiça do Trabalho e a conciliação impossível. *Revista do Tribunal Regional do Trabalho da 15ª Região*, n. 45, 2014.

HARVEY, David. *O novo imperialismo*. 2. ed. São Paulo: Loyola, 2005.

KOSIK, Karel. *Dialética do Concreto*. 2. ed. Rio de Janeiro: Paz e Terra, 1976 [1963].

LAURIS, Élida. Uma questão de vida ou morte: para uma concepção emancipatória de acesso à justiça. *Revista Direito e Práxis,* Rio de Janeiro, vol. 6, n. 10, 2015, p. 412/454.

MARINI, Ruy Mauro. Dialética da dependência. In: STÉDILE, J. P.; TRASPADINI, R. *Ruy Mauro Marini*: Vida e Obra. São Paulo: Expressão Popular, 2005 [1973].

MORAES FILHO, Evaristo. *O problema do sindicato único no Brasil:* seus fundamentos sociológicos. São Paulo: Alfa-Omega, 1978.

MOREL, Regina Lúcia, PESSANHA, Elina. Magistrados do trabalho no Brasil: entre a tradição e a mudança. *Estudos Históricos*. Rio de Janeiro, n. 37, jan./jun. 2006.

______. A justiça do trabalho. *Tempo Social*, revista de sociologia da USP. São Paulo, v. 19, n. 2, 2007.

MOTA, Henrique de Souza. A flexibilização do procedimento durante a pandemia da Covid-19: repensando a audiência trabalhista a partir do gerenciamento processual. *Revista do Tribunal Regional do Trabalho da 3ª Região*, Belo Horizonte, edição especial, tomo II, p. 527-550, jul. 2020.

NETTO, José Paulo. *Capitalismo monopolista e serviço social*. São Paulo: Cortez, 2011.

OSORIO, Jaime. *O Estado no centro da mundialização:* a sociedade civil e o tema do poder. São Paulo: Outras Expressões, 2014.

______. Sobre o Estado, o poder político e o Estado dependente. *Temporalis*. Brasília (DF), ano 17, n. 34, jul./dez. 2017.

PINHEIRO, Paulo Sérgio. *Política e Trabalho no Brasil*. São Paulo: Paz e Terra, 1977.

PLÁ ROGRIGUEZ, Américo. *Princípios do direito do trabalho*. Tradução Wagner D. Giglio e Edilson Alkmin Cunha. 3. ed. São Paulo: LTr, 2000.

SEFERIAN, Gustavo. Financeirização do capital e da Justiça do Trabalho: Leituras críticas do acesso à justiça e aos direitos trabalhistas (2000-2018). *Revista de Direito Público*. Porto Alegre, vol. 16, n. 88, jul./ago. 2019.

SCHIAVI, Mauro. *A reforma trabalhista e o processo do trabalho:* aspectos processuais da Lei n. 13.467/2017. São Paulo: LTr, 2018.

______. *Manual de direito processual do trabalho:* de acordo com a Reforma Trabalhista, 16. ed. São Paulo: LTr, 2020.

SILVA, Alessandro da. O direito na periferia do mundo: apontamentos sobre o funcionamento da instância judicial no capitalismo dependente. *REBELA — Revista Brasileira de Estudos Latino-americanos*, Florianópolis, vol. 9, n. 3, set./dez. 2019.

SILVA, Sayonara Grillo Coutinho Leonardo da. *Relações Coletivas de Trabalho:* configurações institucionais no Brasil contemporâneo. São Paulo: LTr, 2008.

______; HORN, Carlos Henrique. O princípio da proteção e a regulação não mercantil do mercado e das relações de trabalho. *Revista de direito do trabalho*, São Paulo, SP, v. 34, n. 132, p. 184-205, out./dez. 2008.

VIANNA, Luiz Werneck. *Liberalismo e Sindicato no Brasil.* 4. ed. rev. atualizada. Belo Horizonte: Ed. UFMG, 1999.

VIANA, Oliveira. *Problemas de direito corporativo.* Brasília: Câmara dos Deputados, 1983 [1938].

______. *Problemas de direito sindical.* Rio de Janeiro: Max Limond, 1943.

______. *Direito do Trabalho e democracia social*: O problema da incorporação do trabalhador no Estado. Rio de Janeiro: José Olympio, 1951.

UCHIMURA, Guilherme Cavicchioli. A Justiça do Trabalho e a repetição da forma-valor. *Direito & Práxis*, Rio de Janeiro, vol. 7, n. 13, 2016.

Força de Direito do Trabalho: As Novas Formas de Trabalho por Aplicativos e a Tutela dos Direitos dos Trabalhadores

Eduardo Henrique Raymundo von Adamovich[1]

1. Introdução

É tão antiga quanto a existência de relações de trabalho subordinado a constatação da crise sobre a qual essa relação se desenvolve. Longe de ser uma relação por definição harmoniosa, ela se instaura sobre a crise da exploração do trabalho de uma pessoa por outra, mediante certa remuneração. O tratamento jurídico dessa relação, sob o arquétipo contratual, equiparado o trabalho à figura de uma coisa, passível de ser locada, remonta à Antiguidade, época em que não se cogitava da liberdade individual do trabalhador como um ideal jurídico a ser protegido, menos ainda, de figuras hoje consagradas sob a ótica de direitos individuais. É consabido que, àquela altura, preponderava uma visão coletiva da vida, sem clara distinção entre a esfera individual de direitos e aquela outra coletiva. A igualdade, quando admitida por certos autores da Filosofia Grega Clássica, o era mais como um estado natural do que como um valor social a ser perseguido, concluindo-se, ao contrário, que a desigualdade é que seria decorrência da vida social e, nela, deveria ser encarada com naturalidade. Por isso, a exploração do trabalho seria um dado social preexistente e, na época, a escravidão um fato "naturalizado" pelo meio social, de modo que, assim como o escravo, tratado juridicamente como coisa, passível de ser locada, também o seria a sua atividade, o trabalho, por uma extensão de abstração, quando se tratasse de trabalho remunerado prestado por trabalhadores livres.

A concepção da individualidade, desenvolvida com o Cristianismo, a agregação de valores de proteção humanística a esse indivíduo, que nasce do reconhecimento da existência da alma e da sujeição da vida terrena a uma ética de proteção aos mais fracos e necessitados, liberta-se dessa conformação religiosa na Modernidade, vendo nascer a figura do trabalhador indivíduo livre, a quem se reconhece o direito de alienar livremente essa coisa, que é o seu trabalho, podendo prestá-lo a quem entendesse por engajá-lo em suas atividades. Nesse momento, a concepção contratual antiga dessa relação é repaginada sob a ótica de uma liberdade individual e de uma igualdade formal próprias daquele momento histórico. O trabalhador,

(1) Magistrado do Trabalho. Professor no Rio de Janeiro.

livre para consentir na sua contratação, seria sujeito de direitos e detentor de obrigações nessa relação, porém, no fundo não escaparia, *mutatis mutandis*, do arquétipo hobbesiano do homem naturalmente livre que consente na sujeição ao soberano em nome da manutenção da segurança jurídica, segurança essa que outra coisa não é do que a própria segurança desse estado de dominação. Não tardaria Marx a desmontar a ilusão liberal da completude do ordenamento jurídico e da igualdade como abstração, mostrando a fragilidade da concepção hegeliana do idealismo constitucional. Se mais adiante a solução proposta pelo marxismo veio a ser derrotada politicamente, refém dos vícios do stalinismo, e o idealismo constitucional foi reconstruído, sob a figura do Estado-Social e do trabalhador cidadão-consumidor, dando expressão a ideias com embriões já em Defoe, no século XVIII, e infundindo a crença na viabilidade de uma sociedade de direitos, a contundência da crise econômica pôs a nu as forças de retrocesso e, em plena revolução tecnológica, repôs grandes contingentes de trabalhadores em quadro semelhante àquele que já incomodara os pensadores de fala inglesa daqueles primórdios da revolução industrial.

Nesse momento, ruiu o arquétipo do Liberalismo-Social que fundamentou o Constitucionalismo Social, uma construção que, paradoxalmente, procurou inscrever-se na linha que se pode traçar de Kant a Kelsen, de um individualismo na ótica das liberdades em face de uma concepção formal de Estado. Custa crer que esse caminho possa ter se conciliado com os direitos sociais sob aquela repaginação da chamada corrente Social do Liberalismo, num esquema que funcionou relativamente bem nos países centrais do capitalismo industrial, à custa da submissão militar e econômica de outras tantas nações, mas que não poderia universalizar-se, nem irmanar-se facilmente com uma ordem de direitos que se constroem na dimensão transindividual. Não obstante a edição de conhecido corpo de normas em diversos países consagrando as ações coletivas, sobretudo na última centúria, a dificuldade em lidar com esses direitos no ordenamento de raiz liberal e individualista é patente e, por isso, a conciliação deste com esses direitos sempre se mostrou complexa e passível de conhecidas resistências. A feição individualista do Direito enfraquece por definição a ideia de uma igualdade substancial e aquela outra de uma vontade objetiva, porquanto estriba raízes na autonomia do indivíduo, no mérito das criações individuais e na intangibilidade da esfera de direitos por ele erguida, sempre fundada na concepção contratualista de sociedade, supondo ser possível partir de um hipotético "ponto zero", para, a partir daí, construir uma sociedade ideal. A responsabilidade e os ônus pelas escolhas individuais, supondo cada indivíduo medianamente dotado de inteligência capaz e suficientemente informado para fazer essas escolhas, concepção que se choca frontalmente com a ideia de hipossuficiência que constitui a base da proteção juslaboralista e, por isso, causa a tensão permanente entre esses modelos. A conciliação deles não seria fácil e, como se disse, só funcionou relativamente bem enquanto havia uma tensão política que impunha alguma distribuição de riqueza no Ocidente, sob ameaça permanente das revoluções socialistas. Imaginar que, derrotadas politicamente estas, seria possível atingir a plenitude do sistema do Liberalismo Social foi a quimera que muitos entre nós embeveceu e a tantos ainda parece estimular.

As forças da virtualização do capital e da chamada revolução tecnológica logo impuseram a obsolescência da mão de obra industrial. Saber que máquinas tiram empregos, em outras palavras, é algo já há muito sabido, assim como também o é que esse movimento social e econômico, ainda que não se revele exatamente o que em dado momento certas projeções futurísticas anunciam, costuma ser um movimento constante e inevitável. Ocioso destacar também que a tecnologia domina, controla, subordina, vigia. Já na metade do século XX, quando a computação ainda engatinhava, pode-se contar com a implacável síntese literária orwelliana. Ingênuo, no mínimo, imaginar que o Estado Social-Liberal é a forma última, perfeita e imutável de proteção dos direitos sociais. Já comentando a Constituição italiana de 1947-1948, Calamandrei assinalava o risco de o trabalhador converter-se em súdito nas fábricas, se também a própria marcha da história não denunciasse a fragilidade da ideia de progresso econômico, científico e cultural constante. Para dizer pouco, basta lembrar o que se tornou a cidade de Roma na Antiguidade tardia. Para não deixar de constatar algo fundamental, a relação de emprego é relação de sujeição e a proteção que se dá ao trabalhador é antes a garantia jurídica da manutenção desse estado social de sujeição. Logo, a crise é da essência dessa relação e, se o ordenamento jurídico, mesmo internacional, reconhece uma órbita de proteção à figura do trabalhador, essa proteção tem mais em vista imperativos humanísticos e de preservação da harmonia social, devendo funcionar como verdadeiro limite supralegal aos avanços contra os direitos sociais. O ideal de uma sociedade mais justa e de uma dimensão mais ampla e profunda de direitos e proteções para os trabalhadores é antes um comando civilizatório da concepção da condição humana em dado momento histórico do que uma ideia capaz de manter-se sem luta e constantes esforços coletivos e políticos. Com efeito, a figura do Estado libertador dos trabalhadores é uma quimera, pois é da essência da forma de organização da produção em nossas sociedades a sujeição e o que se garante, quando muito, é o bem-estar em dados locais e momentos.

A afirmação da existência de uma crise do Direito do Trabalho ou, antes, de uma "nova crise", quando muito, se esgota na constatação da fragilização dos instrumentos de proteção e da órbita de direitos até então assegurada pelo ordenamento jurídico social-liberal, mercê do aprofundamento do capitalismo financeiro e da revolução tecnológica, que especializaram instrumentos de exploração do trabalho e superaram estruturas de produção até então preponderantes, tornando obsoleto o quadro protetivo até então predominante, o qual, de resto, sequer havia sido mais amplamente experimentado por imensos contingentes de trabalhadores em países periféricos e economicamente dependentes. Os trabalhadores desses países talvez tenham sido os primeiros a ingressar na chamada pós-modernidade e os que mais profundamente experimentaram seus efeitos, em muitos casos, num salto histórico que abstraiu o período de bem-estar social e foi direto, da escravidão, servidão ou, quando muito, igualdade formal de direitos, para o ressurgimento da exploração destituída de garantias. Nessa dimensão geográfica, falar em "novidade da crise", aliás, sugere ter em atenção apenas as estruturas jurídico-formais, que garantiam um estado de coisas jamais completamente ou mais amplamente experimentado. A crise, nessa dimensão, pode ter ganhado somente novos complicadores, mas jamais permitindo apresentar a exacerbação desmedida da exploração como novidade deplorável a ser afastada, para retorno ao *statu quo ante*. Aqui, ao contrário, o já por demais esgarçado e esfacelado tecido jurídico-formal protetivo, feito letra morta pela inefetividade, permite naturalizar a exploração e, em alguns casos, até apresentar os retrocessos em relação ao mundo ideal nunca alcançado como avanços, já que esses representariam no fundo o caminhar para um estágio ainda não alçando, malgrado representem, nos países que experimentaram o bem-estar social, lá sim, claros retrocessos. Por isso é possível anunciar sucessos, por exemplo, da adoção da figura do contrato de trabalho intermitente no Brasil, com a chamada Reforma Trabalhista, já que nessa dimensão de relações por vezes os trabalhadores sequer tinham qualquer vínculo reconhecido.

A mais cuidadosa observação desse quadro, na verdade, remete para a necessidade de amadurecimento da análise dos problemas suscitados pelas novas figuras de contratação de trabalhadores. Lidos diversos trabalhos acadêmicos, decisões judiciais e outras fontes de diversos países e autores, parece de reduzida utilidade prática a comparação na dimensão meramente formal de estruturas jurídicas. Há várias soluções e as semelhanças ou distinções dos sistemas jurídicos, nessa dimensão meramente formal do Direito, dizem muito pouco sobre a normatividade como experiência, que é o terreno mais próprio da proteção juslaboralista. Também de reduzida valia é enfatizar diferenças tecnológicas ou organizacionais das novas figuras de trabalho, na tentativa de encontrar respostas previamente estabelecidas sob o código binário de conceder ou não conceder a tutela jurídico-laboral. É da natureza do Direito do Trabalho a constatação de que a riqueza dos fatos oferece uma multiplicidade de situações que repele a formação de convicções prévias do tipo "tal figura nova de relação constitui emprego e aquela outra, não". Tentar fazê-lo o legislador, dizendo que esta ou aquela outra forma contratual, "quando observados seus requisitos legais", não constitui relação de emprego é o mesmo que oferecer incentivo à discussão judicial do contorno dessas relações, pois equivale ao fato de dizer a lei, por exemplo, que não é casamento aquela determinada relação que não preencha os requisitos da legislação civil para tanto, o que de modo algum significa que, de fato, não possam se estabelecer um sem número de relações que mereçam tratamento idêntico ou análogo, fato iterativamente confirmado pela atividade jurisprudencial. No terreno em que a riqueza de conformação fática das relações desafia o engenho da criação de estruturas jurídico-formais, é atividade, senão ociosa, por certo de reduzida utilidade prática procurar confinar a realidade na dimensão de conceituação prévia, classificações ou regras para interpretação dos fatos. Elas costumam funcionar em alguns casos, mas também são a todo tempo desafiadas por outros tantos, qualificando quase que uma opção política ou ideológica do legislador ou do aplicador do Direito aquela por este ou aquele outro conjunto de regras. Só os fatos revelarão seus contornos e, mais do que os fatos da relação havida entre as partes, também os fatos do processo, que por vezes constroem expressão inteiramente nova do ocorrido.

2. *Ex facto ius oritur*

Se é ocioso procurar confinar a realidade na dimensão de conceitos preconcebidos, também o é, por certo, sair a enunciar, com recurso ao discurso refinado em termos tecnológicos ou inovações estruturais, elementos que determinariam a prévia exclusão ou inclusão de uma determinada relação de trabalho na esfera de tutela juslaboralista, pelas vias doutrinária ou jurisprudencial. O assinalar dos elementos para um lado ou para outro, quase sempre, revela já na sua introdução uma indisfarçável opção ideológica do autor e, com isso, garante os aplausos dos que professam o mesmo credo, assim como atrai a ira dos que o abominam. O "sucesso" ou "insucesso" acadêmico ou jurisprudencial de análises dessa natureza, os auditórios cheios de aplausos ou os ferozes ataques em redes sociais opositoras, valem tanto quanto certas honrarias sabidamente outorgadas em função de simpatias ou favores político-institucionais. Com efeito, não se tem ciência nesse terreno. Só opinião e, quase sempre, destituída de isenção. Puro empirismo, senso comum. Não é possível edificar critérios científicos de análise de fenômenos sociais a partir de elementos meramente opinativos, assim como não se pode anunciar que novos critérios são necessários, sem antes demonstrar objetivamente que os antigos já não satisfazem mais.

Falar na existência de "novas" relações de trabalho implica já uma opção por afirmar que há nessas relações algo que não havia antes e que talvez não se possa medir pelos critérios até então existentes. Enfatizar a novidade, em outras palavras, implica já, de forma subjacente, uma opção ideológica, porque, fosse para merecer o tratamento pelos mesmos arquétipos anteriores, não haveria que falar em novidade. Na mesma linha, defender a persistência desses arquétipos em face da "novidade" é uma batalha que já nasce quase que perdida, pois, se é novidade, é porque os velhos critérios não lhe bastam e, se é assim, novos contornos têm de ser construídos, vale dizer, isso implica de qualquer forma a desconstrução do que antes havia. A alternativa então fica sendo propor um novo sistema de proteção formal, com base nos mesmos valores tutelares e que se aplique às novas relações, não importam os contornos que tenham. Nessa hipótese, porém, corre-se o mesmo risco que corre o legislador quando decide excluir formalmente determinada natureza de uma relação, pois é curial perceber que os atores se agitam, reajustam seus comportamentos e procuram, senão repaginar, ao menos disfarçar essas relações, de modo a escapar ao novo tratamento jurídico que lhe pareça desvantajoso. Como é sabido, em Direito, a norma tem de ser pensada de forma que para o agente a conduta mais vantajosa pareça sempre ser agir de acordo com ela e não violá-la, ou, em outras palavras, a norma tem de adquirir significação substancial antes de contar meramente com aquela outra formal. Há de ser havida socialmente como a conduta ideal antes que a lei imponha que o seja. Ainda que se conceba o movimento contrário, de usar a lei para educar o comportamento dos agentes, essa função só tem sucesso quando o legislador é capaz de dotar os demais entes públicos de instrumentos suficientemente ágeis e efetivos para impingir os comportamentos ideais. Do contrário, a norma terminará desmoralizada pela mais absoluta inefetividade.

A colocação dessa discussão num patamar mais amadurecido, portanto, parece determinar que antes se verifiquem quais são os contornos das chamadas novas relações, ou, em que medida eles são distintos daqueles outros até então existentes. Depois, é preciso verificar se os critérios até então utilizados para solução dos problemas são os únicos já disponíveis no sistema jurídico, ou se esses eram até então meramente os preponderantes, havendo outros que possam ser resgatados em nome do atingimento de idênticos resultados tutelares. É muito útil, neste ponto, o recurso à história do Direito, pois não raro, *mutatis mutandis*, os problemas se repetem, ou ao menos contêm elementos de outros já antes enfrentados e cuja análise das soluções de então pode oferecer boas ideias para o enfrentamento das supostas inovações. O desprezo ao conhecimento histórico no Direito, aliás, parece estar na raiz das dificuldades mais recentes, pois toma-se o presente como verdade única e absoluta e cada vez que surge algo que dele discrepe, parece surgir a necessidade de reconstruir tudo do marco zero. Essa sensação é muito típica de uma visão contratualista do Direito, que imagina possível repactuar tudo de um ponto abstrato ideal, assim como daquela outra legalista estrita, derivada da primeira, que insiste só terem interesse as estruturas formais objetivas em vigor. Ao contrário, para o Direito do Trabalho, é essencial, a ordem econômico-social subjacente, que se inscreve na órbita histórica e que sabidamente determina a maneira e a extensão com que se interpretam e aplicam as superestruturas jurídico-formais. Logo, a par da verificação de adequação que se faça dos ditos novos elementos aos "velhos" arquétipos, antes, é preciso também de pronto deixar claro, que eles devem adquirir significação tutelar social. Vale dizer, deve resultar do clamor social o consenso da necessidade de tutela, o qual é até mesmo mais importante do que propriamente o ajuste jurídico-formal dos conceitos e elementos estruturais. Não raro, condutas que antes tinham negada uma forma de tutela, com o clamor social, passam a tê-la como regra; condutas antes ilícitas são legalizadas, ou mesmo condutas antes juridicamente indiferentes tornam-se ilícitas.

Saber medir exatamente o que há de novo, entendendo-se como novo o que antes não havia de modo algum sido enfrentado e que também não poderia ter o seu tratamento construído a partir de recursos interpretativos e integrativos típicos do Direito, sem necessidade de novas criações no sentido mais estrito, seria o primeiro passo. Em outras palavras a pergunta a ser respondida seria: em que medida as chamadas novas relações de trabalho oferecem elementos inteiramente novos, que escampam ao padrão de tratamento das diversas relações de trabalho até então conhecidas. Vale lembrar que a existência de uma multiplicidade de relações de trabalho é quase tão antiga quanto o trabalho em si. É bom recordar que essa riqueza é tão grande e tão multifacetada quanto a própria definição do termo trabalho, que vai da arte ao esforço mecânico, do trabalho intelectual ao desempenho da força física e do uso daquelas outras naturais ou artificiais. Desnecessário sublinhar que o Direito do Trabalho se construiu historicamente justamente na abstração dessas diferenças, procurando abrigar toda essa diversidade de figuras de contratos ou relações de trabalho num núcleo conceitual comum que permitisse um tratamento jurídico tutelar nuclear. A fragmentação dessa unidade já seria um sinal de desconformidade e distanciamento do núcleo tutelar, o que não significa, por si só, que outras vias de tutela não se possam construir em outros ramos do Direito para essas relações. Porém, é certo que isso demandaria ainda uma longa fase de conformação com o sacrifício talvez de mais de uma geração de trabalhadores envolvidos nesse novo quadro. Essencial, por isso, antes de partir-se para qualquer nova construção, é esgotar os mecanismos de checagem em face da funcionalidade ou não das soluções existentes ou já possíveis de serem construídas em face das ditas novidades.

Importante não perder de vista que isso se deve fazer à luz das peculiaridades concretas de cada caso e não na abstração de discussões sobre meros tipos contratuais ou construções hipotéticas, já que além do que foi dito, essas implicariam também desprezo ao princípio da primazia da realidade, que não quer dizer que os juslaboralistas queiram vencer a batalha físico-filosófica para estabelecer o que de fato é a realidade, mas antes que o tratamento jurídico nessa seara deve ater-se às dimensões específicas de cada caso, já que é ramo jurídico equitativo também por definição. É nessa dimensão fática que se devem checar os elementos para verificar se o sistema tem ou não instrumentos, ainda que por criação equitativa, para enfrentar a suposta novidade. Pouco importa, assim, saber se, abstratamente, um sistema de computação pode exercer o controle ou a vigilância, ou mesmo aplicar punições a trabalhadores. Além de já ser possível de antemão sabê-lo, isso não significará que, naquela hipótese concreta, isso se dava exatamente assim. A questão, desse modo, não é de tecnologia em si, nem o que ela pode fazer, mas sim o que ela, de fato, produziu naquela determinada relação, isto é, se ela, de fato, dirigiu mesmo a atividade do trabalhador ou não. Investigar as minúcias de um sistema tecnológico de comando é quase tão desnecessário quanto investigar a fidedignidade de um registro biométrico ou digital de ponto, pois o fato de comprovar que esse registro apreende a informação exata que o trabalhador lhe passa não significará jamais afirmar que esse registro não possa ser alterado por outros mecanismos de interferência nos registros da memória do computador, ou, ainda pior, seria supor que, por provir de um registro digital ou biométrico, o relatório que se imprima da memória desses registros pudesse ser, por si só, um retrato fiel dos registros originários. Afirmações dessa natureza implicariam supor que registros computacionais seriam tão seguros ao ponto de serem inalteráveis, o que na esmagadora maioria dos casos, já se sabe, prévia e cientificamente que não é verdade. De igual modo, investigar o algoritmo de um aplicativo, ainda que útil, seria, na sequência, um convite aos responsáveis pela sua criação para, de pronto, alterá-lo, passando a exigir, de novo e em cada caso, o mesmo esforço investigativo.

O essencial em relação às novas figuras de relações de trabalho parece ser indagar se há ou não nelas os elementos objetivos, a cada caso, que atraem a tutela juslaboralista, importando menos a denominação que se dê a cada relação do que esse cenário fático objetivo. É do terreno dos fatos que se poderão extrair os elementos objetivos para afirmar ou não a novidade, sem descuidar das raízes equitativas do Direito do Trabalho, que é aberto às criações doutrinárias e jurisprudenciais que se afinem com a sua principiologia. Apresentar o dado objetivo antes da sua apreciação subjetiva ou da valoração das condutas é o que se pede para não escapar dessa força centrípeta da relação de emprego. Muito do que os opositores ideológicos do Direito do Trabalho conseguiram até hoje ao incentivar a chamada fuga do arquétipo do emprego foi por conta do enunciado de supostas novidades e da resistência de certas doutrinas e jurisprudência à construção equitativa. É interessante constatar como, em alguns sistemas jurídicos, o próprio legislador mostrou-se mais aberto a essas construções e foi buscar novas figuras intermediárias de tutela, como por exemplo, a instituição de contratos de parassubordinação. Tal movimento, porém, mostrou rapidamente as suas deficiências, porque, é claro, contando os parassubordinados com uma relação mais restrita de direitos, logo se inaugurou o movimento fraudatório para a criação de uma imensa quantidade de novos contratos de "parassubordinação". O ideal é que o tratamento como parassubordinado exista somente como uma possibilidade de criação casuística e jurisprudencial, à qual se recorra por medida concreta de justiça e não por adequação formal prévia. Para tanto, não seria necessária mais do que a própria tolerância da jurisprudência dos tribunais a essas criações, ou, quando muito, lei autorizando o juiz a proceder a elas. Não se tratando de um direito abstratamente garantido em lei, mas a ser atribuído na medida do caso concreto, nenhum dos atores se estimularia a incentivá-lo. As empresas não iriam querer correr o risco do reconhecimento de um vínculo integral no processo e o trabalhador também não iria querer fomentar essa figura a dano de um tratamento pleno. Em outras palavras, ela só apareceria como um recurso extremo, para solucionar os casos limítrofes como critério de justiça.

Em uma palavra, é preciso deixar que dos fatos brotem as soluções. É preciso manter viva a chama do Direito do Trabalho, que antes de ser estrutura jurídico-formal tornou-se realidade por imperativo das lutas sociais; antes de ser lei, foi solução equitativa, tanto que, historicamente, os órgãos de jurisdição do trabalho nascem antes do corpo de normas e princípios mais adiante denominado de Direito do Trabalho. As tentativas de cunhar soluções abstratas e formais, atestando previamente que essa ou aquela outra nova modalidade de relação de trabalho constitui emprego e por isso merecem, sem maior aprofundamento nas peculiaridades de cada caso, o seu tratamento jurídico, na verdade, conferem munição aos seus opositores, no terreno dos fatos, para demonstrar a contundência da inadequação da conceituação abstrata à generalidade dos casos. Não se duvida da boa intenção dos que investem na dedução de estruturas e conceitos jurídico-formais, de modo a permitir a "automática" tutela de certas figuras que procuram escapar ao Direito do Trabalho. É claro que esse trabalho também contribui ao debate e à formação de uma racionalidade social na direção das soluções tutelares pretendidas. Porém, não se pode olvidar que, no terreno jurídico-abstrato, o mesmo também é possível do outro lado e há também aqueles que refinam conceitos para afastar a tutela juslaboralista desta ou daquela outra relação previamente, sem indagar especificamente dos contornos de fato e é justamente por isso que se diz que, por mais valor que tenha a tentativa de firmar conceitos jurídico-formais em favor da tutela juslaboralista de supostas novas relações, esse trabalho tem um papel secundário, porquanto é no terreno do embate político, da ordem subjacente aos arquétipos formais, que se deve vencer a batalha pela universalização de tutela pretendida. Só aí as estruturas formais, que funcionam como uma gramática, passam a expressar o dialeto que é socialmente estabelecido e, para entender-se bem o que se quer dizer com este ensaio, é sabido que o movimento, na verdade, é o contrário, é o dialeto que se faz gramática e não esta que se verte naquele.

3. Força de lei

Esse é o título, traduzido para o português, de breve e interessante escrito do filósofo Jacques Derrida, no qual ele discute o tema da força vinculante da lei, e começa por fazê-lo tocando justamente no ponto polêmico da greve. Na sociedade capitalista industrial, quando o trabalho dependia da presença física do trabalhador na operação de máquinas e instrumentos de trabalho ou na realização de tarefas em ambientes concentrados de produção, a greve foi expressão de força que dá significação às pretensões formais de tutela jurídica, fazendo com que tais aspirações, já filosófica e racionalmente justificadas, se tornassem regras jurídico--abstratas, seja pela via da negociação coletiva, ou mesmo da imposição política ao legislador, cioso de manter-se afinado com a mentalidade popular num ambiente democrático. Caída a democracia, os trabalhadores não têm força e quem o diz não é este nem aquele autor, mas sim a experiência histórica. Instaurada a democracia, porém, os trabalhadores não se podem demitir dessa força das lutas operárias, porque é delas que brota o que se poderia chamar da aceitação jurídico-formal das suas pretensões. Esse o sentido do pensamento filosófico mencionado, ou, ao menos, a extensão em que se logra alcançá-lo. O problema se torna, contudo, mais complexo, quando se constata que as novas formas de organização do trabalho alteram os momentos, o espaço e as formas de congregação das forças coletivas dos trabalhadores. A greve do pátio de fábrica ou do grupo de trabalhadores de escritório constitui uma realidade a cada vez mais histórica do que presente e a relativa desorganização ou desmobilização produzida nesses movimentos pelas novas formas de organização do trabalho ou as novas tecnologias contribui também para infundir a ideia, sempre agasalhada pelos adversários dos trabalhadores, de que essas formas de lutas não se sustentam mais e que seriam fadadas ao insucesso.

Nada mais equivocado. Não era porque não existia telefone que os habitantes de um vilarejo medieval deixavam de se comunicar para congregarem-se e manifestar suas pretensões contrárias aos excessos tributários e outras arbitrariedades cometidas então por clérigos ou nobres. Cada época tem suas formas de comunicação e de agregação de interesses e estes é que, por vezes, não correspondem mais simetricamente a uma única figura de relação jurídica de base que animaria essa exponencialização coletiva de interesses. Assim como o trabalho, a reunião dos trabalhadores não se dá mais na praça ou em um ambiente comum, mas rarefeita na abstração de uma nuvem de informações ou comunicações e a essas novas formas hão de corresponder iguais formas novas de congregação e exercício do poder de fato que se estabelece entre o trabalhador e a empresa. Sim, é isso mesmo. Se o trabalhador por definição é dependente da empresa, esta, na dimensão coletiva, também o é dos trabalhadores e não importa se a paralisação é da operação de máquinas na fábrica ou do teletrabalho. Se a atividade econômica da empresa depende de um ou de outro, a paralisação coletiva surtirá efeitos. Se a desmobilização e a novidade das novas formas de relações de trabalho explicam por certo tempo o enfraquecimento das lutas coletivas, não se pode imaginar que isso se revelará com persistência por muito tempo. Já se notam em diversos países do mundo ocidental traços e expressões do ressurgimento das lutas coletivas, quando trabalhadores, por meio das novas formas de comunicação, procuram expressar-se e organizar-se para as lutas coletivas. Dessa nova organização, talvez, possam surgir até mesmo novas figuras de corpos intermediários, não exatamente idênticos aos atuais sindicatos e que cumpram o papel de exponencializar as lutas dos trabalhadores, representando-os na dimensão coletiva. Talvez até o recurso à personificação dessas entidades, correspondente, como já se disse, a uma ficção necessária para uma visão individualista dos direitos, possa desaparecer. Não seria absurdo pensar que por meio de simples aplicativos se pudessem realizar atividades antes dependentes das estruturas físicas do sindicato, como, por exemplo, as assembleias. Talvez as entidades sindicais venham a se tornar mais abstratas, como está se tornando o trabalho e até mesmo a figura do empregador, que agora não é mais a pessoa do patrão, mas muitas vezes a abstração de uma entidade financeira de congregação de capitais.

Fato é que, se as lutas coletivas não vão desaparecer — e não podem mesmo fazê-lo, sob pena de alcançar-se o ápice filosófico liberal da figura do indivíduo que se relaciona diretamente com o Estado, abstraindo os corpos intermediários —, elas são de capital importância para a significação política e a consequente obtenção da abstração jurídico-formal vinculativa para tutela das novas formas de trabalho. É preciso que haja um contraponto coletivo à preponderância ideológica de um liberalismo retrógrado, infenso aos direitos sociais, já que esses, como produto de uma corrente menos radical dessa mesma vertente político-econômico-filosófica, estão perdendo espaço. Em outras palavras, a reconstrução da tutela jurídica das relações de trabalho, novas ou antigas, deve dar-se antes no terreno subjacente da ordem, que vincula os arquétipos jurídico-formais. Sem a conquista da força político-ideológica na dimensão dessa ordem subjacente, o que os trabalhadores presenciarão é a cada momento o legislador de inspiração liberal exacerbada avançar sobre um terreno dos direitos antes conquistados e, a cada movimento da doutrina da jurisprudência de viés tutelar, procurando contornar esses assaques, o que se terá serão não apenas os movimentos do legislador para avançar ainda mais, mas também aqueles do empresariado que, como é da natureza da dinâmica das relações econômicas em que se inserem as relações de trabalho, aprenderá a adaptar-se e, por seu lado, escapar das obrigações que lhe imponham essa doutrina e jurisprudência tutelares. Note-se, a propósito, que um dos primeiros movimentos das duas correntes em embate é, de um lado, pelos que defendem um retrocesso liberal, um apego cada vez maior à legalidade estrita e a invocação da própria democracia representativa, como justificativa política e institucional para a observância dessas normas editadas pelo legislador cooptado para esses ideais. De outro lado, o que se constata é o bradar de uma Constituição, ou mesmo de um suposto espírito social-democrata dela, em favor da mencionado refinamento conceitual abstrato de tutela para as supostas novas figuras de relação de trabalho, supondo existir constituição para além da ordem que lhe dá sustentação objetiva no meio social e econômico. Alterada essa ordem subjacente, a constituição é reescrita sem que se altere nela uma vírgula sequer, sabendo-se, na síntese impecável de Miguel Reale, que o Direito antes de tudo é experiência e, por isso, parece de reduzida valia brandir conceitos abstratos ou tentar criar novos arquétipos formais de tutela que não se expressem politicamente na dimensão da nova ordem que se experimenta.

Não se pretende com isso, que fique bem claro, renunciar aos avanços até certo ponto conquistados pelo Constitucionalismo Social, nem fazer tábula rasa da ordem formal que ainda abriga os direitos sociais e a cujo apego parece ser imperativo para evitar males ainda maiores. Porém, não se pode supor que esse quadro até então existente será imutável no tempo e no espaço, nem que essa luta se esgote no terreno formal. Em outras palavras, é da força da significação social e política das ideias que continua sendo necessário extrair a racionalidade dos conceitos para impingi-los na abstração de normas jurídicas e a partir delas universalizar a tutela dos valores subjacentes a essa racionalidade.

4. Conclusão

Poderá parecer, a uma visão apressada, que há nestas linhas algo de conformismo, ou até mesmo adesão a uma espécie de *laissez faire*, passivo, para aguardar que as lutas sociais promovam o reajuste das novas formas de trabalho aos avanços civilizatórios que até então tutelavam essa dimensão de relações sociais. Ao contrário, porém. O que se quer assinalar é que a tentativa de reformular, repaginar conceitos ou reestruturar a tutela aos direitos sociais numa dimensão estritamente jurídico-formal constitui um risco para esses direitos que se quer tutelar, porquanto, sob a pecha de ativismo, atiram-nos ao atrito com a corrente político-ideológica dominante na ordem subjacente, em movimento que não se resolve na dimensão da racionalidade que os justificaria, mas sim naquela outra ideológica das opções políticas dominantes, ensaiando uma reação formal que, privada de sustentáculo na ordem subjacente, termina por ver-se derrotada e abrir espaços ainda maiores para o avanço ideológico em desfavor desses direitos. O caminho não parece ser esse, já que a luta, como se viu, é antes política do que jurídica e, nesses momentos, não cabe ao jurista fazer-se legislador, mas antes perceber deles a gravidade e optar pela construção nas próprias linhas da ordem instaurada.

No tema que motiva este escrito, ao invés de dizer que esta ou aquela outra forma de prestação de serviços, por definição, qualifica emprego, o que, como se viu, não deixa de permitir que na vertente oposta se diga o contrário, é ir buscar na concretude dos fatos de cada relação os elementos que se ajustem à ordem vigente e, presentes estes, declarar de forma decisiva a existência da relação de emprego com todas as suas consequências, sem dar às novidades o favor de permitirem a rediscussão da ordem adrede instaurada. Na mesma linha, é preciso ter clarividência e independência ao ponto de perceber que há certos casos em que as novas relações de trabalho, de fato, não qualificam emprego. Descendo a termos mais concretos, é visível que certos motoristas de aplicativos formam dependência com essas empresas, inserindo-se em sua estrutura com habitualidade e mediante remuneração e, para aferir esses dados, não se precisa de nada além dos elementos clássicos que são a sujeição às normas e ordens emanadas da organização, a frequência na prestação de serviços e a remuneração dela por conta da mesma empresa. É preciso ver, contudo, que há relações de trabalhadores, com esses mesmos aplicativos, em que não se revelam os mesmos elementos. É conhecido o caso do motorista de aplicativo que se filia a vários deles e, simultaneamente, estabelece como que uma competição entre eles, aceitando, a cada momento, as corridas daqueles que lhe pareçam mais vantajosas, assim como há aqueles que recorrem a essa atividade com frequência muito reduzida, incapaz de firmar a habitualidade necessária para falar-se em emprego. Em casos como esses, afirmar que, só pelo fato de tratar-se de motorista de aplicativo, haveria relação de emprego, seria abrir enorme espaço para o ataque à tutela cuja generalização se pretenda e, por outro lado, admitir que a nova caracterização comportaria exceções, devendo-se analisar caso a caso, seria o mesmo que dizer que os critérios até então vigentes na legislação continuam válidos e que não há nenhuma novidade que justifique a abstração de novas figuras contratuais ou conceitos.

Ao que se constata, as novas formas de trabalho demandam regulamentação específica e seria válido rearranjar os conceitos e estruturas para comportá-las numa dimensão de tutela mais ampla e civilizatória. Disso não se pode discordar. Entretanto, essa conquista parece depender antes da dimensão das lutas políticas do que de abstrações doutrinárias ou jurisprudenciais que desprezem a concretude dos diversos casos. É certo que a jurisdição é também terreno de lutas políticas, do mesmo modo em que também o é a doutrina jurídica, porém a jurisdição se constrói no terreno prático das decisões, à semelhança do *ius* romano, que era criação do *arbiter* ou *iudex*, o qual na célebre síntese de Savigny, "calculava" com conceitos jurídicos, para deles deduzir o direito para o caso concreto. Essa a dimensão das lutas da jurisdição, a da justiça do caso concreto, que lhe examina as peculiaridades e extrai da ordem preexistente, formal ou não, a solução específica para aquele caso. Ao assim proceder, na frequência de muitos casos, a jurisdição vai permitindo a sistematização que deve ser imposta a partir da vitória no terreno político. Somente na dimensão do processo coletivo se pode conceber a figura do juiz que substitui ao legislador de uma forma mais abstrata, mas isso ele faz não por opção pessoal, ideológica ou política, mas sim para atender à dimensão dos direitos que deve tutelar, a qual se espraia para um nível que pode demandar até mesmo abstração semelhante àquela que se espera do legislador na elaboração da lei. Tentar, entretanto, alçar um caso individual à dimensão de normatização universal, como se ele pudesse se impor de forma exemplar e quase que obrigatória para todos os demais julgados na matéria, ultrapassando as linhas das peculiaridades individuais para tentar estabelecer padrões gerais de normatização investigando para além do objeto do processo, traz ínsito o risco do autoritarismo, da vontade que se quer fazer política e esse é justamente o risco que se deve evitar, porque quando a vontade, a ideologia, se impõe à razão, é aí que a racionalidade civilizatória passa a ser tributária dos discursos e, para tal, não há limites, do incêndio de Roma aos campos de concentração e, por paradoxal que pareça, muitas vezes é com a melhor e mais sincera intenção de fazer-se o bem que se abrem espaços para os retrocessos.

Por isso, já é tempo de firmar os pés no chão, valorizar a construção do ordenamento material de Direito do Trabalho e seu caráter equitativo, acreditar nas lutas coletivas como força viva para expressar a significação racional dos valores que envolvem. É tempo de ser mais Direito Privado do que Direito Público ou Constitucional, lembrando que foi de pactos privados forjados com a força das lutas coletivas que os direitos sociais alçaram o patamar constitucional, como ocorreu no caso célebre da Constituição de Weimar. É imperativo remontar à força do Direito do Trabalho, que deve ser constituinte e não subordinada a um arquétipo constituído de feição meramente formal. Se os proletários unidos do *Manifesto*, de Marx e Engels, deram forma literária e emblemática ao imperativo de constituírem-se como poder antes de estruturar-se o arcabouço normativo, também o fizeram, no lado liberal, os *citoyens* com seus batalhões ao pegarem em armas contra o *Ancien Régime*, deixando patente o ensinamento de que o Direito nasce é de uma ordem que se estabelece e que, quando a ordem até então erigida começa a ser atacada e posta em questão, perdendo sua efetividade, a única alternativa é travar essa disputa na mesma dimensão constitutiva de poder, sem renunciar à via democrática, que é a única que garante espaço aos trabalhadores.

Direito à Organização e à Negociação Coletiva de Trabalhadores Informais: Um Caminho para um Direito do Trabalho Mais Inclusivo[1]

Ana Virginia Moreira Gomes[2]

Introdução

Um dos principais desafios para a concretização do direito à negociação coletiva é se tornar um caminho para um Direito do Trabalho mais inclusivo, reconhecendo e fazendo cumprir os direitos de voz, organização coletiva e negociação para trabalhadores informais.

Esse desafio tornou-se mais urgente e visível com as crises desencadeadas pela Covid-19. O cataclismo social produzido pela pandemia, ao qual o diretor-geral da Organização Internacional do Trabalho (OIT) (ILO, 2021) se referiu, inclui as precárias condições de trabalho e vida dos trabalhadores informais, muitos dos quais continuaram trabalhando durante a pandemia, arriscando a própria vida cuidando de pessoas e entregando alimentos. Também ficou claro como essa precariedade é consequência da insuficiência ou da falta de proteção da legislação e das políticas públicas.

O Direito do Trabalho, ao excluir, ignora a informalidade, mas também tem sua parcela de responsabilidade na construção da exclusão. Ao designar a relação de emprego como foco de sua proteção, o Direito do Trabalho exclui do seu campo de abrangência o que não é emprego e cria um espaço de ausência e anomia. No Brasil, por exemplo, essa exclusão ocorre desde o início da sistematização do Direito do Trabalho na década de 1930. O trabalho doméstico, o trabalho agrícola, o trabalho na rua, o trabalho em domicílio, em sua maioria realizados por trabalhadores negros e negras, eram ignorados, caíram na informalidade, ou seja, no esquecimento (GOMES, DIAS, 2021).

---

(1) Este artigo resulta da palestra de abertura da Sessão sobre Voz Coletiva e Diálogo Social no *19th ILERA World Congress*, jun.2021. Disponível em: <https://www.youtube.com/watch?v=h_AOTvlyGy4>.

(2) Doutora em Direito do Trabalho pela Faculdade de Direito da Universidade de São Paulo. Professora do Programa de Pós-Graduação Stricto Sensu em Direito Constitucional e Curso de Direito da Universidade de Fortaleza. Coordenadora do Núcleo de Estudos sobre Direito do Trabalho e Seguridade Social (<http://nedts.unifor.br/>).

O desenvolvimento de pesquisas voltadas a trabalhadores informais, particularmente os catadores de resíduos, transformou nossa concepção acerca do Direito do Trabalho.(3) Quando estudamos o caso das condições de trabalho dos catadores de resíduos — um trabalho realizado em condições extremas de informalidade, precariedade, vulnerabilidade, insalubridade e penosidade — acabamos por estudar a incapacidade histórica do Direito do Trabalho e sua própria atuação em excluir e não incluir trabalhadores pobres e negros. O estudo do caso dos catadores nos abriu a porta para o estudo jurídico da informalidade — não como o que não é formal, o que não é legal, o que não é regulado — mas pelo que é, um local de sobrevivência, identidade, realização e, ao mesmo tempo, de vulnerabilidades da maior parte da força global de trabalho.

O papel do Direito do Trabalho é o de incluir — não deixar à margem — os trabalhadores informais, especialmente os mais pobres, com menor qualificação e discriminados em razão da cor e do gênero. Neste estudo, defendemos que um desafio essencial nesse caminho é resolver o déficit democrático no mundo do trabalho, resultante do não reconhecimento e não garantia do direito de organização, negociação coletiva e diálogo para o informal, assegurando seu direito à liberdade de associação e à negociação coletiva.

Iniciamos perguntando quem são esses trabalhadores informais, principalmente de uma perspectiva vinda do Sul. Em seguida, tratamos da diversidade conceitual necessária para essa inclusão. Finalmente, extraímos algumas implicações do reconhecimento dos direitos de voz, liberdade sindical e negociação coletiva aos trabalhadores informais.

1. Direito do Trabalho, informalidade e pobreza

Trabalhadores informais, como os catadores de resíduos, enfrentam um duplo desafio para a sua proteção legal: primeiro, o reconhecimento de sua atividade como trabalho; e segundo, o reconhecimento de seu direito a ter direitos como trabalhador. Um aspecto essencial para a concretização desses princípios é a ampliação da proteção do Direito do Trabalho aos trabalhadores informais.

O Direito do Trabalho está fundado em dois sistemas complementares de regulação da relação de trabalho: um constituído pela interferência protetora do direito individual do trabalho, estabelecendo condições laborais mínimas em uma relação de emprego; e outro, pela atuação dos atores sociais exercendo sua autonomia privada, fixando condições de trabalho em acordos e convenções coletivas para a melhoria da condição social dos trabalhadores.(4)

Apesar de existir, principalmente em países onde são discutidas medidas de flexibilização do Direito do Trabalho, uma tentativa de se contrapor esses dois subsistemas (por exemplo, no *slogan* "negociado sobre o legislado"), a proteção de direitos individuais e a

(3) Ver sobre essa pesquisa: Gomes; Dias; Matias, 2019; Gomes; Cavalcante; Maciel; Costa, 2020.

(4) A Reforma Trabalhista brasileira de 2017 alterou essa lógica no campo infraconstitucional do direito individual do trabalho ao inserir os arts. 611-A e 611-B na CLT, permitindo a negociação coletiva *in pejus*. Sobre a incompatibilidade desses artigos com a Convenção 98 da OIT, ver Gomes, 2019.

garantia do exercício da autonomia coletiva são estratégias que se complementam na garantia da dignidade do trabalhador.

O direito do trabalho, a partir dessa estratégia regulatória, em diferentes medidas, assegurou a melhoria das condições sociais de trabalhadores no mundo industrializado do século XX. Apesar do sucesso da disseminação da proteção ao trabalho, uma parcela significativa dos trabalhadores ficou à margem dessa proteção – são os trabalhadores na economia informal.(5) Em 2018, a OIT publicou um relatório em que mostra que mais de 60% da força global de trabalho, ou dois bilhões de pessoas, é constituída de informais.(6)

Nem todos os trabalhadores(as) informais são pobres, mas são especialmente vulneráveis à pobreza (ILO, 2018). "Insegurança de renda, menor valor das remunerações e falta de controle de riscos ligados à saúde e à segurança no trabalho são manifestações da maior vulnerabilidade dos(as) trabalhadores(as) informais" (GOMES; DIAS, 2021).

A expectativa que o desenvolvimento econômico contínuo e o processo de industrialização acabassem por dizimar a informalidade se frustrou. Gerações de trabalhadores nunca tiveram contato com o mercado formal(7) e trabalhadores, antes protegidos pela lei trabalhista, vêm se tornando continuamente mais precários — mesmo que ainda na formalidade. Há muitos aspectos a serem analisados a partir dessa reflexão acerca dos limites da proteção do Direito do Trabalho. Aqui, iremos considerar um desses pontos, o de como assegurar a trabalhadores informais uma transição justa para a formalidade pelo reconhecimento dos direitos à organização e negociação coletiva.

Propõe-se que para isso o Direito do Trabalho deve ampliar a sua proteção a trabalhadores fora da relação de emprego formal, inclusive a trabalhadores autônomos, como os catadores, que se encontram na informalidade. Na doutrina juslaboralista, essa é uma das mais importantes discussões. Para além do debate se essa ampliação é ou não possível, há já propostas sobre como o Direito do Trabalho deve proteger todos os que trabalham.

Identificamos duas estratégias básicas usadas para tornar o direito mais inclusivo. Uma é reconhecer a relação de emprego para trabalhadores em relações de trabalho atípicas em uma zona cinzenta, ampliada pela globalização, por políticas neoliberais, pelo trabalho de plataforma, por cadeias produtivas. Essa estratégia é importante e tem se refletido em decisões judiciais que reconhecem, por exemplo, os motoristas do Uber como trabalhadores com

(5) Conforme a OIT, "Desde a 90ª Conferência da OIT, realizada em 2002, a categoria economia informal passou a substituir a de setor informal, avaliada como inadequada para refletir o dinâmico, heterogêneo e complexo fenômeno da informalidade, que deve compreender todas as atividades econômicas não abrangidas pelas normas e leis que oficialmente regem a economia, envolvendo grande diversidade de segmentos de trabalhadores e empresas, nos espaços rural e urbano. Partiu-se da constatação de que os trabalhadores e as empresas informais não se restringem a um setor da atividade econômica, perpassando vários. O termo setor informal teria ainda a desvantagem de não realçar as conexões e interdependências existentes entre as atividades formais e informais". OIT. 2018, p. 80.

(6) Nas Américas, a média da informalidade é de 40%. OECD/ILO (2019, p. 16). O percentual se refere às Américas como um todo, sendo de 86% na África, 68% nos países árabes e na Ásia e 25% na Europa e na Ásia Central.

(7) No caso do Brasil, sobre a exclusão histórica dos trabalhadores negros no mercado de trabalho pelas próprias leis trabalhistas, ver ALVES, 2019.

direitos trabalhistas ou empregados e, no próprio Uber, tendo que reconhecer o GMB como o sindicato que representa os motoristas no Reino Unido (The Guardian, 2021).

Mas essa estratégia não é suficiente, porque nem todos os trabalhadores informais estão nessa zona cinzenta.

A segunda estratégia é afirmar que todos os trabalhadores — empregados ou não — têm direitos trabalhistas fundamentais. Embora existam direitos trabalhistas que não se enquadrem em uma relação de trabalho autônomo, existem direitos que podem ser aplicados em qualquer relação de trabalho. A liberdade de associação e a negociação coletiva são exemplos de tais direitos.

O estudo de Supiot (2001) propõe círculos concêntricos de proteção laboral, não mais restritos ao contrato de emprego: a partir da proteção mais restrita e intensa do empregado até a mais ampla e essencial de todos aqueles que trabalham. Mais recente e utilizando-se também da figura dos círculos concêntricos, cita-se o trabalho de Goldman e Weil (2020, p. 2). Os autores propõem que

> certos direitos e proteções não devem ser vinculados a uma relação de emprego, mas ao próprio trabalho. Assim, o direito de ser remunerado pelo trabalho e pago um salário mínimo; de ser livre de discriminações e retaliações; o acesso a um ambiente de trabalho seguro, e o direito de se associar e se engajar em atividades coletivas deve pertencer a todos os trabalhadores, não apenas aos empregados. Em segundo lugar, como um círculo intermediário, defendemos uma presunção refutável de emprego para abordar aqueles direitos que permanecem exclusivos dos empregados (e não de trabalhadores autônomos), e propomos um teste legal atualizado para verificar a existência de uma relação de emprego. Finalmente, no círculo externo da estrutura, sugerimos políticas que poderiam aumentar o acesso dos trabalhadores a benefícios que promovam a mobilidade dos trabalhadores e o bem-estar social.(8)

Em síntese, propõe-se, primeiro, que os direitos próprios dos empregados sejam mantidos, pois há direitos que não se conformam a uma relação de trabalho autônoma — o 13º salário, por exemplo — e que, ao mesmo tempo, representam conquistas históricas dos empregados na construção de empregos de qualidade. E, segundo, que a todos os trabalhadores sejam assegurados direitos fundamentais, como o direito à não discriminação e à liberdade sindical.

---

(8) Tradução livre: "certain rights and protections should not be tethered to an employment relationship, but to work itself. Thus, the right to be compensated for work and paid a minimum wage; freedom from discrimination and retaliation; access to a safe working environment, and the right to associate and engage in concerted activity should belong to all workers, not just employees. Second, as a middle circle, we argue for a rebuttable presumption of employment to address those rights that remain exclusive to employees (and not independent contractors), and we propose an updated legal test of employment. Finally, at the outer ring of the framework, we suggest policies that could enhance workers' access to benefits that promote worker mobility and social welfare".

A construção do que denominamos de direito do trabalho inclusivo deve iniciar por direitos que essencialmente podem ser assegurados a qualquer trabalhador, independentemente da forma como se trabalha — subordinada ou não, em relações triangulares, em cadeias de produção — na economia informal. Em países como o Brasil que mantém seu sistema jurídico laboral fundado em uma estrutura de poder colonial, na qual gênero e raça exercem papéis determinantes na configuração tanto da formalidade, quanto da informalidade (PEREIRA; NICOLI, 2020), a reflexão deve ser cuidadosa em se desapegar da produção acadêmica, especialmente a europeia, uma vez que o trabalhador que está excluído da proteção do Direito do Trabalho difere substancialmente daquele da realidade europeia.

A OIT vem mais recentemente adotando essa abordagem inclusiva de forma coerente com a política do trabalho decente que está presente de modo transversal na atuação da organização. A garantia do trabalho decente abrange todo tipo de trabalho e não somente o emprego. Convenções como a 189 sobre o trabalho decente para trabalhadores e trabalhadoras domésticas e a 190 sobre violência e assédio no trabalho, além das Recomendações 202 sobre pisos de proteção social e a 204 sobre a transição da economia informal para a formal constituem exemplos de normas internacionais do trabalho que não limitam sua proteção ao empregado. Essa expansão, no entanto, já estava presente nas normas fundadoras da organização, tanto na Constituição de 1919, quanto da Declaração de Filadélfia, de 1944 e posteriormente integrada à Constituição da OIT:

> Considerando que existem condições de trabalho que implicam, para um grande número de indivíduos, miséria e privações, (...) e considerando que é urgente melhorar essas condições.
>
> a pobreza, seja onde for, constitui um perigo para a prosperidade geral;
>
> todos os seres humanos de qualquer raça, crença ou sexo têm o direito de assegurar o bem-estar material e o desenvolvimento espiritual dentro da liberdade e da dignidade, da tranquilidade econômica e com as mesmas possibilidades;

No mesmo sentido, a Declaração do Centenário da OIT para o Futuro do Trabalho de 2019 define, dentre os objetivos da abordagem centrada no ser humano:

> III B. Fortalecimento das instituições de trabalho para garantir a proteção de todos os trabalhadores, e reafirmando a continuada relevância da relação de trabalho como meio de proporcionar segurança e proteção legal aos trabalhadores, enquanto reconhecendo a extensão da informalidade e a necessidade de garantir ação efetiva para alcançar a transição para a formalidade. Todos os trabalhadores devem gozar de proteção adequada de acordo com a Agenda de Trabalho Decente, levando em consideração: (i) respeito pelos seus direitos fundamentais;[9]

A mais recente convenção internacional aprovada pela OIT, a Convenção n. 190 sobre a proibição da violência e do assédio no trabalho, de 2019, ainda não ratificada pelo Brasil, protege todos os trabalhadores contra a violência e o assédio, "independentemente do seu

(9) Tradução livre: "B. Strengthening the institutions of work to ensure adequate protection of all workers, and reaffirming the continued relevance of the employment relationship as a means of providing certainty and legal protection to workers, while recognizing the extent of informality and the need to ensure effective action to achieve transition to formality. All workers should enjoy adequate protection in accordance with the Decent Work Agenda, taking into account:(i) respect for their fundamental rights;".

status contratual" (*irrespective of their contractual status*, art. 2º da Convenção 190). A norma dispõe ainda no art. 2º que: "Esta Convenção se aplica a todos os setores, sejam eles privados ou públicos, tanto na economia formal como informal, e em áreas urbanas ou rurais".(10)

A Convenção n. 190 é um exemplo de uma norma trabalhista inclusiva não somente por estender a proteção do Direito do Trabalho a trabalhadores informais e autônomos, mas também por prever estratégias de proteção a esses trabalhadores. No caso dos trabalhadores que exercem suas atividades nas ruas, a convenção dispõe que em seu art. 3º:

> Esta Convenção se aplica à violência e ao assédio no mundo do trabalho ocorrendo no, relacionado ao ou decorrente do trabalho: (a) no local de trabalho, incluindo espaços públicos e privados onde esses são um local de trabalho;(11)

A aprovação de uma norma desse tipo pela OIT evidencia uma evolução no sentido de se construir um direito do trabalho mais inclusivo, desenvolvendo estratégias regulatórias que protejam trabalhadores fora da relação de emprego típica e formal.

2. Diversidade conceitual: informal, autônomo, pobre e trabalhador

O Direito do Trabalho ainda oferece pouco de seus instrumentos institucionais — liberdade de associação e negociação coletiva — para trabalhadores informais e autônomos. A democratização do trabalho restrito ao trabalho formal ignora o déficit democrático vivido pela maioria dos trabalhadores. No Brasil, esse déficit reflete discriminações em razão da raça, sexo e pobreza. Superá-lo requer esforço e criatividade.

Para se tornar mais inclusivo, é fundamental que o Direito do Trabalho abrace uma diversidade conceitual voltada para a ideia de trabalhador que realmente capture todos os que trabalham: formais, informais, típicos, atípicos, assalariados, não assalariados, empregados, autônomos. Certamente, essa diversidade criará consequências epistemológicas, uma vez que o pensamento dominante do Direito do Trabalho constrói seus conceitos, princípios, classificações a partir de uma ideia insuficiente do trabalhador, de suas organizações coletivas e da própria negociação coletiva (PEREIRA; NICOLI, 2020).

A legislação trabalhista na maioria dos países garante a liberdade de associação e negociação coletiva apenas aos empregados. Essa exclusão é histórica e, em parte, foi reforçada pelo direito internacional do trabalho. Vejamos o exemplo da América Latina.

A maioria dos Estados latino-americanos foram os fundadores originais da OIT, o que contradiz a ideia de que a organização foi criada exclusivamente pelos países ocidentais industrializados (VILLASMIL PIETRO; CARBALLO MENA, 2020). A OIT, no entanto, apesar de seu objetivo declarado de universalidade, não conseguiu captar as complexidades do trabalho neste continente – especialmente aquelas decorrentes da colonização e da escravidão

---

(10) Tradução livre: "2. This Convention applies to all sectors, whether private or public, both in the formal and informal economy, and whether in urban or rural areas".

(11) Tradução dos autores. No idioma original: "This Convention applies to violence and harassment in the world of work occurring in the course of, linked with or arising out of work: (a) in the workplace, including public and private spaces where they are a place of work;".

relacionadas ao trabalho agrícola, trabalho doméstico e direitos indígenas (YÁÑEZ ANDRADE, 2017). Romano (2017, p. 27) refere-se a uma geografia diferencial de direitos, concluindo que embora a OIT apresente sua função normativa como fonte de normas universais, também produziu normas diferenciadas, excluindo ou garantindo um menor nível de proteção para amplos territórios e grupos populacionais. As normas universais da OIT tratavam do trabalho assalariado moderno que não correspondia à maior parte da força de trabalho latino-americana que era e ainda é principalmente informal.

A necessidade de uma legislação trabalhista e de normas internacionais do trabalho mais inclusivas ressurgiu no Norte Global com a intensificação da precariedade e da fragmentação do trabalho no mundo pós-globalização. Mas novamente a discussão sobre o alcance dos direitos trabalhistas, incluindo a liberdade de associação e os direitos de negociação coletiva, não abrange a complexa realidade do trabalho na América Latina. No Sul Global, a informalidade não resulta apenas de processos de precarização mais recentes; é antiga e está impregnada de pobreza. Há também uma interseccionalidade de diferentes fatores, como raça, gênero, cidadania, na estruturação do mercado de trabalho e na sua divisão entre formal e informal. Esses trabalhadores tradicionalmente informais, que já eram bastante vulneráveis, agora enfrentam riscos adicionais ao seu sustento devido às mudanças trazidas pela globalização, políticas neoliberais e novas tecnologias (SCHURMAN; EATON; CHEN, 2017).

A composição da informalidade é diferente entre o Sul e o Norte globais. A Women in Informal Employment: Globalizing and Organizing (WIEGO), analisando o Relatório da OIT sobre Informalidade de 2018, observa que no setor informal, o trabalho autônomo predomina absolutamente nos países em desenvolvimento: 79% (BONNET; VANEK; CHEN, 2019). No Brasil, por volta de 53% dos trabalhadores na informalidade são autênticos autônomos (IBGE, 2021). A maioria dos trabalhadores informais na América Latina são vendedores ambulantes, catadores de resíduos, trabalhadoras domésticas, trabalhadores em domicílio, trabalhadores na agricultura de subsistência, pescadores. Os trabalhadores do Sul Global, como observou Scully (2016), "contam com estratégias de subsistência que mesclam salários com várias fontes de renda não salariais desde muito antes do período da globalização". Nem todos esses trabalhadores são pobres, mas a maioria é vulnerável a cair na pobreza. A maioria deles é informal há gerações, nunca foram protegidos pela legislação trabalhista, nunca puderam se organizar coletivamente, nunca puderam se engajar em um processo de diálogo.

Quando o direito do trabalho se restringe ao mercado de trabalho formal, ou quando discute seus novos limites para incluir formas atípicas de trabalho típicas apenas do Norte Global, cega-se para a permanência dessas discriminações e as reforça. A lei não é neutra. É importante que desenvolvamos uma base conceitual para a inclusão de novos e antigos trabalhadores informais. Esses trabalhadores já conseguem se organizar e dialogar com agentes públicos e empresas, embora não tenham direitos trabalhistas. Vamos citar dois exemplos de nosso país.

No Brasil, os catadores de resíduos criaram um movimento nacional[12] promovendo a formação de associações e cooperativas e estabelecendo diálogo com o poder público sobre sistemas inclusivos de gestão de resíduos em muitas cidades (GOMES, CAVANCANTE, 2021). Eles se organizaram apesar dos muitos obstáculos: falta de dinheiro, não reconhecimento de sua atividade como trabalho, não aceitação de sua legitimidade como trabalhador (e aqui as discriminações de cor, gênero, pobreza desempenham um papel importante), falta de capacidade para acessar o mercado de forma competitiva e com baixa qualificação. Quando se organizam, conseguem obter ganhos. Descobriu-se que catadores de resíduos em associações e cooperativas desfrutam de melhores condições de vida e trabalho do que catadores não organizados (GOMES *et al.*, 2020).

Outro exemplo importante é o das trabalhadoras domésticas no Brasil. Seu movimento sindical começou na década de 1930, mas somente na década de 1970 conseguiram persuadir o governo da época a promulgar uma lei garantindo alguns direitos trabalhistas. Em 1988, a Constituição Federal finalmente garantiu a liberdade de associação e o direito de negociação coletiva às trabalhadoras domésticas – direito que ainda hoje é pouco efetivo, apesar da negociação de acordos especialmente em São Paulo (Acciari; Pinto, 2020). O avanço normativo na proteção do trabalho doméstico no Brasil decorre da luta dos sindicatos das trabalhadoras domésticas.

Apesar dessa evolução, ainda não há espaços de diálogo social para construir medidas que lhes proporcionem os mesmos padrões de trabalho decente prometidos aos demais trabalhadores. Com a crise da Covid-19, as trabalhadoras domésticas foram um dos grupos mais atingidos: 1,6 milhão de trabalhadoras perderam seu trabalho e a informalidade saltou para 75% (DIEESE, 2021). As trabalhadoras domésticas continuaram trabalhando durante as medidas de isolamento social, por isso constituíram um dos grupos mais afetados pela doença, evidenciando uma taxa de mortalidade superior à média (INSTITUTO PÓLIS, 2020).

De modo geral, esses trabalhadores não têm direitos estatutários à liberdade sindical e à negociação coletiva e enfrentam obstáculos importantes para poder se organizar e negociar. Apesar disso, existe uma base legal no direito internacional do trabalho que garante esses direitos.

A Recomendação 204 da OIT sobre a transição da economia informal para a formal estabelece como princípios estruturais para uma transição justa a liberdade sindical, a negociação coletiva e o diálogo social. As convenções da OIT 98 (sobre direito de sindicalização e negociação coletiva) e 154 (sobre o fomento à negociação coletiva) "estendem os direitos de negociação coletiva a todos os empregadores e trabalhadores", conforme o Comitê Europeu de Direitos Sociais (EUROPEAN COMMITTEE OF SOCIAL RIGHTS, 2018). O Comitê de Liberdade Sindical, em sua interpretação da Convenção OIT 87 reconhece a liberdade de associação para todos os trabalhadores, incluindo os autônomos e domésticos, como se pode observar no quadro 1 com decisões do Comitê publicadas em seu Compêndio.

(12) Ver Movimento Nacional dos Catadores de Materiais Recicláveis. Disponível em: <http://www.mncr.org.br/>.

Quadro 1

Compêndio de decisões do Comitê de Liberdade Sindical

332. All workers, without distinction whatsoever, including without discrimination in regard to occupation, should have the right to establish and join organizations of their own choosing.

387. By virtue of the principles of freedom of association, all workers – with the sole exception of members of the armed forces and the police – should have the right to establish and join organizations of their own choosing. The criterion for determining the persons covered by that right, therefore, is not based on the existence of an employment relationship, which is often non-existent, for example in the case of agricultural workers, self-employed workers in general or those who practise liberal professions, who should nevertheless enjoy the right to organize. (See the 2006 Digest, para. 254; 342nd Report, Case No. 2423, para. 479; 359th Report, Case No. 2602, para. 365, Case No. 2786, para. 453; 360th Report, Case No. 2757, para. 990; 363rd Report, Case No. 2602, para. 461, Case No. 2888, para. 1084; and 376th Report, Case No. 3042, para. 532.)

388. The Committee requested a government to take the necessary measures to ensure that self-employed workers fully enjoyed freedom of association rights, in particular the right to join the organizations of their own choosing. (See 376th Report, Case No. 2786, para. 349.)

389. It is contrary to Convention No. 87 to prevent trade unions of self-employed workers who are not subordinate to, or dependent on, a person. (See 363rd Report, Case No. 2868, para. 1005.).

406. Domestic workers are not excluded from the application of Convention No. 87 and should therefore be governed by the guarantees it affords and have the right to establish and join occupational organizations. (See the 2006 Digest, para. 267; 353rd Report, Case No. 2637, para. 1051; 356th Report, Case No. 2637, para. 84; 362nd Report, Case No. 2637, para. 90; and 371st Report, Case No. 2988, para. 841.).

407. Domestic workers, like all other workers, should benefit from the right to freedom of association. (See 377th Report, Case No. 3064, para. 210.)

408. Home-based workers are not excluded from the application of Convention No. 87 and should therefore be governed by the guarantees it affords and have the right to establish and join occupational organizations. (See 363rd Report, Case No. 2888, para. 1085.)

409. Persons working from home in the social services, health and childcare sectors should be able to enjoy the provisions of the Labour Code, or enjoy genuinely equivalent rights. (See 340th Report, Cases Nos. 2314 and 2333, paras. 420 and 423.)

E embora a Convenção n. 154 defina a negociação coletiva como um diálogo protegido entre as organizações de trabalhadores e empregadores para a melhoria das condições de trabalho e de emprego, o Comitê de Peritos da OIT enfatiza que o direito à negociação coletiva também deve abranger as organizações que representem os trabalhadores autônomos. Ao mesmo tempo, o Comitê compreende que os procedimentos de negociação coletiva aplicados nas relações tradicionais de trabalho podem não ser adequados às circunstâncias e condições específicas da atividade dos trabalhadores autônomos. O Comitê atribui então o papel dos governos a manter consultas com todas as partes interessadas, a fim de assegurar que todos os trabalhadores, inclusive autônomos, sejam autorizados a participar de negociações coletivas livres e voluntárias. (ILO, 2018a).

A questão não é mais apenas se esses trabalhadores têm direito à organização e negociação coletiva — eles têm — a questão é também como a lei e as instituições podem garantir suas organizações e promover sua voz. Para isso, é hora de abraçar a diversidade conceitual a que nos referimos. Como destacam Eaton, Schurman & Chen (2017), "Não existe uma única 'maneira certa' de os trabalhadores se organizarem, mas sim uma variedade de trabalhos que requerem variedades de sindicalismo e negociação coletiva".

3. Direito à negociação coletiva a trabalhadores informais

Essa reflexão deve considerar algumas das implicações do pleno reconhecimento desses direitos a todos os trabalhadores, em especial, quais políticas e regulações são necessárias para assegurar esse direito e o que decorre do seu reconhecimento.

Primeiro, para garantir que a sua voz será ouvida e contará, é importante que trabalhadores informais e autônomos tenham a identidade de trabalhadores (e não pessoas que exerçam alguma atividade irregular ou sem valor econômico) e que as suas condições de trabalho tenham visibilidade. Governos devem assegurar que suas associações façam parte de mecanismos participativos tripartidos ou bilaterais (quando não há empregador). Ademais, para que as organizações sejam sustentáveis, os trabalhadores podem precisar de apoio gerencial e financeiro.

Para garantir seus direitos de organização, é importante que políticas e regulações reconheçam que o que chamamos de economia informal é extremamente heterogênea. Para isso, a estratégia de padronização das formas de trabalho e de organização que vem sendo feita pelo Direito do Trabalho com os conceitos de relações de emprego, sindicatos e negociação coletiva não é adequada e útil. Diferentes grupos de trabalhadores informais associam-se de diferentes maneiras: em associações (às vezes também informais), cooperativas, ONGs, coletivos, em sindicatos tradicionais, movimentos nacionais e internacionais.

No tocante à negociação coletiva, a regulação deve reconhecer que existem diferentes funções a serem executadas pelas organizações coletivas (consulta, informação, *lobby* para reformas legais, negociação de direitos com governos locais e empresas). Quando não há empregador com quem negociar, o governo local e nacional deve assumir sua responsabilidade nesse processo.

Reconhece-se aqui o papel predominante e tradicional do sindicato como protagonista da organização coletiva dos trabalhadores. Entretanto, a experiência de observar e aprender com a organização coletiva dos catadores de resíduos foi impactante e definitiva no sentido de constatar que a organização coletiva é direito essencial dos trabalhadores informais e acontece (e vem acontecendo) de forma distinta da organização sindical.

O argumento pretensamente absoluto que esses trabalhadores não se organizam ou não podem ser organizados possivelmente resulta mais do olhar do Direito do Trabalho que busca a mesma institucionalidade do sindicato na realidade do trabalho informal. Toma-se novamente como exemplo a organização coletiva das trabalhadoras domésticas no Brasil que, apesar de ser um movimento tradicional iniciado em 1936 (Bernardino-Costa, 2007) e responsável pelo avanço da proteção laboral da categoria no País, ainda é invisibilizado.

Não se negam as dificuldades da organização coletiva dos trabalhadores informais, todavia é importante que se conheça e compreenda, apesar de todos os obstáculos — em razão da ausência de apoio institucional e econômico —, as iniciativas de organização coletiva e como essas possibilitam a melhoria das condições de vida e trabalho das pessoas na economia informal. Mesmo entre trabalhadores muito informais e vulneráveis,(13) como é o caso dos catadores, a organização coletiva é possível e benéfica. Essa compreensão leva à conclusão que o déficit democrático que marca a informalidade é elemento fundamental na persistência de suas vulnerabilidades.

4. Conclusões

Os direitos dos trabalhadores de fazerem ecoar a sua voz, de poderem se organizar coletivamente, de participarem efetivamente no diálogo sobre as decisões que os afetam, constituem uma dimensão básica para a implementação de outros direitos e da dignidade humana. Democratização, participação, organização coletiva e negociação devem ser direitos efetivamente garantidos a todos os trabalhadores. O direito não pode excluir trabalhadores em relações informais, autônomas e precárias. O caminho para um direito do trabalho mais inclusivo deve incorporar as necessidades e vulnerabilidades também dos antigos trabalhadores informais do Sul Global que trabalham nas ruas, em casa, remunerados ou não, para quem diversos fatores relacionados à discriminação por pobreza, cor, gênero, cidadania, criam obstáculos para o exercício desses direitos.

Referências bibliográficas

ACCIARI, Louisa; PINTO, Tatiane. Praticando a equidade: estratégias de efetivação dos direitos no trabalho doméstico. *Estudos Avançados*, São Paulo, 34, 98, jan./abr. 2020, p. 73-89.

ALVES, Raíssa Roussenq. *Entre o silêncio e a negação:* Trabalho escravo contemporâneo sob a ótica da população negra. Belo Horizonte: Letramento, 2019.

BONNET, Florence, VANEK, Joann; CHEN Martha Alter. *Women and Men in the Informal Economy:* A Statistical Brief. WIEGO and ILO, 2019.

BERNARDINO-COSTA, Joaze. *Sindicatos das Trabalhadoras Domésticas no Brasil:* teorias da descolonização e saberes subalternos. 2007. 287f. Tese (Doutorado em Sociologia), Universidade de Brasília, Brasília. Disponível em: <http://repositorio.unb.br/bitstream/10482/2711/1/2007_JoazeBernardino-Costa.pdf>. Acesso em: 24 jul. 2021.

DIEESE. *Trabalho Doméstico no Brasil.* 2021. Disponível em: <https://www.dieese.org.br/outraspublicacoes/2021/trabalhoDomestico.html>. Acesso em: 27 jul. 2021.

EUROPEAN COMMITTEE OF SOCIAL RIGHTS. Irish Congress of Trade Unions (ictu) *v.* Ireland, ecsr Complaint No. 123/2016, 12 December 2018. *International Labor Rights Case Law*, v. 5, 1, 2019, p. 3-16.

GOLDMAN, Tanya; WEIL, David. Who's Responsible Here? Establishing Legal Responsibility in the Fissured Workplace. *Institute for New Economic Thinking Working Paper Series*, n. 114, 2020. Disponível em: <https://ssrn.com/abstract=3551446>.

(13) Usamos aqui a informalidade como um critério gradativo no intuito de expressar que o trabalho da catação está, via de regra — como no caso da catação nas ruas e lixões — totalmente à margem do Estado.

GOMES, Ana Virginia Moreira; DIAS, Eduardo Rocha. Introdução — Democratizar, Desmercantilizar e Remediar Todos os Trabalhos. In: *O manifesto do trabalho:* democratizar, desmercantilizar, remediar. Rio de Janeiro: Lumen Juris, 2021. p. 135-140. Disponível em: <https://democratizingwork.org/book-brazil>.

______; ______; MATIAS, M. L. *Catadores de resíduos e população em situação de rua:* (in)visibilidade e cidadania nas ruas de Fortaleza. Rio de Janeiro: Lumen Juris, 2019. Disponível em: <http://nedts.unifor.br/>.

______. What is Collective Bargaining for? Brazilian Labor Law Reforms under ILO Scrutiny. *International Labor Rights Case Law Journal*, v.5, p. 47 - 51, 2019.

______; CAVALCANTE, D. G.; MACIEL, L. B. M.; COSTA, T. V. Big Push para o Desenvolvimento Sustentável no Brasil: o caso da política de coleta solidária de resíduos em Bonito de Santa Fé – PB. *Working Paper. CEPAL*, 2020. Disponível em: <https://biblioguias.cepal.org/c.php?g=981128&p=7149925>.

______; ______. A política de inclusão dos catadores de resíduos: uma análise acerca da (in)justiça socioambiental e da promoção do trabalho decente. *Revista Direito Ambiental e Sociedade*, aceito para publicação em 2021.

IBGE. *Indicadores IBGE:* pesquisa nacional por amostra de domicílios contínua [mensal]. PNAD Contínua — Divulgação: jul. 2021. Trimestre móvel: mar./abr./maio 2021. Disponível em: <https://biblioteca.ibge.gov.br/index.php/biblioteca-catalogo?view=detalhes&id=73086>.

INSTITUTO PÓLIS. *Trabalho, território e Covid-19 no MSP*. Maio 2021. Disponível em: <https://polis.org.br/estudos/trabalho-territorio-e-covid-no-msp/>.

INTERNATIONAL LABOUR ORGANIZATION — ILO. Observation (CEACR) — adopted 2018, published 108th ILC session (2019). *Right to Organise and Collective Bargaining Convention, 1949 (No. 98) - Brazil* (Ratification: 1952). Disponível em: <https://www.ilo.org/dyn/normlex/en/f?p=1000:13100:0::NO:13100:P13100_COMMENT_ID:3965694>.

______. *"Cataclysmic" COVID-19 crisis demands human-centred recovery policies, says ILO Director-General.* 109th International Labour Conference. Disponível em: <https://www.ilo.org/global/about-the-ilo/newsroom/news/WCMS_799796/lang--en/index.htm>.

______. *Women and men in the informal economy:* A statistical picture. 3. ed. 2018. Disponível em: <https://www.ilo.org/global/publications/books/WCMS_626831/lang--en/index.htm>.

OECD/ILO. *Tackling Vulnerability in the Informal Economy*. Paris: Development Centre Studies, OECD Publishing, 2019.

OIT. *Futuro do Trabalho no Brasil: Perspectivas e Diálogos Tripartites*. Brasília: OIT, 2018.

PEREIRA, Flávia Máximo; NICOLI, Pedro Augusto Gravatá. Os segredos epistêmicos do direito do trabalho. *Revista Brasileira de Políticas Públicas*. Brasília, v. 10, n. 2 p. 519-544, 2020.

ROMANO, Rossana Barragán. La geografía diferencial de los derechos: Entre la regulación del trabajo forzado en los países coloniales y la disociación entre trabajadores e indígenas en los Andes (1920-1954). In: CARUSO, L.; STAGNARO, A. (Coords.). (2017). *Una historia regional de la OIT:* Aportes sobre regulación y legislación del trabajo latinoamericano. La Plata: Universidad Nacional de La Plata. Facultad de Humanidades y Ciencias de la Educación. (Estudios/Investigaciones ; 62). Disponível em: <http://www.libros.fahce.unlp.edu.ar/index.php/libros/catalog/book/93>.

SCHURMAN, Susan J.; EATON, Adrienne E.; CHEN, Martha. Expanding the boundaries of labor organizing and collective bargaining. In: EATON, Adrienne E.; SCHURMAN, Susan J.; CHEN, Martha Alter; Hawkins, Daniel. *Informal Workers and Collective Action:* a Global Perspective. Ithaca: ILR Press, an imprint of Cornell University Press, 2017.

SCULLY, Ben. Precarity North and South: A Southern Critique of Guy Standing. *Global Labour Journal*, 7(2), 2016. Disponível em: <https://webcache.googleusercontent.com/search?q=cache:yjd-74dA1QOkJ:https://mulpress.mcmaster.ca/globallabour/article/view/2521/2598+&cd=1&hl=en&c-t=clnk&gl=br&client=firefox-b-d>.

SUPIOT, Alain. *Beyond employment:* changes of work and the future of Labour Law in Europe. Oxford: Oxford University Press, 2001.

THE GUARDIAN. *Uber agrees union recognition deal with GMB*. Disponível em: <https://www.theguardian.com/business/2021/may/26/uber-agrees-historic-deal-allowing-drivers-to-join-gmb-union>.

VILLASMIL PRIETO, Humberto; CARBALLO MENA, César Augusto. Nota Introductoria. In: TORRES TARAZONA, Luis Alberto; VILLASMIL PRIETO, Humberto; CARBALLO MENA, César Augusto. *Derecho laboral iberoamericano*. Influencias del sistema normativo de la OIT. Bogotá: Tirant lo Blanch, 2020. p. 17-64.

YÁÑEZ ANDRADE, J. La Organización Internacional del Trabajo y la libertad sindical en América Latina: el caso de Venezuela en 1949. *Anuario Del Instituto De Historia Argentina*, *17*(1), e036, 2017.